U0498911

十三經漢魏古注叢書

周禮注

〔東漢〕鄭 玄 注

石 珹 整理

商務印書館
The Commercial Press
创于1897

商務印書館（上海）有限公司　出品
The Commercial Press （Shanghai） Co.Ltd

十三經漢魏古注叢書

總主編：朱傑人

執行主編：徐　淵　但　誠

叢　書　序

　　儒學的發生和發展，是與儒家經典的確認與被詮釋、被解讀相始終的。東漢和帝永元十四年（公元102年），司空徐防“以《五經》久遠，聖意難明，宜爲章句，以悟後學。上疏曰：‘臣聞《詩》《書》《禮》《樂》，定自孔子，發明章句，始於子夏。其後諸家分析，各有異說。漢承亂秦，經典廢絕，本文略存，或無章句。收拾缺遺，建立明經，博徵儒術，開置太學。’”（〔南朝宋〕范曄撰，〔唐〕李賢等注：《後漢書》卷四十四《徐防傳》，北京：中華書局，1965年，第1500頁）於今而言，永元離孔聖時代未遠（孔子逝於公元前479年，至永元十四年，凡581年），然徐防已然謂“《五經》久遠，聖意難明”，而強調“章句”之學的重要性。所謂“章句”，即是對經典的訓釋。從徐防的奏疏看，東漢人既認同子夏是對儒家經典進行訓釋的“發明”者，也承認秦亂以後儒家的經典只有本文流傳了下來，而“章句”已經失傳。

　　西漢武帝即位不久，董仲舒上《天人三策》，確立了儒學作爲國家的主流意識形態。自此，對儒家經典的研究與注釋出現了百花齊放的局面，章句之學成爲一時之顯學。漢人講經，重師法和家法。皮錫瑞曰：“前漢重師法，後漢重家法。先有師法，而後能成一家之言。師法者，溯其源；家法者，衍其流也。”（〔清〕皮錫瑞著，周予同注釋：《經學歷史》，北京：中華書局，2008年，第136頁）既溯其源，則兩漢經學，幾乎一出於子夏。即其"流"，大抵也流出不遠。漢章帝建初四年（公元 79 年），詔群儒會講白虎觀論《五經》異同，詔曰："蓋三代導人，教學爲本。漢承暴秦，襃顯儒術，建立《五經》，爲置博士。其後學者精進，雖曰承師，亦別名家。孝宣皇帝以爲去聖久遠，學不厭博，故遂立大、小夏侯《尚書》，後又立《京氏易》。至建武中，復置顏氏、嚴氏《春秋》，大、小戴《禮》博士。此皆所以扶進微學，尊廣道藝也。"（〔南朝宋〕范曄撰，〔唐〕李賢等注：《後漢書》卷三《肅宗孝章帝紀》，第 137—138 頁）漢章帝的詔書肯定了師法與家法在傳承儒家經典過程中不可或缺的作用，並認爲收羅和整理瀕臨失傳的師法、家法之遺存，可以"扶進微學，尊廣道藝"。

嚴正先生認爲兩漢經學家們"注重師法和家法是爲了證明自己學說的權威性，他們可以列出從孔子以至漢初經師的傳承譜系，這就表明自己的學說確實是孔子真傳"（姜廣輝主編：《中國經學思想史》第二卷，北京：中國社會科學出版社，2003 年，第 14 頁）。這種風氣，客觀上爲兩漢時代經學的發展提供了一個可控而不至失範的學術環境，有利於經學的傳播和發展（當然，家法、師法的流弊是束縛了經學獲得新的生命力，那是問題的另一個方面）。漢代的這種學風，一直影響到魏、晉、唐。孔穎達奉旨修《五經正義》，馬嘉運"以穎達所撰《正義》頗多繁雜，每掎摭之，諸儒亦稱爲允當"（〔後晉〕劉昫等撰：《舊唐書》卷七十三《馬嘉運傳》，北京：中華書局，1975 年，第 2603 頁）。所謂"頗多繁雜"，實即不謹師法。史載，孔穎達的《五經正義》編定以後，因受到馬嘉運等的批評並未立即頒行，而是"詔更令詳定"

（〔後晉〕劉昫等撰：《舊唐書》卷七十三《馬嘉運傳》，第2603頁）。直至高宗永徽四年（公元653年），才正式詔頒於天下，令每歲明經科以此考試。此時離孔穎達去世已五年之久。此可見初唐朝野對儒家經典訓釋的愼重和謹嚴。這種謹愼態度的背後，顯然是受到自漢以來經典解釋傳統的影響。

正因爲漢、魏至唐，儒家學者們對自己學術傳統的堅守和捍衛，給我們留下了一份彌足珍貴的遺産，那就是一系列關於儒家經典的訓釋。我們今天依然可以見到的如：《周易》王弼注，《詩經》毛亨傳、鄭玄箋，《尚書》僞孔安國傳，三《禮》鄭玄注，《春秋左傳》杜預注，《春秋公羊傳》何休解詁，《春秋穀梁傳》范甯集解，《論語》何晏集解，《孟子》趙岐章句，《爾雅》郭璞注，《孝經》孔安國傳、鄭玄注等。這些書，我們姑且把它們稱作"古注"。

惠棟作《九經古義序》曰："漢人通經有家法，故有《五經》師。訓詁之學，皆師所口授，其後乃著竹帛。所以漢經師之説立於學官，與經並行。《五經》出於屋壁，多古字古音，非經師不能辯，經之義存乎訓，識字審音乃知其義，是故古訓不可改也，經師不可廢也。"（〔清〕惠棟：《九經古義》述首，王雲五編：《叢書集成初編》254—255，上海：商務印書館，1937年，第1頁）惠氏之説，點出了不能廢"古注"的根本原因，可謂中肯。

對儒家經典的解讀，到了宋代發生一個巨大的變化："訓詁之學"被冷落，"義理之學"代之而起。由此又導出漢學、宋學之別，與漢學、宋學之爭。

王應麟説："自漢儒至於慶曆間，説經者守訓故而不鑿。《七經小傳》出而稍尚新奇矣。至《三經義》行，視漢儒之學若土梗。"(〔宋〕王應麟著,〔清〕翁元圻輯注,孫通海點校:《困學紀聞注》卷八《經說》,北京:中華書局,2016 年,第 1192 頁)按,《七經小傳》劉敞撰,《三經義》即王安石《三經新義》。然則,王應麟認爲宋代經學風氣之變始於劉、王。清人批評宋學:"非獨科舉文字蹈空而已,說經之書,亦多空衍義理,橫發議論,與漢、唐注疏全異。"(〔清〕皮錫瑞著,周予同注釋:《經學歷史》,第 274 頁)惠棟甚至引用其父惠士奇的話說:"宋人不好古而好臆說,故其解經皆燕相之說書也。"(〔清〕惠棟:《九曜齋筆記》卷二《本朝經學》,《聚學軒叢書》本)其實,宋學的這些弊端,宋代人自己就批評過。神宗熙寧二年(公元 1069 年)司馬光上《論風俗劄子》曰:"竊見近歲公卿大夫好爲高奇之論,喜誦老、莊之言,流及科場,亦相習尚。新進後生,未知臧否,口傳耳剽,翕然成風。至有讀《易》未識卦、爻,已謂《十翼》非孔子之言;讀《禮》未知篇數,已謂《周官》爲戰國之書;讀《詩》未盡《周南》《召南》,已謂毛、鄭爲章句之學。讀《春秋》未知十二公,已謂三《傳》可束之高閣。循守注疏者,謂之腐儒;穿鑿臆說者,謂之精義。"(〔宋〕司馬光撰,李文澤、霞紹暉校點:《司馬光集》卷四五,成都:四川大學出版社,2010 年,第 973—974 頁)可見,此種學風確爲當時的一種風氣。但清人的批評指向却是宋代的理學,好像宋代的理學家們都是些憑空臆說之徒。這種批評成了理學躲不開的夢魘,也成了漢學、宋學天然的劃界標準。

遺憾的是,這其實是一種被誤導了的"常識"。

理學家並不拒斥訓詁之學,更不輕視漢魏古注。恰恰相反,理學家的義理之論正是建立在對古注的充分尊重與理解之上才得以成立，即使對古注持不同意見，也必以翔實的考據和愼密的論證爲依據。而這正是漢學之精髓所在。試以理學的經典《四書章句集注》爲例，其訓詁文字基本上採自漢唐古注。據中國臺灣學者陳逢源援引日本學者大槻信良的統計："《論語集注》援取漢宋諸儒注解有九百四十九條，採用當朝儒者説法有六百八十條;《孟子集注》援取漢宋諸儒注解一千零六十九條，採用當朝儒者説法也有二百五十五條。"（陳逢源:《朱熹與四書章句集注》，臺北:里仁書局，2006 年，第 195—196 頁）這一統計説明，朱子的注釋是"厚古"而"薄今"的。

朱子非常重視古注，推尊漢儒:"古注有不可易處。"（〔宋〕黎靖德輯，鄭明等校點:《朱子語類》卷六十四，《朱子全書》〔第十六册〕，上海:上海古籍出版社，合肥:安徽教育出版社，2002 年，第 2130 頁）"諸儒説多不明，却是古注是。"（〔宋〕黎靖德輯，鄭明等校點:《朱子語類》卷六十四，《朱子全書》〔第十六册〕，第 2116 頁）"東漢諸儒煞好。……康成也可謂大儒。"（〔宋〕黎靖德輯，鄭明等校點:《朱子語類》卷八十七，《朱子全書》〔第十七册〕，第 2942 頁）甚至對漢人解經之家法，朱子亦予以肯定:"其治經必專家法者，天下之理固不外於人之一心，然聖賢之言則有淵奧爾雅而不可以臆斷者，其制度、名物、行事本末又非今日之見聞所能及也，故治經者必因先儒已成之説而推之。借曰未必盡是，亦當究其所以得失之故，而後可以反求諸心而正其繆。此漢之諸儒所以專門名家，各守師説，而不敢輕有變焉者也……近年以來，習俗苟偷，學無宗主，治經者不復讀其經之本文與夫先儒之傳注，但取近時科舉中選之文諷誦摹仿，擇取經中可爲題目之句以意扭捏，妄作主張，明知不是經意，但取便於行文，不假恤也……主司不惟不知其繆，乃反以爲工而置之高等。習以成風，轉相祖述，慢侮聖言，日以益盛。名爲治經而實爲經學之賊，號爲作文而實爲文字之妖。不可坐視而不之正也。"（〔宋〕朱熹撰，徐德明、王鐵校點：《學校貢舉私議》，《晦庵先生朱文公文集》卷六十九，《朱子全書》[第二十三册]，第3360頁）這段文字明白無誤地指出，漢人家法之不可無，治經必不可丟棄先儒已成之説。

這段文字還對當時治經者拋棄先儒成説而肆意臆説的學風提出了嚴厲的批評。認爲這不是治經，而是經學之賊。他對他的學生説："傳注，惟古注不作文，却好看。只隨經句分説，不離經意最好。疏亦然。今人解書，且圖要作文，又加辨説，百般生疑。故其文雖可讀，而經意殊遠。"（〔宋〕黎靖德輯，鄭明等校點：《朱子語類》卷十一，《朱子全書》[第十四册]，第351頁）他認爲守注疏而後論道是正道："祖宗以來，學者但守注疏，其後便論道，如二蘇直是要論道，但注疏如何棄得？"（〔宋〕黎靖德輯，鄭明等校點：《朱子語類》卷一百二十九，《朱子全書》[第十八册]，第4028頁）他提倡訓詁、經義不相離："漢儒可謂善説經者，不過只説訓詁，使人以此訓詁玩索經文，訓詁、經文不相離異，只做一道看了，直是意味深長也。"（〔宋〕朱熹撰，徐德明、王鐵校點：《答張敬夫》，《晦庵先生朱文公文集》卷三十一，第1349頁）

錢穆先生論朱子之辨《禹貢》，論其考據功夫之深，而有一歎曰："清儒窮經稽古，以《禹貢》專門名家者頗不乏人。惜乎漢宋門户牢不可破，先横一偏私之見，未能直承朱子，進而益求其真是之所在，而仍不脱於遷就穿鑿，所謂

巧愈甚而謬愈彰，此則大可遺憾也。”（錢穆：《朱子新學案》
［第五冊］，《錢賓四先生全集》，臺北：聯經出版事業公司，
1998 年，第 341 頁）

　　20 世紀 20 年代，商務印書館曾經出過一套深受學界好
評的叢書《四部叢刊》。《叢刊》以精選善本爲勝，贏得口碑。
經部典籍則以漢魏之著，宋元之刊爲主，一時古籍之最，
幾乎被一網打盡。但《四部叢刊》以表現古籍原貌爲宗旨，
故呈現方式爲影印。它的好處是使藏之深閣的元明刻本走入
了普通學者和讀者的家庭，故甫一問世，便廣受好評，直至
今日它依然是研究中國學術文化的學者們不可或缺的基本圖
書。但是，它的缺點是曲高和寡而價格不菲，不利於普及與
流通。鑒於當下持續不斷的國學熱、傳統文化熱，人們研讀
經典已從一般的閱讀向深層的需求發展，商務印書館決定啓
動一項與時俱進的大工程：編輯一套經過整理的儒家經典古
注本。選目以《四部叢刊》所收漢魏古注爲基礎，輔以其他
宋元善本。爲了適應現代人的閱讀習慣，這套叢書改直排爲
橫排，但爲了保持古籍的原貌而用繁體字，並嚴格遵循古籍
整理的規範，有句讀（點），用專名綫（標）。參與整理的，
都是國內各高校和研究機構學有專長的中青年學者。

　　另外，本次整理還首次使用了剛剛開發成功的 Source
Han（開源思源宋體）。這種字體也許可以使讀者們有一種
更舒適的閱讀體驗。

朱傑人

二〇一九年二月

於海上桑榆匪晚齋

目　錄

整理説明　　　　　　　　　　　　　　　/ 1

整理凡例　　　　　　　　　　　　　　　/ 6

周禮卷第一　　　　　　　　　　　　/ 7

　天官冢宰第一　　　　　　　　　　　　/ 9

　　敍官　　　　　　　　　　　　　　　/ 10

　　大宰　　　　　　　　　　　　　　　/ 20

　　小宰　　　　　　　　　　　　　　　/ 29

　　宰夫　　　　　　　　　　　　　　　/ 34

　　宫正　　　　　　　　　　　　　　　/ 37

　　宫伯　　　　　　　　　　　　　　　/ 39

　　膳夫　　　　　　　　　　　　　　　/ 40

　　庖人　　　　　　　　　　　　　　　/ 42

　　内饔　　　　　　　　　　　　　　　/ 43

　　外饔　　　　　　　　　　　　　　　/ 44

　　亨人　　　　　　　　　　　　　　　/ 45

　　甸師　　　　　　　　　　　　　　　/ 45

　　獸人　　　　　　　　　　　　　　　/ 46

　　䱷人　　　　　　　　　　　　　　　/ 47

　　鼈人　　　　　　　　　　　　　　　/ 48

　　腊人　　　　　　　　　　　　　　　/ 48

周禮卷第二　　　　　　　　　　/　51

　天官冢宰下　　　　　　　　　/　53

　　醫師　　　　　　　　　　　/　53

　　食醫　　　　　　　　　　　/　53

　　疾醫　　　　　　　　　　　/　54

　　瘍醫　　　　　　　　　　　/　55

　　獸醫　　　　　　　　　　　/　56

　　酒正　　　　　　　　　　　/　56

　　酒人　　　　　　　　　　　/　59

　　漿人　　　　　　　　　　　/　60

　　凌人　　　　　　　　　　　/　60

　　籩人　　　　　　　　　　　/　61

　　醢人　　　　　　　　　　　/　62

　　醯人　　　　　　　　　　　/　64

　　鹽人　　　　　　　　　　　/　64

　　幂人　　　　　　　　　　　/　65

　　宮人　　　　　　　　　　　/　65

　　掌舍　　　　　　　　　　　/　66

　　幕人　　　　　　　　　　　/　66

　　掌次　　　　　　　　　　　/　67

　　大府　　　　　　　　　　　/　68

　　玉府　　　　　　　　　　　/　69

　　內府　　　　　　　　　　　/　70

　　外府　　　　　　　　　　　/　71

　　司會　　　　　　　　　　　/　72

　　司書　　　　　　　　　　　/　72

　　職內　　　　　　　　　　　/　73

　　職歲　　　　　　　　　　　/　74

職幣　　　　　　　　　　　　　　/　74

司裘　　　　　　　　　　　　　　/　74

掌皮　　　　　　　　　　　　　　/　76

內宰　　　　　　　　　　　　　　/　77

內小臣　　　　　　　　　　　　　/　79

閽人　　　　　　　　　　　　　　/　80

寺人　　　　　　　　　　　　　　/　81

內豎　　　　　　　　　　　　　　/　81

九嬪　　　　　　　　　　　　　　/　82

世婦　　　　　　　　　　　　　　/　83

女御　　　　　　　　　　　　　　/　83

女祝　　　　　　　　　　　　　　/　83

女史　　　　　　　　　　　　　　/　84

典婦功　　　　　　　　　　　　　/　84

典絲　　　　　　　　　　　　　　/　85

典枲　　　　　　　　　　　　　　/　85

內司服　　　　　　　　　　　　　/　86

縫人　　　　　　　　　　　　　　/　87

染人　　　　　　　　　　　　　　/　88

追師　　　　　　　　　　　　　　/　89

屨人　　　　　　　　　　　　　　/　90

夏采　　　　　　　　　　　　　　/　91

周禮卷第三　　　　　　　　　　/　93

地官司徒第二　　　　　　　　　　/　95

敍官　　　　　　　　　　　　　　/　95

大司徒　　　　　　　　　　　　　/　107

小司徒　　　　　　　　　　　　　/　117

3

鄉師 / 121

鄉大夫 / 124

州長 / 127

黨正 / 128

族師 / 129

閭胥 / 130

比長 / 131

封人 / 131

鼓人 / 132

舞師 / 133

牧人 / 134

牛人 / 135

充人 / 136

周禮卷第四 / 137

地官司徒下 / 139

載師 / 139

閭師 / 142

縣師 / 142

遺人 / 143

均人 / 143

師氏 / 144

保氏 / 146

司諫 / 147

司救 / 147

調人 / 148

媒氏 / 149

司市 / 150

目　錄

質人　　　　　　　　　　　　　/ 154

廛人　　　　　　　　　　　　　/ 155

胥師　　　　　　　　　　　　　/ 155

賈師　　　　　　　　　　　　　/ 156

司虣　　　　　　　　　　　　　/ 156

司稽　　　　　　　　　　　　　/ 157

胥　　　　　　　　　　　　　　/ 157

肆長　　　　　　　　　　　　　/ 157

泉府　　　　　　　　　　　　　/ 157

司門　　　　　　　　　　　　　/ 158

司關　　　　　　　　　　　　　/ 159

掌節　　　　　　　　　　　　　/ 160

遂人　　　　　　　　　　　　　/ 161

遂師　　　　　　　　　　　　　/ 164

遂大夫　　　　　　　　　　　　/ 165

縣正　　　　　　　　　　　　　/ 166

鄙師　　　　　　　　　　　　　/ 167

酇長　　　　　　　　　　　　　/ 167

里宰　　　　　　　　　　　　　/ 167

鄰長　　　　　　　　　　　　　/ 168

旅師　　　　　　　　　　　　　/ 168

稍人　　　　　　　　　　　　　/ 169

委人　　　　　　　　　　　　　/ 170

土均　　　　　　　　　　　　　/ 170

草人　　　　　　　　　　　　　/ 171

稻人　　　　　　　　　　　　　/ 171

土訓　　　　　　　　　　　　　/ 172

誦訓　　　　　　　　　　　　　/ 173

山虞 / 173

林衡 / 174

川衡 / 174

澤虞 / 175

迹人 / 175

卝人 / 176

角人 / 176

羽人 / 176

掌葛 / 176

掌染草 / 177

掌炭 / 177

掌荼 / 177

掌蜃 / 178

囿人 / 178

場人 / 178

廩人 / 179

舍人 / 179

倉人 / 180

司祿 / 181

司稼 / 181

舂人 / 181

饎人 / 181

稾人 / 182

周禮卷第五 / 183

春官宗伯第三 / 185

敍官 / 185

大宗伯 / 196

小宗伯 / 206

肆師 / 210

鬱人 / 214

鬯人 / 215

雞人 / 216

司尊彝 / 217

司几筵 / 220

天府 / 221

典瑞 / 223

典命 / 226

司服 / 228

典祀 / 231

守祧 / 231

世婦 / 232

內宗 / 233

外宗 / 233

冢人 / 234

墓大夫 / 235

職喪 / 236

周禮卷第六 / 237

春官宗伯下 / 239

大司樂 / 239

樂師 / 245

大胥 / 248

小胥 / 249

大師 / 250

小師 / 253

瞽矇　　　　　　　　　　　　　／　254

眡瞭　　　　　　　　　　　　　／　254

典同　　　　　　　　　　　　　／　255

磬師　　　　　　　　　　　　　／　256

鍾師　　　　　　　　　　　　　／　256

笙師　　　　　　　　　　　　　／　258

鎛師　　　　　　　　　　　　　／　258

韎師　　　　　　　　　　　　　／　259

旄人　　　　　　　　　　　　　／　259

籥師　　　　　　　　　　　　　／　259

籥章　　　　　　　　　　　　　／　259

鞮鞻氏　　　　　　　　　　　　／　260

典庸器　　　　　　　　　　　　／　261

司干　　　　　　　　　　　　　／　261

大卜　　　　　　　　　　　　　／　261

卜師　　　　　　　　　　　　　／　264

龜人　　　　　　　　　　　　　／　265

菙氏　　　　　　　　　　　　　／　266

占人　　　　　　　　　　　　　／　266

簭人　　　　　　　　　　　　　／　267

占夢　　　　　　　　　　　　　／　268

眂祲　　　　　　　　　　　　　／　269

大祝　　　　　　　　　　　　　／　270

小祝　　　　　　　　　　　　　／　276

喪祝　　　　　　　　　　　　　／　277

甸祝　　　　　　　　　　　　　／　279

詛祝　　　　　　　　　　　　　／　280

司巫　　　　　　　　　　　　　／　280

男巫 / 281

女巫 / 282

大史 / 282

小史 / 285

馮相氏 / 285

保章氏 / 286

内史 / 287

外史 / 288

御史 / 289

巾車 / 289

典路 / 294

車僕 / 295

司常 / 295

都宗人 / 297

家宗人 / 298

神仕 / 298

周禮卷第七 / 301

　夏官司馬第四 / 303

　　敘官 / 303

　　大司馬 / 314

　　小司馬 / 324

　　軍司馬 / 324

　　輿司馬 / 325

　　行司馬 / 325

　　司勳 / 325

　　馬質 / 326

　　量人 / 327

小子 / 328

羊人 / 329

司爟 / 329

掌固 / 330

司險 / 331

掌疆 / 331

候人 / 332

環人 / 332

挈壺氏 / 333

射人 / 333

服不氏 / 337

射鳥氏 / 337

羅氏 / 338

掌畜 / 338

周禮卷第八 / 339

夏官司馬下 / 341

司士 / 341

諸子 / 344

司右 / 345

虎賁氏 / 345

旅賁氏 / 346

節服氏 / 346

方相氏 / 346

太僕 / 347

小臣 / 349

祭僕 / 349

御僕 / 350

隸僕　　　　　　　　　　　　　　/　350

弁師　　　　　　　　　　　　　　/　351

司甲　　　　　　　　　　　　　　/　353

司兵　　　　　　　　　　　　　　/　353

司戈盾　　　　　　　　　　　　　/　354

司弓矢　　　　　　　　　　　　　/　354

繕人　　　　　　　　　　　　　　/　357

槁人　　　　　　　　　　　　　　/　357

戎右　　　　　　　　　　　　　　/　358

齊右　　　　　　　　　　　　　　/　359

道右　　　　　　　　　　　　　　/　359

大馭　　　　　　　　　　　　　　/　360

戎僕　　　　　　　　　　　　　　/　360

齊僕　　　　　　　　　　　　　　/　361

道僕　　　　　　　　　　　　　　/　361

田僕　　　　　　　　　　　　　　/　361

馭夫　　　　　　　　　　　　　　/　362

校人　　　　　　　　　　　　　　/　362

趣馬　　　　　　　　　　　　　　/　365

巫馬　　　　　　　　　　　　　　/　365

牧師　　　　　　　　　　　　　　/　365

廋人　　　　　　　　　　　　　　/　366

圉師　　　　　　　　　　　　　　/　367

圉人　　　　　　　　　　　　　　/　367

職方氏　　　　　　　　　　　　　/　367

土方氏　　　　　　　　　　　　　/　372

懷方氏　　　　　　　　　　　　　/　372

合方氏　　　　　　　　　　　　　/　372

訓方氏　　　　　　　／ 373

形方氏　　　　　　　／ 373

山師　　　　　　　　／ 374

川師　　　　　　　　／ 374

邍師　　　　　　　　／ 374

匡人　　　　　　　　／ 374

撢人　　　　　　　　／ 375

都司馬　　　　　　　／ 375

家司馬　　　　　　　／ 375

周禮卷第九　　　　　／ 377

　秋官司寇第五　　　　／ 379

　　敍官　　　　　　　／ 379

　　大司寇　　　　　　／ 390

　　小司寇　　　　　　／ 394

　　士師　　　　　　　／ 397

　　鄉士　　　　　　　／ 400

　　遂士　　　　　　　／ 401

　　縣士　　　　　　　／ 402

　　方士　　　　　　　／ 403

　　訝士　　　　　　　／ 404

　　朝士　　　　　　　／ 405

　　司民　　　　　　　／ 407

　　司刑　　　　　　　／ 408

　　司刺　　　　　　　／ 409

　　司約　　　　　　　／ 409

　　司盟　　　　　　　／ 410

　　職金　　　　　　　／ 411

司厲　　　　　　　　　　　　　/ 412

犬人　　　　　　　　　　　　　/ 413

司圜　　　　　　　　　　　　　/ 413

掌囚　　　　　　　　　　　　　/ 414

掌戮　　　　　　　　　　　　　/ 414

司隸　　　　　　　　　　　　　/ 416

罪隸　　　　　　　　　　　　　/ 416

蠻隸　　　　　　　　　　　　　/ 416

閩隸　　　　　　　　　　　　　/ 417

夷隸　　　　　　　　　　　　　/ 417

貉隸　　　　　　　　　　　　　/ 417

周禮卷第十　　　　　　　　　/ 419

秋官司寇下　　　　　　　　　　/ 421

布憲　　　　　　　　　　　　　/ 421

禁殺戮　　　　　　　　　　　　/ 421

禁暴氏　　　　　　　　　　　　/ 422

野廬氏　　　　　　　　　　　　/ 422

蜡氏　　　　　　　　　　　　　/ 423

雍氏　　　　　　　　　　　　　/ 424

萍氏　　　　　　　　　　　　　/ 424

司寤氏　　　　　　　　　　　　/ 425

司烜氏　　　　　　　　　　　　/ 425

條狼氏　　　　　　　　　　　　/ 426

脩閭氏　　　　　　　　　　　　/ 426

冥氏　　　　　　　　　　　　　/ 427

庶氏　　　　　　　　　　　　　/ 427

穴氏　　　　　　　　　　　　　/ 428

翨氏　　　　　　　　　　　　　　　　/ 428

柞氏　　　　　　　　　　　　　　　　/ 428

薙氏　　　　　　　　　　　　　　　　/ 429

硩蔟氏　　　　　　　　　　　　　　　/ 429

翦氏　　　　　　　　　　　　　　　　/ 429

赤犮氏　　　　　　　　　　　　　　　/ 430

蝈氏　　　　　　　　　　　　　　　　/ 430

壺涿氏　　　　　　　　　　　　　　　/ 430

庭氏　　　　　　　　　　　　　　　　/ 431

銜枚氏　　　　　　　　　　　　　　　/ 431

伊耆氏　　　　　　　　　　　　　　　/ 432

大行人　　　　　　　　　　　　　　　/ 432

小行人　　　　　　　　　　　　　　　/ 438

司儀　　　　　　　　　　　　　　　　/ 440

行夫　　　　　　　　　　　　　　　　/ 446

環人　　　　　　　　　　　　　　　　/ 447

象胥　　　　　　　　　　　　　　　　/ 447

掌客　　　　　　　　　　　　　　　　/ 448

掌訝　　　　　　　　　　　　　　　　/ 452

掌交　　　　　　　　　　　　　　　　/ 454

掌察　　　　　　　　　　　　　　　　/ 454

掌貨賄　　　　　　　　　　　　　　　/ 454

朝大夫　　　　　　　　　　　　　　　/ 454

都則　　　　　　　　　　　　　　　　/ 455

都士　　　　　　　　　　　　　　　　/ 455

家士　　　　　　　　　　　　　　　　/ 455

目　錄

周禮卷第十一　　　　　　　/ 457

　冬官考工記第六　　　　　　/ 459

　　總敍　　　　　　　　　　/ 459

　　輪人　　　　　　　　　　/ 465

　　輿人　　　　　　　　　　/ 471

　　輈人　　　　　　　　　　/ 473

　　築氏　　　　　　　　　　/ 478

　　冶氏　　　　　　　　　　/ 478

　　桃氏　　　　　　　　　　/ 480

　　鳧氏　　　　　　　　　　/ 480

　　㮚氏　　　　　　　　　　/ 483

　　段氏　　　　　　　　　　/ 484

　　函人　　　　　　　　　　/ 484

　　鮑人　　　　　　　　　　/ 486

　　韗人　　　　　　　　　　/ 487

　　韋氏　　　　　　　　　　/ 488

　　裘氏　　　　　　　　　　/ 488

　　畫繢　　　　　　　　　　/ 488

　　鍾氏　　　　　　　　　　/ 489

　　筐人　　　　　　　　　　/ 490

　　㡛氏　　　　　　　　　　/ 490

周禮卷第十二　　　　　　　/ 493

　冬官考工記下　　　　　　　/ 495

　　玉人　　　　　　　　　　/ 495

　　柳人　　　　　　　　　　/ 499

　　雕人　　　　　　　　　　/ 499

　　磬氏　　　　　　　　　　/ 499

矢人　　　　　　　　　　　　　　／　500

陶人　　　　　　　　　　　　　　／　501

瓬人　　　　　　　　　　　　　　／　502

梓人　　　　　　　　　　　　　　／　502

廬人　　　　　　　　　　　　　　／　506

匠人　　　　　　　　　　　　　　／　508

車人　　　　　　　　　　　　　　／　515

弓人　　　　　　　　　　　　　　／　518

整理説明

　　《周禮》起初稱《周官》，而其改名《周禮》，時間約在王莽居攝之初。此外，《周禮》尚有《經禮》《禮儀》《禮經》《正經》等别名。

　　在中國傳統學術中，《周禮》爲歸屬於經部禮學的大門類。禮學向來以《儀禮》《禮記》《周禮》三部經典（三《禮》）爲主幹。但與《儀禮》以士禮爲中心，《禮記》爲諸儒説禮雜編不同，《周禮》集中討論的是有關禮制的内容，且它的編排更加系統，取旨也更爲宏大。

　　《周禮》全書分爲《天官冢宰》《地官司徒》《春官宗伯》《夏官司馬》《秋官司寇》《冬官司空》六篇，分别對應王權之下政府的六大行政部門。篇題所列既是部門長官，也是府衙名稱。其下的每篇文字由敘文、敘官、職文三部分組成。敘文總言該部職官的設置之由，敘官詳列該部職官的名稱、爵位、屬員編制等内容，職文則具體介紹該部職官所負擔的職責與行政事務。具體説來，天官府掌“邦治”，屬職六十三項；地官府掌“邦教”，屬職七十八項；春官府掌“邦禮”，屬職七十項；夏官府掌“邦政”，屬職七十項；秋官府掌“邦禁”，屬職六十六項；冬官府掌“邦事”，屬職三十項（此據《考工記》），全書共計職官三百七十七項。可以説，《周禮》的作者通過對政府各部門職官的精細化建構，反映出古代中國人對王權政治的職官體系和行政運作的一種理想化設計。

正緣於此，中國歷史上的政治改革，往往從《周禮》中獲取靈感。無論是西漢末年王莽改制，還是西魏恭帝“建六官”，再到北宋王安石變法，《周禮》的影響無處不在。所以它得以與《儀禮》《禮記》鼎足而三，共尊爲經典，完全是由自身獨特的思想内容與寶貴價值所決定。

有關《周禮》的作者和時代問題，迄今尚無定論。傳統上，主要有三派意見。（一）認爲《周禮》是西周初年周公所作，信從者以鄭玄爲代表。《周禮·天官·敘官》“惟王建國”，鄭玄注云：“周公居攝而作六典之職，謂之《周禮》。”（二）認爲《周禮》是戰國時人所作，支持者有東漢林孝存、何休等。唐賈公彦《序周禮興廢》云：“林孝存以爲武帝知《周官》末世瀆亂不驗之書，故作《十論》《七難》以排棄之。何休亦以爲六國陰謀之書。”（三）認爲《周禮》是西漢末年劉歆僞造，目的在於協助王莽篡漢。此説係宋人胡宏首倡，而在近代由康有爲在《新學僞經考》中極力宣揚。

儘管現代學者依然有人支持《周禮》爲劉歆僞造的説法，但此説證據薄弱，持論者多牽強臆斷，論證時往往帶有現實隱射攻擊的目的，已不爲當前的學界主流所接受。而《周禮》在西漢的發現與存在，《史記》《漢書》的記載皆足以提供線索。《漢書·景十三王傳》謂景帝時，河間獻王劉德“所得書皆古文先秦舊書，《周官》《尚書》《禮》《禮記》《孟子》《老子》之屬，皆經傳説記，七十子之徒所論”。如果説劉德獲得古文經典的情況，不見於《史記》，而《漢書》是東漢文字，難以作爲確證的話，《史記·封禪書》中的記載則更加值得注意。《史記·封禪書》:"《周官》曰,冬日至,祀天於南郊,迎長日之至;夏日至,祭地祇。皆用樂舞,而神乃可得而禮也。"《史記》此處約略取用《周禮·春官·大司樂》之文。《大司樂》云:"冬日至,於地上之圜丘奏之,若樂六變,則天神皆降,可得而禮矣。凡樂,函鍾爲宮,大蔟爲角,姑洗爲徵,南呂爲羽,靈鼓靈鼗,孫竹之管,空桑之琴瑟,《咸池》之舞。夏日至,於澤中之方丘奏之,若樂八變,則地示皆出,可得而禮矣。"清孫詒讓《周禮正義》謂:"司馬遷以此圜丘爲即南郊之祭。其云'迎長日之至'者,兼取《郊特牲》文也。"賈公彦《序周禮興廢》稱"《周官》,孝武之時始出,秘而不傳"。司馬遷所用,或許即當時秘府之藏本。

必須承認,在現有條件下,要精確論定《周禮》的作者及其産生時代是非常困難的。但可以肯定的是《周禮》記載了大量有關周代制度的内容,同時又不乏理想色彩。根據當前學界對於中國早期文本生成的認識,如同其他經子典籍,《周禮》在長期流傳中必然經歷了多次傳抄整理。至於其在漢代形成比較穩定的文本面貌,整個過程非一時一人之功。而《周禮》流傳至漢代,闕《冬官》一篇,漢人取《考工記》補之。這説明相對完整系統的《周禮》文本在先秦時期應當已經出現。

《漢書·藝文志》著録有"《周官傳》四篇",這應是《周禮》最早的注釋文字。但爲之作傳者已不可考。《後漢書·儒林傳》謂:"《周官經》六篇,前世傳其書,未有名家。"東漢永平之初,劉歆弟子河南緱氏杜子春年且九十,研治

《周禮》，能通其讀，頗識其説，傳其學於鄭衆、賈逵。鄭、賈二人受學後，各自著有《周禮解詁》。馬融又在二解的基礎上作《周官傳》。除此之外，東漢《周禮》注家尚有鄭衆之父鄭興，以及衛宏、張衡等人。至漢末，鄭玄從馬融與東郡張恭祖受《周禮》，同時網羅衆家之説，博收約取，擇善而從，撰《周禮注》十二卷。

鄭氏《周禮注》的價值不僅體現在它是漢代《周禮》研究集大成的著作，同時，在鄭學的理念下，三《禮》應以《周禮》居首。因此，《周禮注》實際擔負了鄭學"以《周禮》爲綱，調和三《禮》"的中心任務，學術意義特爲突出。漢代之後，魏王肅有《周官禮注》十二卷，西晉前後行於一時，幾奪鄭學之席。然而東晉以降，鄭學逐漸復興。南北朝的經學好尚雖有差別，但三《禮》之學宗鄭則一。至唐代，有賈公彦爲鄭玄《周禮注》作疏。後經宋人將鄭《注》、賈《疏》合刻作爲《十三經注疏》之一種，鄭氏《周禮注》作爲正經之正注的經典地位不再存在挑戰。

鄭玄《周禮注》現存宋本基本完整者有兩部（不數重言重義及纂圖互注本），皆藏於中國國家圖書館。（一）索書號七九二二，宋婺州市門巷唐宅刻本，有勞健抄補並跋。半葉十三行、行二十五字，小字雙行、行三十五字，白口，左右雙邊。有《古逸叢書三編》及《中華再造善本》影印本。（二）索書號八六三五，附唐陸德明《釋音》，宋刻本，有清費念慈跋。半葉十行、行十九字，小字雙行、行二十三字，細黑口，四周雙邊。有1934年文禄堂影印本。

民國時，張元濟先生編印《四部叢刊》初編，《周禮注》

採用明嘉靖刻本影印。此本係用清葉德輝觀古堂舊藏,附唐陸德明《釋音》,有句讀。半葉八行、行十七字,小字雙行同,白口,四周雙邊。張元濟《縮本四部叢刊初編書錄》謂此本"每卷題'周禮卷第幾',次行頂格書篇名,下空五格題'鄭氏注',《釋音》以圈隔之。通體有句讀,左欄外有耳。款式均與武英殿所翻岳本《五經》同",或可見其淵源。

　　本次整理,爲紀念張元濟先生,底本選用《四部叢刊》初編影印本《周禮注》,並依據本叢書的既定體例,删去《釋音》及句讀,而爲之施以現代標點。同時,選取黄丕烈《士禮居叢書》本《周禮注》通校底本,又參校以武英殿刻及阮刻《十三經注疏》。此外,點校者還適度參考了現代學者對《周禮》的整理成果,力爭最終能爲古籍愛好者提供一個簡明而妥善的閱讀選擇。當然,限於水平,失誤和錯謬在所難免,懇請學界方家不吝賜教,以便日後修訂完善。

石　珹

二〇二一年二月

整理凡例

一、《周禮注》原書經注相間。本次整理時，對其中文字進行了重新排版。具體做法是：先列經文，鄭注以段後注的方式列出。分段的標準，以意群區隔爲主，同時適當照顧讀者的閱讀體驗，避免出現單個段落正文與注釋篇幅過長的情況。

一、本書分卷，悉從底本。

一、依叢書體例，整理時删去原書所附陸德明《釋音》及句讀。

一、本次整理，底本選用《四部叢刊》初編影印本《周禮注》，通校以黃丕烈《士禮居叢書》本《周禮注》（後簡稱"黃本"），同時參校以武英殿刻及阮刻《十三經注疏》（後簡稱"殿本""阮本"）。

一、具體校勘上，本次整理遵循簡易原則：（1）徑改避諱字，對俗字和部分異體字在不影響文義的前提下做統一處理，以上皆不出校；（2）底本文字明確有誤的，先在文中徑改之，再以校記的形式做簡要説明；（3）底本不誤的其他異文，不出校。

一、本書的標點與分段，適度參考了王文錦、陳玉霞點校《周禮正義》（中華書局，2008 年重印）和楊天宇《周禮譯注》（上海古籍出版社，2004 年）等現代學者的整理成果。

周禮卷第一

周禮卷第一

鄭　氏　注

天官冢宰第一

惟王建國，[一]辨方正位，[二]體國經野，[三]設官分職，[四]以爲民極。[五]乃立天官冢宰，使帥其屬而掌邦治，以佐王均邦國。[六]

[一]建，立也。周公居攝而作六典之職，謂之《周禮》。營邑於土中，七年，致政成王，以此禮授之，使居雒邑治天下。《司徒職》曰："日至之景，尺有五寸，謂之地中。天地之所合也，四時之所交也，風雨之所會也，陰陽之所和也。然則百物阜安，乃建王國焉。"

[二]辨，別也。鄭司農云："別四方，正君臣之位。君南面、臣北面之屬。"玄謂《考工》"匠人建國，水地以縣，置槷以縣，視以景，爲規識日出之景與日入之景。晝參諸日中之景，夜考之極星，以正朝夕"，是別四方。《召誥》曰："越三日戊申，太保朝至于雒，卜宅。厥既得卜，則經營。越三日庚戌，太保乃以庶殷攻位於雒汭。越五日甲寅，位成。"正位，謂此定宮廟。

[三]體，猶分也。經，謂爲之里數。鄭司農云："營國方九里，國中九經九緯，左祖右社，面朝後市；野則九夫爲井，四井

9

爲邑之屬是也。”

[四] 鄭司農云：“置冢宰、司徒、宗伯、司馬、司寇、司空，各有所職而百事舉。”

[五] 極，中也。令天下之人，各得其中，不失其所。

[六] 掌，主也。邦治，王所以治邦國也。佐，猶助也。鄭司農云：“邦治，謂揔六官之職也。故《大宰職》曰：‘掌建邦之六典，以佐王治邦國。’六官皆揔屬於冢宰，故《論語》曰[一]：‘君薨，百官揔己以聽於冢宰。’言冢宰於百官無所不主。《爾雅》曰：‘冢，大也。’冢宰，大宰也。”

治官之屬：

大宰，卿一人。

小宰，中大夫二人。

宰夫，下大夫四人；上士八人，中士十有六人，旅下士三十有二人。[一] 府六人，史十有二人，[二] 胥十有二人，徒百有二十人。[三]

[一] 變冢言大，進退異名也。百官揔焉則謂之冢，列職於王則稱大。冢，大之上也。山頂曰冢。旅，衆也。下士，治衆事者。自大宰至旅下士，轉相副貳，皆王臣也。王之卿六命，其大夫四命，士以三命而下爲差。

[二] 府，治藏。史，掌書者。凡府史，皆其官長所自辟除。

[三] 此民給徭役者，若今衞士矣。胥，讀如諝，謂其有才知，爲什長。

〔一〕 故論語曰　“語”，底本作“命”，今據黃本改。

宮正，上士二人，中士四人，下士八人。府二人，史四人，胥四人，徒四十人。^[一]

[一] 正，長也。宮正，主宮中官之長。

宮伯，中士二人，下士四人。府一人，史二人，胥二人，徒二十人。^[一]

[一] 伯，長也。

膳夫，上士二人，中士四人，下士八人。府二人，史四人，胥十有二人，徒百有二十人。^[一]

[一] 膳之言善也。今時美物曰珍膳。膳夫，食官之長也。鄭司農以《詩》說之，曰"仲允膳夫"。

庖人，中士四人，下士八人。府二人，史四人，賈八人，胥四人，徒四十人。^[一]

[一] 庖之言苞也。裹肉曰苞苴。賈，主市買，知物賈。

內饔，中士四人，下士八人。府二人，史四人，胥十人，徒百人。^[一]

[一] 饔，割亨煎和之稱。內饔，所主在內。

外饔，中士四人，下士八人。府二人，史四人，胥十人，徒百人。[一]

[一] 外饔，所主在外。

亨人，下士四人。府一人，史二人，胥五人，徒五十人。[一]

[一] 主爲外內饔煮肉者。

甸師，下士二人。府一人，史二人，胥三十人，徒三百人。[一]

[一] 郊外曰甸。師，猶長也。甸師，主共野物官之長。

獸人，中士四人，下士八人。府二人，史四人，胥四人，徒四十人。

歔人，中士二人，下士四人。府二人，史四人，胥三十人，徒三百人。

鼈人，下士四人。府二人，史二人，徒十有六人。

腊人，下士四人。府二人，史二人，徒二十人。[一]

[一] 腊之言夕也。

醫師，上士二人，下士四人。府二人，史二人，徒二十人。[一]

［一］醫師，衆醫之長。

食醫，中士二人。^{［一］}

［一］食有和齊藥之類。

疾醫，中士八人。
瘍醫，下士八人。^{［一］}

［一］瘍，創癰也。

獸醫，下士四人。^{［一］}

［一］獸，牛馬之屬。

酒正，中士四人，下士八人。府二人，史八人，胥八人，徒八十人。^{［一］}

［一］酒正，酒官之長。

酒人，奄十人，女酒三十人，奚三百人。^{［一］}

［一］奄，精氣閉藏者。今謂之宦人。《月令》仲冬“其器閎以奄”。女酒，女奴曉酒者。古者從坐男女没入縣官爲奴，其少才知以爲奚。今之侍史官婢。或曰：“奚，宦女。”

漿人，奄五人，女漿十有五人，奚百有五十人。[一]

[一] 女漿，女奴曉漿者。

凌人，下士二人。府二人，史二人，胥八人，徒八十人。[一]

[一] 凌，冰室也。《詩》云："二之日，鑿冰沖沖。三之日，納于凌陰。"

籩人，奄一人，女籩十人，奚二十人。[一]

[一] 竹曰籩。女籩，女奴之曉籩者。

醢人，奄一人，女醢二十人，奚四十人。[一]

[一] 醢，豆實也。不謂之豆，此主醢，豆不盡于醢也。女醢，女奴曉醢者。

醯人，奄二人，女醯二十人，奚四十人。[一]

[一] 女醯，女奴曉醯者。

鹽人，奄二人，女鹽二十人，奚四十人。[一]

〔一〕女鹽，女奴曉鹽者〔一〕。

冪人，奄一人，女冪十人，奚二十人。〔一〕

〔一〕以巾覆物曰冪。女冪，女奴曉冪者。

宮人，中士四人，下士八人。府二人，史四人，胥八人，徒八十人。

掌舍，下士四人。府二人，史四人，徒四十人。〔一〕

〔一〕舍，行所解止之處。

幕人，下士一人。府二人，史二人，徒四十人。〔一〕

〔一〕幕，帷覆上者。

掌次，下士四人。府四人，史二人，徒八十人。〔一〕

〔一〕次，自脩正之處。

大府，下大夫二人；上士四人，下士八人。府四人，史八人，賈十有六人，胥八人，徒八十人。〔一〕

〔一〕大府，爲王治藏之長。若今司農矣。

〔一〕女奴曉鹽者　"者"，底本缺，今據<u>黃</u>本補。

玉府，上士二人，中士四人。府二人，史二人，工八人，賈八人，胥四人，徒四十有八人。[一]

[一]工，能攻玉者。

內府，中士二人。府一人，史二人，徒十人。[一]

[一]內府，主良貨賄藏在內者。

外府，中士二人。府一人，史二人，徒十人。[一]

[一]外府，主泉藏在外者。

司會，中大夫二人，下大夫四人；上士八人，中士十有六人。府四人，史八人，胥五人，徒五十人。[一]

[一]會，大計也。司會，主天下之大計，計官之長。若今尚書。

司書，上士二人，中士四人。府二人，史四人，徒八人。[一]

[一]司書，主計會之簿書。

職內，上士二人，中士四人。府四人，史四人，徒二十人。[一]

［一］職内，主入也。若今之泉所入，謂之少内。

職歲，上士四人，中士八人。府四人，史八人，徒二十人。^[一]

［一］主歲計，以歲斷。

職幣，上士二人，中士四人。府二人，史四人，賈四人，胥二人，徒二十人。

司裘，中士二人，下士四人。府二人，史四人，徒四十人。

掌皮，下士四人。府二人，史四人，徒四十人。

内宰，下大夫二人；上士四人，中士八人。府四人，史八人，胥八人，徒八十人。^[一]

［一］内宰，宮中官之長。

内小臣，奄上士四人。史二人，徒八人。^[一]

［一］奄稱士，異其賢。

閽人，王宮每門四人，囿、游亦如之。^[一]

［一］閽人，司昏晨以啟閉者。刑人墨者使守門。囿，御苑也。游，離宮也。

寺人，王之正内五人。[一]

[一] 寺之言侍也。《詩》云："寺人孟子。"正内，路寢。

内豎，倍寺人之數。[一]

[一] 豎，未冠者之官名。

九嬪。[一]

[一] 嬪，婦也。《昏義》曰："古者，天子后立六宮，三夫人、九
　　　嬪、二十七世婦、八十一御妻，以聽天下之内治，以明章婦
　　　順，故天下内和而家理也。"不列夫人于此官者，夫人之於
　　　后，猶三公之於王，坐而論婦禮，無官職。

世婦。[一]

[一] 不言數者，君子不苟於色，有婦德者充之，無則闕。

女御。[一]

[一]《昏義》所謂御妻。御，猶進也，侍也。

女祝，四人，奚八人。[一]

[一] 女祝，女奴曉祝事者。

女史，八人，奚十有六人。[一]

[一] 女史，女奴曉書者。

典婦功，中士二人，下士四人。府二人，史四人，工四人，賈四人，徒二十人。[一]

[一] 典，主也。典婦功者，主婦人絲枲功官之長。

典絲，下士二人。府二人，史二人，賈四人，徒十有二人。

典枲，下士二人。府二人，史二人，徒二十人。

內司服，奄一人，女御二人，奚八人。[一]

[一] 內司服，主宮中裁縫官之長。有女御者，以衣服進，或當於王，廣其禮，使無色過。

縫人，奄二人，女御八人，女工八十人，奚三十人。[一]

[一] 女工，女奴曉裁縫者。

染人，下士二人。府二人，史二人，徒二十人。

追師，下士二人。府一人，史二人，工二人，徒四人。[一]

［一］追，治玉石之名。

屨人，下士二人。府一人，史一人，工八人，徒四人。

夏采，下士四人。史一人，徒四人。^{［一］}

［一］夏采，夏翟羽色。《禹貢》徐州貢夏翟之羽，有虞氏以爲綏。後世或無，故染鳥羽，象而用之，謂之夏采。

（一・一）

大宰之職，掌建邦之六典，以佐王治邦國。一曰治典，以經邦國，以治官府，以紀萬民。二曰教典，以安邦國，以教官府，以擾萬民。三曰禮典，以和邦國，以統百官，以諧萬民。四曰政典，以平邦國，以正百官，以均萬民。五曰刑典，以詰邦國，以刑百官，以糾萬民。六曰事典，以富邦國，以任百官，以生萬民。^{［一］}

［一］大曰邦，小曰國。邦之所居亦曰國。典，常也，經也，法也。王謂之禮經，常所秉以治天下也。邦國官府謂之禮法，常所守以爲法式也。常者，其上下通名。擾，猶馴也。統，猶合也。詰，猶禁也。《書》曰：“度作詳刑，以詰四方。”任，猶傳也。生，猶養也。鄭司農云：“治典，冢宰之職，故立其官，曰使帥其屬而掌邦治，以佐王均邦國。教典，司徒之職，故立其官，曰使帥其屬而掌邦教，以佐王安擾邦國。禮典，宗伯之職，故立其官，曰使帥其屬而掌邦禮，以佐王和邦國。政典，司馬之職，故立其官，曰使帥其屬而掌邦政，

以佐王平邦國。刑典，司寇之職，故立其官，曰使帥其屬而
掌邦禁，以佐王刑邦國。此三時皆有官，唯冬無官，又無司
空。以三隅反之，則事典，司空之職也。《司空》之篇亡，《小
宰職》曰：'六曰冬官，其屬六十，掌邦事。'"

以八灋治官府。一曰官屬，以舉邦治。二曰官職，以
辨邦治。三曰官聯，以會官治。四曰官常，以聽官治。五
曰官成，以經邦治。六曰官灋，以正邦治。七曰官刑，以
糾邦治。八曰官計，以弊邦治。[一]

[一] 百官所居曰府。弊，斷也。鄭司農云："官屬，謂六官其屬
　　各六十。若今博士、大史、大宰、大祝、大樂屬大常也。《小
　　宰職》曰'以官府之六屬舉邦治。一曰天官，其屬六十'是
　　也。官職，謂六官之職。《小宰職》曰：'以官府之六職辨邦
　　治。一曰治職，二曰教職，三曰禮職，四曰政職，五曰刑
　　職，六曰事職。'官聯，謂國有大事，一官不能獨共，則六
　　官共舉之。聯，讀爲連。古書連作聯。聯，謂連事通職，相
　　佐助也。《小宰職》曰：'以官府之六聯合邦治。一曰祭祀之
　　聯事，二曰賓客之聯事，三曰喪荒之聯事，四曰軍旅之聯
　　事，五曰田役之聯事，六曰斂弛之聯事。'官常，謂各自領
　　其官之常職，非連事通職所共也。官成，謂官府之成事品式
　　也。《小宰職》曰：'以官府之八成經邦治。一曰聽政役以比
　　居，二曰聽師田以簡稽，三曰聽閭里以版圖，四曰聽稱責以
　　傅別，五曰聽祿位以禮命，六曰聽取予以書契，七曰聽賣買
　　以質劑，八曰聽出入以要會。'官法，謂職所主之法度。官
　　職主祭祝、朝覲、會同、賓客者，則皆自有其法度。《小宰

職》曰：‘以法掌祭祀、朝覲、會同、賓客之戒具。’官刑，謂司刑所掌墨辠、劓辠、宮辠、刖辠、殺辠也。官計，謂三年則大計群吏之治而誅賞之。”玄謂官刑，《司寇》之職五刑，其四曰官刑，上能糾職。官計，謂《小宰》之六計，所以斷群吏之治。

以八則治都鄙。一曰祭祀，以馭其神。二曰灋則，以馭其官。三曰廢置，以馭其吏。四曰祿位，以馭其士。五曰賦貢，以馭其用。六曰禮俗，以馭其民。七曰刑賞，以馭其威。八曰田役，以馭其衆。[一]

[一]　都之所居曰鄙。則，亦法也。典、法、則，所用異，異其名也。都鄙，公、卿、大夫之采邑，王子弟所食邑，周、召、毛、聃、畢、原之屬在畿內者。祭祀，其先君、社稷、五祀。法則，其官之制度。廢，猶退也。退其不能者，舉賢而置之。祿，若今月奉也。位，爵次也。賦，口率出泉也。貢，功也，九職之功所稅也。禮俗，婚姻喪紀舊所行也。鄭司農云：“士，謂學士。”

以八柄詔王馭群臣。一曰爵，以馭其貴。二曰祿，以馭其富。三曰予，以馭其幸。四曰置，以馭其行。五曰生，以馭其福。六曰奪，以馭其貧。七曰廢，以馭其罪。八曰誅，以馭其過。[一]

[一]　柄，所秉執以起事者也。詔，告也，助也。爵謂公、侯、伯、子、男、卿、大夫、士也。《詩》云“誨爾序爵”，言教

王以賢否之第次也。班祿，所以富臣下。《書》曰："凡厥正人，既富方穀。"幸，謂言行偶合於善，則有以賜予之，以勸後也。生，猶養也。賢臣之老者，王有以養之。成王封伯禽於魯，曰"生以養周公，死以爲周公後"是也。五福，一曰壽。奪，謂臣有大罪沒入家財者。六極，四曰貧。廢，猶放也。舜殛鯀于羽山是也。誅，責讓也。《曲禮》曰："齒路馬有誅。"凡言馭者，所以歐之，内之於善。

以八統詔王馭萬民。一曰親親，二曰敬故，三曰進賢，四曰使能，五曰保庸，六曰尊貴，七曰達吏，八曰禮賓。[一]

[一]統，所以合牢以等物也。親親，若堯親九族也。敬故，不慢舊也。晏平仲久而敬之。賢，有善行也。能，多才藝者。保庸，安有功者。尊貴，尊天下之貴者。《孟子》曰："天下之達尊者三，曰爵也、德也、齒也。"《祭義》曰："先王之所以治天下者五，貴有德，貴貴，貴老，敬長，慈幼。"達吏，察舉勤勞之小吏也。禮賓，賓客諸侯，所以示民親仁善鄰。

以九職任萬民。一曰三農，生九穀。二曰園圃，毓草木。三曰虞衡，作山澤之材。四曰藪牧，養蕃鳥獸。五曰百工，飭化八材。六曰商賈，阜通貨賄。七曰嬪婦，化治絲枲。八曰臣妾，聚斂疏材。九曰閒民，無常職，轉移執事。[一]

[一]任，猶傳也。鄭司農云："三農，平地、山、澤也。九穀，

黍、稷、秫、稻、麻、大小豆、大小麥。八材，珠曰切，象曰瑳，玉曰琢，石曰磨，木曰刻，金曰鏤，革曰剝，羽曰析。閒民，謂無事業者。轉移爲人執事，若今傭賃也。"玄謂三農，原、隰及平地。九穀，無秫^{〔一〕}、大麥，而有粱、苽^{〔二〕}。樹果蓏曰圃，園其樊也。虞衡，掌山澤之官，主山澤之民者。澤無水曰藪。牧，牧田。在遠郊，皆畜牧之地。行曰商，處曰賈。阜，盛也。金玉曰貨，布帛曰賄。嬪，婦人之美稱也。《堯典》曰："釐降二女，嬪于虞。"臣妾，男女貧賤之稱。晉惠公卜懷公之生，曰："將生一男一女，男爲人臣，女爲人妾。"生而名其男曰圉，女曰妾。及懷公質於秦，妾爲宦女焉。疏材，百草根實可食者。疏不熟曰饉。

以九賦斂財賄。一曰邦中之賦，二曰四郊之賦，三曰邦甸之賦，四曰家削之賦，五曰邦縣之賦，六曰邦都之賦，七曰關市之賦，八曰山澤之賦，九曰幣餘之賦。^{〔一〕}

[一] 財，泉穀也。鄭司農云："邦中之賦，二十而稅一，各有差也。幣餘，百工之餘。"玄謂賦，口率出泉也。今之算泉，民或謂之賦，此其舊名與？鄉大夫以歲時登其夫家之衆寡，辨其可任者，國中自七尺以及六十，野自六尺以及六十有五，皆征之。《遂師之職》亦云"以徵其財征"，皆謂此賦也。邦中，在城郭者。四郊去國百里，邦甸二百里，家削三百里，邦縣四百里，邦都五百里。此平民也。關市、山澤，謂占會百物。幣餘，謂占賣國中之斥幣。皆末作，當增賦者。

〔一〕無秫 "秫"，底本作"林"，今據黃本改。
〔二〕而有粱苽 "粱"，底本作"梁"，今據黃本改。

若今賈人倍筭矣。自邦中以至幣餘，各入其所有穀物，以當賦泉之數。每處爲一書，所待異也。

以九式均節財用。一曰祭祀之式，二曰賓客之式，三曰喪荒之式，四曰羞服之式，五曰工事之式，六曰幣帛之式，七曰芻秣之式，八曰匪頒之式，九曰好用之式。[一]

[一] 式，謂用財之節度。荒，凶年也。羞，飲食之物也。工，作器物者。幣帛，所以贈勞賓客者。芻秣，養牛馬禾穀也。鄭司農云：“匪，分也。頒，讀爲班布之班，謂班賜也。”玄謂王所分賜群臣也。好用，燕好所賜予。

以九貢致邦國之用。一曰祀貢，二曰嬪貢，三曰器貢，四曰幣貢，五曰材貢，六曰貨貢，七曰服貢，八曰斿貢，九曰物貢。[一]

[一] 嬪，故書作賓。鄭司農云：“祀貢，犧牲包茅之屬。賓貢，皮帛之屬。器貢，宗廟之器。幣貢，繡帛。材貢，木材也。貨貢，珠貝自然之物也。服貢，祭服。斿貢，羽毛。物貢，九州之外各以其所貴爲摯，肅慎氏貢楛矢之屬是也。”玄謂嬪貢，絲枲。器貢，銀鐵石磬丹漆也。幣貢，玉馬皮帛也。材貢，櫄幹栝柏篠簜也。貨貢，金玉龜貝也。服貢，絺紵也。斿，讀如囿游之游。斿貢，燕好珠璣琅玕也。物貢，雜物，魚鹽橘柚。

以九兩繫邦國之民。一曰牧，以地得民。二曰長，以貴得民。三曰師，以賢得民。四曰儒，以道得民。五曰宗，以族得民。六曰主，以利得民。七曰吏，以治得民。八曰友，以任得民。九曰藪，以富得民。[一]

[一] 兩，猶耦也，所以協耦萬民。繫，聯綴也。牧，州長也。九州各有封域，以居民也。長，諸侯也。一邦之貴，民所仰也。師，諸侯師氏，有德行以教民者。儒，諸侯保氏，有六藝以教民者。宗，繼別爲大宗，收族者。鄭司農云："主，謂公、卿、大夫世世食采不絶，民稅薄利之。"玄謂利，讀如上思利民之利，謂以政教利之。吏，小吏在鄉邑者。友，謂同井相合耦鋤作者。《孟子》曰："鄉田同井，出入相友，守望相助，疾病相扶持，則百姓親睦。"藪，亦有虞，掌其政令，爲之屬禁，使其地之民守其材物，以時入于王府，頒其餘於萬民。富，謂藪中材物。

正月之吉，始和布治于邦國都鄙。乃縣治象之灋于象魏，使萬民觀治象，挾日而斂之。[一]

[一] 正月，周之正月。吉，謂朔日。大宰以正月朔日，布王治之事於天下。至正歲，又書而縣于象魏，振木鐸以徇之，使萬民觀焉。小宰亦帥其属而往，皆所以重治法、新王事也。凡治有故，言始和者，若改造云爾。鄭司農云："象魏，闕也。故魯災，季桓子御公立于象魏之外，命藏象魏，曰：'舊章不可忘。'"從甲至甲，謂之挾日，凡十日。

乃施典于邦國，而建其牧，立其監，設其參，傅其

伍，陳其殷，置其輔。^[一]

[一] 乃者，更申勑之。以侯伯有功德者，加命作州長，謂之牧。
　　　所謂八命作牧者。監，謂公、侯、伯、子、男各監一國。
　　　《書》曰："王啓監，厥亂爲民。"參，謂卿三人。伍，謂大
　　　夫五人^[一]。鄭司農云："殷，治律。輔，爲民之平也。"玄謂
　　　殷，衆也，謂衆士也。《王制》，諸侯上士二十七人，其中士、
　　　下士各居其上之三分。輔，府史，庶人在官者。

乃施則于都鄙，而建其長，立其兩，設其伍，陳其
殷，置其輔。^[一]

[一] 長謂公、卿、大夫、王子弟食采邑者。兩，謂兩卿。不言三
　　　卿者，不足于諸侯。鄭司農云："兩，謂兩丞。"

乃施灋于官府，而建其正，立其貳，設其攷，陳其
殷，置其輔。^[一]

[一] 正謂冢宰、司徒、宗伯、司馬、司寇、司空也。貳謂小宰、
　　　小司徒、小宗伯、小司馬、小司寇、小司空也。考，成也，
　　　佐成事者，謂宰夫、鄉師、肆師、軍司馬、士師也。《司空》
　　　亡，未聞其考。

凡治，以典待邦國之治，以則待都鄙之治，以灋待官
府之治，以官成待萬民之治，以禮待賓客之治。^[一]

〔一〕 大夫五人　"大"，底本作"夫"，今據黃本改。

27

　　[一]成，八成。禮，賓禮也。

　　祀五帝，則掌百官之誓戒與其具脩。[一]前期十日，帥執事而卜日，遂戒。[二]及執事，眡滌濯。[三]及納亨，贊王牲事。[四]及祀之日，贊玉、幣、爵之事。[五]祀大神示亦如之。[六]享先王亦如之，贊玉几、玉爵。[七]大朝覲會同，贊玉幣、玉獻、玉几、玉爵。[八]大喪，贊贈玉、含玉。[九]

　　[一]祀五帝，謂四郊及明堂。誓戒，要之以刑，重失禮也。《明堂位》所謂“各揚其職，百官廢職服大刑”，是其辭之略也。具，所當共。脩，掃除糞洒。

　　[二]前期，前所諏之日也。十日，容散齊七日，致齊三日。執事，宗伯、大卜之屬。既卜，又戒百官以始齊。

　　[三]執事，初爲祭事前祭日之夕。滌濯，謂溉祭器及甑甗之屬。

　　[四]納亨，納牲，將告殺。謂鄉祭之晨，既殺以授亨人。凡大祭祀，君親牽牲，大夫贊之。

　　[五]日，旦明也。玉幣，所以禮神。玉與幣各如其方之色。爵，所以獻齊酒。不用玉爵，尚質也。三者執以從王，至而授之。

　　[六]大神示，謂天地。

　　[七]玉几，所以依神。天子左右玉几。宗廟獻用玉爵。

　　[八]助王受此四者。時見曰會，殷見曰同。大會同，或於春朝，或於秋覲。舉春秋，則冬夏可知。玉幣，諸侯享幣也。其合亦如小行人所合六幣云。玉獻，獻國珍異，亦執玉以致之。玉几，王所依也。立而設几，優尊者。玉爵[一]，王禮諸侯之酢爵。王朝諸侯，立依前，南面，其禮之於阼階上。

────────────

〔一〕玉爵　“玉”，底本作“王”，今據黃本改。

［九］助王爲之也。贈玉，既窆，所以送先王。含玉，死者口實，
　　　天子以玉。《雜記》曰"含者執璧將命，曰：寡君使某含"，
　　　則諸侯含以璧。鄭司農云："含玉，璧琮。"

作大事，則戒于百官，贊王命。[一]

［一］助王爲教令。《春秋傳》曰："國之大事，在祀與戎。"

王眡治朝，則贊聽治。[一] 眡四方之聽朝亦如之。[二]
凡邦之小治，則冢宰聽之。待四方之賓客之小治。[三]

［一］治朝在路門外，群臣治事之朝。王視之，則助王平斷。
［二］謂王巡守在外時。
［三］大事決於王，小事冢宰專平。

歲終，則令百官府各正其治，受其會，[一] 聽其致事，
而詔王廢置。[二] 三歲，則大計群吏之治而誅賞之。[三]

［一］正，正處也。會，大計也。
［二］平其事來至者之功狀，而奏白王。
［三］事久則聽之。大無功，不徒廢，必罪之。大有功，不徒置，
　　　必賞之。鄭司農云："三載考績。"

（一·二）

　　小宰之職，掌建邦之宮刑，以治王宮之政令，凡宮之
糾禁。[一] 掌邦之六典、八灋、八則之貳，以逆邦國、都鄙、

29

官府之治。〔二〕執邦之九貢、九賦、九式之貳，以均財節邦用。

〔一〕杜子春云："宮，皆當爲官。"玄謂宮刑，在王宮中者之刑。建，明布告之。糾，猶割也，察也。若今御史中丞。

〔二〕逆，迎受之。鄭司農云："貳，副也。"

以官府之六敘正群吏。一曰以敘正其位，二曰以敘進其治，三曰以敘作其事，四曰以敘制其食，五曰以敘受其會，六曰以敘聽其情。〔一〕

〔一〕敘，秩次也，謂先尊後卑也。治，功狀也。食，祿之多少。情，爭訟之辭。

以官府之六屬舉邦治。一曰天官，其屬六十，掌邦治，大事則從其長，小事則專達。二曰地官，其屬六十，掌邦教，大事則從其長，小事則專達。三曰春官，其屬六十，掌邦禮，大事則從其長，小事則專達。四曰夏官，其屬六十，掌邦政，大事則從其長，小事則專達。五曰秋官，其屬六十，掌邦刑，大事則從其長，小事則專達。六曰冬官，其屬六十，掌邦事，大事則從其長，小事則專達。〔一〕

〔一〕大事從其長，若庖人、內外饔與膳夫共王之食。小事專達，若宮人、掌舍各爲一官。六官之屬三百六十，象天地四時日月星辰之度數，天道備焉。前此者，成王作《周官》，其志有述天授位之義，故周公設官分職以法之。

以官府之六職辨邦治。一曰治職，以平邦國，以均萬民，以節財用。二曰教職，以安邦國，以寧萬民，以懷賓客。三曰禮職，以和邦國，以諧萬民，以事鬼神。四曰政職，以服邦國，以正萬民，以聚百物。五曰刑職，以詰邦國，以糾萬民，以除盜賊。六曰事職，以富邦國，以養萬民，以生百物。[一]

[一] 懷，亦安也。賓客來，共其委積，所以安之。聚百物者，司馬主九畿，職方制其貢，各以其所有。

以官府之六聯合邦治。一曰祭祀之聯事，二曰賓客之聯事，三曰喪荒之聯事，四曰軍旅之聯事，五曰田役之聯事，六曰斂弛之聯事。凡小事皆有聯。[一]

[一] 鄭司農云：“大祭祀，大宰贊玉幣；司徒奉牛牲；宗伯視滌濯，涖玉鬯，省牲鑊，奉玉齍；司馬羞魚牲，奉馬牲；司寇奉明水火。大喪，大宰贊贈玉、含玉，司徒帥六鄉之眾庶屬其六紖，宗伯爲上相，司馬平士大夫，司寇前王。此所謂官聯。”杜子春：“弛，讀爲施。”玄謂荒政弛力役，及國中貴者、賢者、服公事者、老者、疾者皆舍，不以力役之事。奉牲者，其司空奉豕與？

以官府之八成經邦治。一曰聽政役以比居，二曰聽師田以簡稽，三曰聽閭里以版圖，四曰聽稱責以傅別，五曰聽祿位以禮命，六曰聽取予以書契，七曰聽賣買以質劑，八曰聽出入以要會。[一]

［一］鄭司農云：“政，謂軍政也。役，謂發兵起徒役也。比居，謂伍籍也。比地爲伍，因内政寄軍令，以伍籍發軍起役者，平而無遺脱也。簡稽士卒、兵器、簿書。簡，猶閲也。稽，猶計也，合也。合計其士之卒伍，閲其兵器，爲之要簿也。故《遂人職》曰：‘稽其人民，簡其兵器。’《國語》曰：‘黄池之會，吳陳其兵，皆官師擁鐸拱稽。’版，户籍。圖，地圖也。聽人訟地者，以版圖決之。《司書職》曰：‘邦中之版，土地之圖。’稱責，謂貸予。傅別，謂券書也。聽訟責者，以券書決之。傅，傅著約束於文書。別，別爲兩，兩家各得一也。禮命，謂九賜也。書契，符書也。質劑，謂市中平賈，今時月平是也。要會，謂計最之簿書。月計曰要，歲計曰會。故《宰夫職》曰：‘歲終則令群吏正歲會，月終則令正月要。’”傅別，故書作傅辨，鄭大夫讀爲符別，杜子春讀爲傅别。玄謂政，謂賦也。凡其字或作政，或作正，或作征。以多言之，宜從征，如《孟子》“交征利”云。傅別，謂爲大手書於一札，中字别之。書契，謂出予受入之凡要。凡簿書之最目，獄訟之要辭，皆曰契。《春秋傳》曰：“王叔氏不能舉其契。”質劑，謂兩書一札，同而別之，長曰質，短曰劑。傅別、質劑，皆今之券書也。事異，異其名耳。禮命，禮之九命之差等。

以聽官府之六計，弊群吏之治。一曰廉善，二曰廉能，三曰廉敬，四曰廉正，五曰廉灋，六曰廉辨。［一］

［一］聽，平治也。平治官府之計有六事。弊，斷也。既斷以六事，又以廉爲本。善，善其事，有辭譽也。能，政令行也。

敬，不解于位也。正，行無傾邪也。法，守法不失也。辨，辨然不疑惑也。杜子春云："廉辨，或爲廉端。"

以灋掌祭祀、朝覲、會同、賓客之戒具，軍旅、田役、喪荒亦如之。[一]七事者，令百官府共其財用，治其施舍，聽其治訟。[二]

[一]法，謂其禮法也。戒具，戒官有事者所當共。

[二]七事謂先四，如之者三也。施舍，不給役者。七事，故書爲小事，杜子春云："當爲七事，書亦爲七事。"

凡祭祀，贊玉幣爵之事、祼將之事。[一]凡賓客，贊祼，凡受爵之事，凡受幣之事。[二]喪荒，受其含、襚、幣、玉之事。[三]

[一]又從大宰助王也。將，送也。祼送，送祼，謂贊王酌鬱鬯以獻尸謂之祼。祼之言灌也，明不爲飲，主以祭祀。唯人道宗廟有祼；天地大神，至尊不祼，莫稱焉。凡鬱鬯受祭之，啐之，奠之。

[二]唯祼助宗伯，其餘皆助大宰。王不酌賓客而有受酢。《大宗伯職》曰："大賓客則攝而載祼。"

[三]《春秋傳》曰："口實曰含。衣服曰襚。"凶荒有幣玉者，賓客所賙委之禮。

月終，則以官府之敘，受群吏之要。[一]

〔一〕主每月之小計。

贊冢宰受歲會。歲終，則令群吏致事。^{〔一〕}

〔一〕使齎歲盡文書來至，若今上計。

正歲，帥治官之屬而觀治象之灋，徇以木鐸，曰：“不用灋者，國有常刑。”^{〔一〕}乃退，以宮刑憲禁于王宮。^{〔二〕}令于百官府，曰：“各脩乃職，攷乃灋，待乃事，以聽王命。其有不共，則國有大刑。”^{〔三〕}

〔一〕正歲，謂夏之正月。得四時之正，以出教令者，審也。古者將有新令，必奮木鐸以警衆，使明聽也。木鐸，木舌也。文事奮木鐸，武事奮金鐸。

〔二〕憲，謂表縣之。若今新有法令云。

〔三〕乃，猶女也。

（一·三）

宰夫之職，掌治朝之灋，以正王及三公、六卿、大夫、群吏之位。掌其禁令。^{〔一〕}敍群吏之治，以待賓客之令、諸臣之復、萬民之逆。^{〔二〕}

〔一〕治朝在路門之外。其位，司士掌焉，宰夫察其不如儀。

〔二〕恒次敍諸吏之職事。三者之來，則應使辨理之。鄭司農云：“復，請也。逆，迎受王命者。宰夫主諸臣萬民之復逆，故詩人重之，曰‘家伯維宰’。”玄謂復之言報也，反也。反報

34

於王，謂於朝廷奏事。自下而上曰逆，逆謂上書。

掌百官府之徵令，辨其八職。一曰正，掌官灋以治要。二曰師，掌官成以治凡。三曰司，掌官灋以治目。四曰旅，掌官常以治數。五曰府，掌官契以治藏。六曰史，掌官書以贊治。七曰胥，掌官敘以治敘。八曰徒，掌官令以徵令。[一]

[一] 別異諸官之八職，以備王之徵召所爲。正，辟於治官，則冢宰也。治要，若歲計也。師，辟小宰、宰夫也。治凡，若月計也。司，辟上士、中士。治目，若今日計也。旅，辟下士也。治數，每事多少異也。治藏，藏文書及器物。贊治，若今起文書草。治敘，次序官中，如今侍曹伍伯傳吏朝也。徵令，趨走給召呼。

掌治灋以攷百官府、群都縣鄙之治，乘其財用之出入。凡失財用、物辟名者，以官刑詔冢宰而誅之。其足用、長財、善物者，賞之。[一]

[一] 群都，諸采邑也。六遂，五百家爲鄙，五鄙爲縣。言縣鄙而六鄉州黨亦存焉。乘，猶計也。財，泉穀也。用，貨賄也。物，畜獸也。辟名，詐爲書以空作見，文書與實不相應也。官刑，在《司寇》五刑第四者。

以式灋掌祭祀之戒具，與其薦羞，從大宰而眂滌濯。[一]凡禮事，贊小宰比官府之具。[二]凡朝覲、會同、

35

賓客，以牢禮之灋掌其牢禮、委積、膳獻、飲食、賓賜之飧牽，與其陳數。^[三]凡邦之弔事，掌其戒令，與其幣器財用凡所共者。^[四]大喪、小喪，掌小官之戒令，帥執事而治之。^[五]三公六卿之喪，與職喪帥官有司而治之。凡諸大夫之喪，使其旅帥有司而治之。^[六]

[一] 薦，脯醢也。羞，庶羞、內羞。

[二] 比，校次之。

[三] 牢禮之法，多少之差及其時也。三牲牛羊豕具，爲一牢。委積，謂牢米薪芻給賓客道用也。膳獻，禽羞俶獻也。飲食，燕饗也。鄭司農云：“飧，夕食也。《春秋傳》曰：‘飧有陪鼎。’牽，牲牢可牽而行者。《春秋傳》曰：‘餼牽竭矣。’”玄謂飧，客始至所致禮。凡此禮陳數存可見者，唯有《行人》《掌客》及《聘禮》《公食大夫》。

[四] 弔事，弔諸侯、諸臣。幣，所用賻也。器，所致明器也。凡喪，始死，弔而含襚，葬而賵贈，其間加恩厚，則有賻焉。《春秋》譏武氏子來求賻。

[五] 大喪，王、后、世子也。小喪，夫人以下。小官，士也。其大官，則冢宰掌其戒令。治，謂共辨。

[六] 旅，冢宰下士。

歲終，則令群吏正歲會；月終，則令正月要；旬終，則令正日成：而以攷其治。治不以時舉者，以告而誅之。^[一]

[一] 歲終，自周季冬。正，猶定也。旬，十日也。治不時舉，謂

違時令、失期會。

正歲，則以灋警戒群吏，令脩宮中之職事。[一]書其能者與其良者，而以告于上。[二]

[一]警，勑戒之言。鄭司農云："正歲之正月，以法戒勑群吏。"

[二]良，猶善也。上，謂小宰、大宰也。鄭司農云："若今時舉孝廉、賢良方正、茂才異等。"

（一·四）

宮正掌王宮之戒令、糾禁。[一]以時比宮中之官府、次舍之衆寡，[二]爲之版以待。[三]夕擊柝而比之。[四]國有故，則令宿，其比亦如之。[五]辨外內而時禁，[六]稽其功緒，糾其德行，[七]幾其出入，均其稍食。[八]去其淫怠與其奇衺之民，[九]會其什伍而教之道藝。[一〇]

[一]糾，猶割也，察也。

[二]時，四時。比，校次其人之在否。官府之在宮中者，若膳夫、玉府、內宰、內史之屬。次，諸吏直宿。若今部署諸廬者。舍，其所居寺。

[三]鄭司農云："爲官府次舍之版圖也。待，待比也。"玄謂版，其人之名籍。待，待戒令及比。

[四]夕，莫也。莫行夜以比直宿者，爲其有解惰、離部署。鄭司農云："柝，戒守者所擊也。《易》曰：'重門擊柝，以待暴客。'《春秋傳》曰：'魯擊柝，聞於邾。'"

[五]鄭司農云："故，謂禍災。令宿，宿衛王宮。《春秋傳》曰：'忘

37

守必危，况有灾乎？’”玄謂故，凡非常也。《文王世子》曰：“公有出疆之政，庶子以公族之無事者守於公宮。正室守大廟，諸父守貴宮、貴室，諸子諸孫守下宮、下室。”此謂諸侯也。王之庶子職掌國子之倅，國有大事，則帥國子而致於大子，唯所用之者。令宿之事，蓋亦存焉。

［六］鄭司農云：“分別外人、内人，禁其非時出入。”

［七］稽，猶考也，計也。功，吏職也。緒，其志業。

［八］鄭司農云：“幾其出入，若今時宮中有罪，禁止不得出，亦不得入。及無引籍，不得入宮司馬殿門也。”玄謂幾苛其衣服、持操及疏數者。稍食，祿禀。

［九］民，宮中吏之家人也。淫，放濫也。怠，解慢也。奇衺，譎觚非常。

［一〇］五人爲伍，二伍爲什。會之者，使之輩作輩學相勸帥，且寄宿衞之令。鄭司農云：“道，謂先王所以教道民者。藝，謂禮、樂、射、御、書、數。”

月終則會其稍食，歲終則會其行事。^{［一］}

［一］行事，吏職也。

凡邦之大事，令于王宮之官府、次舍，無去守而聽政令。^{［一］}春秋以木鐸脩火禁。^{［二］}凡邦之事，蹕宮中、廟中，則執燭。^{［三］}大喪，則授廬舍，辨其親疏貴賤之居。^{［四］}

［一］使居其處，待所爲。

［二］火星以春出，以秋入，因天時而以戒。

［三］鄭司農讀火絶之，云：“禁凡邦之事蹕：國有事，王當出，則宮正主禁絶行者，若今時衞士填街蹕也。宮中、廟中則執燭：宮正主爲王於宮中、廟中執燭。”玄謂事，祭事也，邦之祭社稷、七祀於宮中，祭先公、先王於廟中。隸僕掌蹕止行者，宮正則執燭以爲明。《春秋傳》曰：“有大事於大廟。”又曰：“有事於武宫。”

［四］廬，倚廬也。舍，堊室也。親者、貴者居倚廬，疏者、賤者居堊室。《雜記》曰：“大夫居廬，士居堊室。”

（一・五）

宮伯掌王宮之士庶子，凡在版者。[一]掌其政令，行其秩敍，作其徒役之事。[二]授八次、八舍之職事。[三]若邦有大事，作宮衆，則令之。[四]月終則均秩，歲終則均敍。以時頒其衣裘，掌其誅賞。[五]

［一］鄭司農云：“庶子，宿衞之官。版，名籍也，以版爲之。今時鄉户籍謂之户版。”玄謂王宮之士，謂王宮中諸吏之適子也；庶子，其支庶也。

［二］秩，祿稟也。敍，才等也。作徒役之事，大子所用。

［三］衞王宮者，必居四角四中，於徼候便也。鄭司農云：“庶子衞王宮，在内爲次，在外爲舍。”玄謂次，其宿衞所在；舍，其休沐之處。

［四］謂王宮之士庶子，於邦有大事，或選當行。

［五］頒，讀爲班。班，布也。衣裘，若今賦冬夏衣。

（一·六）

　　膳夫掌王之食飲膳羞，以養王及后、世子。[一]凡王之饋，食用六穀，膳用六牲，飲用六清，羞用百有二十品，珍用八物，醬用百有二十甕。[二]王日一舉，鼎十有二，物皆有俎，[三]以樂侑食。膳夫授祭，品嘗食，王乃食。[四]卒食，以樂徹于造。[五]

　　[一]食，飯也。飲，酒漿也。膳，牲肉也。羞，有滋味者。凡養之具，大略有四。

　　[二]進物於尊者曰饋。此饋之盛者，王舉之饌也。六牲，馬牛羊豕犬雞也。羞出於牲及禽獸，以備滋味，謂之庶羞。《公食大夫禮》《內則》：下大夫十六、上大夫二十，其物數備焉。天子諸侯有其數，而物未得盡聞。珍，謂淳熬、淳毋、炮豚、炮牂、擣珍、漬、熬、肝膋也。醬，謂醯醢也。王舉則醢人共醢六十甕，以五齊、七醢、七菹、三臡實之。醢人共齊菹醢物六十甕。<u>鄭司農</u>云：“羞，進也。六穀，稌、黍、稷、粱、麥、苽。苽，彫胡也。六清，水、漿、醴、涼、醫、酏。”

　　[三]殺牲盛饌曰舉。王日一舉，以朝食也。后與王同庖。鼎十有二，牢鼎九，陪鼎三。物，謂牢鼎之實，亦九俎。

　　[四]侑，猶勸也。祭，謂刌肺、脊也。禮，飲食必祭，示有所先。品者，每物皆嘗之，道尊者也。

　　[五]造，作也。<u>鄭司農</u>云：“造，謂食之故所居處也。已食，徹置故處。”

　　王齊日三舉。[一]大喪則不舉，大荒則不舉，大札則不舉，天地有裁則不舉，邦有大故則不舉。^[二]王燕食，則奉膳贊祭。^[三]凡王祭祀、賓客食，則徹王之胙俎。^[四]凡王之稍事，設薦脯醢。^[五]王燕飲酒，則爲獻主。^[六]

[一] 鄭司農云："齊必變食。"

[二] 大荒，凶年。大札，疫癘也。天裁，日月晦食。地裁，崩動也。大故，寇戎之事。鄭司農云："大故，刑殺也。《春秋傳》曰：'司寇行戮，君爲之不舉。'"

[三] 燕食，謂日中與夕食。奉膳，奉朝之餘膳。所祭者，牢肉。

[四] 膳夫親徹胙俎，胙俎最尊也。其餘則其屬徹之。賓客食而王有胙俎，王與賓客禮食。主人飲食之俎，皆爲胙俎，見於此矣。

[五] 鄭司農云："稍事，謂非日中大舉時而閒食，謂之稍事。膳夫主設薦脯醢。"玄謂稍事，有小事而飲酒。

[六] 鄭司農云："主人當獻賓，則膳夫代王爲主，君不敵臣也。《燕義》曰：'使宰夫爲獻主，臣莫敢與君亢禮。'"

掌后及世子之膳羞。^[一]凡肉脩之頒賜皆掌之。^[二]凡祭祀之致福者，受而膳之，^[三]以摯見者亦如之。^[四]歲終則會，唯王及后、世子之膳不會。^[五]

[一] 亦主其饌之數，不饋之耳。

[二] 鄭司農云："脩，脯也。"

[三] 致福，謂諸臣祭祀，進其餘肉，歸胙于王。鄭司農云："膳夫受之，以給王膳。"

[四] 鄭司農云："以羔鴈雉爲摯見者，亦受以給王膳。"

〔五〕不會計多少，優尊者。其頒賜諸臣則計之。

(一·七)

庖人掌共六畜、六獸、六禽，辨其名物。〔一〕凡其死生鱻薨之物，以共王之膳與其薦羞之物，及后、世子之膳羞。〔二〕共祭祀之好羞，〔三〕共喪紀之庶羞、賓客之禽獻。〔四〕

〔一〕六畜，六牲也。始養之曰畜，將用之曰牲。《春秋傳》曰："卜日曰牲〔一〕。"鄭司農云："六獸，麋、鹿、熊、麕、野豕、兔。六禽，鴈、鶉、鷃、雉、鳩、鴿。"玄謂獸人冬獻狼，夏獻麋。又《內則》無熊，則六獸當有狼，而熊不屬。六禽，於禽獻及六摯，宜爲羔、豚、犢、麛、雉、鴈。凡鳥獸未孕曰禽。《司馬職》曰："大獸公之，小禽私之。"

〔二〕凡，計數之。薦，亦進也。備品物曰薦，致滋味乃爲羞。王言薦者，味以不褻爲尊。鄭司農云："鮮謂生肉，薧謂乾肉。"

〔三〕謂四時所爲膳食，若荊州之鱃魚，青州之蟹胥，雖非常物，進之，孝也。

〔四〕喪紀，喪事之祭，謂虞祔也。禽獻，獻禽於賓客。獻，古文爲獸。杜子春云："當爲獻。"

凡令禽獻，以灋授之，其出入亦如之。〔一〕凡用禽獻，春行羔、豚，膳膏香；夏行腒、鱐，膳膏臊；秋行犢、麛，膳膏腥；冬行鱻、羽，膳膏羶。〔二〕歲終則會，唯王及后之膳禽不會。〔三〕

〔一〕令，令獸人也。禽獸不可久處，賓客至，將獻之，庖人乃令

〔一〕卜日曰牲 "卜"，底本作"十"，今據黃本改。下文誤作"十"者皆徑改之，不出校。

獸人取之，必書所當獻之數與之。及其來致禽，亦以此書校數之。至于獻賓客，又以此書付使者，展而行之。《掌客》：乘禽於諸侯，各如其命之數。《聘禮》：乘禽於客，日如其饔餼之數；士，中日則二雙。

［二］用禽獻，謂煎和之以獻王。鄭司農云：“膏香，牛脂也，以牛脂和之。腒，乾雉。鱐，乾魚。膏臊，豕膏也，以豕膏和之。”杜子春云：“膏臊，犬膏〔一〕。膏腥，豕膏也。鮮，魚也。羽，鴈也。膏羶，羊脂也。”玄謂膏腥，雞膏也。羔豚，物生而肥。犢與麛，物成而充。腒鱐，暵熱而乾。魚鴈，水涸而性定。此八物者，得四時之氣尤盛，爲人食之弗勝，是以用休廢之脂膏煎和膳之。牛屬司徒，土也。雞屬宗伯，木也。犬屬司寇，金也。羊屬司馬，火也。

［三］膳禽，四時所膳禽獻。加世子，可以會之。

（一·八）

内饔掌王及后、世子膳羞之割、亨、煎和之事，辨體名肉物，辨百品味之物。〔一〕王舉，則陳其鼎俎，以牲體實之。〔二〕選百羞、醬物、珍物以俟饋。〔三〕共后及世子之膳羞。〔四〕

［一］割，肆解肉也。亨，煮也。煎和，齊以五味。體名，脊、脅、肩、臂、臑之屬。肉物，胾燔之屬。百品味，庶羞之屬。言百，舉成數。

［二］取於鑊以實鼎，取於鼎以實俎。實鼎曰脀，實俎曰載。

〔一〕犬膏　“犬”，底本作“大”，今據黃本改。

〔三〕先進食之時，恒選擇其中御者。

〔四〕膳夫掌之，是乃共之。

辨腥臊羶香之不可食者：牛夜鳴，則庮；羊泠毛而毳，羶；犬赤股而躁，臊；鳥皫色而沙鳴，貍；豕盲眠而交睫，腥；馬黑脊而般臂，螻。[一]

〔一〕腥臊羶香可食者，是別其不可食者，則所謂者皆臭味也。泠毛，毛長總結也。皫，失色不澤美也。沙，澌也。交睫腥，腥當爲星，聲之誤也。肉有如米者似星。般臂，臂毛有文。鄭司農云："庮，朽木臭也。螻，螻蛄臭也。"杜子春云："盲眠，當爲望視。"

凡宗廟之祭祀，掌割亨之事，凡燕飲食亦如之。凡掌共羞、脩、刑、膴、胖、骨、鱐，以待共膳。[一]凡王之好賜肉脩，則饔人共之。[二]

〔一〕掌共，共當爲具。羞，庶羞也。脩，鍛脯也。胖，如脯而腥者。鄭司農云："刑膴，謂夾脊肉，或曰膚肉也。骨鱐，謂骨有肉者。"玄謂刑，鉶羹也。膴，朕肉大臠，所以祭者。骨，牲體也。鱐，乾魚。

〔二〕好賜，王所善而賜也。

（一·九）

外饔掌外祭祀之割亨，共其脯、脩、刑、膴，陳其鼎俎，實之牲體、魚、腊。凡賓客之殷饔、饔食之事亦如

44

之。^[一]邦饗耆老、孤子，則掌其割亨之事；饗士庶子亦如之。^[二]師役，則掌共其獻賜脯肉之事。^[三]凡小喪紀，陳其鼎俎而實之。^[四]

[一]殯，客始至之禮。饗，既將幣之禮。致禮於客，莫盛於饗。

[二]孤子者，死王事者之子也。士庶子，衛王宮者。若今時之饗衛士矣。《王制》曰：“周人養國老於東膠，養庶老於虞庠。”

[三]獻，謂酌其長帥。

[四]謂喪事之奠祭。

（一·十）

亨人掌共鼎鑊，以給水火之齊。^[一]職外內饔之爨亨煑，辨膳羞之物。^[二]祭祀，共大羹、鉶羹；賓客亦如之。^[三]

[一]鑊，所以煮肉及魚腊之器。既孰，乃脀于鼎。齊，多少之量。

[二]職，主也。爨，今之竈。主於其竈煮物。

[三]大羹，肉湆。鄭司農云：“大羹不致五味也。鉶羹，加鹽菜矣。”

（一·十一）

甸師掌帥其屬而耕耨王藉，以時入之，以共齍盛。^[一]祭祀，共蕭茅，^[二]共野果蓏之薦。^[三]喪事，代王受眚烖。^[四]王之同姓有辠，則死刑焉。^[五]帥其徒以薪蒸役外內饔之事。^[六]

[一]其屬，府史胥徒也。耨，芸芋也。王以孟春躬耕帝藉，天子

三推，三公五推，卿諸侯九推，庶人終於千畝。庶人，謂
徒三百人。藉之言借也。王一耕之，而使庶人芸芓終之。齍
盛，祭祀所用穀也。粢，稷也。穀者，稷爲長，是以名云。
在器曰盛。

［二］鄭大夫云："蕭字或爲茜。茜，讀爲縮。束茅立之祭前，沃
酒其上，酒滲下去，若神飲之，故謂之縮。縮，浚也。故齊
桓公責楚不貢苞茅，王祭不共，無以縮酒。"杜子春讀爲蕭。
蕭，香蒿也。玄謂《詩》所云"取蕭祭脂"，《郊特牲》云"蕭
合黍稷，臭陽達於牆屋，故既薦，然後焫蕭合馨香"。合馨
香者，是蕭之謂也。茅以共祭之苴，亦以縮酒，苴以藉祭。
縮酒，沛酒也。醴齊縮酌。

［三］甸在遠郊之外。郊外曰野果，桃李之屬。蓏，瓜瓝之屬。

［四］粢盛者，祭祀之主也。今國遭大喪，若云此黍稷不馨，使鬼
神不逞于王。既殯，大祝作禱辭，授甸人，使以禱藉田之
神。受肸裁，弣後殃。

［五］鄭司農云："王同姓有罪當刑者，斷其獄於甸師之官也。《文
王世子》曰：'公族有死罪，則磬於甸人。'又曰：'公族無宮
刑，獄成，致刑于甸人。'又曰：'公族無宮刑，不踐其類也。
刑于隱者，不與國人慮兄弟。'"

［六］役，爲給役也。木大曰薪，小曰蒸。

(一·十二)

　　獸人掌罟田獸，辨其名物。^{［一］}冬獻狼，夏獻麋，春秋
獻獸物。^{［二］}時田，則守罟。^{［三］}及弊田，令禽注于虞中。^{［四］}

　　［一］罟，罔也。以罔搏所當田之獸。

　　〔二〕狼膏聚，麋膏散。聚則溫，散則涼，以救時之苦也。獸物，
　　　　凡獸皆可獻也，及狐狸。

　　〔三〕備獸觸攫。

　　〔四〕弊，仆也。仆而田止。鄭司農云：“弊田，謂春火弊，夏車
　　　　弊，秋羅弊，冬徒弊。虞中，謂虞人氈所田之野。及弊田，
　　　　植虞旗於其中，致禽而珥焉。獸人主令田眾得禽者，置虞人
　　　　所立虞旗之中，當以給四時社廟之祭。故曰春獻禽以祭社，
　　　　夏獻禽以享礿，秋獻禽以祀祊，冬獻禽以享烝。又曰大獸公
　　　　之，小禽私之。公之，謂輸之於虞中。珥焉者，取左耳以致
　　　　功，若斬首折馘，故《春秋傳》曰‘以數軍實’。”

　　凡祭祀、喪紀、賓客，共其死獸、生獸。〔一〕凡獸，入
于腊人，〔二〕皮毛筋角入于玉府。〔三〕凡田獸者，掌其政令。

　　〔一〕共其完者。

　　〔二〕當乾之。

　　〔三〕給作器物。

（一·十三）

　　獻人掌以時漁爲梁。〔一〕春獻王鮪。〔二〕辨魚物，爲鱻薧，
以共王膳羞。〔三〕凡祭祀、賓客、喪紀，共其魚之鱻薧。凡
漁者，掌其政令。凡漁征，入于玉府。〔四〕

　　〔一〕《月令》季冬“命漁師爲梁”，鄭司農云：“梁，水偃也。偃
　　　　水爲關空，以笱承其空。《詩》曰：‘敝笱在梁。’”

　　〔二〕王鮪，鮪之大者。《月令》季春“薦鮪于寢廟”。

［三］鮮，生也。薨，乾也。

［四］鄭司農云：“漁征，漁者之租税。漁人主收之，入于玉府。”

（一·十四）

鼈人掌取互物。^[一]以時籍魚、鼈、龜、蜃，凡貍物。^[二]春獻鼈、蜃，秋獻龜、魚。^[三]祭祀，共蠯、蠃、蚳，以授醢人。^[四]掌凡邦之籍事。

［一］鄭司農云：“互物，謂有甲萌胡龜鼈之屬。”

［二］蜃，大蛤。鄭司農云：“籍，謂以扠刺泥中搏取之。貍物，龜鼈之屬，自貍藏伏於泥中者。”玄謂貍物，亦謂鱴刀含漿之屬。

［三］此其出在淺處可得之時。魚，亦謂自貍藏。

［四］蠃，蜬蝓。鄭司農云：“蠯，蛤也。”杜子春云：“蠯，蜌也。蚳，蛾子。《國語》曰：‘蟲舍蚳蟓。’”

（一·十五）

腊人掌乾肉，凡田獸之脯、腊、膴、胖之事。^[一]凡祭祀，共豆脯、薦脯、膴、胖，凡腊物。^[二]賓客、喪紀，共其脯、腊，凡乾肉之事。

［一］大物解肆乾之，謂之乾肉，若今涼州烏翅矣。薄折曰脯，棰之而施薑桂曰鍛脩。腊，小物全乾。

［二］脯非豆實，豆當爲羞，聲之誤也。鄭司農云：“膴，膺肉。”鄭大夫云：“胖，讀爲判。”杜子春讀胖爲版。又云：“膴、胖皆謂夾脊肉。”又云：“禮家以胖爲半體。”玄謂《公食大夫

禮》曰"庶羞皆有大者"，此據肉之所擬祭者也。又引《有司》曰"主人亦一魚加臐，祭于其上"，此據主人擬祭者。臐與大，亦一也。《內則》曰"麇、鹿、田豕、麇皆有胖"，足相參正也。大者，載之大臠。臐者，魚之反覆。臐，又詁曰大。二者同矣，則是臐亦膆肉大臠。胖，宜爲脯而腥。胖之言片也，析肉意也。禮固有腥臉燗，雖其有爲孰之，皆先制乃亨。

49

周禮卷第二

周禮卷第二

天官冢宰下

（一·十六）

　　醫師掌醫之政令，聚毒藥以共醫事。^{〔一〕}凡邦之有疾病者、疕瘍者造焉，則使醫分而治之。^{〔二〕}歲終，則稽其醫事，以制其食。十全爲上，十失一次之，十失二次之，十失三次之，十失四爲下。^{〔三〕}

> 〔一〕毒藥，藥之辛苦者。藥之物，恒多毒。《孟子》曰：“若藥不瞑眩，厥疾無瘳。”

> 〔二〕疕，頭瘍，亦謂禿也。身傷曰瘍。分之者，醫各有能。

> 〔三〕食，祿也。全，猶愈也。以失四爲下者，五則半矣，或不治自愈。

（一·十七）

　　食醫掌和王之六食、六飲、六膳、百羞、百醬、八珍之齊。^{〔一〕}凡食齊眡春時，^{〔二〕}羹齊眡夏時，^{〔三〕}醬齊眡秋時，^{〔四〕}飲齊眡冬時。^{〔五〕}凡和，春多酸，夏多苦，秋多辛，冬多鹹，調以滑甘。^{〔六〕}

　［一］和，調也。

　［二］飯宜溫。

　［三］羹宜熱。

　［四］醬宜涼。

　［五］飲宜寒。

　［六］各尚其時味，而甘以成之，猶水、火、金、木之載於土。《內
　　　　則》曰：“棗栗飴蜜以甘之，菫荁枌榆兔蔍瀡滫以滑之。”

　　凡會膳食之宜，牛宜稌，羊宜黍，豕宜稷，犬宜粱，
雁宜麥，魚宜苽。[一]凡君子之食，恒放焉。[二]

　［一］會，成也，謂其味相成。鄭司農云：“稌，秔也。《爾雅》曰：
　　　　‘稌，稻。’苽，彫胡也。”

　［二］放，猶依也。

(一·十八)

　　疾醫掌養萬民之疾病。四時皆有癘疾，春時有痟首疾，
夏時有痒疥疾，秋時有瘧寒疾，冬時有嗽、上氣疾。[一]以
五味、五穀、五藥養其病。[二]以五氣、五聲、五色眡其死
生。[三]兩之以九竅之變，參之以九藏之動。[四]凡民之有
疾病者，分而治之。死終，則各書其所以而入于醫師。[五]

　［一］癘疾，氣不和之疾。痟，酸削也。首疾，頭痛也。嗽，欬
　　　　也。上氣，逆喘也。《五行傳》曰：“六沴作見。”

　［二］養，猶治也。病由氣勝負而生，攻其嬴，養其不足者。五
　　　　味，醯、酒、飴、蜜、薑、鹽之屬。五穀，麻、黍、稷、

54

麥、豆也。五藥，草、木、蟲、石、穀也。其治合之齊，則
存乎神農、子儀之術云。

[三] 三者劇易之徵，見于外者。五氣，五藏所出氣也。肺氣熱，
心氣次之，肝氣涼，脾氣溫，腎氣寒。五聲，言語宮、商、
角、徵、羽也。五色，面貌青、赤、黃、白、黑也。察其盈
虛休王，吉凶可知。審用此者，莫若扁鵲、倉公。

[四] 兩參之者，以觀其死生之驗。竅之變，謂開閉非常。陽竅
七，陰竅二。藏之動，謂脈至與不至。正藏五，又有胃、旁
胱、大腸、小腸。脈之大候，要在陽明寸口，能專是者，其
唯秦和乎！岐伯、榆柎則兼彼數術者。

[五] 少者曰死，老者曰終。所以，謂治之不愈之狀也。醫師得以
制其祿，且爲後治之戒。

（一‧十九）

　　瘍醫掌腫瘍、潰瘍、金瘍、折瘍之祝藥劀殺之齊。[一]
凡療瘍，以五毒攻之，[二] 以五氣養之，以五藥療之，以五
味節之。[三] 凡藥，以酸養骨，以辛養筋，以鹹養脉，以苦
養氣，以甘養肉，以滑養竅。[四] 凡有瘍者，受其藥焉。

[一] 腫瘍，癰而上生創者。潰瘍，癰而含膿血者。金瘍，刃創
也。折瘍，踠跌者。祝，當爲注，讀如注病之注，聲之誤
也。注，謂附著藥。劀，刮去膿血。殺，謂以藥食其惡肉。

[二] 止病曰療。攻，治也。五毒，五藥之有毒者。今醫方有五毒
之藥，作之，合黃堥，置石膽、丹砂、雄黃、礜石、慈石其
中，燒之三日三夜，其煙上著，以雞羽埽取之，以注創，惡
肉破，骨則盡出。

〔三〕既刮殺而攻盡其宿肉，乃養之也。五氣，當爲五穀，字之誤
也。節，節成其藥之力。

〔四〕以類相養也。酸，木味，木根立地中，似骨。辛，金味，金
之纏合異物，似筋。鹹，水味，水之流行地中，似脉。苦，
火味，火出入無形，似氣。甘，土味，土含載四者，似肉。
滑，滑石也。凡諸滑物，通利往來，似竅。

（一·二十）

獸醫掌療獸病，療獸瘍。^{〔一〕}凡療獸病，灌而行之以節
之，以動其氣，觀其所發而養之。^{〔二〕}凡療獸瘍，灌而劀之，
以發其惡，然後藥之、養之、食之。^{〔三〕}凡獸之有病者、有
瘍者，使療之。死，則計其數以進退之。

〔一〕畜獸之疾病及瘍，療同醫。

〔二〕療畜獸必灌行之者，爲其病狀難知，灌以緩之，且強其氣
也。節，趨聚之節也。氣，謂脉氣，既行之，乃以脉視之，
以知所病。

〔三〕亦先攻之，而後養之。

（一·二十一）

酒正掌酒之政令，以式灋授酒材。^{〔一〕}凡爲公酒者，亦
如之。^{〔二〕}

〔一〕式法，作酒之法式。作酒既有米麴之數，又有功沽之巧。《月
令》曰："乃命大酋，秫稻必齊，麴糵必時，湛饎必絜，水
泉必香，陶器必良，火齊必得。"鄭司農云："授酒材，授酒

56

人以其材。”

[二] 謂鄉射飲酒以公事作酒者，亦以式法及酒材授之，使自釀之。

辨五齊之名，一曰泛齊，二曰醴齊，三曰盎齊，四曰緹齊，五曰沈齊。[一] 辨三酒之物，一曰事酒，二曰昔酒，三曰清酒。[二] 辨四飲之物，一曰清，二曰醫，三曰漿，四曰酏。[三] 掌其厚薄之齊，以共王之四飲、三酒之饌，及后、世子之飲與其酒。[四]

[一] 泛者，成而滓浮泛泛然，如今宜成醪矣。醴，猶體也，成而汁滓相將，如今恬酒矣。盎，猶翁也，成而翁翁然葱白色，如今酇白矣。緹者，成而紅赤，如今下酒矣。沈者，成而滓沈，如今造清矣。自醴以上尤濁，縮酌者。盎以下差清。其象類則然，古之法式，未可盡聞。杜子春讀齊皆爲粢。又《禮器》曰：“緹酒之用，玄酒之尚。”玄謂齊者，每有祭祀，以度量節作之。

[二] 鄭司農云：“事酒，有事而飲也。昔酒，無事而飲也。清酒，祭祀之酒。”玄謂事酒，酌有事者之酒。其酒則今之醳酒也。昔酒，今之酋久白酒，所謂舊醳者也。清酒，今中山冬釀，接夏而成。

[三] 清，謂醴之泲者。醫，《內則》所謂或以酏爲醴。凡醴濁，釀酏爲之，則少清矣。醫之字，從殹從酉省也。漿，今之酨漿也。酏，今之粥。《內則》有黍酏。酏飲，粥稀者之清也。鄭司農説以《內則》曰“飲重醴，稻醴清糟，黍醴清糟，粱醴清糟。或以酏爲醴，漿、水、醷”。后致飲于賓客之禮，有醫酏糟。糟音聲與糟相似，醫與醷亦相似。文字不同，記

57

之者各異耳，此皆一物。

〔四〕后、世子不言饌，其饋食不必具設之。五齊正用醴爲飲者，取醴恬與酒味異也。其餘四齊，味皆似酒。

凡祭祀，以灋共五齊、三酒，以實八尊。大祭三貳，中祭再貳，小祭壹貳，皆有酌數。唯齊酒不貳，皆有器量。〔一〕共賓客之禮酒，共后之致飲于賓客之禮醫酏糟，皆使其士奉之。〔二〕

〔一〕酌，器所用注尊中者，數量之多少未聞。鄭司農云："三貳，三益副之也。大祭，天地。中祭，宗廟。小祭，五祀。齊酒不貳，爲尊者質，不敢副益也。"杜子春云："齊酒不貳，謂五齊以祭，不益也。其三酒，人所飲者，益也。《弟子職》曰：'周旋而貳，唯嘋之視。'"玄謂大祭者，王服大裘、袞冕所祭也。中祭者，王服鷩冕、毳冕所祭也。小祭者，王服希冕、玄冕所祭也。三貳、再貳、一貳者，謂就三酒之尊而益之也。《禮運》曰："玄酒在室，醴醆在戶，粢醍在堂，澄酒在下。"澄酒是三酒也。益之者，以飲諸臣，若今常滿尊也。祭祀必用五齊者，至敬不尚味，而貴多品。

〔二〕禮酒，王所致酒也。王致酒，后致飲，夫婦之義。糟，醫酏不沛者。沛曰清，不沛曰糟。后致飲，無醴，醫酏不清者，與王同體，屈也，亦因以少爲貴。士謂酒人、漿人、奄士。

凡王之燕飲酒，共其計，酒正奉之。〔一〕凡饗士庶子，饗耆老、孤子，皆共其酒，無酌數。〔二〕掌酒之賜頒，皆有灋以行之。〔三〕凡有秩酒者，以書契授之。〔四〕酒正之出，

日入其成，月入其要，小宰聽之。^[五]歲終則會，唯王及后
之飲酒不會，以酒式誅賞。^[六]

[一] 共其計者，獻酬多少，度當足也。故書酒正無酒字，鄭司農
云：“正奉之，酒正奉之也。”

[二] 要以醉爲度。

[三] 法，尊卑之差。

[四] 鄭司農云：“有秩酒者，給事中予之酒。秩，常也，常受酒
者。《國語》曰：‘至于今秩之。’”玄謂所秩者，謂考臣。《王
制》曰：“七十不俟朝，八十月告存，九十日有秩。”

[五] 出，謂授酒材及用酒之多少也。受用酒者日言其計於酒正，
酒正月盡言於小宰。

[六] 誅賞作酒之善惡者。

（一·二十二）

酒人掌爲五齊、三酒，祭祀則共奉之，以役世婦。^[一]
共賓客之禮酒、飲酒而奉之。^[二]凡事，共酒而入于酒府。^[三]
凡祭祀，共酒以往。^[四]賓客之陳酒亦如之。^[五]

[一] 世婦，謂宮卿之官，掌女宮之宿戒。及祭祀，比其具。酒人
共酒，因留，與其奚爲世婦役，亦官聯。

[二] 酒正使之也。禮酒，饗燕之酒。飲酒，食之酒。此謂給賓客
之稍，王不親饗燕，不親食，而使人各以其爵，以酬幣侑幣
致之，則從而以酒往。

[三] 入于酒正之府者，是王燕飲之酒，酒正當奉之。

[四] 不言奉，小祭祀。

〔五〕謂若歸饔餼之酒，亦自有奉之者，以酒從往。

（一·二十三）

漿人掌共王之六飲，水、漿、醴、涼、醫、酏，入于酒府。〔一〕共賓客之稍禮。〔二〕共夫人致飲于賓客之禮，清醴、醫酏糟，而奉之。〔三〕凡飲，共之。〔四〕

〔一〕王之六飲，亦酒正當奉之。醴，醴清也。<u>鄭司農</u>云：“涼，以水和酒也。”玄謂涼，今寒粥，若糗飯雜水也。酒正不辨水涼者，無厚薄之齊。

〔二〕稍禮，非飧饔之禮，留閒，王稍所給賓客者。漿人所給，亦六飲而已。

〔三〕亦酒正使之。三物有清有糟。夫人不體王，得備之。禮，飲醴用柶者，糟也；不用柶者，清也。

〔四〕謂非食時。

（一·二十四）

凌人掌冰，正歲十有二月，令斬冰，三其凌。〔一〕春始治鑑，〔二〕凡外內饔之膳羞，鑑焉。凡酒漿之酒醴亦如之。〔三〕祭祀，共冰鑑。賓客，共冰。〔四〕大喪，共夷槃冰。〔五〕夏，頒冰，掌事。〔六〕秋，刷。〔七〕

〔一〕正歲季冬，火星中，大寒，冰方盛之時。《春秋傳》曰：“火星中而寒暑退。”凌，冰室也。三之者，爲消釋度也。故書正爲政，<u>鄭司農</u>云：“掌冰政，主藏冰之政也。”<u>杜子春</u>讀掌冰爲主冰也。政，當爲正。正，謂<u>夏</u>正。三其凌，三倍其冰。

［二］鑑，如甀，大口，以盛冰，置食物于中，以禦溫氣。春而始治之，爲二月將獻羔而啓冰。

［三］酒醴見溫氣亦失味。酒漿，酒人、漿人也。

［四］不以鑑往，嫌使停膳羞。

［五］夷之言尸也。實冰于夷槃中，置之尸牀之下，所以寒尸。尸之槃曰夷槃，牀曰夷牀，衾曰夷衾，移尸曰夷于堂，皆依尸而爲言者也。《漢禮器制度》，大槃廣八尺，長丈二尺，深三尺，漆赤中。

［六］暑氣盛，王以冰頒賜，則主爲之。《春秋傳》曰：“古者日在北陸而藏冰，西陸朝覿而出之。”

［七］刷，清也。鄭司農云：“刷除冰室，當更內新冰。”玄謂秋涼，冰不用，可以清除其室。

（一·二十五）

籩人掌四籩之實。［一］朝事之籩，其實麷、蕡、白、黑、形鹽、膴、鮑魚、鱐。［二］饋食之籩，其實棗、㮚、桃、乾䕩、榛實。［三］加籩之實，蔆、芡、㮚、脯，蔆、芡、㮚、脯。［四］羞籩之實，糗餌、粉餈。［五］凡祭祀，共其籩薦羞之實。［六］喪事及賓客之事，共其薦籩羞籩。［七］爲王及后、世子共其內羞。［八］凡籩事，掌之。

［一］籩，竹器如豆者，其容實皆四升。

［二］蕡，枲實也。鄭司農云：“朝事，謂清朝未食，先進寒具口實之籩。熬麥曰麷，麻曰蕡，稻曰白，黍曰黑。築鹽以爲虎形，謂之形鹽，故《春秋傳》曰：‘鹽虎形。’”玄謂以《司尊彝之職》參之，朝事謂祭宗廟薦血腥之事。形鹽，鹽之似

61

虎者。臚，膜生魚爲大臠。鮑者，於楅室中糗乾之，出於<u>江</u>
<u>淮</u>也。鱐者，析乾之，出<u>東海</u>。王者備物，近者腥之，遠者
乾之，因其宜也。今<u>河閒</u>以北，煮穜麥賣之，名曰逢。<u>燕人</u>
膾魚方寸，切其腴以啗所貴也。

[三]　饋食，薦孰也。今吉禮存者，《特牲》《少牢》，諸侯之大夫
士祭禮也。不祼、不薦血腥，而自薦孰始，是以皆云饋食之
禮。乾蔽，乾梅也。有桃諸、梅諸，是其乾者。榛，似栗
而小。

[四]　加籩，謂尸既食，后亞獻尸所加之籩。重言之者，以四物
爲八籩。菱，芰也。芡，雞頭也。栗與饋食同。<u>鄭司農</u>云：
“菱芡脯脩。”

[五]　羞籩，謂若《少牢》主人酬尸，宰夫羞房中之羞于尸、侑、
主人、主婦，皆右之者。故書餈作茨。<u>鄭司農</u>云：“糗，熬
大豆與米也。粉，豆屑也。茨字或作餈，謂乾餌餅之也。”
<u>玄</u>謂此二物皆粉稻米、黍米所爲也，合蒸曰餌，餅之曰餈。
糗者，擣粉熬大豆，爲餌餈之黏著，以粉之耳。餌言糗，餈
言粉，互相足。

[六]　薦、羞，皆進也。未食未飲曰薦，既食既飲曰羞。

[七]　喪事之籩，謂殷奠時。

[八]　於其飲食以共房中之羞。

（一·二十六）

醢人掌四豆之實。朝事之豆，其實韭菹、醓醢，昌本、
麋臡，菁菹、鹿臡，茆菹、麋臡。[一]饋食之豆，其實葵菹、
蠃醢，脾析、蠯醢，蜃、蚳醢，豚拍、魚醢。[二]加豆之實，
芹菹、兔醢，深蒲、醓醢，箈菹、雁醢，筍菹、魚醢。[三]

羞豆之食，酏食、糝食。^[四]

[一] 醢，肉汁也。昌本，昌蒲根，切之四寸爲菹。三臡亦醢也。作醢及臡者，必先膊乾其肉，乃後莝之，雜以粱麴及鹽，漬以美酒，塗置甀中百日則成矣。鄭司農云："麋臡，麋骭髓醢。或曰麋臡，醬也。有骨爲臡，無骨爲醢。菁菹，韭菹。"鄭大夫讀茆爲茅。茅菹，茅初生。或曰茆，水草。杜子春讀茆爲卯。玄謂菁，蔓菁也。茆，鳬葵也。凡菹醢，皆以氣味相成，其狀未聞。

[二] 蠃，蜬蝓。蚳，大蛤。蚳，蛾子。鄭司農云："脾析，牛百葉也。蠯，蛤也。"鄭大夫、杜子春皆以拍爲膊，謂脅也。或曰豚拍，肩也。今河閒名豚脅，聲如鍛鎛。

[三] 芹，楚葵也。鄭司農云："深蒲，蒲蒻入水深，故曰深蒲。或曰深蒲，桑耳。醓醢，肉醬也。箈，水中魚衣。"故書鴈或爲鶀，杜子春云："當爲鴈。"玄謂深蒲，蒲始生水中子。箈，箭萌。筍，竹萌。

[四] 鄭司農云："酏食，以酒酏爲餅。糝食，菜餗蒸。"玄謂酏，餰也。《內則》曰："取稻米舉糔溲之，小切狼臅膏，以與稻米爲酏。"又曰："糝，取牛羊豕之肉三如一，小切之，與稻米。稻米二，肉一，合以爲餌，煎之。"

　　凡祭祀，共薦羞之豆實，賓客、喪紀亦如之。爲王及后、世子共其內羞。王舉，則共醢六十罋，以五齊、七醢、七菹、三臡實之。^[一]賓客之禮，共醢五十罋。^[二]凡事，共醢。

［一］齊，當爲齏。五齏，昌本、脾析、蜃、豚拍、深蒲也。七
醢，醯、蠃、臡、蚳、魚、兔、鴈醢。七菹，韭、菁、茆、
葵、芹、箈、筍菹。三臡，麋、鹿、麇臡也。凡醢醬所和，
細切爲齏，全物若䐊爲菹。《少儀》曰："麋鹿爲菹，野豕爲
軒，皆䐊而不切。麋爲辟雞，兔爲宛脾，皆䐊而切之。切葱
若薤實之，醯以柔之。"由此言之，則齏菹之稱，菜肉通。

［二］致饔餼時。

(一·二十七)

　　醢人掌共五齊、七菹，凡醢物。以共祭祀之齊菹，凡
醢醬之物。賓客，亦如之。^{［一］}王舉，則共齊菹醢物六十甕。
共后及世子之醬、齊菹。賓客之禮，共醢五十甕。凡事，
共醢。

［一］齊菹醬屬醢人者，皆須醢成味。

(一·二十八)

　　鹽人掌鹽之政令，以共百事之鹽。^{［一］}祭祀，共其苦鹽、
散鹽。^{［二］}賓客，共其形鹽、散鹽。^{［三］}王之膳羞，共飴鹽，
后及世子亦如之。^{［四］}凡齊事，鬻鹽以待戒令。^{［五］}

［一］政令，謂受入教所處置，求者所當得。

［二］杜子春讀苦爲盬，謂出鹽直用，不湅治。鄭司農云："散鹽，
　　湅治者。"玄謂散鹽，鬻水爲鹽。

［三］形鹽，鹽之似虎形。

［四］飴鹽，鹽之恬者，今戎鹽有焉。

［五］齊事，和五味之事，鬻鹽涷治之。

（一·二十九）

幂人掌共巾幂。^{［一］}祭祀，以疏布巾幂八尊，^{［二］}以畫布巾幂六彝。^{［三］}凡王巾，皆繡。^{［四］}

［一］共巾可以覆物。

［二］以疏布者，天地之神尚質。

［三］宗廟可以文。畫者，畫其雲氣與？

［四］四飲三酒皆畫繡。周尚武，其用文德，則繡可。

（一·三十）

宮人掌王之六寢之脩。^{［一］}爲其井匽，除其不蠲，去其惡臭。^{［二］}共王之沐浴。^{［三］}凡寢中之事，埽除、執燭、共鑪炭，凡勞事。^{［四］}四方之舍事，亦如之。^{［五］}

［一］六寢者，路寢一，小寢五。《玉藻》曰：“朝，辨色始入。君日出而視朝。退適路寢聽政。使人視大夫，大夫退，然後適小寢，釋服。”是路寢以治事，小寢以時燕息焉。《春秋》書魯莊公薨于路寢，僖公薨于小寢，是則人君非一寢明矣。

［二］井，漏井，所以受水潦。蠲，猶潔也。《詩》云：“吉蠲爲饎。”鄭司農云：“匽，路廁也。”玄謂匽豬，謂霤下之池，受畜水而流之者。

［三］沐浴，所以自潔清。

［四］勞事，勞褻之事。

［五］從王適四方及會同所舍。

（一·三十一）

　　掌舍掌王之會同之舍。設梐枑再重。[一]設車宮，轅門。[二]爲壇壝宮，棘門，[三]爲帷宮，設旌門。[四]無宮，則共人門。[五]凡舍事，則掌之。[六]

　　[一] 故書枑爲柜。鄭司農云：“梐，榱梐也。柜，受居溜水涷橐者也。”杜子春讀爲梐枑，梐枑謂行馬。玄謂行馬再重者，以周衞有外内列。

　　[二] 謂王行止宿阻險之處，備非常。次車以爲藩，則仰車以其轅表門。

　　[三] 謂王行止宿平地，築壇，又委壝土，起埒塝以爲宮。鄭司農云：“棘門，以戟爲門。”杜子春云：“棘門，或爲材門。”

　　[四] 謂王行晝止，有所展肆若食息，張帷爲宮，則樹旌以表門。

　　[五] 謂王行有所逢遇，若住遊觀，陳列周衞則立長大之人以表門。

　　[六] 王行所舍止。

（一·三十二）

　　幕人掌帷、幕、幄、帟、綬之事。[一]凡朝覲、會同、軍旅、田役、祭祀，共其帷、幕、幄、帟、綬。[二]大喪，共帷、幕、帟、綬。[三]三公及卿、大夫之喪，共其帟。[四]

　　[一] 王出宮則有是事。在旁曰帷，在上曰幕。幕或在地，展陳于上。帷幕皆以布爲之。四合象宮室曰幄，王所居之帳也。鄭司農云：“帟，平帳也。綬，組綬，所以繫帷也。”玄謂帟，王在幕若幄中，坐上承塵。幄帟皆以繒爲之。凡四物者，以

66

綏連繫焉。

［二］共之者，掌次當以張。

［三］爲賓客飾也。帷以帷堂，或與幕張之於庭。帟在柩上。

［四］唯士無帟，王有惠則賜之。《檀弓》曰：“君於士有賜帟。”

（一・三十三）

　　掌次掌王次之灋，以待張事。[一]王大旅上帝，則張氈案，設皇邸。[二]朝日，祀五帝，則張大次、小次，設重帟、重案。合諸侯，亦如之。[三]師田，則張幕，設重帟、重案。[四]

［一］法，大小丈尺。

［二］大旅上帝，祭天於圜丘。國有故而祭，亦曰旅。此以旅見祀也。張氈案，以氈爲牀於幄中。鄭司農云：“皇，羽覆上。邸，後版也。”玄謂後版，屏風與？染羽象鳳皇羽色以爲之。

［三］朝日，春分拜日於東門之外。祀五帝於四郊。次，謂幄也。大幄，初往所止居也。小幄，既接祭退俟之處。《祭義》曰：“周人祭日，以朝及闇。”雖有強力，孰能支之，是以退俟，與諸臣代有事焉。合諸侯於壇，王亦以時休息。重帟，複帟。重案，牀重席也。鄭司農云：“五帝，五色之帝。”

［四］不張幄者，於是臨誓衆，王或迴顧占察。

　　諸侯朝覲、會同，則張大次、小次；[一]師田，則張幕設案。[二]孤卿有邦事，則張幕設案。[三]

［一］大次，亦初往所止居。小次，即宮待事之處。

67

［二］鄭司農云：“師田，謂諸侯相與師田。”玄謂此掌次張之，諸
　　　侯從王而師田者。

［三］有邦事，謂以事從王，若以王命出也。孤，王之孤三人，副
　　　三公論道者。不言公，公如諸侯禮。從王祭祀，合諸侯，張
　　　大次、小次，師田亦張幕設案。

凡喪，王則張帟三重，諸侯再重，孤、卿、大夫不
重。^{［一］}凡祭祀，張其旅幕，張尸次。^{［二］}射，則張耦次。^{［三］}
掌凡邦之張事。

［一］張帟，柩上承塵。

［二］旅，衆也。公卿以下，即位所祭祀之門外以待事，爲之張大
　　　幕。尸則有幄。鄭司農云：“尸次，祭祀之尸所居更衣帳。”

［三］耦，俱升射者。次在洗東。《大射》曰：“遂命三耦取弓矢
　　　于次。”

(一·三十四)

　　大府掌九貢、九賦、九功之貳，以受其貨賄之入，頒
其貨于受藏之府，頒其賄于受用之府。^{［一］}凡官府都鄙之吏
及執事者，受財用焉。凡頒財，以式灋授之：關市之賦，
以待王之膳服；邦中之賦，以待賓客；四郊之賦，以待稍
秣；家削之賦，以待匪頒；邦甸之賦，以待工事；邦縣之
賦，以待幣帛；邦都之賦，以待祭祀；山澤之賦，以待喪
紀；幣餘之賦，以待賜予。^{［二］}

［一］九功，謂九職也。受藏之府，若內府也。受用之府，若職內

也。凡貨賄皆藏以給用耳。良者以給王之用，其餘以給國之
用。或言受藏，或言受用，又雜言貨賄，皆互文。

［二］待，猶給也。此九賦之財給九式者。膳服，即羞服也。稍
秣，即芻秣也。謂之稍，稍用之物也。喪紀，即喪荒也。賜
予，即好用也。鄭司農云：“幣餘，使者有餘來還也。”玄謂
幣餘，占賣國之斥幣。

凡邦國之貢，以待弔用。[一]凡萬民之貢，以充府庫。[二]
凡式貢之餘財，以共玩好之用。[三]凡邦之賦用，取具焉。[四]
歲終，則以貨賄之入出會之。

［一］此九貢之財所給也。給弔用，給凶禮之五事。

［二］此九職之財。充，猶足。

［三］謂先給九式及弔用，足府庫而有餘財，乃可以共玩好，明玩
好非治國之用。言式、言貢，互文。

［四］賦用，用賦。

（一·三十五）

玉府掌王之金玉、玩好、兵器，凡良貨賄之藏。[一]共
王之服玉、佩玉、珠玉。[二]王齊，則共食玉。[三]大喪，
共含玉、復衣裳、角枕、角柶。[四]

［一］良，善也。此物皆式貢之餘財所作。其不良，又有受而藏
之者。

［二］佩玉者，王之所帶者。《玉藻》曰：“君子於玉比德焉。天子
佩白玉而玄組綬。”《詩傳》曰：“佩玉，上有蔥衡，下有雙璜、

衝牙，蠙珠以納其閒。”鄭司農云：“服玉，冠飾十二玉。”

〔三〕玉是陽精之純者，食之以禦水氣。鄭司農云：“王齊當食
　　　玉屑。”

〔四〕角枕以枕尸。鄭司農云：“復，招魂也。衣裳生時服，招魂
　　　復魄于太廟，至四郊。角柶，角匕也，以楔齒。《士喪禮》曰：
　　　‘楔齒用角柶。’楔齒者，令可飯含。”玄謂復於四郊以綏。

掌王之燕衣服、祍席、牀第，凡褻器。〔一〕若合諸侯，
則共珠槃、玉敦。〔二〕凡王之獻金玉、兵器、文織、良貨賄
之物，受而藏之。〔三〕凡王之好賜，共其貨賄。

〔一〕燕衣服者，巾絮寢衣袍襗之屬，皆良貨賄所成。第，簀也。
　　　鄭司農云：“祍席，單席也。褻器，清器，虎子之屬。”

〔二〕敦，槃類，珠玉以爲飾。古者以槃盛血，以敦盛食。合諸侯
　　　者，必割牛耳，取其血，歃之以盟。珠槃以盛牛耳，尸盟
　　　者執之。故書珠爲夷，鄭司農云：“夷槃，或爲珠槃。玉敦，
　　　歃血玉器。”

〔三〕謂百工爲王所作，可以獻遺諸侯。古者致物於人，尊之則曰
　　　獻，通行曰饋。《春秋》曰“齊侯來獻戎捷”，尊魯也。文織，
　　　畫及繡錦。

(一·三十六)

内府掌受九貢、九賦、九功之貨賄、良兵、良器，以
待邦之大用。〔一〕凡四方之幣獻之金玉、齒革、兵器，凡良
貨賄，入焉。〔二〕凡適四方，使者共其所受之物而奉之。〔三〕
凡王及冢宰之好賜予，則共。〔四〕

［一］大用，朝覲之班賜。

［二］諸侯朝聘所獻國珍。

［三］王所以遺諸侯者。

［四］冢宰待四方賓客之小治，或有所善，亦賜予之。

（一·三十七）

外府掌邦布之入出，以共百物而待邦之用，凡有灋者。^[一]共王及后、世子之衣服之用。凡祭祀、賓客、喪紀、會同、軍旅，共其財用之幣齎、賜予之財用。^[二]凡邦之小用，皆受焉。^[三]歲終則會，唯王及后之服不會。

［一］布，泉也。布，讀爲宣布之布。其藏曰泉，其行曰布。取名於水泉，其流行無不徧。入出，謂受之復出之。共百物者，或作之，或買之。待，猶給也。有法，百官之公用也。泉始蓋一品，周景王鑄大泉而有二品，後數變易，不復識本制。至漢，唯有五銖久行。王莽改貨而異作，泉布多至十品，今存於民間多者，有貨布、大泉、貨泉。貨布長二寸五分，廣寸；首長八分有奇，廣八分；其圜好徑二分半，足枝長八分；其右文曰貨，左文曰布；重二十五銖，直貨泉二十五。大泉徑一寸二分，重十二銖，文曰大泉，直十五貨泉。貨泉徑一寸，重五銖，右文曰貨，左曰泉，直一也。

［二］齎，行道之財用也。《聘禮》曰：“問幾月之齎。”鄭司農云：“齎，或爲資。今禮家定齎作資。”玄謂齎、資同耳，其字以齊次爲聲，從貝變易，古字亦多或。

［三］皆來受。

（一・三十八）

司會掌邦之六典、八灋、八則之貳，以逆邦國、都鄙、官府之治。[一] 以九貢之灋致邦國之財用，以九賦之灋令田野之財用，以九功之灋令民職之財用，以九式之灋均節邦之財用。掌國之官府、郊野、縣都之百物財用，凡在書契版圖者之貳，以逆群吏之治而聽其會計。[二] 以參互攷日成，以月要攷月成，以歲會攷歲成。[三] 以周知四國之治，以詔王及冢宰廢置。[四]

[一] 逆受而鉤考之。

[二] 郊，四郊，去國百里。野，甸稍也。甸去國二百里，稍三百里，縣四百里，都五百里。書，謂簿書。契，其最凡也。版，戶籍也。圖，土地形象，田地廣狹。

[三] 參互，謂司書之要貳，與職內之入，職歲之出。故書互爲巨，杜子春讀爲參互。

[四] 周，猶徧也。言四國者，本逆邦國之治，亦鉤考以告。

（一・三十九）

司書掌邦之六典、八灋、八則、九職、九正、九事，邦中之版，土地之圖，以周知入出百物，以敘其財，受其幣，使入于職幣。[一] 凡上之用財用，必攷于司會。[二] 三歲，則大計群吏之治，以知民之財器械之數，以知田野夫家六畜之數，以知山林川澤之數，以逆群吏之徵令。[三] 凡稅斂，掌事者受灋焉。及事成，則入要貳焉。[四] 凡邦治，攷焉。[五]

［一］九正，謂九賦、九貢。正，稅也。九事，謂九式，變言之者，重其職，明本而掌之，非徒相副貳也。敊，猶比次也，謂鉤考其財幣所給，及其餘見，爲之簿書。故書受爲授，<u>鄭司農</u>云："授，當爲受，謂受財幣之簿書也。"玄謂亦受錄其餘幣，而爲之簿書，使之入於職幣。幣物當以時用之，久藏將朽蠹。

［二］上，謂王與冢宰。王雖不會，亦當知多少而闕之。司會以九式均節邦之財用。

［三］械，猶兵也。逆，受而鉤考之。山林川澤童枯則不稅。

［四］法，猶數也，應當稅者之數。成，猶畢也。

［五］考其法於司書。

（一·四十）

　　職內掌邦之賦入，辨其財用之物而執其總，以貳官府都鄙之財入之數，以逆邦國之賦用。［一］凡受財者，受其貳令而書之。［二］及會，以逆職歲與官府財用之出，［三］而敊其財以待邦之移用。［四］

［一］辨財用之物，處之，使種類相從。總，謂簿書之種別與大凡。官府之有財入，若關市之屬。

［二］受財，受於職內以給公用者。貳令者，謂若今御史所寫下本奏，王所可者。書之，若言某月某日某甲詔書，出某物若干，給某官某事。

［三］亦參互鉤考之。

［四］亦鉤考今藏中餘見，爲之簿。移用，謂轉運給他。

(一·四十一)

　　職歲掌邦之賦出，以貳官府都鄙之財出賜之數，以待會計而攷之。[一]凡官府都鄙群吏之出財用，受式灋于職歲。[二]凡上之賜予，以敘與職幣授之。[三]及會，以式灋贊逆會。[四]

　　[一]以貳者，亦如職內書其貳令而編存之。

　　[二]百官之公用式法多少，職歲掌出之，舊用事存焉。

　　[三]敘，受賜者之尊卑。

　　[四]助司會鉤考群吏之計。

(一·四十二)

　　職幣掌式灋以斂官府都鄙與凡用邦財者之幣，[一]振掌事者之餘財。[二]皆辨其物而奠其錄，以書楬之，以詔上之小用、賜予。[三]歲終則會其出。凡邦之會事，以式灋贊之。

　　[一]幣，謂給公用之餘。凡用邦財者，謂軍旅。

　　[二]振，猶拼也，檢也。掌事，謂以王命有所作爲。先言斂幣，後言振財，互文。

　　[三]奠，定也。故書錄爲祿，杜子春云：“祿，當爲錄，定其錄籍。”鄭司農云：“楬之，若今時爲書以著其幣。”

(一·四十三)

　　司裘掌爲大裘，以共王祀天之服。[一]中秋獻良裘，王乃行羽物。[二]季秋獻功裘，以待頒賜。[三]王大射，則共虎侯、熊侯、豹侯，設其鵠。[四]諸侯則共熊侯、豹侯，卿

74

大夫則共麋侯，皆設其鵠。大喪，廞裘，飾皮車。^[五]凡邦
之皮事，掌之。歲終則會，唯王之裘與其皮事不會。

[一] 鄭司農云：“大裘，黑羔裘，服以祀天，示質。”

[二] 良，善也。中秋鳥獸氄毛，因其良時而用之。鄭司農云：“良
　　裘，王所服也。行羽物，以羽物飛鳥賜群吏。”玄謂良裘，
　　《玉藻》所謂黼裘與？此羽物，小鳥鶉雀之屬，鷹所擊者。
　　中秋鳩化爲鷹，中春鷹化爲鳩，順其始殺，與其將止，而大
　　班羽物。

[三] 功裘，人功微麤，謂狐青、麛裘之屬。鄭司農云：“功裘，
　　卿大夫所服。”

[四] 大射者，爲祭祀射。王將有郊廟之事，以射擇諸侯及群臣與
　　邦國所貢之士可以與祭者。射者可以觀德行，其容體比於
　　禮，其節比於樂，而中多者得與於祭。諸侯，謂三公及王子
　　弟封於畿內者。卿大夫亦皆有采地焉，其將祀其先祖，亦與
　　群臣射以擇之。凡大射各於其射宮。侯者，其所射也。以虎
　　熊豹麋之皮飾其側，又方制之以爲章，謂之鵠，著於侯中，
　　所謂皮侯。王之大射：虎侯，王所自射也；熊侯，諸侯所
　　射；豹侯，卿大夫以下所射。諸侯之大射：熊侯，諸侯所自
　　射；豹侯，群臣所射。卿大夫之大射，麋侯，君臣共射焉。
　　凡此侯道，虎九十弓，熊七十弓，豹麋五十弓。列國之諸侯
　　大射，大侯亦九十，參七十，干五十。遠尊得伸，可同耳。
　　所射正謂之侯者，天子中之則能服諸侯，諸侯以下中之則得
　　爲諸侯。鄭司農云：“鵠，鵠毛也。方十尺曰侯，四尺曰鵠，
　　二尺曰正，四寸曰質。”玄謂侯中之大小，取數於侯道。《鄉
　　射記》曰：“弓二寸以爲侯中。”則九十弓者，侯中廣丈八尺；

七十弓者，侯中廣丈四尺；五十弓者，侯中廣一丈。尊卑異
等，此數明矣。《考工記》曰："梓人爲侯，廣與崇方，參分
其廣而鵠居一焉。"然則侯中丈八尺者，鵠方六尺；侯中丈
四尺者，鵠方四尺六寸大半寸；侯中一丈者，鵠方三尺三寸
少半寸。謂之鵠者，取名於鳱鵠。鳱鵠，小鳥而難中，是以
中之爲雋。亦取鵠之言較。較者，直也。射所以直己志。用
虎熊豹麋之皮，示服猛討迷惑者。射者，大禮，故取義衆
也。士不大射，士無臣，祭無所擇。故書諸侯則共熊侯、虎
侯。杜子春云："虎，當爲豹。"

［五］皮車，遣車之革路。故書廞爲淫，鄭司農云："淫裘，陳裘
也。"玄謂廞，興也，若《詩》之興，謂象似而作之。凡爲
神之偶衣物，必沽而小耳。

（一·四十四）

　掌皮掌秋斂皮，冬斂革，春獻之。［一］遂以式灋頒皮
革于百工，［二］共其毳毛爲氈，以待邦事。［三］歲終則會其
財齎。［四］

［一］皮革蹂歲乾久乃可用。獻之，獻其良者於王，以入司裘，給
　　王用。

［二］式法，作物所用多少故事。

［三］當用氈則共之。毳毛，毛細縟者。

［四］財，斂財本數及餘見者。齎，所給予人以物曰齎。今時詔書
　　或曰齎計吏。鄭司農云："齎，或爲資。"

（一·四十五）

內宰掌書版圖之灋，以治王內之政令，均其稍食，分其人民以居之。[一]以陰禮教六宮，[二]以陰禮教九嬪。[三]以婦職之灋教九御，使各有屬，以作二事，正其服，禁其奇衺，展其功緒。[四]

［一］版，謂宮中閽寺之屬及其子弟錄籍也。圖，王及后、世子之宮中、吏官府之形象也。政令，謂施閽寺者。稍食，吏祿稟也。人民，吏子弟。分之，使衆者就寡，均宿衞。

［二］鄭司農云："陰禮，婦人之禮。六宮，後五前一。王之妃百二十人：后一人，夫人三人，嬪九人，世婦二十七人，女御八十一人。"玄謂六宮，謂后也。婦人稱寢曰宮。宮，隱蔽之言。后象王，立六宮而居之，亦正寢一，燕寢五。教者不敢斥言之，謂之六宮。若今稱皇后爲中宮矣。《昏禮》："母戒女曰：夙夜毋違宮事。"

［三］教以婦人之禮。不言教夫人、世婦者，舉中，省文。

［四］婦職，謂織紝、組紃、縫線之事。九御，女御也。九九而御於王，因以號焉。使之九九爲屬，同時御，又同事也。正其服，止踰侈。奇衺，若今媚道。展，猶錄也。緒，業也。故書二爲三，杜子春云："當爲二，二事謂絲枲之事。"

大祭祀，后裸獻，則贊。瑶爵亦如之。[一]正后之服位，而詔其禮樂之儀。[二]贊九嬪之禮事。[三]

［一］謂祭宗廟，王既裸而出迎牲，后乃從後裸也。《祭統》曰："君執圭瓚裸尸，大宗執璋瓚亞裸。"此大宗亞裸，謂夫人不與

而攝耳。獻，謂王薦腥薦孰，后亦從後獻也。瑶爵，謂尸卒食，王既酳尸，后亞獻之，其爵以瑶爲飾。

［二］薦徹之禮當與樂相應。位，謂房中、户内及阼所立處。

［三］助九嬪贊后之事。九嬪者贊后薦玉齍，薦徹豆籩。

凡賓客之祼獻、瑶爵，皆贊。[一]致后之賓客之禮。[二]凡喪事，佐后，使治外内命婦，正其服位。[三]凡建國，佐后立市，設其次，置其敘，正其肆，陳其貨賄，出其度量淳制，祭之以陰禮。[四]

［一］謂王同姓及二王之後來朝覲爲賓客者。祼之禮，亞王而禮賓。獻，謂王饗燕，亞王獻賓也。瑶爵，所以亞王酬賓也。《坊記》曰："陽侯殺繆侯而竊其夫人，故大饗廢夫人之禮。"

［二］謂諸侯來朝覲及女賓之賓客。

［三］使，使其屬之上士。内命婦，謂九嬪、世婦、女御。鄭司農云："外命婦，卿大夫之妻，王命其夫，后命其婦。"玄謂士妻亦爲命婦。

［四］市朝者，君所以建國也。建國者必面朝後市，王立朝而后立市，陰陽相成之義。次，思次也。敘，介次也。陳，猶處也。度，丈尺也。量，豆區之屬。鄭司農云："佐后立市者，始立市，后立之也。祭之以陰禮者，市中之社，先后所立社也。"故書淳爲敦，杜子春讀敦爲純，純謂幅廣也；制謂匹長。玄謂純制，《天子巡守禮》所云"制幣丈八尺，純四䌖"與？陰禮，婦人之祭禮。

中春，詔后帥外内命婦始蠶于北郊，以位祭服。[一]歲終則會內人之稍食，稽其功事。^[二]佐后而受獻功者，比其大小與其麤良而賞罰之。^[三]會內宮之財用。^[四]

[一] 蠶于北郊，婦人以純陰爲尊，郊必有公桑蠶室焉。

[二] 內人，主謂九御。

[三] 獻功者，九御之屬。鄭司農云："烝而獻功。"玄謂《典婦功》曰："及秋獻功。"

[四] 計夫人以下所用財。

　正歲，均其稍食，施其功事，憲禁令于王之北宮，而糾其守。^[一]上春，詔王后帥六宮之人而生穜稑之種，而獻之于王。^[二]

[一] 均，猶調度也。施，猶賦也。北宮，后之六宮。謂之北宮者，繫于王言之，明用王之禁令令之。守，宿衛者。

[二] 六宮之人，夫人以下分居后之六宮者。古者使后宮藏種，以其有傳類蕃孳之祥。必生而獻之，示能育之，使不傷敗，且以佐王耕事共禘郊也。鄭司農云："先種後孰謂之穜，後種先孰謂之稑，王當以耕種于藉田。"玄謂《詩》云"黍稷穜稑"是也。夫人以下分居后之六宮者，每宮九嬪一人，世婦三人，女御九人；其餘九嬪三人，世婦九人，女御二十七人，從后唯其所燕息焉。從后者，五日而沐浴，其次又上，十五日而徧云。夫人如三公，從容論婦禮。

(一·四十六)

　內小臣掌王后之命，正其服位。^[一]后出入，則前驅。^[二]

若有祭祀、賓客、喪紀，則擯，詔后之禮事，相九嬪之禮事，正內人之禮事，徹后之俎。^[三]后有好事于四方，則使往。有好令於卿大夫，則亦如之。^[四]掌王之陰事、陰令。^[五]

[一] 命，謂使令所爲。或言王后，或言后，通耳。

[二] 道之。

[三] 擯，爲后傳辭，有所求爲。詔、相、正者，異尊卑也。俎，謂后受尸之爵，飮于房中之俎。

[四] 后於其族親所善者，使往問遺之。

[五] 陰事，群妃御見之事。若今掖庭令晝漏不盡八刻，白錄所記，推當御見者。陰令，王所求爲於北宮。

(一·四十七)

閽人掌守王宮之中門之禁。^[一]喪服、凶器不入宮，潛服、賊器不入宮，奇服、怪民不入宮。^[二]凡內人、公器、賓客，無帥則幾其出入。^[三]以時啟閉。^[四]凡外內命夫、命婦出入，則爲之闢。^[五]掌埽門庭。^[六]大祭祀、喪紀之事，設門燎，蹕宮門、廟門。^[七]凡賓客，亦如之。

[一] 中門，於外內爲中，若今宮闕門。鄭司農云：“王有五門。外曰皋門，二曰雉門，三曰庫門，四曰應門，五曰路門。路門一曰畢門。”玄謂雉門，三門也。《春秋傳》曰：“雉門災，及兩觀。”

[二] 喪服，衰絰也。凶器，明器也。潛服，若衷甲者。賊器，盜賊之任器。兵物皆有刻識。奇服，衣非常《春秋傳》曰：“尨奇無常，怪民狂易。”

80

［三］三者之出入，當須使者符節乃行。鄭司農云：“公器，將持
　　公家器出入者。幾，謂無將帥引之者，則苛其出入。”

［四］時，漏盡。

［五］辟行人，使無干也。內命夫，卿、大夫、士之在宮中者。

［六］門庭，門相當之地。

［七］燎，地燭也。蹕，止行者。廟在中門之外。

（一·四十八）

　　寺人掌王之內人及女宮之戒令，相道其出入之事而糾
之。[一]若有喪紀、賓客、祭祀之事，則帥女宮而致於有
司，[二]佐世婦治禮事。[三]掌內人之禁令，凡內人弔臨于外，
則帥而往，立于其前而詔相之。[四]

［一］內人，女御也。女宮，刑女之在宮中者。糾，猶割察也。

［二］有司，謂宮卿世婦。

［三］世婦，二十七世婦。

［四］從世婦所弔，若哭其族親。立其前者，賤也。賤而必詔相之
　　者，出入於王宮，不可以闕於禮。

（一·四十九）

　　內豎掌內外之通令，凡小事。[一]若有祭祀、賓客、喪
紀之事，則爲內人蹕。[二]王后之喪，遷于宮中，則前蹕。
及葬，執褻器以從遣車。[三]

［一］內，后六宮。外，卿大夫也。使童豎通王內外之命給小事
　　者，以其無與爲禮，出入便疾。內外以大事聞王，則俟朝

81

而自復。

［二］内人，從世婦有事於廟者。内豎爲六宮躍者，以其掌内小事。

［三］喪遷者，將葬，朝于廟。褻器，振飾頮沐之器。

（一·五十）

九嬪掌婦學之灋，以教九御婦德、婦言、婦容、婦功，各帥其屬而以時御敘于王所。^[一]凡祭祀，贊玉齍，贊后薦、徹豆籩。^[二]若有賓客，則從后。^[三]大喪，帥敘哭者亦如之。^[四]

［一］婦德，謂貞順。婦言，謂辭令。婦容，謂婉娩。婦功，謂絲枲。自九嬪以下，九九而御於王所。九嬪者，既習於四事，又備於從人之道，是以教女御也。教各帥其屬者，使亦九九相與從於王所息之燕寢。御，猶進也，勸也。進勸王息，亦相次敘。凡群妃御見之法，月與后妃其象也。卑者宜先，尊者宜後。女御八十一人當九夕，世婦二十七人當三夕，九嬪九人當一夕，三夫人當一夕，后當一夕，亦十五日而徧云，自望後反之。孔子曰：“日者，天之明；月者，地之理。陰契制故月上屬爲天，使婦從夫，放月紀。”

［二］玉齍，玉敦受黍稷器。后進之而不徹。故書玉爲王，杜子春讀爲玉^[一]。

［三］當贊后事。

［四］亦從后。帥，猶道也。后哭，衆之次序者乃哭。

───────

〔一〕杜子春讀爲玉　“讀”，底本作“云”，今據黃本改。

（一·五十一）

　　世婦掌祭祀、賓客、喪紀之事，帥女宮而濯摡，爲齍盛。^[一]及祭之日，涖陳女宮之具，凡内羞之物。^[二]掌弔臨于卿大夫之喪。^[三]

　　［一］摡，拭也。爲，猶差擇。

　　［二］涖，臨也。内羞，房中之羞。

　　［三］王使往弔。

（一·五十二）

　　女御掌御敘于王之燕寢。^[一]以歲時獻功事。^[二]凡祭祀，贊世婦。^[三]大喪，掌沐浴。^[四]后之喪，持翣。^[五]從世婦而弔于卿大夫之喪。^[六]

　　［一］言掌御敘，防上之專妬者。于王之燕寢，則王不就后宮息。

　　［二］絲枲成功之事。

　　［三］助其帥涖女宮。

　　［四］王及后之喪。

　　［五］翣，棺飾也。持而從柩車。

　　［六］從之數，蓋如使者之介云。

（一·五十三）

　　女祝掌王后之内祭祀，凡内禱祠之事。^[一]掌以時招、梗、禬、禳之事，以除疾殃。^[二]

　　［一］内祭祀，六宮之中竈門户。禱，疾病求瘳也。祠，報福。

〔二〕鄭大夫讀梗爲亢，謂招善而亢惡去之。杜子春讀梗爲更。玄
　　謂梗，禦未至也。除災害曰禬，禬猶刮去也。卻變異曰禳。
　　禳，攘也。四禮，唯禳其遺象今存。

（一·五十四）

女史掌王后之禮職，掌內治之貳，以詔后治內政，〔一〕
逆內宮，〔二〕書內令。〔三〕凡后之事，以禮從。〔四〕

　　〔一〕內治之法，本在內宰，書而貳之。
　　〔二〕鉤考六宮之計。
　　〔三〕后之令。
　　〔四〕亦如大史之從於王。

（一·五十五）

典婦功掌婦式之灋，以授嬪婦及內人、女功之事齎。〔一〕
凡授嬪婦功，及秋獻功，辨其苦良、比其小大而賈之，物
書而楬之。〔二〕以共王及后之用，頒之于內府。

　　〔一〕婦式，婦人事之模範。法，其用財舊數。嬪婦，九嬪、世
　　　　婦。言及以殊之者，容國中婦人賢善工於事者。事齎，謂以
　　　　女功之事來取絲枲。故書齎爲資，杜子春讀爲資。鄭司農
　　　　云：“內人，謂女御。女功事資，謂女功絲枲之事。”
　　〔二〕授，當爲受，聲之誤也。國中嬪婦所作成，即送之，不須獻
　　　　功時。賈之者，物不正齊，當以泉計通功。鄭司農云：“苦，
　　　　讀爲鹽。謂分別其縑帛與布紵之麤細，皆比方其大小，書其
　　　　賈數而著其物，若今時題署物。”

（一·五十六）

典絲掌絲入而辨其物，以其賈楬之。[一]掌其藏與其出，以待興功之時。[二]頒絲于外內工，皆以物授之。[三]凡上之賜予，亦如之。[四]及獻功，則受良功而藏之，辨其物而書其數，以待有司之政令、上之賜予。[五]凡祭祀，共黼畫組就之物。[六]喪紀，共其絲纊組文之物。[七]凡飾邦器者，受文織絲組焉。[八]歲終，則各以其物會之。[九]

　　［一］絲入，謂九職之嬪婦所貢絲。

　　［二］絲之貢少，藏之出之可同官也。時者，若溫煖宜縑帛，清涼宜文繡。

　　［三］外工，外嬪婦也。內工，女御。

　　［四］王以絲物賜人。

　　［五］良，當爲苦，字之誤。受其麤盬之功，以給有司之公用。其良功者，典婦功受之，以共王及后之用。鄭司農云：“良功，絲功，縑帛。”

　　［六］以給衣服冕旒及依盠巾之屬。白與黑謂之黼。采色一成曰就。

　　［七］以給線縷，著盯口綦握之屬。青與赤謂之文。

　　［八］謂茵席屏風之屬。

　　［九］種別爲計。鄭司農云：“各以其所飾之物，計會傅著之。”

（一·五十七）

典枲掌布緦縷紵之麻草之物，以待時頒功而授齎。[一]及獻功，受苦功，以其賈楬而藏之，以待時頒。[二]頒衣服，授之，賜予亦如之。[三]歲終，則各以其物會之。

85

［一］緦，十五升布抽其半者。白而細疏曰紵。雜言此數物者，以著其類衆多。草，葛藟之屬。故書齋作資。

［二］其良功亦入於典婦功，以共王及后之用。鄭司農云："苦功，謂麻功布紵。"

［三］授之，授受班者[一]。帛言待有司之政令，布言班衣服，互文。

（一·五十八）

內司服掌王后之六服，褘衣、揄狄、闕狄、鞠衣、展衣、緣衣、素沙。[一]辨外內命婦之服，鞠衣、展衣、緣衣，素沙。[二]凡祭祀、賓客，共后之衣服，及九嬪、世婦凡命婦，共其衣服。共喪衰，亦如之。[三]后之喪，共其衣服，凡內具之物。[四]

［一］鄭司農云："褘衣，畫衣也。《祭統》曰：'君卷冕立于阼，夫人副褘立于東房。'揄狄、闕狄，畫羽飾。展衣，白衣也。《喪大記》曰：'復者朝服，君以卷，夫人以屈狄，世婦以禮衣。'屈者，音聲與闕相似。禮與展相似。皆婦人之服。鞠衣，黃衣也。素沙，赤衣也。"玄謂狄，當爲翟。翟，雉名。伊雒而南，素質，五色皆備成章曰翬。江淮而南，青質，五色皆備成章曰搖。王后之服，刻繒爲之形而采畫之，綴於衣以爲文章。褘衣畫翬者，揄翟畫搖者，闕翟刻而不畫，此三者皆祭服。從王祭先王則服褘衣，祭先公則服揄翟，祭群小祀則服闕翟。今世有圭衣者，蓋三翟之遺俗。鞠衣，黃桑服

〔一〕授受班者 "班"，底本作"頒"，黃本、殿本、阮本作"班"。阮本《校勘記》："授受班者，諸本同。浦鏜云：'頒誤班，非也。此經作頒，注作班，通書準此。'"今據黃本、殿本、阮本改。

也，色如鞠塵，象桑葉始生。《月令》：三月，薦鞠衣于上帝，告桑事。展衣，以禮見王及賓客之服。字當爲禮，禮之言亶。亶，誠也。《詩·國風》曰"玼兮玼兮，其之翟也"，下云"胡然而天也，胡然而帝也"，言其德當神明。又曰"瑳兮瑳兮，其之展也"，下云"展如之人兮，邦之媛也"，言其行配君子。二者之義與禮合矣。《雜記》曰："夫人復稅衣、褕狄。"又《喪大記》曰："士妻以襐衣。"言襐者甚衆，字或作稅。此緣衣者，實作襐衣也。襐衣，御于王之服，亦以燕居。男子之襐衣黑，則是亦黑也。六服備於此矣。褘、褕、狄、展，聲相近。緣，字之誤也。以下推次其色，則闕狄赤，褕狄青，褘衣玄。婦人尚專一，德無所兼，連衣裳不異其色。素沙者，今之白縛也。六服皆袍制，以白縛爲裏，使之張顯。今世有沙縠者，名出于此。

[二] 內命婦之服，鞠衣，九嬪也；展衣，世婦也；緣衣，女御也。外命婦者，其夫孤也，則服鞠衣；其夫卿大夫也，則服展衣；其夫士也，則服緣衣。三夫人及公之妻，其闕狄以下乎？侯伯之夫人褕狄，子男之夫人亦闕狄，唯二王後褘衣。

[三] 凡者，凡女御與外命婦也。言及、言凡，殊貴賤也。《春秋》之義，王人雖微者，猶序乎諸侯之上，所以尊尊也。臣之命者，再命以上受服，則下士之妻不共也。外命婦，唯王祭祀、賓客，以禮佐后，得服此上服，自於其家則降焉。

[四] 內具，紛帨、線纊、簟簀之屬。

(一·五十九)

縫人掌王宮之縫線之事，以役女御，以縫王及后之衣服。[一] 喪，縫棺飾焉，[二] 衣翣柳之材。[三] 掌凡內之縫事。

［一］女御裁縫王及后之衣服，則爲役助之，宮中餘裁縫事則專爲焉。鄭司農云：“線，縷。”

［二］孝子既啟，見棺猶見親之身。既載，飾而以行，遂以葬，若存時居于帷幕而加文繡。《喪大記》曰：“飾棺，君龍帷，三池，振容，黼荒，火三列，黻三列，素錦褚，加僞荒，纁紐六，齊五采，五貝，黼翣二，黻翣二，畫翣二，皆戴圭，魚躍拂池。君纁戴六，纁披六。”此諸侯禮也。《禮器》曰：“天子八翣，諸侯六翣，大夫四翣。”《漢禮器制度》：“飾棺，天子龍火黼黻皆五列，又有龍翣二，其戴皆加璧。”故書焉爲馬，杜子春云：“當爲焉。”

［三］必先纏衣其木，乃以張飾也。柳之言聚，諸飾之所聚。《書》曰：“分命和仲，度西曰柳穀。”故書翣柳作接檟，鄭司農云：“接讀爲翜，檟讀爲柳，皆棺飾。《檀弓》曰：‘周人牆置翜。’《春秋傳》曰：‘四翜不蹕。’”

(一·六十)

染人掌染絲帛。凡染，春暴練，夏纁玄，秋染夏，冬獻功。[一] 掌凡染事。

［一］暴練，練其素而暴之。故書纁作竊，鄭司農云：“竊，讀當爲纁，纁謂絳也。夏，大也，秋乃大染。”玄謂纁玄者，謂始可以染此色者。玄纁者，天地之色，以爲祭服。石染當及盛暑熱潤始湛研之，三月而後可用。《考工記》鍾氏則染纁術也。染玄則史傳闕矣。染夏者，染五色。謂之夏者，其色以夏狄爲飾。《禹貢》曰“羽畎夏狄”，是其總名。其類有六，曰翬，曰搖，曰鷮，曰甾，曰希，曰蹲。其毛羽五色，皆備

成章。染者擬以爲深淺之度，是以放而取名焉。

（一·六十一）

追師掌王后之首服，爲副、編、次，追衡、笄，爲九嬪及外内命婦之首服，以待祭祀、賓客。[一] 喪紀，共笄総，亦如之。

[一] 鄭司農云："追，冠名。《士冠禮記》曰：'委貌，周道也。章甫，殷道也。牟追，夏后氏之道也。'追師，掌冠冕之官，故并主王后之首服。副者，婦人之首服。《祭統》曰：'君卷冕立于阼，夫人副褘立于東房。'衡，維持冠者。《春秋傳》曰：'衡紞紘綖。'"玄謂副之言覆，所以覆首爲之飾，其遺象若今步繇矣，服之以從王祭祀。編，編列髮爲之，其遺象若今假紒矣，服之以桑也。次，次第髮長短爲之，所謂髲髢，服之以見王。王后之燕居，亦縰笄總而已。追，猶治也，《詩》云："追琢其章。"王后之衡笄皆以玉爲之。唯祭服有衡，垂于副之兩旁，當耳，其下以紞縣瑱。《詩》云"玼兮玼兮，其之翟也。鬒髮如雲，不屑髢也，玉之瑱也"，是之謂也。笄，卷髮者。外内命婦衣鞠衣、禮衣者服編，衣褖衣者服次。外内命婦非王祭祀賓客佐后之禮，自於其家則亦降焉。《少牢饋食禮》曰"主婦髲鬄衣移袂"，《特牲饋食禮》曰"主婦纚笄宵衣"是也。《昏禮》女次純衣，攝盛服耳。主人爵弁以迎，移袂，褖衣之袂。凡諸侯夫人於其國，衣服與王后同。

（一·六十二）

　　屨人掌王及后之服屨，爲赤舄、黑舄，赤繶、黃繶，青句，素屨、葛屨，^{〔一〕}辨外内命夫、命婦之命屨、功屨、散屨。^{〔二〕}凡四時之祭祀，以宜服之。^{〔三〕}

　　〔一〕屨自明矣，必連言服者，著服各有屨也。複下曰舄，禪下曰屨。古人言屨以通於複，今世言屨以通於禪，俗易語反與？舄屨有絇、有繶、有純者，飾也。<u>鄭司農</u>云：“赤繶黃繶，以赤黃之絲爲下緣。《士喪禮》曰：‘夏葛屨，冬皮屨，皆繶緇純。’禮家說繶，亦謂以采絲牒其下。”<u>玄</u>謂凡屨舄，各象其裳之色。《士冠禮》曰“玄端黑屨，青絇、繶、純”，“素積白屨，緇絇、繶、純”，“爵弁纁屨，黑絇、繶、純”是也。王吉服有九，舄有三等。赤舄爲上，冕服之舄。《詩》云“王賜<u>韓侯</u>，玄衮赤舄”，則諸侯與王同。下有白舄、黑舄。王后吉服六，唯祭服有舄。玄舄爲上，褘衣之舄也。下有青舄、赤舄。鞠衣以下皆屨耳。句，當爲絇，聲之誤也。絇繶，純者同色。今云赤繶、黃繶、青絇，雜互言之，明舄屨衆多，反覆以見之。凡舄之飾，如繢之次。赤繶者，王黑舄之飾。黃繶者，王后玄舄之飾。青絇者，王白舄之飾。言繶必有絇純，言絇亦有繶純，三者相將。王及后之赤舄皆黑飾，后之青舄白飾。凡屨之飾，如繡次也。黃屨白飾，白屨黑飾，黑屨青飾。絇，謂之拘，著舄屨之頭，以爲行戒。繶，縫中紃。純，緣也。天子諸侯吉事皆舄，其餘唯服冕衣翟著舄耳。士爵弁纁屨，黑絇繶純，尊祭服之屨飾，從繢也。素屨者，非純吉，有凶去飾者。言葛屨，明有用皮時。

［二］命夫之命屨，纁屨。命婦之命屨，黃屨以下功屨，次命屨，於孤、卿、大夫則白屨、黑屨，九嬪、內子亦然。世婦、命婦以黑屨爲功屨，女御、士妻命屨而已。士及士妻，謂再命受服者。散屨，亦謂去飾。

［三］祭祀而有素屨散屨者，唯大祥時。

(一·六十三)

夏采掌大喪以冕服復于大祖，以乘車建綏復于四郊。[一]

［一］求之王平生常所有事之處。乘車，玉路。於大廟以冕服，不出宮也。四郊以綏，出國門，此行道也。鄭司農云："復，謂始死招魂復魄。《士喪禮》曰：'士死于適室，復者一人，以爵弁服，升自東榮，中屋北面，招以衣，曰皋某復，三，降衣于前，受用篋，升自阼階，以衣尸。'《喪大記》曰：'復，男子稱名，婦人稱字，唯哭先復。'言死而哭，哭而復，冀其復反。故《檀弓》曰：'復，盡愛之道也。望反諸幽，求諸鬼神之道也。北面，求諸幽之義也。'《檀弓》又曰：'君復於小寢、大寢，小祖、大祖，庫門、四郊。'《喪大記》又曰：'復者朝服，君以卷，夫人以屈狄，大夫以玄赬，世婦以襢衣，士以爵弁，士妻以稅衣。'《雜記》曰：'諸侯行而死於館，則其復如於其國。如於道，則升其乘車之左轂，以其綏復。大夫死於館，則其復如於家。死於道，則升其乘車之左轂，以其綏復。'《喪大記》又曰：'爲賓則公館復，私館不復。'夏采，天子之官，故以冕服復于大祖，以乘車建綏復于四郊，天子之禮也。大祖，始祖廟也。"故書綏爲禭，杜子春云："當爲綏，禭非是也。"玄謂《明堂位》曰"凡四

91

代之服器，魯兼用之”，“有虞氏之旂，夏后氏之綏”，則旌旂有是綏者，當作緌，字之誤也。緌以旄牛尾爲之，綴於橦上，所謂注旄於干首者。王祀四郊，乘玉路，建大常，今以之復，去其旒，異之於生，亦因先王有徒綏者。《士冠禮》及《玉藻》冠緌之字，故書亦多作綏者〔一〕，今禮家定作蕤。

─────────────

〔一〕 故書亦多作綏者 “綏”，底本作“緌”，黄本、殿本、阮本作“綏”。阮本《校勘記》：“故書亦多作綏者，閩、監、毛本同。宋本、岳本、嘉靖本，綏作緌。《漢讀考》云：‘作緌誤。’”今據黄本、殿本、阮本改。

周禮卷第三

周禮卷第三

鄭　氏　注

地官司徒第二

惟王建國，辨方正位，體國經野，設官分職，以爲民極。乃立地官司徒，使帥其屬而掌邦教，以佐王安擾邦國。[一]

　[一] 教所以親百姓，訓五品。有虞氏五，而周十有二焉。擾，亦安也，言饒衍之。

教官之屬：

大司徒，卿一人。

小司徒，中大夫二人。

鄉師，下大夫四人；上士八人，中士十有六人，旅下士三十有二人。府六人，史十有二人，胥十有二人，徒百有二十人。[一]

　[一] 師，長也。司徒掌六鄉，鄉師分而治之，二人者共三鄉之事，相左右也。

鄉老，二鄉則公一人。

鄉大夫，每鄉卿一人。
州長，每州中大夫一人。
黨正，每黨下大夫一人。
族師，每族上士一人。
閭胥，每閭中士一人。
比長，五家下士一人。^[一]

[一] 老，尊稱也。王置六鄉，則公有三人也。三公者，内與王論道，中參六官之事，外與六鄉之教。其要爲民，是以屬之鄉焉。州、黨、族、閭、比，鄉之屬别。正、師、胥，皆長也。正之言政也。師之言帥也。胥，有才知之稱。《載師職》曰："以官田、牛田、賞田、牧田任遠郊之地。"《司勳職》曰："掌六鄉之賞地。"六鄉地在遠郊之内，則居四同。鄭司農云："百里内爲六鄉，外爲六遂。"

封人，中士四人，下士八人。府二人，史四人，胥六人，徒六十人。^[一]

[一] 聚土曰封，爲壝堳埒及小封疆也。

鼓人，中士六人。府二人，史二人，徒二十人。
舞師，下士二人。胥四人，舞徒四十人。^[一]

[一] 舞徒，給繇役能舞者以爲之。

牧人，下士六人。府一人，史二人，徒六十人。^[一]

［一］牧人，養牲於野田者。《詩》云：“爾牧來思，何蓑何笠，或負其餱，三十維物，爾牲則具。”

牛人，中士二人，下士四人。府二人，史四人，胥二十人，徒二百人。^{［一］}

［一］主牧公家之牛者。《詩》云：“誰謂爾無牛，九十其犉。”犉者九十，其餘多矣。

充人，下士二人。史二人，胥四人，徒四十人。^{［一］}

［一］充，猶肥也，養繫牲而肥之。

載師，上士二人，中士四人。府二人，史四人，胥六人，徒六十人。^{［一］}

［一］載之言事也，事民而稅之。《禹貢》曰：“冀州既載。”載師者，閭師、縣師、遺人、均人官之長。

閭師，中士二人。史二人，徒二十人。^{［一］}

［一］主徵六鄉賦貢之稅者。鄉官有州、黨、族、閭、比，正言閭者，徵民之稅宜督其親民者。凡其賦貢入大府，穀入倉人。

縣師，上士二人，中士四人。府二人，史四人，胥八人，徒八十人。^{［一］}

〔一〕主天下土地人民已下之數，徵野賦貢也。名曰縣師者，自六鄉以至邦國，縣居中焉。鄭司農云："四百里曰縣。"

遺人，中士二人，下士四人。府二人，史四人，胥四人，徒四十人。[一]

〔一〕鄭司農云："遺讀如《詩》曰'棄予如遺'之遺。"玄謂以物有所饋遺。

均人，中士二人，下士四人。府二人，史四人，胥四人，徒四十人。[一]

〔一〕均，猶平也。主平土地之力政者。

師氏，中大夫一人；上士二人。府二人，史二人，胥十有二人，徒百有二十人。[一]

〔一〕師，教人以道者之稱也。保氏、司諫、司救官之長。鄭司農云："《詩》云：'橋維師氏。'"

保氏，下大夫一人；中士二人。府二人，史二人，胥六人，徒六十人。[一]

〔一〕保，安也，以道安人者也。《書敘》曰："周公爲師，召公爲保，相成王，爲左右。"聖賢兼此官也。

98

司諫，中士二人。史二人，徒二十人。^[一]

[一] 諫，猶正也，以道正人行。

司救，中士二人。史二人，徒二十人。^[一]

[一] 救，猶禁也，以禮防禁人之過者也。

調人，下士二人。史二人，徒十人。^[一]

[一] 調，猶和合也。

媒氏，下士二人。史二人，徒十人。^[一]

[一] 媒之言謀也，謀合異類，使和成者。今齊人名麴麩曰媒。

司市，下大夫二人；上士四人，中士八人，下士十有六人。府四人，史八人，胥十有二人，徒百有二十人。^[一]

[一] 司市，市官之長。

質人，中士二人，下士四人。府二人，史四人，胥二人，徒二十人。^[一]

[一] 質，平也。主平定物賈者。

廛人，中士二人，下士四人。府二人，史四人，胥二人，徒二十人。[一]

[一] 故書廛爲壇，杜子春讀壇爲廛，説云："市中空地。"玄謂廛，民居區域之稱。

胥師，二十肆則一人，皆二史。
賈師，二十肆則一人，皆二史。
司虣，十肆則一人。
司稽，五肆則一人。
胥，二肆則一人。
肆長，每肆則一人。[一]

[一] 自胥師以及司稽，皆司市所自辟除也。胥及肆長，市中給繇役者。胥師領群胥，賈師定物賈，司暴禁暴亂，司稽察留連不時去者。

泉府，上士四人，中士八人，下士十有六人。府四人，史八人，賈八人，徒八十人。[一]

[一] 鄭司農云："故書泉或作錢。"[一]

司門，下大夫二人；上士四人，中士八人，下士十有六人。府二人，史四人，胥四人，徒四十人。每門下士二

〔一〕 鄭司農云故書泉或作錢　此十字底本闕，今據黃本、殿本、阮本補。

人；府一人，史二人，徒四人。[一]

[一] 司門若今城門校尉，主王城十二門。

司關，上士二人，中士四人。府二人，史四人，胥八人，徒八十人。每關下士二人；府一人，史二人，徒四人。[一]

[一] 關，界上之門。

掌節，上士二人，中士四人。府二人，史四人，胥二人，徒二十人。[一]

[一] 節，猶信也。行者所執之信。

遂人，中大夫二人。
遂師，下大夫四人；上士八人，中士十有六人，旅下士三十有二人。府四人，史十有二人，胥十有二人，徒百有二十人。[一]

[一] 遂人主六遂，若司徒之於六鄉也。六遂之地，自遠郊以達于畿，中有公邑、家邑、小都、大都焉。鄭司農云："遂，謂王國百里外。"

遂大夫，每遂中大夫一人。
縣正，每縣下大夫一人。

鄙師，每鄙上士一人。
酇長，每酇中士一人。
里宰，每里下士一人。
鄰長，五家則一人。[一]

[一] 縣、鄙、酇、里、鄰，遂之屬別也。

旅師，中士四人，下士八人。府二人，史四人，胥八人，徒八十人。[一]

[一] 主斂縣師所徵野之賦穀者也。旅，猶處也。六遂之官，里宰之師也。正用里宰者，亦斂民之稅，宜督其親民。

稍人，下士四人。史二人，徒十有二人。[一]

[一] 主為縣師令都鄙丘甸之政也。距王城三百里曰稍。家邑、小都、大都自稍以出焉。

委人，中士二人，下士四人。府二人，史四人，徒四十人。[一]

[一] 主斂甸稍芻薪之賦，以共委積者也。

土均，上士二人，中士四人，下士八人。府二人，史四人，胥四人，徒四十人。[一]

〔一〕均，猶平也。主平土地之政令者也。

草人，下士四人。史二人，徒十有二人。^{〔一〕}

〔一〕草，除草。

稻人，上士二人，中士四人，下士八人。府二人，史四人，胥十人，徒百人。

土訓，中士二人，下士四人。史二人，徒八人。^{〔一〕}

〔一〕鄭司農云："訓，讀爲馴，謂以遠方土地所生異物告道王也。《爾雅》云：訓，道也。"玄謂能訓説土地善惡之勢。

誦訓，中士二人，下士四人。史二人，徒八人。^{〔一〕}

〔一〕能訓説四方所誦習及人所作爲久時事。

山虞，每大山中士四人，下士八人；府二人，史四人，胥八人，徒八十人。中山，下士六人；史二人，胥六人，徒六十人。小山，下士二人；史一人，徒二十人。^{〔一〕}

〔一〕虞^{〔一〕}，度也。度知山之大小及所生者。

林衡，每大林麓下士十有二人；史四人，胥十有二人，

〔一〕虞　底本作"處"，今據黃本改。

徒百有二十人。中林麓如中山之虞，小林麓如小山之虞。^[一]

[一] 衡，平也。平林麓之大小及所生者。竹木生平地曰林，山足
曰麓。

川衡，每大川下士十有二人；史四人，胥十有二人，
徒百有二十人。中川，下士六人；史二人，胥六人，徒
六十人。小川，下士二人；史一人，徒二十人。^[一]

[一] 川，流水也。《禹貢》曰：“九川滌源。”

澤虞，每大澤、大藪中士四人，下士八人；府二人，
史四人，胥八人，徒八十人。中澤、中藪如中川之衡，小
澤、小藪如小川之衡。^[一]

[一] 澤，水所鍾也。水希曰藪。《禹貢》曰：“九澤既陂。”《爾雅》
有八藪。

迹人，中士四人，下士八人。史二人，徒四十人。^[一]

[一] 迹之言跡，知禽獸處。

卝人，中士二人，下士四人。府二人，史二人，胥四
人，徒四十人。^[一]

[一] 卝之言礦也。金玉未成器曰礦。

角人，下士二人。府一人，徒八人。

羽人，下士二人。府一人，徒八人。

掌葛，下士二人。府一人，史一人，胥二人，徒二十人。

掌染草，下士二人。府一人，史二人，徒八人。[一]

　[一]染草，藍、蒨、象斗之屬。

掌炭，下士二人。史二人，徒二十人。

掌荼，下士二人。府一人，史一人，徒二十人。[一]

　[一]荼，茅莠。

掌蜃，下士二人。府一人，史一人，徒八人。[一]

　[一]蜃，大蛤。《月令》:“孟冬，雉入大水爲蜃。”

囿人，中士四人，下士八人。府二人，胥八人，徒八十人。[一]

　[一]囿，今之苑。

場人，每場下士二人；府一人，史一人，徒二十人。[一]

　[一]場，築地爲墠。季秋，除圃中爲之。《詩》云:“九月築場圃，

十月納禾稼。"

廩人，下大夫二人；上士四人，中士八人，下士十有六人。府八人，史十有六人，胥三十人，徒三百人。[一]

[一]藏米曰廩。廩人，舍人、倉人、司祿官之長。

舍人，上士二人，中士四人。府二人，史四人，胥四人，徒四十人。[一]

[一]舍，猶宮也。主平宮中用穀者也。

倉人，中士四人，下士八人。府二人，史四人，胥四人，徒四十人。

司祿，中士四人，下士八人。府二人，史四人，徒四十人。[一]

[一]主班祿。

司稼，下士八人。史四人，徒四十人。[一]

[一]種穀曰稼，如嫁女以有所生。

舂人，奄二人，女舂抌二人，奚五人。[一]

[一]女舂抌，女奴能舂與抌者。抌，抒臼也。《詩》云："或

春或扰。"

饎人，奄二人，女饎八人，奚四十人。[一]

[一] 鄭司農云："饎人，主炊官也。"《特牲饋食禮》曰："主婦視
饎爨。"故書饎作饎。

槀人，奄八人，女槀每奄二人，奚五人。[一]

[一] 鄭司農云："槀，讀爲犒師之犒。主冗食者，故謂之犒。"

（二·一）

　　大司徒之職，掌建邦之土地之圖與其人民之數，以佐
王安擾邦國。[一]

[一] 土地之圖，若今司空郡國輿地圖。

　　以天下土地之圖，周知九州之地域廣輪之數，辨其山
林、川澤、丘陵、墳衍、原隰之名物；[一] 而辨其邦國都鄙
之數，制其畿疆而溝封之，設其社稷之壝而樹之田主。各
以其野之所宜木，遂以名其社與其野。[二]

[一] 周，猶徧也。九州，揚、荊、豫、青、兗、雍、幽、冀、并
也。輪，從也。積石曰山，竹木曰林，注瀆曰川，水鍾曰
澤，土高曰丘，大阜曰陵，水崖曰墳，下平曰衍，高平曰
原，下濕曰隰。名物者，十等之名與所生之物。

[二] 千里曰畿。疆，猶界也。《春秋傳》曰：“吾子疆理天下。”溝，
穿地爲阻固也。封，起土界也。社稷，后土及田正之神。
壝，壇與堳埒也。田主，田神后土，田正之所依也，詩人謂
之田祖。所宜木，謂若松柏栗也。若以松爲社者，則名松社
之野，以別方面。

以土會之灋辨五地之物生。一曰山林，其動物宜毛物，
其植物宜阜物，其民毛而方。二曰川澤，其動物宜鱗物，
其植物宜膏物，其民黑而津。三曰丘陵，其動物宜羽物，
其植物宜覈物，其民專而長。四曰墳衍，其動物宜介物，
其植物宜莢物，其民晳而瘠。五曰原隰，其動物宜臝物，
其植物宜叢物，其民豐肉而庳。[一]

[一] 會，計也。以土計貢税之法，因別此五者也。毛物，貂狐貒
貉之屬，緟毛者也。鱗物，魚龍之屬。津，潤也。羽物，翟
雉之屬。覈物，李梅之屬。專，圜也。介物，龜鼈之屬，水
居陸生者。莢物，薺莢王棘之屬。晳，白也。瘠，臞也。臝
物，虎豹貔貐之屬，淺毛者。叢物，萑葦之屬。豐，猶厚
也。庳，猶短也。杜子春讀生爲性。鄭司農云：“植物，根
生之屬。阜物，柞栗之屬，今世間謂柞實爲阜斗。膏物，謂
楊柳之屬，理致且白如膏。”玄謂膏，當爲橐，字之誤也。
蓮芡之實有橐韜。

因此五物者民之常，而施十有二教焉。一曰以祀禮教
敬，則民不苟。二曰以陽禮教讓，則民不爭。三曰以陰禮
教親，則民不怨。四曰以樂禮教和，則民不乖。五曰以儀

辨等，則民不越。六曰以俗教安，則民不愉。七曰以刑教中，則民不虣。八曰以誓教恤，則民不怠。九曰以度教節，則民知足。十曰以世事教能，則民不失職。十有一曰以賢制爵，則民慎德。十有二曰以庸制祿，則民興功。[一]

[一] 陽禮，謂鄉射飲酒之禮也。陰禮，謂男女之禮。昏姻以時，則男不曠，女不怨。儀，謂君南面臣北面，父坐子伏之屬。俗，謂土地所生習也。愉，謂朝不謀夕。恤，謂災危相憂。民有凶患，憂之，則民不解怠。度，謂宮室車服之制。世事，謂士農工商之事。少而習焉，其心安焉，因教以能，不易其業。慎德，謂秩其善德，勸爲善也。庸，功也。爵以顯賢，祿以賞功。故書儀或爲義，杜子春讀爲儀，謂九儀。

以土宜之灋辨十有二土之名物，以相民宅而知其利害，以阜人民，以蕃鳥獸，以毓草木，以任土事。[一]辨十有二壤之物而知其種，以教稼穡樹蓺。[二]

[一] 十二土分野十二邦，上繫十二次，各有所宜也。相，占視也。阜，猶盛也。蕃，蕃息也。育，生也。任，謂就地所生，因民所能。

[二] 壤亦土也，變言耳。以萬物自生焉則言土。土，猶吐也。以人所耕而樹蓺焉則言壤。壤，和緩之貌。《詩》云："樹之榛栗。"又曰："我蓺黍稷。"蓺，猶蒔也。

以土均之灋辨五物九等，制天下之地征，以作民職，以令地貢，以斂財賦，以均齊天下之政。[一]

［一］均，平也。五物，五地之物也。九等，騂剛赤緹之屬。征，
　　稅也。民職，民九職也。地貢，貢地所生，謂九穀。財，謂
　　泉穀。賦，謂九賦及軍賦。

　　以土圭之灋測土深、正日景，以求地中。日南則景短
多暑，日北則景長多寒，日東則景夕多風，日西則景朝多
陰。[一]日至之景，尺有五寸，謂之地中。天地之所合也，
四時之所交也，風雨之所會也，陰陽之所和也。然則百物
阜安，乃建王國焉，制其畿，方千里而封樹之。[二]

［一］土圭，所以致四時日月之景也。測，猶度也。不知廣深，故
　　曰測。故書求爲救，杜子春云：“當爲求。”鄭司農云：“測土
　　深，謂南北東西之深也。日南，謂立表處大南，近日也。日
　　北，謂立表處大北，遠日也。景夕，謂日跌景乃中，立表處
　　大東，近日也。景朝，謂日未中而景中，立表處大西，遠日
　　也。”玄謂晝漏半而置土圭，表陰陽，審其南北。景短於土
　　圭謂之日南，是地於日爲近南也。景長於土圭謂之日北，是
　　地於日爲近北也。東於土圭謂之日東，是地於日爲近東也。
　　西於土圭謂之日西，是地於日爲近西也。如是則寒暑陰風，
　　偏而不和，是未得其所求。凡日景於地，千里而差一寸。
［二］景尺有五寸者，南戴日下萬五千里，地與星辰四游升降於三
　　萬里之中，是以半之，得地之中也。畿方千里，取象於日一
　　寸爲正。樹，樹木溝上，所以表助阻固也。鄭司農云：“土
　　圭之長尺有五寸，以夏至之日，立八尺之表，其景適與土圭
　　等，謂之地中。今潁川陽城地爲然。”

凡建邦國，以土圭土其地而制其域。諸公之地，封疆方五百里，其食者半。諸侯之地，封疆方四百里，其食者參之一。諸伯之地，封疆方三百里，其食者參之一。諸子之地，封疆方二百里，其食者四之一。諸男之地，封疆方百里，其食者四之一。[一]

〔一〕土其地[一]，猶言度其地。鄭司農云：“土其地，但爲正四方耳。其食者半，公所食租税得其半耳，其半皆附庸小國也，屬天子參之一者亦然。故《魯頌》曰：‘錫之山川，土田附庸，奄有龜蒙，遂荒大東，至于海邦。’《論語》曰：‘季氏將伐顓臾，孔子曰：“先王以爲東蒙主，且在邦域之中，是社稷之臣。”’此非七十里所能容。然則方五百里、四百里，合於《魯頌》《論語》之言。諸男食者四之一[二]，適方五十里，獨此與今《五經》家説合耳。”玄謂其食者半、參之一、四之一者，土均均邦國地貢輕重之等。其率之也，公之地以一易，侯伯之地以再易，子男之地以三易，必足其國禮俗、喪紀、祭祀之用，乃貢其餘，若今度支經用，餘爲司農穀矣。大國貢重，正之也。小國貢輕，字之也。凡諸侯爲牧正帥長及有德者，乃有附庸，爲其有祿者當取焉。公無附庸，侯附庸九同，伯附庸七同，子附庸五同，男附庸三同。進則取焉，退則歸焉。魯於周法不得有附庸，故言錫之也。地方七百里者包附庸，以大言之也。附庸二十四，言得兼此四等矣。

〔一〕土其地　“土”，底本作“上”，今據黃本改。

〔二〕諸男食者四之一　“諸男”上，底本衍“諸子”二字，今據黃本刪。

凡造都鄙，制其地域而封溝之，以其室數制之。不易之地，家百畮；一易之地，家二百畮；再易之地，家三百畮。[一]乃分地職、奠地守、制地貢，而頒職事焉，以爲地灋而待政令。[二]以荒政十有二聚萬民。一曰散利，二曰薄征，三曰緩刑，四曰弛力，五曰舍禁，六曰去幾，七曰眚禮，八曰殺哀，九曰蕃樂，十曰多昏，十有一曰索鬼神，十有二曰除盜賊。[三]

[一] 都鄙，王子弟、公、卿、大夫采地。其界曰都。鄙，所居也。《王制》曰：“天子之縣内，方百里之國九，七十里之國二十有一，五十里之國六十有三。”此蓋夏時采地之數，周未聞矣。《春秋傳》曰：“遷鄭焉而鄙留。”城郭之宅曰室。《詩》云：“嗟我婦子，曰爲改歲，入此室處。”以其室數制之，謂制丘甸之屬。《王制》曰：“凡居民，量地以制邑，度地以居民，地邑民居，必參相得。”鄭司農云：“不易之地，歲種之，地美，故家百畮。一易之地，休一歲乃復種，地薄，故家二百畮。再易之地，休二歲乃復種，故家三百畮。”

[二] 分地職，分其九職所宜也。定地守，謂衡麓虞候之屬。制地貢，謂九職所稅也。頒職事者，分命使各爲其所職之事。

[三] 荒，凶年也。鄭司農云：“救飢之政，十有二品。散利，貸種食也。薄征，輕租稅也。弛力，息繇役也。去幾，關市不幾也。眚禮，《掌客職》所謂凶荒殺禮者也。多昏，不備禮而娶，昏者多也。索鬼神，求廢祀而修之，《雲漢》之詩所謂‘靡神不舉，靡愛斯牲’者也。除盜賊，急其刑以除之，飢饉則盜賊多，不可不除也。”杜子春讀蕃樂爲藩樂，謂閉藏樂器而不作。玄謂去幾，去其稅耳。舍禁，若公無禁利。

眚禮，謂殺吉禮也。殺哀，謂省凶禮。

以保息六養萬民。一曰慈幼，二曰養老，三曰振窮，四曰恤貧，五曰寬疾，六曰安富。[一]

［一］保息，謂安之使蕃息也。慈幼，謂愛幼少也。産子三人與之母，二人與之餼，十四以下不從征。養老，七十養於鄉，五十異粻之屬。振窮，拂捄天民之窮者也。窮者有四，曰矜，曰寡，曰孤，曰獨。恤貧，貧無財業稟貸之。寬疾，若今癃不可事，不算卒，可事者半之也。安富，平其繇役，不專取。

以本俗六安萬民。一曰媺宮室，二曰族墳墓，三曰聯兄弟，四曰聯師儒，五曰聯朋友，六曰同衣服。[一]

［一］本，猶舊也。媺，善也，謂約椓攻堅，風雨攸除，各有攸宇。族，猶類也。同宗者，生相近，死相迫。聯，猶合也。兄弟，昏姻嫁娶也。師儒，鄉里教以道藝者。同師曰朋，同志曰友。同，猶齊也。民雖有富者，衣服不得獨異。

正月之吉，始和，布教于邦國都鄙。乃縣教象之灋于象魏，使萬民觀教象，挾日而斂之。乃施教灋于邦國都鄙，使之各以教其所治民。[一]令五家爲比，使之相保；五比爲閭，使之相受；四閭爲族，使之相葬；五族爲黨，使之相救；五黨爲州，使之相賙；五州爲鄉，使之相賓。[二]

［一］正月之吉，周正月朔日也。司徒以布五教，至正歲，又書教
　　　法而縣焉。

［二］此所以勸民者也。使之者，皆謂立其長而教令使之。保，猶
　　　任也。救，救凶災也。賓，賓客其賢者。故書受爲授，杜子
　　　春云：“當爲受，謂民移徙所到則受之〔一〕，所去則出之。”又
　　　云：“賙當爲糾，謂糾其惡。”玄謂受者，宅舍有故，相受寄
　　　託也。賙者，謂禮物不備，相給足也。閭二十五家，族百
　　　家，黨五百家，州二千五百家，鄉萬二千五百家。

頒職事十有二于邦國都鄙，使以登萬民。一曰稼穡，
二曰樹蓺，三曰作材，四曰阜蕃，五曰飭材，六曰通財，
七曰化材，八曰斂材，九曰生材，十曰學藝，十有一曰世
事，十有二曰服事。〔一〕

［一］鄭司農云：“稼穡，謂三農生九穀也。樹蓺，謂園圃毓草木。
　　　作材，謂虞衡作山澤之材。阜蕃，謂藪牧養蕃鳥獸。飭材，
　　　謂百工飭化八材。通財，謂商賈阜通貨賄。化材，謂嬪婦化
　　　治絲枲。斂材，謂臣妾聚斂疏材。生材，謂閒民無常職，轉
　　　移執事。學藝，謂學道藝。世事，謂以世事教能，則民不失
　　　職。服事，謂爲公家服事者。”玄謂生材，養竹木者。

以鄉三物教萬民而賓興之。一曰六德，知、仁、聖、
義、忠、和。二曰六行，孝、友、睦、婣、任、恤。三曰
六藝，禮、樂、射、御、書、數。〔一〕

〔一〕 謂民移徙所到則受之　“徙”，底本作“徒”，今據黃本改。

[一] 物，猶事也。興，猶舉也。民三事教成，鄉大夫舉其賢者能
　　　者，以飲酒之禮賓客之，既則獻其書於王矣。知，明於事。
　　　仁，愛人以及物。聖，通而先識。義，能斷時宜。忠，言以
　　　中心。和，不剛不柔。善於父母爲孝，善於兄弟爲友。睦，
　　　親於九族。姻，親於外親。任，信於友道。恤，振憂貧者。
　　　禮，五禮之義。樂，六樂之歌舞。射，五射之法。御，五御
　　　之節。書，六書之品。數，九數之計。

以鄉八刑糾萬民。一曰不孝之刑，二曰不睦之刑，三
曰不姻之刑，四曰不弟之刑，五曰不任之刑，六曰不恤之
刑，七曰造言之刑，八曰亂民之刑。[一]

[一] 糾，猶割察也。不弟，不敬師長。造言，訛言惑衆。亂民，
　　　亂名改作，執左道以亂政也。鄭司農云：“任，謂朋友相任。
　　　恤，謂相憂。”

以五禮防萬民之僞而教之中。[一] 以六樂防萬民之情而
教之和。[二] 凡萬民之不服教而有獄訟者，與有地治者聽而
斷之，其附于刑者歸于士。[三]

[一] 禮所以節止民之侈僞，使其行得中。鄭司農云：“五禮，謂
　　　吉、凶、賓、軍、嘉。”
[二] 樂所以蕩正民之情思，使其心應和也。鄭司農云：“六樂謂
　　　《雲門》《咸池》《大韶》《大夏》《大濩》《大武》。”
[三] 不服教，不厭服於十二教，貪冒者也。爭罪曰獄，爭財曰
　　　訟。有地治者，謂鄉州及治都鄙者也。附，麗也。士，司

115

寇、士師之屬。鄭司農云："與有地治者聽而斷之，與其地
部界所屬吏共聽斷之。士，謂主斷刑之官〔一〕。《春秋傳》曰：
'士榮爲大士。'或謂歸于圜土。圜土，謂獄也，獄城圜。"

祀五帝，奉牛牲，羞其肆。〔一〕享先王亦如之。大賓客，
令野脩道委積。〔二〕大喪，帥六鄉之衆庶，屬其六引，而治
其政令。〔三〕大軍旅、大田役，以旗致萬民，而治其徒庶之
政令。〔四〕若國有大故，則致萬民於王門，令無節者不行於
天下。〔五〕大荒、大札，則令邦國移民、通財、舍禁、弛力、
薄征、緩刑。〔六〕

〔一〕牛能任載，地類也。奉，猶進也。鄭司農云："羞，進也。
　　　肆，陳骨體也。"玄謂進所肆解骨體，《士喪禮》曰："肆解
　　　去蹄。"
〔二〕令，令遺人使爲之也。少曰委，多曰積，皆所以給賓客。
〔三〕衆庶，所致役也。鄭司農云："六引，謂引喪車索也。六鄉
　　　主六引，六遂主六綍。"
〔四〕旗，畫熊虎者也。徵衆，刻日樹旗，期於其下。
〔五〕大故，謂王崩及寇兵也。節，六節。有節乃得行，防姦私。
〔六〕大荒，大凶年也。大札，大疫病也。移民，辟災就賤。其有
　　　守不可移者，則輸之穀。《春秋》定五年夏，歸粟於蔡是也。

歲終，則令教官正治而致事。〔一〕正歲，令于教官
曰："各共爾職，脩乃事，以聽王命。其有不正，則國有

〔一〕謂主斷刑之官　"主"，底本作"五"，今據黄本改。

常刑。"[二]

[一]歲終，自周季冬也。教官，其屬六十。正治，明處其文書。
　　致事，上其計簿。

[二]正歲，夏正月朔日。

(二·二)

　　小司徒之職，掌建邦之教灋，以稽國中及四郊、都鄙
之夫家、九比之數，以辨其貴賤、老幼、癈疾，凡征役之
施舍，與其祭祀、飲食、喪紀之禁令。[一]

[一]稽，猶考也。夫家，猶言男女也。鄭司農云："九比，謂九
　　夫爲井。"玄謂九比者，《冢宰職》出九賦者之人數也。貴，
　　謂爲卿大夫。賤，謂占會販賣者。癈疾，謂癃病也。施，當
　　爲弛。

　　乃頒比灋于六鄉之大夫，使各登其鄉之衆寡、六畜、
車輦，辨其物，以歲時入其數，以施政教，行徵令。[一]及
三年，則大比，大比則受邦國之比要。[二]乃會萬民之卒伍
而用之。五人爲伍，五伍爲兩，四兩爲卒，五卒爲旅，五
旅爲師，五師爲軍，以起軍旅，以作田役，以比追胥，以
令貢賦。[三]

[一]登，成也，成猶定也。衆寡，民之多少。物，家中之財。歲
　　時入其數，若今四時言事。

[二]大比，謂使天下更簡閱民數及其財物也。受邦國之比要，則

亦受鄉遂矣。鄭司農云："五家爲比，故以比爲名，今時八月案比是也。要，謂其簿。"

［三］用，謂使民事之。伍、兩、卒、旅、師、軍，皆衆之名。兩，二十五人。卒，百人。旅，五百人。師，二千五百人。軍，萬二千五百人。此皆先王所因農事而定軍令者也。欲其恩足相恤，義足相救，服容相別，音聲相識。作，爲也。役，功力之事。追，逐寇也。《春秋》莊十八年夏，公追戎于濟西。胥，伺捕盜賊也。貢，嬪婦百工之物。賦，九賦也。鄉之田制與遂同。

乃均土地以稽其人民，而周知其數。上地家七人，可任也者家三人。中地家六人，可任也者二家五人。下地家五人，可任也者家二人。[一]

［一］均，平也。周，猶徧也。一家男女七人以上，則授之以上地，所養者衆也。男女五人以下，則授之以下地，所養者寡也。正以七人、六人、五人爲率者，有夫有婦然後爲家，自二人以至於十，爲九等，七、六、五者爲其中。可任，謂丁強任力役之事者。出老者一人，其餘男女強弱相半，其大數。

凡起徒役，毋過家一人，以其餘爲羨，唯田與追胥竭作。[一]凡用衆庶，則掌其政教與其戒禁，聽其辭訟，施其賞罰，誅其犯命者。[二]

［一］鄭司農云："羨，饒也。田，謂獵也。追，追寇賊也。竭

作，盡行。"

〔二〕命，所以誓告之。

凡國之大事，致民。大故，致餘子。^{〔一〕}乃經土地而井牧其田野。九夫爲井，四井爲邑，四邑爲丘，四丘爲甸，四甸爲縣，四縣爲都，以任地事而令貢賦，凡稅斂之事。^{〔二〕}乃分地域而辨其守，施其職而平其政。^{〔三〕}

〔一〕大事，謂戎事也。大故，謂災寇也。鄭司農云："國有大事，當徵召會聚百姓，則小司徒召聚之。餘子，謂羨也。"玄謂餘子，卿大夫之子當守於王宮者也。

〔二〕此謂造都鄙也。采地制井田，異於鄉遂，重立國。小司徒爲經之，立其五溝五涂之界，其制似井之字，因取名焉。《孟子》曰："夫仁政必自經界始。經界不正，井地不均，貢祿不平，是故暴君姦吏必慢其經界。經界既正，分田制祿可坐而定也。"鄭司農云："井牧者，《春秋傳》所謂井衍沃牧隰皋者也。"玄謂隰皋之地，九夫爲牧，二牧而當一井。今造都鄙，授民田，有不易，有一易，有再易，通率二而當一，是之謂井牧。昔夏少康在虞思，有田一成，有衆一旅。一旅之衆而田一成，則井牧之法先古然矣。九夫爲井者，方一里，九夫所治之田也。此制小司徒經之，匠人爲之溝洫，相包乃成耳。邑丘之屬相連比，以出田稅。溝洫爲除水害。四井爲邑，方二里。四邑爲丘，方四里。四丘爲甸。甸之言乘也，讀如衷甸之甸。甸方八里，旁加一里，則方十里，爲一成，積百井九百夫。其中六十四井，五百七十六夫，出田稅；三十六井，三百二十四夫，治洫。四甸爲縣，方二十

里。四縣爲都，方四十里。四都方八十里，旁加十里，乃
得方百里，爲一同也。積萬井，九萬夫。其四千九十六
井，三萬六千八百六十四夫，出田税；二千三百四井，二萬
七百三十六夫，治洫；三千六百井，三萬二千四百夫，治
澮。井田之法，備於一同。今止於都者，采地食者皆四之
一。其制三等：百里之國凡四都，一都之田税入於王；五十
里之國凡四縣，一縣之田税入於王；二十五里之國凡四甸，
一甸之田税入於王。地事，謂農牧衡虞也。貢，謂九穀山
澤之材也。賦，謂出車徒給縣役也。《司馬法》曰："六尺爲
步，步百爲晦，晦百爲夫，夫三爲屋，屋三爲井，井十爲
通。通爲匹馬，三十家，士一人，徒二人。通十爲成，成百
井，三百家，革車一乘，士十人，徒二十人。十成爲終，終
千井，三千家，革車十乘，士百人，徒二百人。十終爲同，
同方百里，萬井，三萬家，革車百乘，士千人，徒二千人。"

［三］分地域，謂建邦國，造都鄙，制鄉遂也。辨其守，謂衡虞之
　　屬。職，謂九職也。政，税也。政，當作征。故書域爲邦，
　　杜子春云："當爲域。"

　　凡小祭祀，奉牛牲，羞其肆。［一］小賓客，令野脩道
委積。［二］大軍旅，帥其衆庶。［三］小軍旅，巡役，治其政
令。［四］大喪，帥邦役，治其政教。［五］

　　［一］小祭祀，王玄冕所祭。
　　［二］小賓客，諸侯之使臣。
　　［三］帥，帥而致於大司徒。
　　［四］巡役，小力役之事則巡行之。

〔五〕喪役，正棺、引窆、復土。

凡建邦國，立其社稷，正其畿疆之封。^{〔一〕}

〔一〕畿，九畿。

凡民訟，以地比正之；^{〔一〕}地訟，以圖正之。^{〔二〕}

〔一〕鄭司農云："以田畔所與比，正斷其訟。"
〔二〕地訟，爭疆界者。圖，謂邦國本圖。

歲終，則攷其屬官之治成而詘賞，^{〔一〕}令群吏正要會而致事。正歲，則帥其屬而觀教灋之象，徇以木鐸，曰："不用灋者，國有常刑。"令群吏憲禁令，脩灋糾職，以待邦治。^{〔二〕}及大比六鄉、四郊之吏，平教治，正政事，攷夫屋，及其眾寡、六畜、兵器，以待政令。^{〔三〕}

〔一〕治成，治事之計。
〔二〕憲，表縣之。
〔三〕四郊之吏，吏在四郊之內主民事者。夫三爲屋，屋三爲井。
　　出地貢者，三三相任。

(二·三)
　　鄉師之職，各掌其所治鄉之教而聽其治。^{〔一〕}以國比之灋，以時稽其夫家眾寡，辨其老幼、貴賤、癈疾、馬牛之物，辨其可任者與其施舍者，掌其戒令糾禁，聽其獄訟。^{〔二〕}

[一]聽，謂平察之。

[二]施舍，謂應復免，不給繇役。

大役，則帥民徒而至，治其政令。既役，則受州里之役要，以攷司空之辟，以逆其役事。[一]凡邦事，令作秩敘。[二]大祭祀，羞牛牲，共茅蒩。[三]大軍旅、會同，正治其徒役與其輂輦，戮其犯命者。[四]大喪用役，則帥其民而至，遂治之。[五]及葬，執纛，以與匠帥御柩而治役。[六]及窆，執斧以涖匠師。[七]

[一]而至，至作部曲也。既，已也。役要，所遣民徒之數。辟，功作章程。逆，猶鉤考也。鄭司農云：“辟，法也。”

[二]事，功力之事[一]。秩，常也。敘，猶次也。事有常次，則不偪匱。

[三]杜子春云：“蒩當爲菹。以茅爲菹，若葵菹也。”鄭大夫讀蒩爲藉，謂祭前藉也。《易》曰：“藉用白茅，无咎。”玄謂蒩，《士虞禮》所謂“苴刌茅，長五寸，束之”者是也。祝設于几東席上，命佐食取黍稷，祭于苴，三，取膚祭，祭如初。此所以承祭，既祭，蓋束而去之。《守祧職》云“既祭藏其隋”，是與？

[四]輂，駕馬。輦，人輓行。所以載任器也，止以爲蕃營。《司馬法》曰：“夏后氏謂輦曰余車，殷曰胡奴車，周曰輜輦。輦，一斧，一斤，一鑿，一梩，一鋤。周輦加二版二築。”又曰：“夏后氏二十人而輦，殷十八人而輦，周十五人而

〔一〕功力之事　“力”，底本作“方”，今據黃本、殿本、阮本改。

輦。"故書輦作連，鄭司農云："連，讀爲輦。"

［五］治，謂監督其事。

［六］匠師，事官之屬。其於司空，若鄉師之於司徒也。鄉師主
役，匠師主衆匠，共主葬引。《雜記》曰："升正柩，諸侯執
綍五百人，四綍，皆銜枚，司馬執鐸，左八人，右八人，匠
人執翿以御柩。"天子六引，禮依此云。鄭司農云："翿，羽
葆幢也。《爾雅》曰：'纛，翳也。'以指麾輓柩之役，正其
行列進退。"

［七］匠師主豐碑之事，執斧以涖之，使戒其事。故書涖作立。鄭
司農云："窆謂葬下棺也。《春秋傳》曰'日中而堋'，《禮記》
所謂封者。立，讀爲涖。涖，謂臨視之。"

凡四時之田，前期，出田灋于州里，簡其鼓鐸、旗物、
兵器，脩其卒伍。^{［一］}及期，以司徒之大旗致衆庶，而陳之
以旗物；辨鄉邑，而治其政令刑禁；巡其前後之屯，而戮
其犯命者；斷其爭禽之訟。^{［二］}凡四時之徵令有常者，以木
鐸徇於市朝。^{［三］}以歲時巡國及野，而賙萬民之囏阨，以王
命施惠。^{［四］}

［一］田法，人徒及所當有。

［二］司徒致衆庶者，以熊虎之旗，此又以之，明爲司徒致之。大
夫致衆，當以鳥隼之旟。陳之以旗物，以表正其行列。辨，
別異也。故書巡作述，屯或爲臀。鄭大夫讀屯爲課殿。杜子
春讀爲在後曰殿，謂前後屯兵也。玄謂前後屯，車徒異部
也。今書多爲屯，從屯。

［三］徵令有常者，謂田狩及正月命脩封疆，二月命雷且發聲。

123

〔四〕歲時者，隨其事之時，不必四時也。藉陷，飢乏也。鄭司農
　　　云："賙，讀爲周急之周。"

歲終，則攷六鄉之治以詔廢置。正歲，稽其鄉器，比
共吉凶二服，閭共祭器，族共喪器，黨共射器，州共賓
器，鄉共吉凶禮樂之器。〔一〕若國大比，則攷教察辭，稽器
展事，以詔誅賞。〔二〕

　　〔一〕吉服者，祭服也。凶服者，弔服也。比長主集爲之。祭器
　　　　者，籩簋鼎俎之屬，閭胥主集爲之。喪器者，夷槃、素俎、
　　　　楬豆、輁軸之屬，族師主集爲之。此三者民所以相共也。射
　　　　器者，弓矢福中之屬，黨正主集爲之，爲州長或時射於此黨
　　　　也。賓器者，尊俎笙瑟之屬，州長主集爲之，爲鄉大夫或時
　　　　賓賢能於此州也。吉器，若閭祭器者也。凶器，若族喪器者
　　　　也。禮樂之器，若州黨賓射之器者。鄉大夫備集此四者，爲
　　　　州黨族閭有故而不共也。此鄉器者，旁使相共，則民無廢
　　　　事，上下相補，則禮行而教成。

　　〔二〕考教，視賢能以知道藝與不。察辭，視吏言事，知其情實
　　　　不。展，猶整具。

(二·四)

　　鄉大夫之職，各掌其鄉之政教禁令。〔一〕正月之吉，受
教灋于司徒，退而頒之于其鄉吏，使各以教其所治，以攷
其德行，察其道藝。〔二〕

　　〔一〕鄭司農云："萬二千五百家爲鄉。"

124

〔二〕其鄉吏，州長以下。

以歲時登其夫家之衆寡，辨其可任者。國中自七尺以及六十，野自六尺以及六十有五，皆征之。其舍者，國中貴者、賢者、能者、服公事者、老者、疾者，皆舍。以歲時入其書。[一]

[一] 登，成也，定也。國中，城郭中也，晚賦稅而早免之，以其所居復多役少。野，早賦稅而晚免之，以其復少役多。鄭司農云：“征之者，給公上事也。舍者，謂有復除舍不收役事也。貴者，謂若今宗室及關內侯皆復也。服公事者，謂若今吏有復除也。老者，謂若今八十九十復羨卒也。疾者，謂若今癃不可事者復之。”玄謂入其書者，言於大司徒。

三年則大比，攷其德行、道藝，而興賢者、能者。鄉老及鄉大夫帥其吏與其衆寡，以禮禮賓之。[一]厥明，鄉老及鄉大夫、群吏獻賢能之書于王，王再拜受之，登于天府，內史貳之。[二]退而以鄉射之禮五物詢衆庶。一曰和，二曰容，三曰主皮，四曰和容，五曰興舞。[三]此謂使民興賢，出使長之；使民興能，入使治之。[四]

[一] 賢者，有德行者。能者，有道藝者。衆寡，謂鄉人之善者無多少也。鄭司農云：“興賢者，謂若今舉孝廉。興能者，謂若今舉茂才。賓，敬也，賓所舉賢者、能者。”玄謂變舉言興者，謂合衆而尊寵之，以鄉飲酒之禮，禮而賓之。

[二] 厥，其也。其賓之明日也。獻，猶進也。王拜受之，重得賢

者。王上其書於天府。天府，掌祖廟之寶藏者。內史，副寫其書者，當詔王爵祿之時。

[三] 以，用也。行鄉射之禮，而以五物詢於衆民。鄭司農云："詢，謀也。問於衆庶，寧復有賢能者。和，謂閨門之內行也。容，謂容貌也。主皮，謂善射。射所以觀士也。"故書舞爲無。杜子春讀和容爲和頌，謂能爲樂也；無，讀爲舞，謂能爲六舞。玄謂和載六德，容包六行也。庶民無射禮，因田獵分禽則有主皮。主皮者，張皮射之，無侯也。主皮、和容、興舞，則六藝之射與禮樂與？當射之時，民必觀焉，因詢之也。孔子射於矍相之圃，蓋觀者如堵牆。射至於司馬，使子路執弓矢，出誓射者。又使公罔之裘、序點揚觶而語。詢衆庶之儀若是乎？

[四] 言是乃所謂使民自舉賢者，因出之而使之長民，教以德行道藝於外也。使民自舉能者，因入之而使之治民之貢賦田役之事於內也。言爲政以順民爲本也。《書》曰："天聰明自我民聰明，天明威自我民明威。"《老子》曰："聖人無常心，以百姓心爲心。"如是則古今未有遺民而可爲治。

歲終，則令六鄉之吏皆會政致事。[一]正歲，令群吏攷灋于司徒以退，各憲之於其所治。國大詢于衆庶，則各帥其鄉之衆寡而致於朝。[二]國有大故，則令民各守其閭以待政令。[三]以旌節輔令，則達之。[四]

[一] 會，計也。致事，言其歲盡文書。

[二] 大詢者，詢國危，詢國遷，詢立君。鄭司農云："大詢于衆庶，《洪範》所謂謀及庶民。"

［三］使民皆聚於閭胥所治處。

［四］民雖以徵令行，其將之者無節，則不得通。

（二·五）

州長各掌其州之教治政令之灋。^{［一］}正月之吉，各屬其州之民而讀灋，以攷其德行道藝而勸之，以糾其過惡而戒之。^{［二］}若以歲時祭祀州社，則屬其民而讀灋，亦如之。

［一］鄭司農云：“二千五百家爲州。《論語》曰：‘雖州里行乎哉！’《春秋傳》曰：‘鄉取一人焉以歸，謂之夏州。’”

［二］屬，猶合也，聚也。因聚衆而勸戒之者，欲其善。

春秋以禮會民而射于州序。^{［一］}凡州之大祭祀、大喪，皆涖其事。^{［二］}若國作民而師田、行役之事，則帥而致之，掌其戒令，與其賞罰。^{［三］}

［一］序，州黨之學也。會民而射，所以正其志也。《射義》曰：“射之爲言繹也。繹者，各繹己之志。”

［二］大祭祀，謂州社稷也。大喪，鄉老、鄉大夫於是卒者也。涖，臨也。

［三］致之，致之於司徒也。掌其戒令賞罰，則是於軍因爲師帥。

歲終，則會其州之政令。正歲，則讀教灋如初。^{［一］}三年大比，則大攷州里，以贊鄉大夫廢興。^{［二］}

［一］雖以正月讀之，至正歲猶復讀之，因此四時之正重申之。

〔二〕廢興，所廢退，所興進也。鄭司農云："贊，助也。"

（二·六）

黨正各掌其黨之政令教治。^[一]及四時之孟月吉日，則屬民而讀邦灋以糾戒之。^[二]春秋祭禜，亦如之。^[三]

〔一〕鄭司農云："五百家爲黨。《論語》曰'孔子於鄉黨'，又曰'闕黨童子'。"

〔二〕以四孟之月朔日讀法者，彌親民者於教亦彌數。

〔三〕禜，謂雩禜水旱之神。蓋亦爲壇位，如祭社稷云。

國索鬼神而祭祀，則以禮屬民而飲酒于序，以正齒位。壹命齒于鄉里，再命齒于父族，三命而不齒。^[一]凡其黨之祭祀、喪紀、婚冠、飲酒，教其禮事，掌其戒禁。^[二]凡作民而師田、行役，則以其灋治其政事。^[三]

〔一〕國索鬼神而祭祀，謂歲十二月大蜡之時，建亥之月也。正齒位者，《鄉飲酒義》所謂"六十者坐，五十者立侍。六十者三豆，七十者四豆，八十者五豆，九十者六豆"是也。必正之者，爲民三時務農，將闕於禮，至此農隙而教之尊長養老，見孝弟之道也。黨正飲酒禮亡，以此事屬於鄉飲酒之義，微失少矣。凡射飲酒，此鄉民雖爲卿大夫，必來觀禮，《鄉飲酒》《鄉射記》"大夫樂作不入，士既旅不入"是也。齒于鄉里者，以年與衆賓相次也。齒于父族者，父族有爲賓者，以年與之相次。異姓雖有老者，居於其上。不齒者，席于尊東，所謂遵。

　　〔二〕其黨之民。

　　〔三〕亦於軍因爲旅帥。

　　歲終，則會其黨政，帥其吏而致事。正歲，屬民讀
灋，而書其德行道藝。^{〔一〕}以歲時涖校比。^{〔二〕}及大比，亦
如之。

　　〔一〕書，記之。

　　〔二〕涖，臨也。鄭司農云：“校比，《族師職》所謂‘以時屬民，
　　　　而校登其族之夫家衆寡，辨其貴賤老幼癈疾可任者，及其六
　　　　畜車輦’，如今小案比。”

(二·七)

　　族師各掌其族之戒令政事。^{〔一〕}月吉，則屬民而讀邦
灋，書其孝、弟、睦、婣、有學者。^{〔二〕}春秋祭酺，亦如
之。^{〔三〕}以邦比之灋，帥四閭之吏，以時屬民而校，登其族
之夫家衆寡，辨其貴賤、老幼、癈疾、可任者，及其六畜、
車輦。^{〔四〕}

　　〔一〕政事，邦政之事。鄭司農云：“百家爲族。”

　　〔二〕月吉，每月朔日也。故書上句或無事字，杜子春云：“當爲
　　　　正月吉。”書亦或爲“戒令政事，月吉，則屬民而讀邦法”。

　　〔三〕酺者，爲人物栽害之神也。故書酺或爲步，杜子春云：“當
　　　　爲酺。”玄謂《校人職》又有冬祭馬步，則未知此世所云蝝
　　　　螟之酺與？人鬼之步與？蓋亦爲壇位如雩禜云。族長無飲酒
　　　　之禮，因祭酺而與其民以長幼相獻酬焉。

〔四〕登，成也，定也。

五家爲比，十家爲聯。五人爲伍，十人爲聯。四閭爲
族，八閭爲聯。使之相保相受，刑罰慶賞，相及相共，以
受邦職，以役國事，以相葬埋。^{〔一〕}若作民而師田、行役，
則合其卒伍，簡其兵器，以鼓鐸、旗物帥而至，掌其治令、
戒禁、刑罰。^{〔二〕}歲終，則會政致事。

〔一〕相共，猶相救、相賙。
〔二〕亦於軍因爲卒長。

(二·八)

閭胥各掌其閭之徵令。^{〔一〕}以歲時各數其閭之衆寡，辨
其施舍。凡春秋之祭祀、役政、喪紀之數，聚衆庶。既比，
則讀灋，書其敬、敏、任、恤者。^{〔二〕}凡事，掌其比、觴、
撻、罰之事。^{〔三〕}

〔一〕鄭司農云：“二十五家爲閭。”
〔二〕祭祀，謂州社、黨禜、族酺也。役，田役也。政若州射、黨
　　飲酒也。喪紀，大喪之事也。四者及比，皆會聚衆民，因以
　　讀法以勑戒之。故書既爲曁，杜子春讀政爲征，曁爲既。
〔三〕觴、撻者，失禮之罰也。觴用酒，其爵以兕角爲之。撻，扑
　　也。故書或言觴、撻之罰事，杜子春云：“當言觴、撻罰
　　之事。”

(二·九)

　　比長各掌其比之治。五家相受，相和親，有辠奇衺則相及。[一]徙于國中及郊[一]，則從而授之。[二]若徙于他，則爲之旌節而行之。[三]若無授無節，則唯圜土內之。[四]

　　[一]衺，猶惡也。

　　[二]徙，謂不便其居也。或國中之民出徙郊，或郊民入徙國中，皆從而付所處之吏，明無罪惡。

　　[三]徙於他，謂出居異鄉也。授之者有節乃達。

　　[四]鄉中無授，出鄉無節，過所則呵問，繫之圜土，考辟之也。圜土者，獄城也。獄必圜者，規主仁，以仁心求其情。古之治獄，閔於出之。

(二·十)

　　封人掌設王之社壝，爲畿，封而樹之。[一]凡封國，設其社稷之壝，封其四疆。[二]造都邑之封域者，亦如之。令社稷之職。[三]凡祭祀，飾其牛牲，設其楅衡，置其絼，共其水稾。[四]歌舞牲及毛炮之豚。[五]凡喪紀、賓客、軍旅、大盟，則飾其牛牲。[六]

　　[一]壝，謂壇及堳埒也。畿上有封，若今時界矣。不言稷者，稷，社之細也。

　　[二]封國，建諸侯，立其國之封。

　　[三]將祭之時，令諸有職事於社稷者也。《郊特牲》曰："唯爲社

〔一〕徙于國中及郊　"徙"，底本作"徒"，今據黃本改。

事單出里，唯爲社田國人畢作，唯爲社丘乘共粢盛，所以報
本反始也。”

［四］飾，謂刷治絜清之也。鄭司農云：“楅衡，所以楅持牛也。
綔，著牛鼻繩，所以牽牛者。今時謂之雄，與古者名同，皆
謂夕牲時也。”杜子春云：“楅衡所以持牛，令不得抵觸人。”
玄謂楅設於角，衡設於鼻，如椁狀也。水槀，給殺時洗薦牲
也。綔字當以豸爲聲。

［五］謂君牽牲入時，隨歌舞之，言其肥香以歆神也。毛炮豚者，
爛去其毛而炮之，以備八珍。鄭司農云：“封人主歌舞其牲，
云博碩肥腯。”

［六］大盟，會同之盟。

（二·十一）

　　鼓人掌教六鼓、四金之音聲，以節聲樂，以和軍旅，
以正田役。[一] 教爲鼓而辨其聲用，[二] 以雷鼓鼓神祀，[三]
以靈鼓鼓社祭，[四] 以路鼓鼓鬼享，[五] 以鼖鼓鼓軍事，[六]
以鼛鼓鼓役事，[七] 以晉鼓鼓金奏，[八] 以金錞和鼓，[九] 以
金鐲節鼓，[一〇] 以金鐃止鼓，[一一] 以金鐸通鼓。[一二]

［一］音聲，五聲合和者。

［二］教爲鼓，教擊鼓者大小之數，又別其聲所用之事。

［三］雷鼓，八面鼓也。神祀，祀天神也。

［四］靈鼓，六面鼓也。社祭，祭地祇也。

［五］路鼓，四面鼓也。鬼享，享宗廟也。

［六］大鼓謂之鼖，鼖鼓長八尺。

［七］鼛鼓長丈二尺。

［八］晉鼓長六尺六寸。金奏，謂樂作擊編鐘。

［九］錞，錞于也。圓如碓頭，大上小下。樂作鳴之，與鼓相和。

［一〇］鐲，鉦也，形如小鐘，軍行鳴之，以爲鼓節。《司馬職》曰：
　　“軍行鳴鐲。”

［一一］鐃如鈴，無舌，有秉，執而鳴之，以止擊鼓。《司馬職》曰：
　　“鳴鐃且卻。”

［一二］鐸，大鈴也，振之以通鼓。《司馬職》曰：“司馬振鐸。”

　　凡祭祀百物之神，鼓兵舞帗舞者。[一]凡軍旅，夜鼓
鼜，[二]軍動則鼓其衆，[三]田役亦如之。救日月，則詔王
鼓。[四]大喪，則詔大僕鼓。[五]

［一］兵，謂干戚也。帗，列五采繒爲之，有秉。皆舞者所執。

［二］鼜，夜戒守鼓也。《司馬法》曰：“昏鼓四通爲大鼜，夜半三
　　通爲晨戒，旦明五通爲發昫。”

［三］動且行。

［四］救日月食，王必親擊鼓者，聲大異。《春秋傳》曰：“非日月
　　之眚，不鼓。”

［五］始崩及窆時也。

(二·十二)

　　舞師掌教兵舞，帥而舞山川之祭祀。教帗舞，帥而舞
社稷之祭祀。教羽舞，帥而舞四方之祭祀。教皇舞，帥而
舞旱暵之事。[一]凡野舞，則皆教之。[二]凡小祭祀，則不
興舞。[三]

〔一〕羽，析白羽爲之，形如帗也。四方之祭祀，謂四望也。旱
　　暵之事，謂雩也。暵，熱氣也。鄭司農云：“皇舞，蒙羽舞。
　　書或爲望，或爲義。”玄謂皇，析五采羽爲之〔一〕，亦如帗。

〔二〕野舞，謂野人欲學舞者。

〔三〕小祭祀，王玄冕所祭者。興，猶作也。

(二·十三)

　　牧人掌牧六牲而阜蕃其物，以共祭祀之牲牷。〔一〕凡陽
祀，用騂牲毛之。陰祀，用黝牲毛之。望祀，各以其方之
色牲毛之。〔二〕凡時祀之牲，必用牷物。〔三〕凡外祭毀事，
用厖可也。〔四〕凡祭祀，共其犧牲，以授充人繫之。〔五〕凡
牲不繫者，共奉之。〔六〕

〔一〕六牲，謂牛、馬、羊、豕、犬、雞。鄭司農云：“牷，純也。”
　　玄謂牷，體完具。

〔二〕騂牲，赤色。毛之，取純毛也。陰祀，祭地北郊及社稷也。
　　望祀，五嶽、四鎮、四瀆也。鄭司農云：“陽祀，春夏也。
　　黝，讀爲幽。幽，黑也。”玄謂陽祀，祭天於南郊及宗廟。

〔三〕時祀，四時所常祀，謂山川以下至四方百物。

〔四〕外祭，謂表貉及王行所過山川用事者。故書毀爲甋，厖作
　　龍，杜子春云：“甋當爲毀，龍當爲厖。厖謂雜色不純，毀
　　謂副辜候禳毀除殃咎之屬。”

〔五〕犧牲，毛羽完具也。授充人者，當殊養之。周景王時，賓起
　　見雄雞自斷其尾，曰：“雞憚其爲犧。”

〔一〕析五采羽爲之　“析”，底本作“祈”，今據黃本改。

［六］謂非時而祭祀者。

（二·十四）

牛人掌養國之公牛，以待國之政令。^{［一］}

［一］公，猶官也。

凡祭祀，共其享牛、求牛，以授職人而芻之。^{［一］}凡賓客之事，共其牢禮積膳之牛。^{［二］}饗、食、賓、射，共其膳羞之牛。^{［三］}軍事，共其犒牛。^{［四］}喪事，共其奠牛。^{［五］}

［一］鄭司農云：“享牛，前祭一日之牛也。求牛，禱於鬼神，祈求福之牛也。”玄謂享，獻也。獻神之牛，謂所以祭者也。求，終也。終事之牛，謂所以繹者也。宗廟有繹者，孝子求神非一處。職讀爲樴，樴謂之杙，可以繫牛。樴人者，謂牧人、充人與？芻，牲之芻。牛人擇於公牛之中而以授養之。

［二］牢禮，飧饔也。積，所以給賓客之用，若《司儀職》曰“主國五積”者也。膳，所以閒禮賓客，若《掌客》云“殷膳大牢”。

［三］羞，進也，所進賓之膳。《燕禮》，小臣請執冪者與羞膳者，至獻賓而膳宰設折俎。王之膳羞亦猶此。

［四］鄭司農云：“犒師之牛。”

［五］謂殷奠、遣奠也。喪所薦饋曰奠。

凡會同、軍旅、行役，共其兵車之牛與其牽傍，以載公任器。^{［一］}凡祭祀，共其牛牲之互與其盆、簝以待事。^{［二］}

135

［一］牽徬，在轅外輓牛也。人御之，居其前曰牽，居其旁曰徬。
任，猶用也。

［二］鄭司農云：“互，謂楅衡之屬。盆、簝，皆器名。盆所以盛
血。簝，受肉籠也。”玄謂互，若今屠家縣肉格。

（二·十五）

　　充人掌繫祭祀之牲牷。祀五帝，則繫于牢，芻之三
月。[一]享先王，亦如之。凡散祭祀之牲，繫于國門，使養
之。[二]展牲則告牷。[三]碩牲則贊。[四]

［一］牢，閑也。必有閑者，防禽獸觸齧。養牛羊曰芻。三月，一
時，節氣成。

［二］散祭祀，謂司中、司命、山川之屬。國門，謂城門司門之
官。鄭司農云：“使養之，使守門者養之。”

［三］鄭司農云：“展，具也。具牲，若今時選牲也。充人主以牲
牷告展牲者也。”玄謂展牲，若今夕牲也。《特牲饋食之禮》
曰“宗人視牲告充，舉獸尾告備”，近之。

［四］贊，助也。君牽牲入，將致之，助持之也。《春秋傳》曰：“故
奉牲以告曰：博碩肥腯。”

周禮卷第四

周禮卷第四

鄭　氏　注

地官司徒下

（二·十六）

　　載師掌任土之灋以物地事、授地職，而待其政令。[一]
以廛里任國中之地，以場圃任園地，以宅田、士田、賈田
任近郊之地，以官田、牛田、賞田、牧田任遠郊之地，以
公邑之田任甸地，以家邑之田任稍地，以小都之田任縣地，
以大都之田任畺地。[二]凡任地，國宅無征，園廛二十而一，
近郊十一，遠郊二十而三，甸、稍、縣、都皆無過十二，
唯其漆林之征二十而五。[三]凡宅不毛者，有里布。凡田不
耕者，出屋粟。凡民無職事者，出夫家之征。[四]以時徵
其賦。

　　［一］任土者，任其力勢所能生育，且以制貢賦也。物，物色之，
　　　　以知其所宜之事，而授農牧衡虞，使職之。

　　［二］故書廛，或作壇；郊，或爲蒿；稍，或作削。鄭司農云：
　　　　“壇，讀爲廛。廛，市中空地未有肆，城中空地未有宅者。
　　　　民宅曰宅。宅田者，以備益多也。士田者，士大夫之子得而
　　　　耕之田也。賈田者，吏爲縣官賣財與之田。官田者，公家之
　　　　所耕田。牛田者，以養公家之牛。賞田者，賞賜之田。牧田

139

者，牧六畜之田。《司馬法》曰：‘王國百里爲郊，二百里爲州，三百里爲野，四百里爲縣，五百里爲都。’”杜子春云：“甸，讀爲郊。五十里爲近郊，百里爲遠郊。”玄謂廛里者，若今云邑居里矣。廛，民居之區域也。里，居也。圃，樹果蓏之屬，季秋於中爲場。樊圃謂之園。宅田，致仕者之家所受田也。《士相見禮》曰：“宅者在邦則曰市井之臣，在野則曰草茅之臣。”士，讀爲仕。仕者亦受田，所謂圭田也。《孟子》曰：“自卿以下，必有圭田，圭田五十畮。”賈田，在市賈人其家所受田也。官田，庶人在官者其家所受田也。牛田、牧田，畜牧者之家所受田也。公邑，謂六遂餘地，天子使大夫治之，自此以外皆然。二百里、三百里，其大夫如州長。四百里、五百里，其大夫如縣正。是以或謂二百里爲州，四百里爲縣云。遂人亦監焉。家邑，大夫之采地。小都，卿之采地。大都，公之采地，王子弟所食邑也。畺，五百里，王畿界也。皆言任者，地之形實不方平如圖，受田邑者，遠近不得盡如制，其所生育賦貢，取正於是耳。以廛里任國中，而《遂人職》授民田，夫一廛，田百畮，是廛里不謂民之邑居在都城者與？凡王畿內方千里，積百同九百萬夫之地也。有山陵、林麓、川澤、溝瀆、城郭、宮室、涂巷，三分去一，餘六百萬夫。又以田不易、一易、再易上中下相通，定受田者三百萬家也。遠郊之內，地居四同，三十六萬夫之地也。三分去一，其餘二十四萬夫。六鄉之民七萬五千家，通不易、一易、再易，一家受二夫，則十五萬夫之地，其餘九萬夫，廛里也，場圃也，宅田也，土田也，賈田也，官田也，牛田也，賞田也，牧田也，九者亦通受一夫焉，則半農人也，定受田十二萬家也。《食貨志》云：“農民户一人已受田，其家衆男爲餘夫，亦以口受田如比。士工商家受田，五口乃當農夫一人。"今餘夫在遂地之中，如此則士工商以事入在官，而餘夫以力出耕公邑。甸、稍、縣、都合居九十六同，八百六十四萬夫之地。城郭宫室差少，涂巷又狹，於三分所去六而存一焉，以十八分之十三率之，則其餘六百二十四萬夫之地，通上中下六家而受十三夫，定受田二百八十八萬家也。其在甸七萬五千家爲六遂，餘則公邑。

[三] 征，稅也。言征者，以共國政也。鄭司農云："任地，謂任土地以起稅賦也。國宅，城中宅也。無征，無稅也。"故書漆林爲桼林，杜子春云："當爲漆林。"玄謂國宅，凡官所有宫室，吏所治者也。周稅輕近而重遠，近者多役也。園、廛亦輕之者，廛無穀，園少利也。古之宅必樹，而壘場有瓜。

[四] 鄭司農云："宅不毛者，謂不樹桑麻。里布者，布參印書，廣二寸，長二尺，以爲幣，貿易物。《詩》云'抱布貿絲'，抱此布也。或曰：布，泉也。《春秋傳》曰：'買之百兩一布。'又《廛人職》：'掌斂市之次布、儓布、質布、罰布、廛布。'《孟子》曰：'廛無夫里之布，則天下之民皆説而願爲其民矣。'故曰宅不毛者有里布，民無職事出夫家之征，欲令宅樹桑麻，民就四業，則無稅賦以勸之也。故《孟子》曰：'五畮之宅，樹之以桑，則五十者可以衣帛。'不知言布參印書者何？見舊時説也。"玄謂宅不毛者，罰以一里二十五家之泉，空田者罰以三家之稅粟，以共吉凶二服及喪器也。民雖有閒無職事者，猶出夫稅、家稅也。夫稅者，百畮之稅。家稅者，出士徒車輦，給縣役。

(二·十七)

　　閭師掌國中及四郊之人民、六畜之數，以任其力，以待其政令，以時徵其賦。[一]凡任民，任農以耕事，貢九穀；任圃以樹事，貢草木；任工以飭材事，貢器物；任商以市事，貢貨賄；任牧以畜事，貢鳥獸；任嬪以女事，貢布帛；任衡以山事，貢其物；任虞以澤事，貢其物。[二]凡無職者出夫布。[三]凡庶民不畜者祭無牲，不耕者祭無盛，不樹者無槨，不蠶者不帛，不績者不衰。[四]

　　　[一] 國中及四郊，是所主數六鄉之中，自廛里至遠郊也。掌六畜數者，農事之本也。賦，謂九賦及九貢。

　　　[二] 貢草木，謂葵韭果蓏之屬。

　　　[三] 獨言無職者，掌其九賦。

　　　[四] 掌罰其家事也。盛，黍稷也。槨，周棺也。不帛，不得衣帛也。不衰，喪不得衣衰也。皆所以恥不勉。

(二·十八)

　　縣師掌邦國、都鄙、稍甸、郊里之地域，而辨其夫家、人民、田萊之數，及其六畜、車輦之稽。三年大比，則以攷群吏，而以詔廢置。[一]若將有軍旅、會同、田役之戒，則受灋于司馬，以作其眾庶及馬牛、車輦，會其車人之卒伍，使皆備旗鼓、兵器，以帥而至。[二]凡造都邑，量其地，辨其物，而制其域。[三]以歲時徵野之賦貢。[四]

　　　[一] 郊里，郊所居也。自邦國以及四郊之內，是所主數周天下也。萊，休不耕者。郊內謂之易，郊外謂之萊，善言近。

［二］受法於司馬者，知所當徵衆寡。

［三］物，謂地所有也。名山大澤不以封。

［四］野，謂甸、稍、縣、都也。所徵賦貢與閭師同。

（二·十九）

遺人掌邦之委積，以待施惠。鄉里之委積，以恤民之囏阨。門關之委積，以養老孤。郊里之委積，以待賓客。野鄙之委積，以待羇旅。縣都之委積，以待凶荒。[一]凡賓客、會同、師役，掌其道路之委積。凡國野之道，十里有廬，廬有飲食。三十里有宿，宿有路室，路室有委。五十里有市，市有候館，候館有積。[二]凡委積之事，巡而比之，以時頒之。

［一］委積者，廩人、倉人計九穀之數足國用，以其餘共之，所謂餘法用也。職内邦之移用，亦如此也，皆以餘財共之。少曰委，多曰積。鄉里，鄉所居也。囏阨，猶困乏也。門關以養老孤，人所出入，易以取餼廩也。羇旅，過行寄止者。待凶荒，謂邦國所當通給者也。故書囏阨作攮阨，羇作寄，杜子春云：“攮阨，當爲囏阨。寄，當爲羇。”

［二］廬，若今野候，徒有庌也。宿，可止宿，若今亭，有室矣。候館，樓可以觀望者也。一市之間，有三廬一宿。

（二·二十）

均人掌均地政，均地守，均地職，均人民、牛馬、車輦之力政。[一]凡均力政，以歲上下。豐年則公旬用三日焉，中年則公旬用二日焉，無年則公旬用一日焉。[二]凶札則無力政，無財賦，^[三]不收地守、地職，不均地政。^[四]三年大比，則大均。^[五]

［一］政，讀爲征。地征，謂地守、地職之税也。地守，衡虞之屬。地職，農圃之屬。力征，人民則治城郭、涂巷、溝渠，牛馬車輦則轉委積之屬。

［二］豐年，人食四鬴之歲也。人食三鬴爲中歲。人食二鬴爲無歲，歲無贏儲也。公，事也。旬，均也，讀如營營原隰之營。《易》“坤爲均”，今書亦有作旬者。

［三］無力政，恤其勞也。無財賦，恤其乏困也。財賦，九賦也。

［四］不收山澤及地税，亦不平計地税也。非凶札之歲當收税，乃均之耳。

［五］有年無年，大平計之。若久不脩，則數或闕。

（二·二十一）

師氏掌以媺詔王。^[一]以三德教國子，一曰至德，以爲道本；二曰敏德，以爲行本；三曰孝德，以知逆惡。教三行，一曰孝行，以親父母；二曰友行，以尊賢良；三曰順行，以事師長。^[二]

［一］告王以善道也。《文王世子》曰：“師也者，教之以事而諭諸德者也。”

［二］德行，内行之稱。在心爲德，施之爲行。至德，中和之德，覆燾持載含容者也。孔子曰：“中庸之爲德，其至矣乎！”敏德，仁義順時者也。《説命》曰：“敬孫務時敏，厥脩乃來。”孝德，尊祖愛親，守其所以生者也。孔子曰：“武王、周公

其達孝矣乎！夫孝者，善繼人之志，善述人之事者也。"孝在三德之下，三行之上，德有廣於孝，而行莫尊焉。國子，公、卿、大夫之子弟，師氏教之，而世子亦齒焉，學君臣、父子、長幼之道。

居虎門之左，司王朝。[一]掌國中失之事，以教國子弟，[二]凡國之貴遊子弟學焉。[三]凡祭祀、賓客、會同、喪紀、軍旅，王舉則從。[四]聽治，亦如之。[五]

[一]虎門，路寢門也。王日視朝於路寢門外，畫虎焉以明勇猛，於守宜也。司，猶察也。察王之視朝，若有善道可行者，則當前以詔王。

[二]教之者，使識舊事也。中，中禮者也。失，失禮者也。故書中爲得，杜子春云："當爲得，記君得失若《春秋》是也。"

[三]貴遊子弟，王公之子弟。遊，無官司者。杜子春云："遊，當爲猶，言雖貴猶學。"

[四]舉，猶行也。故書舉爲與，杜子春云："當爲與，謂王與會同喪紀之事。"

[五]謂王舉於野外以聽朝。

使其屬帥四夷之隸，各以其兵服守王之門外[一]，且蹕。[一]朝在野外，則守內列。[二]

[一]兵服，旌布弓劍不同也。門外，中門之外。蹕，止行人不得

迫王宮也。故書隸或作肆，<u>鄭司農</u>云：“讀爲隸。”

［二］内列，蓄營之在内者也。其屬亦帥四夷之隸守之，如守王宮。

（二·二十二）

保氏掌諫王惡，^{［一］}而養國子以道。乃教之六藝：一曰五禮，二曰六樂，三曰五射，四曰五馭，五曰六書，六曰九數。乃教之六儀：一曰祭祀之容，二曰賓客之容，三曰朝廷之容，四曰喪紀之容，五曰軍旅之容，六曰車馬之容。^{［二］}凡祭祀、賓客、會同、喪紀、軍旅，王舉則從。聽治，亦如之。使其屬守王闈。^{［三］}

［一］諫者，以禮義正之。《文王世子》曰：“保也者，慎其身以輔翼之，而歸諸道者也。”

［二］養國子以道者，以師氏之德行審諭之，而後教之以藝儀也。五禮，吉、凶、賓、軍、嘉也。六樂，《雲門》《大咸》《大韶》《大夏》《大濩》《大武》也。<u>鄭司農</u>云：“五射，白矢、參連、剡注、襄尺、井儀也。五馭，鳴和鸞、逐水曲、過君表、舞交衢、逐禽左。六書，象形、會意、轉注、處事、假借、諧聲也。九數，方田、粟米、差分、少廣、商功、均輸、方程、贏不足、旁要。今有重差、夕桀、句股也。祭祀之容，穆穆皇皇。賓客之容，嚴恪矜莊。朝廷之容，濟濟蹌蹌。喪紀之容，涕涕翔翔。軍旅之容，闞闞仰仰。車馬之容，顚顚堂堂。”<u>玄</u>謂祭祀之容，齊齊皇皇；賓客之容，穆穆皇皇；朝廷之容，濟濟翔翔；喪紀之容，纍纍顚顚；軍旅之容，暨暨詻詻；車馬之容，匪匪翼翼。

〔三〕闈，宮中之巷門。

（二·二十三）

司諫掌糾萬民之德而勸之朋友，正其行而強之道藝。巡問而觀察之，以時書其德行道藝，辨其能而可任於國事者。〔一〕以攷鄉里之治，以詔廢置，以行赦宥。〔二〕

〔一〕朋友，相切磋以善道也。強，猶勸也。《學記》曰：“強而弗抑則易。”巡問，行問民閒也。可任於國事，任吏職。

〔二〕因巡問勸強萬民，而考鄉里吏民罪過，以告王所當罪不。

（二·二十四）

司救掌萬民之衺惡過失而誅讓之，以禮防禁而救之。〔一〕凡民之有衺惡者，三讓而罰，三罰而士加明刑，恥諸嘉石，役諸司空。〔二〕其有過失者，三讓而罰，三罰而歸于圜土。〔三〕凡歲時有天患民病，則以節巡國中及郊野，而以王命施惠。〔四〕

〔一〕邪惡，謂侮慢長老、言語無忌而未麗於罪者。過失，亦由邪惡酗詈好訟，若抽拔兵器，誤以行傷害人麗於罪者。誅，誅責也。古者重刑，且責怒之，未即罪也。

〔二〕罰，謂撻擊之也。加明刑者，去其冠飾，而書其邪惡之狀，著之背也。嘉石，朝士所掌，在外朝之門左，使坐焉以恥辱之。既而役諸司空，使事官作之也。坐役之數，存於司寇。

〔三〕圜土，獄城也。過失近罪，晝日任之以事而收之，夜藏於獄，亦加明刑以恥之。不使坐嘉石，其罪已著，未忍刑之。

〔四〕天患，謂裁害也。節，旌節也。施惠，賙恤之。

（二·二十五）

調人掌司萬民之難而諧和之。〔一〕凡過而殺傷人者，以民成之。〔二〕鳥獸，亦如之。〔三〕凡和難：父之讎，辟諸海外；兄弟之讎，辟諸千里之外；從父兄弟之讎，不同國；君之讎眂父，師長之讎眂兄弟，主友之讎眂從父兄弟。〔四〕弗辟，則與之瑞節而以執之。〔五〕

〔一〕難，相與爲仇讎。諧，猶調也。

〔二〕過，無本意也。成，平也。鄭司農云："以民成之，謂立證佐成其罪也。一説以鄉里之民共和解之，《春秋傳》曰'惠伯成之'之屬。"

〔三〕過失殺傷人之畜産者。

〔四〕和之使辟於此，不得就而仇之。九夷、八蠻、六戎、五狄，謂之四海。主，大夫君也。《春秋傳》曰："晉荀偃卒，而視，不可含，宣子盟而撫之曰：'事吳敢不如事主。'"

〔五〕瑞節，玉節之剡圭也。和之而不肯辟者，是不從王命也。王以剡圭使調人執之，治其罪。

凡殺人有反殺者，使邦國交讎之。〔一〕凡殺人而義者，不同國，令勿讎，讎之則死。〔二〕凡有鬪怒者成之，不可成者則書之，先動者誅之。〔三〕

〔一〕反，復也。復殺之者，此欲除害弱敵也。邦國交讎之，明不和，諸侯得者即誅之。鄭司農云："有反殺者，謂重殺也。"

［二］義，宜也。謂父母兄弟師長嘗辱焉而殺之者，如是爲得其宜，雖所殺者人之父兄，不得讎也，使之不同國而已。

［三］鬬怒，辯訟者也。不可成，不可平也。書之，記其姓名、辯本也。鄭司農云：“成之，謂和之也。和之，猶今二千石以令解仇怨，後復相報，移徙之。此其類也。”玄謂上言“立證佐成其罪”，似非。

（二·二十六）

媒氏掌萬民之判。[一] 凡男女自成名以上，皆書年月日名焉。[二] 令男三十而娶，女二十而嫁。[三] 凡娶判妻入子者，皆書之。[四]

［一］判，半也。得耦爲合，主合其半，成夫婦也。《喪服傳》曰：“夫妻判合。”鄭司農云：“主萬民之判合。”

［二］鄭司農云：“成名，謂子生三月，父名之。”

［三］二三者，天地相承覆之數也。《易》曰：“參天兩地而奇數焉。”

［四］書之者，以別未成昏禮者。鄭司農云：“入子者，謂嫁女者也。”玄謂言入子者，容媵姪娣不娉之者。

中春之月，令會男女。[一] 於是時也，奔者不禁。[二] 若無故而不用令者，罰之。[三] 司男女之無夫家者而會之。[四] 凡嫁子娶妻，入幣純帛無過五兩。[五]

［一］中春，陰陽交，以成昏禮，順天時也。

［二］重天時，權許之也。

［三］無故，謂無喪禍之變也。有喪禍者娶，得用非中春之月。《雜

記》曰："己雖小功，既卒哭，可以冠子娶妻。"

[四] 司，猶察也。無夫家，謂男女之鰥寡者。

[五] 純，實緇字也。古緇以才爲聲。納幣用緇，婦人陰也。凡於
娶禮，必用其類。五兩，十端也。必言兩者，欲得其配合之
名。十者，象五行十日相成也。士大夫乃以玄纁束帛，天子
加以穀圭，諸侯加以大璋。《雜記》曰："納幣一束，束五兩，
兩五尋。"然則每端二丈。

禁遷葬者與嫁殤者。[一]凡男女之陰訟，聽之于勝國之
社。其附于刑者，歸之于士。[二]

[一] 遷葬，謂生時非夫婦，死既葬，遷之使相從也。殤，十九以
下未嫁而死者。生不以禮相接，死而合之，是亦亂人倫者
也。鄭司農云："嫁殤者，謂嫁死人也。今時娶會是也。"

[二] 陰訟，爭中冓之事以觸法者。勝國，亡國也。亡國之社，奄
其上而棧其下，使無所通。就之以聽陰訟之情，明不當宣
露。其罪不在赦宥者，直歸士而刑之，不復以聽。士，司寇
之屬。《詩》曰："牆有茨，不可埽也。中冓之言，不可道也。
所可道也，言之醜也。"

(二·二十七)

司市掌市之治教、政刑、量度、禁令。[一]以次敘分地
而經市，[二]以陳肆辨物而平市，[三]以政令禁物靡而均市，[四]
以商賈阜財而行布[一]，[五]以量度成賈而徵價，[六]以質劑結

〔一〕 以商賈阜貨而行布 "布"，底本作"市"，今據黄本改。

信而止訟，^[七] 以賈民禁僞而除詐，^[八] 以刑罰禁虣而去盜，^[九] 以泉府同貨而斂賒。^[一〇]

[一] 量，豆、區、斗、斛之屬。度，丈尺也。

[二] 次，謂吏所治舍，思次、介次也，若今市亭然。敘，肆行列也。經，界也。

[三] 陳，猶列也。辨物，物異肆也。肆異則市平。

[四] 物靡者易售而無用，禁之則市均。鄭司農云：“靡，謂侈靡也。”

[五] 通物曰商，居賣物曰賈。阜，猶盛也。鄭司農云：“布，謂泉也。”

[六] 微，召也。賣，買也。物有定賈則買者來也。

[七] 質劑謂兩書一札而別之也。若今下手書，言保物要還矣。鄭司農云：“質劑，月平。”

[八] 賈民，胥師、賈師之屬。必以賈民爲之者，知物之情僞與實詐。

[九] 刑罰，憲、徇、扑。

[一〇] 同，共也。同者，謂民貨不售，則爲斂而買之；民無貨，則賒貰而予之。

大市日昃而市，百族爲主。朝市朝時而市，商賈爲主。夕市夕時而市，販夫販婦爲主。^[一] 凡市入，則胥執鞭度守門，市之群吏平肆、展成奠賈，上旌于思次以令市。市師涖焉，而聽大治、大訟。胥師、賈師涖于介次，而聽小治、小訟。^[二]

［一］日厢，昳中也。市，雜聚之處。言主者，謂其多者也。百族
　　　必容來去，商賈家於市城，販夫販婦朝資夕賣，因其便而分
　　　爲三時之市，所以了物極衆。鄭司農云：“百族，百姓也。”

［二］凡市入，謂三時之市市者入也。胥，守門察僞詐也。必執鞭
　　　度，以威正人衆也。度，謂殳也，因刻丈尺耳。群吏，胥師
　　　以下也。平肆，平賣物者之行列，使之正也。展之言整也。
　　　成，平也，會平成市物者也。奠，讀爲定，整勑會者，使定
　　　物賈，防誑豫也。上旌者，以爲衆望也，見旌則知當市也。
　　　思次，若今市亭也。市師，司市也。介次，市亭之屬別，小
　　　者也。故書涖作立。杜子春云：“奠，當爲定。”鄭司農云：
　　　“思，辭也。次，市中候樓也。立，當爲涖。涖，視也。”玄
　　　謂思，當爲司字，聲之誤也。

　　凡萬民之期于市者、辟布者、量度者、刑戮者，各於
其地之敘。^{［一］}凡得貨賄、六畜者亦如之，三日而舉之。^{［二］}
凡治市之貨賄、六畜、珍異，亡者使有，利者使阜，害者
使亡，靡者使微。^{［三］}凡通貨賄，以璽節出入之。^{［四］}國凶、
荒、札、喪，則市無征而作布。^{［五］}

［一］期，謂欲賣買期決於市也。量度者，若今處斗斛及丈尺也。
　　　故書辟爲辭，鄭司農云：“辭布，辭訟泉物者也。”玄謂辟布，
　　　市之群吏考實諸泉入及有遺忘。

［二］得遺物者，亦使置其地，貨於貨之肆，馬於馬之肆，則主求
　　　之易也。三日而無識認者，舉之没入官。

［三］利，利於民，謂物實厚者。害，害於民，謂物行沽者。使有
　　　使阜，起其賈以徵之也。使亡使微，抑其賈以卻之也。侈靡

細好，使富民好奢微之而已。鄭司農云：“亡者使有，無此物則開利其道，使之有。”

［四］璽節，印章，如今斗檢封矣，使人執之以通商。以出貨賄者，王之司市也。以內貨賄者，邦國之司市也。

［五］有災害，物貴，市不稅，爲民乏困也。金銅無凶年，因物貴，大鑄泉以饒民。

　　凡市僞飾之禁，在民者十有二，在商者十有二，在賈者十有二，在工者十有二。[一]市刑，小刑憲罰，中刑徇罰，大刑扑罰。其附于刑者歸于士。[二]國君過市，則刑人赦。夫人過市，罰一幕。世子過市，罰一帟。命夫過市，罰一蓋。命婦過市，罰一帷。[三]凡會同、師役，市司帥賈師而從，治其市政，掌其賣儥之事。[四]

［一］鄭司農云：“所以俱十有二者，工不得作，賈不得粥，商不得資，民不得畜。”玄謂《王制》曰：“用器不中度，不粥於市。兵車不中度，不粥於市。布帛精麤不中數，幅廣狹不中量，不粥於市。姦色亂正色，不粥於市。五穀不時，果實未熟，不粥於市。木不中伐，不粥於市。禽獸魚鼈不中殺，不粥於市。”亦其類也。於四十八則未聞數十二焉。

［二］徇，舉以示其地之眾也。扑，撻也。鄭司農云：“憲罰，播其肆也。”故書附爲柎，杜子春云：“當爲附。”

［三］謂諸侯及夫人、世子過其國之市，大夫、內子過其都之市也。市者，人之所交利而行刑之處，君子無故不游觀焉。若游觀則施惠以爲說也。國君則赦其刑人。夫人、世子、命夫、命婦則使之出罰，異尊卑也。所罰，謂憲、徇、扑也。

必罰幕帟蓋帷，市者衆也，此四物者，在衆之用也。此王國
之市而説國君以下過市者，諸侯之於其國與王同，以其足以
互明之。

〔四〕市司，司市也。債，買也。會同師役必有市者，大衆所在，
來物以備之。

(二·二十八)

質人掌成市之貨賄、人民、牛馬、兵器、珍異。^[一] 凡
賣儥者質劑焉，大市以質，小市以劑。^[二] 掌稽市之書契，
同其度量，壹其淳制，巡而攷之，犯禁者舉而罰之。^[三]
凡治質劑者，國中一旬，郊二旬，野三旬，都三月，邦國
朞，期内聽，期外不聽。^[四]

〔一〕成，平也。會者平物賈而來，主成其平也。人民，奴婢也。
珍異，四時食物。

〔二〕鄭司農云：“質劑，月平賈也。質大賈，劑小賈。”玄謂質劑
者，爲之券，藏之也。大市，人民、牛馬之屬，用長券。小
市，兵器、珍異之物，用短券。

〔三〕稽，猶考也，治也。書契，取予市物之券也。其券之象，書
兩札刻其側。杜子春云：“淳，當爲純。純，謂幅廣。制，
謂匹長也。皆當中度量。”玄謂淳，讀如淳尸盥之淳。

〔四〕謂齎券契者來訟也。以期内來則治之，後期則不治，所以絶
民之好訟，且息文書也。郊，遠郊也。野，甸稍也。都，小
都、大都。

(二·二十九)

廛人掌斂市絘布、緫布、質布、罰布、廛布而入于泉府。[一]凡屠者，斂其皮、角、筋、骨，入于玉府。[二]凡珍異之有滯者，斂而入于膳府。[三]

［一］布，泉也。鄭司農云："絘布，列肆之稅布。"杜子春云："緫，當爲儳，謂無肆立持者之稅也。"玄謂緫，讀如租穆之穆。穆布，謂守斗斛銓衡者之稅也。質布者，質人所罰犯質劑者之泉也。罰布者，犯市令者之泉也。廛布者，貨賄諸物邸舍之稅。

［二］以當稅，給作器物也。其無皮角及筋骨不中用，亦稅之。

［三］故書滯或作廛，鄭司農云："謂滯貨不售者，官爲居之。貨物沈滯於廛中，不決，民待其直以給喪疾，而不可售賈賤者也。廛，謂市中之地未有肆而可居以畜藏貨物者也。《孟子》曰：'市廛而不征，法而不廛，則天下之商皆說而願藏於其市矣。'謂貨物儲藏於市中而不租稅也，故曰'廛而不征'。其有貨物久滯於廛而不售者，官以法爲居取之，故曰'法而不廛'。"玄謂滯，讀如沈滯之滯。珍異，四時食物也。不售而在廛久，則將瘦臞腐敗，爲買之入膳夫之府，所以紓民事而官不失實。

(二·三十)

胥師各掌其次之政令，而平其貨賄，憲刑禁焉。[一]察其詐僞、飾行、儥慝者而誅罰之。[二]聽其小治、小訟而斷之。

　　［一］憲，表縣之。

　　［二］鄭司農云：“價，賣也。愿，惡也。謂行且賣姦偽惡物者。”
　　　　　玄謂飾行、價愿，謂使人行賣惡物於市，巧飾之，令欺詆
　　　　　買者。

（二·三十一）

　　賈師各掌其次之貨賄之治，辨其物而均平之，展其
成而奠其賈，然後令市。^{［一］}凡天患，禁貴儥者，使有恒
賈。^{［二］}四時之珍異，亦如之。^{［三］}凡國之賣儥，各帥其屬
而嗣掌其月。^{［四］}凡師役、會同，亦如之。

　　［一］辨，別也。

　　［二］恒，常也。謂若饎米穀棺木，而睹久雨疫病者貴賣之，因天
　　　　　災害阨民，使之重困。

　　［三］薦宗廟之物。

　　［四］儥，買也。故書賣爲買，鄭司農云：“謂官有所斥賣，賈師
　　　　　帥其屬而更相代直月，爲官賣之，均勞逸。”

（二·三十二）

　　司虣掌憲市之禁令，禁其鬭囂者，與其虣亂者、出
入相陵犯者、以屬遊飲食于市者。^{［一］}若不可禁，則搏而
戮之。

　　［一］囂，讙也。鄭司農云：“以屬遊飲食，群飲食者。”

（二·三十三）

　　司稽掌巡市，而察其犯禁者與其不物者而搏之。^[一]掌執市之盜賊，以徇，且刑之。

　　　［一］不物，衣服視占不與衆同及所操物不如品式。

（二·三十四）

　　胥各掌其所治之政，執鞭度而巡其前。掌其坐作出入之禁令，襲其不正者。^[一]凡有罪者，撻戮而罰之。^[二]

　　　［一］作，起也。坐起禁令，當市而不得空守之屬。故書襲爲習，杜子春云：“當爲襲，謂掩捕其不正者。”
　　　［二］罰之，使出布。

（二·三十五）

　　肆長各掌其肆之政令。陳其貨賄，名相近者相遠也，實相近者相爾也，而平正之。^[一]斂其總布，掌其戒禁。^[二]

　　　［一］爾，亦近也。俱是物也，使惡者遠善，善自相近。鄭司農云：“謂若珠玉之屬，俱名爲珠，俱名爲玉，而賈或百萬，或數萬，恐農夫愚民見欺，故別異令相遠，使賈人不得雜亂以欺人。”
　　　［二］杜子春云：“總，當爲儳。”

（二·三十六）

　　泉府掌以市之征布，斂市之不售、貨之滯於民用者，

以其賈買之，物楬而書之，以待不時而買者。買者各從其
抵，都鄙從其主，國人、郊人從其有司，然後予之。^[一]凡
賒者，祭祀無過旬日，喪紀無過三月。^[二]凡民之貸者，與
其有司辨而授之，以國服爲之息。^[三]凡國之財用，取具焉。
歲終，則會其出入而納其餘。^[四]

[一] 故書滯爲癉，杜子春云："癉，當爲滯。"鄭司農云："物楬而
　　書之，物物爲揃書，書其賈，楬著其物也。不時買者謂急求
　　者也。抵，故賈也。主者，別治大夫也。然後予之，爲封符
　　信，然後予之。"玄謂抵實柢字。柢，本也。本謂所屬吏主
　　有司是也。

[二] 鄭司農云："賒，貰也。以祭祀、喪紀，故從官貰買物。"

[三] 有司，其所屬吏也。與之別其貸民之物，定其賈以與之。鄭
　　司農云："貸者，謂從官借本賈也，故有息，使民弗利，以
　　其所賈之國所出爲息也。假令其國出絲絮，則以絲絮償；其
　　國出絺葛，則以絺葛償。"玄謂以國服爲之息，以其於國服
　　事之稅爲息也。於國事受園廛之田而貸萬泉者，則朞出息
　　五百。王莽時民貸以治産業者，但計贏所得受息，無過歲
　　什一。

[四] 會，計也。納，入也。入餘於職幣。

(二·三十七)

　　司門掌授管鍵，以啓閉國門。^[一]幾出入不物者，正其
貨賄。凡財物犯禁者舉之，^[二]以其財養死政之老與其孤。^[三]
祭祀之牛牲繫焉，監門養之。^[四]凡歲時之門，受其餘。^[五]
凡四方之賓客造焉，則以告。^[六]

[一] 鄭司農云：“鍵，讀爲蹇。管，謂籥也。鍵，謂牡。”

[二] 不物，衣服視占不與眾同及所操物不如品式者。正，讀爲征。征，稅也。犯禁，謂商所不資者，舉之沒入官。

[三] 財，所謂門關之委積也。死政之老，死國事者之父母也。孤，其子。

[四] 監門，門徒。

[五] 鄭司農云：“受祭門之餘。”

[六] 造，猶至也。告，告於王而止客以俟逆。

(二·三十八)

司關掌國貨之節，以聯門市。[一] 司貨賄之出入者，掌其治禁與其征廛。[二] 凡貨不出於關者，舉其貨，罰其人。[三]

[一] 貨節，謂商本所發司市之璽節也。自外來者，則案其節，而書其貨之多少，通之國門，國門通之司市。自內出者，司市爲之璽節，通之國門，國門通之關門。參相聯以檢猾商。

[二] 征廛者，貨賄之稅與所止邸舍也。關下亦有邸客舍，其出布如市之廛。

[三] 不出於關，謂從私道出辟稅者，則沒其財而撻其人。

凡所達貨賄者，則以節傳出之。[一] 國凶札，則無關門之征，猶幾。[二] 凡四方之賓客敂關，則爲之告。[三] 有外內之送令，則以節傳出內之。[四]

[一] 商或取貨於民間，無璽節者至關，關爲之璽節及傳出之。其有璽節亦爲之傳。傳，如今移過所文書。

［二］鄭司農云：“凶，謂凶年飢荒也。札。謂疾疫死亡也。越人謂死爲札。《春秋傳》曰：‘札瘥夭昏。’無關門之征者，出入關門無租稅。猶幾，謂無租稅猶苛察，不得令姦人出入。《孟子》曰：‘關幾而不征，則天下之行旅皆說而願出於其塗。’”

［三］謂朝聘者也。敂關，猶謁關人也。鄭司農説以《國語》曰：“周之《秩官》有之曰：‘敵國賓至，關尹以告，行理以節逆之。’”

［四］有送令，謂奉貢獻及文書，以常事往來。環人之職，所送迎通賓客來至關，則爲之節與傳以通之。

（二·三十九）

掌節掌守邦節而辨其用，以輔王命。^{［一］}守邦國者用玉節，守都鄙者用角節。^{［二］}凡邦國之使節，山國用虎節，土國用人節，澤國用龍節，皆金也，以英蕩輔之。^{［三］}門關用符節，貨賄用璽節，道路用旌節，皆有期以反節。^{［四］}

［一］邦節者，珍圭、牙璋、穀圭、琬圭、琰圭也。王有命，則別其節之用，以授使者。輔王命者，執以行爲信。

［二］謂諸侯於其國中，公、卿、大夫、王子弟於其采邑，有命者亦自有節以輔之。玉節之制，如王爲之，以命數爲小大。角用犀角，其制未聞。

［三］使節，使卿大夫聘於天子諸侯，行道所執之信也。土，平地也。山多虎，平地多人，澤多龍，以金爲節，鑄象焉。必自以其國所多者，於以相別，爲信明也。今漢有銅虎符。杜子春云：“蕩，當爲帑，謂以函器盛此節。或曰：

英蕩，畫函。"

[四] 門關，司門、司關也。貨賄者，主通貨賄之官，謂司市也。道路者，主治五涂之官，謂鄉遂大夫也。凡民遠出至於邦國，邦國之民若來，入由門者，司門爲之節；由關者，司關爲之節。其商則司市爲之節。其以徵令及家徒，則鄉遂大夫爲之節。唯時事而行不出關，不用節也。變司市言貨賄者，璽節主以通貨賄，貨賄非必由市，或資於民家焉。變鄉遂言道路者，容公邑及小都、大都之吏皆主治五涂，亦有民也。符節者，如今宮中諸官詔符也。璽節者，今之印章也。旌節，今使者所擁節是也。將送者執此節以送行者，皆以道里日時課，如今郵行有程矣，以防容姦，擅有所通也。凡節有法式，藏於掌節。

凡通達於天下者必有節，以傳輔之。[一] 無節者，有幾則不達。[二]

[一] 必有節，言遠行無有不得節而出者也。輔之以傳者，節爲信耳，傳說所齎操及所適。

[二] 圜土內之。

(二·四十)

遂人掌邦之野。[一] 以土地之圖經田野，造縣鄙形體之灋，五家爲鄰，五鄰爲里，四里爲酇，五酇爲鄙，五鄙爲縣，五縣爲遂，皆有地域，溝樹之。使各掌其政令刑禁，以歲時稽其人民，而授之田野，簡其兵器，教之稼穡。[二]

161

［一］郊外曰野。此野，謂甸、稍、縣、都。

［二］經、形體，皆謂制分界也。鄰、里、酇、鄙、縣、遂，猶郊
　　　內比、閭、族、黨、州、鄉也。鄭司農云：“田野之居，其
　　　比伍之名，與國中異制，故五家爲鄰。”玄謂異其名者，示
　　　相變耳。遂之軍法，追胥起徒役，如六鄉。

　　凡治野，以下劑致甿，以田里安甿，以樂昏擾甿，以
土宜教甿稼穡，以興鋤利甿，以時器勸甿，以彊予任甿，
以土均平政。［一］辨其野之土，上地、中地、下地，以頒田
里。上地，夫一廛，田百畮，萊五十畮，餘夫亦如之。中
地，夫一廛，田百畮，萊百畮，餘夫亦如之。下地，夫一
廛，田百畮，萊二百畮，餘夫亦如之。［二］

［一］變民言甿，異內外也。甿，猶懵。懵，無知貌也。致，猶會
　　　也。民雖受上田、中田、下田，及會之，以下劑爲率，謂
　　　可任者家二人。樂昏，勸其昏姻，如媒氏會男女也。擾，順
　　　也。時器，鑄作耒耜錢鎛之屬。彊予，謂民有餘力，復予之
　　　田，若餘夫然。政，讀爲征。土均，掌均平其稅。鄭大夫讀
　　　鋤爲藉。杜子春讀鋤爲助，謂起民人，令相佐助。

［二］萊，謂休不耕者。鄭司農云：“戶計一夫一婦而賦之田，其
　　　一戶有數口者，餘夫亦受此田也。廛，居也。揚子雲有田一
　　　廛，謂百畮之居也。”玄謂廛，城邑之居，《孟子》所云“五
　　　畮之宅，樹之以桑麻”者也。六遂之民奇受一廛，雖上地猶
　　　有萊，皆所以饒遠也。王莽時，城郭中，宅不樹者爲不毛，
　　　出三夫之布。

凡治野，夫間有遂，遂上有徑；十夫有溝，溝上有畛；百夫有洫，洫上有涂；千夫有澮，澮上有道；萬夫有川，川上有路，以達于畿。^[一]以歲時登其夫家之眾寡及其六畜、車輦，辨其老幼、癈疾與其施舍者，以頒職作事，以令貢賦，以令師田，以起政役。^[二]

[一] 十夫，二鄰之田。百夫，一酇之田。千夫，二鄙之田。萬夫，四縣之田。遂、溝、洫、澮，皆所以通水於川也。遂，廣深各二尺，溝倍之，洫倍溝。澮，廣二尋，深二仞。徑、畛、涂、道、路，皆所以通車徒於國都也。徑容牛馬，畛容大車，涂容乘車一軌，道容二軌，路容三軌。都之野涂與環涂同，可也。萬夫者，方三十三里少半里，九而方一同。以南晦圖之，則遂從溝橫，洫從澮橫，九澮而川，周其外焉。去山陵、林麓、川澤、溝瀆、城郭、宮室、涂巷三分之制，其餘如此，以至于畿，則中雖有都鄙，遂人盡主其地。

[二] 登，成也，猶定也。夫家，猶言男女也。施，讀爲弛。職，謂民九職也。分其農牧衡虞之職，使民爲其事也。《載師職》云“以物地事授地職”，互言矣。貢，九貢也。賦，九賦也。政役，出士徒役。

若起野役，則令各帥其所治之民而至，以遂之大旗致之，其不用命者誅之。^[一]凡國祭祀，共野牲，令野職。^[二]凡賓客，令脩野道而委積。^[三]大喪，帥六遂之役而致之，掌其政令。及葬，帥而屬六綍。及窆，陳役。^[四]凡事致野役，而師田作野民，帥而至，掌其政治禁令。

〔一〕役，謂師田，若有功作也。遂之大旗，熊、虎。

〔二〕共野牲，入於牧人以待事也。野職，薪炭之屬。

〔三〕委積於盧宿市。

〔四〕致役，致於司徒，給墓上事及窆也。綍，舉棺索也。葬舉棺者，謂載與說時也。用綍旁六執之者，天子其千人與？陳役者，主陳列之耳，匠師帥監之，鄉師以斧涖焉。大喪之正棺、殯、啓、朝及引，六鄉役之。載及窆，六遂役之，亦即遠相終始也。鄭司農云：“窆，謂下棺時，遂人主陳役也。《禮記》謂之封，《春秋》謂之塴，皆葬下棺也。聲相似。”

(二·四十一)

遂師各掌其遂之政令戒禁。以時登其夫家之衆寡、六畜、車輦，辨其施舍與其可任者。經牧其田野，辨其可食者，周知其數而任之，以徵財征。作役事，則聽其治訟。〔一〕巡其稼穡而移用其民，以救其時事。〔二〕

〔一〕施，讀亦弛也。經牧，制田界與井也。可食，謂今年所當耕者也。財征，賦稅之事。

〔二〕移用其民，使轉相助，救時急事也。四時耕耨、斂艾、芟地之宜，晚早不同，而有天期地澤風雨之急。

凡國祭祀，審其誓戒，共其野牲。〔一〕入野職、野賦于玉府。〔二〕賓客則巡其道脩，庀其委積。〔三〕大喪，使帥其屬

以幄帟先，道野役。及窆，抱磿[一]，共丘籠及蜃車之役。[四]
軍旅、田獵，平野民，掌其禁令，比敘其事而賞罰。[五]

[一]　審，亦聽也。

[二]　民所入貨賄，以當九職、九賦，中玉府之用者。

[三]　巡其道修，行治道路也。故書庀爲比，鄭司農云：“比，讀
　　　爲庀。庀，具也。”

[四]　使以幄帟先者，大宰也。其餘，司徒也。幄帟先，所以爲葬
　　　窆之閒先張神坐也。道野役，帥以至墓也。丘籠之役，窆
　　　復土也，其器曰籠。蜃車，柩路也。柩路載柳，四輪迫地而
　　　行，有似於蜃，因取名焉。行至壙，乃説，更復載以龍輴。
　　　蜃，《禮記》或作槫，或作輇。役，謂執綍者。鄭司農云：“抱
　　　磿，磿下車也。”玄謂磿者，適歷執綍者名也。遂人主陳之，
　　　而遂師以名行校之。

[五]　平，謂正其行列部伍也。鄭司農云：“比，讀爲庀。”

（二·四十二）

　　遂大夫各掌其遂之政令。以歲時稽其夫家之眾寡、六
畜、田野，辨其可任者與其可施舍者，以教稼穡，以稽功
事。掌其政令戒禁，聽其治訟。[一]令爲邑者，歲終則會政

〔一〕抱磿　“磿”，底本作“磨”，阮本、殿本同，黃本作“磿”。按：當作“磿”，音
歷。下文鄭注云“適歷執綍者名”，是也。又阮本《校勘記》：“及窆抱磨，閩、監、毛本
同，誤也。余本、嘉靖本‘磨’作‘磿’，注中同，當據正。葉鈔《釋文》：‘抱磿，劉音
歷。通志堂本亦誤磨。《困學紀聞》云：‘《遂師》抱磿，音歷。《史記》樂毅書“故鼎反
乎磿室”，徐廣注：“磿，歷也。”《戰國策》《新序》作“歷室”，蓋古字通用。’”今據黃
本及阮本《校勘記》改。餘下注文誤作“磨”者皆徑改之，不出校。

致事。^[二]正歲，簡稼器，脩稼政。^[三]三歲大比，則帥其
吏而興甿，明其有功者，屬其地治者。^[四]凡爲邑者，以四
達戒其功事，而誅賞廢興之。^[五]

［一］施，讀亦爲弛。功事，九職之事，民所以爲功業。

［二］不言其遂之吏，而言爲邑者，容公邑及卿大夫、王子弟之采
　　邑政令戒禁，遂大夫亦施焉。

［三］簡，猶閲也。稼器，耒耜錢其之屬。稼政，孟春之《月令》
　　所云皆脩封疆，審端徑術^{〔一〕}，善相丘陵阪險原隰土地所宜，
　　五穀所殖，以教道民，必躬親之。

［四］興甿，舉民賢者能者，如六鄉之爲也。興，猶舉也。屬，猶
　　聚也。又因舉吏治有功者，而聚勑其餘以職事。

［五］四達者，治民之事，大通者有四：夫家衆寡也，六畜車輦
　　也，稼穡耕耨也，旗鼓兵革也。

(二·四十三)

　　縣正各掌其縣之政令徵比，以頒田里，以分職事。掌
其治訟，趨其稼事而賞罰之。^[一]若將用野民師田、行役、
移執事，則帥而至，治其政令。^[二]既役，則稽功會事而
誅賞。

［一］徵，徵召也。比，案比。

［二］移執事，移用其民。鄭司農云：“謂轉相佐助。”

〔一〕審端徑術　“徑”，底本作“經”，黃本、殿本、阮本作“徑”。阮本《校勘記》：“審
端徑術，諸本同，《釋文》亦出‘徑術’二字。岳本‘徑’作‘經’，誤。”今據黃本、殿本、
阮本改。

（二·四十四）

鄙師各掌其鄙之政令、祭祀。[一]凡作民，則掌其戒令。[二]以時數其眾庶，而察其媺惡而誅賞。[三]歲終，則會其鄙之政而致事。

［一］祭祀，祭禜也。

［二］作民，謂起役也。

［三］時，四時也。

（二·四十五）

酇長各掌其酇之政令，以時校登其夫家，比其眾寡，以治其喪紀、祭祀之事。[一]若作其民而用之，則以旗鼓、兵革帥而至。若歲時簡器，與有司數之。[二]凡歲時之戒令皆聽之，趨其耕耨，稽其女功。[三]

［一］校，猶數也。

［二］簡器，簡稼器也，兵器亦存焉。有司，遂大夫。

［三］聽之，受而行之也。女功，絲枲之事。

（二·四十六）

里宰掌比其邑之眾寡與其六畜、兵器，治其政令。[一]以歲時合耦于鋤，以治稼穡，趨其耕耨，行其秩敘，以待有司之政令，而徵斂其財賦。[二]

［一］邑，猶里也。

［二］《考工記》曰："耜廣五寸，二耜為耦。"此言兩人相助耦而

耕也。鄭司農云："耡，讀爲藉。"杜子春云："耡，讀爲助，
謂相佐助也。"玄謂耡者，里宰治處也，若今街彈之室。於
此合耦，使相佐助，因放而爲名。季冬之《月令》："命農師
計耦耕事，脩耒耜，具田器。"是其歲時與？合人耦，則牛
耦亦可知也。秩敘，受耡相佐助之次第。

(二·四十七)

鄰長掌相糾、相受。[一] 凡邑中之政，相贊。[二] 徙于
他邑，則從而授之。[三]

[一] 相糾，相舉察。
[二] 長短使相補助。
[三] 從，猶隨也。授，猶付也。

(二·四十八)

旅師掌聚野之耡粟、屋粟、閒粟，[一] 而用之。以質劑
致民，平頒其興積，施其惠，散其利，而均其政令。[二] 凡
用粟，春頒而秋斂之。[三] 凡新甿之治皆聽之，使無征役，
以地之嫩惡爲之等。[四]

[一] 野，謂遠郊之外也。耡粟，民相助作，一井之中所出九夫之
　　稅粟也。屋粟，民有田不耕，所罰三夫之稅粟。閒粟，閒民
　　無職事者所出一夫之征粟。
[二] 而，讀爲若，聲之誤也。若用之，謂恤民之艱阨，委積於
　　野，如遺人於鄉里也。以質劑致民，案入稅者名，會而貸
　　之。興積，所興之積，謂三者之粟也。平頒之，不得偏頗有

168

多少。縣官徵聚物曰興，今云"軍興"是也。是粟，縣師徵
之，旅師斂之而用之。以賙衣食曰惠，以作事業曰利。均其
政令者，皆以國服爲之息。

〔三〕困時施之，饒時收之。

〔四〕新甿，新徙來者也。治謂有所求乞也。使無征役，復之也。
《王制》曰："自諸侯來徙於家，期不從政。"以地美惡爲之
等，七人以上授以上地，六口授以中地，五口以下授以下
地，與舊民同。旅師掌斂地稅，而又施惠散利，是以屬用新
民焉。

（二·四十九）

稍人掌令丘乘之政令。〔一〕若有會同、師田、行役之事，
則以縣師之灋作其同徒、輂輦，帥而以至，治其政令，以
聽於司馬。〔二〕大喪，帥蜃車與其役以至，掌其政令，以聽
於司徒。〔三〕

〔一〕丘乘，四丘爲甸。甸，讀與"惟禹敶之"之敶同，其訓曰乘，
由是改云。是掌令都鄙脩治井邑丘甸縣都之溝涂。云丘甸
者，舉中言之。溝涂之人名，井別邑異，則民之家數存焉。

〔二〕有軍旅、會同、田役之戒，縣師受法於司馬，邦國都鄙稍甸
郊里，唯司馬所調。以其法作其衆庶及馬牛車輦，會其車
人之卒伍，使皆備旗鼓兵器，以帥而至，是以書令之耳。其
所調若在家邑、小都、大都，則稍人用縣師所受司馬之法作
之，帥之以致於司馬也。同徒，司馬所調之同。凡用役者，
不必一時，皆徧以人數調之，使勞逸遍焉。

〔三〕蜃車及役，遂人共之。稍人者野監，是以帥而致之。《既夕

禮》曰：“既正柩，賓出，遂匠納車于階間。”則天子以至于
士，柩路皆從遂來。

委人掌斂野之賦，斂薪芻，凡疏材、木材，凡畜聚之
物。[一]以稍聚待賓客，以甸聚待羇旅。[二]凡其余聚以待
頒賜。[三]以式灋共祭祀之薪蒸、木材。賓客，共其芻薪。
喪紀，共其薪蒸、木材。軍旅，共其委積薪芻，凡疏材，
共野委兵器與其野圍財用。[四]凡軍旅之賓客，館焉。[五]

[一] 野，謂遠郊以外也。所斂野之賦，謂野之園圃、山澤之賦
　　也。凡疏材，草木有實者也。凡畜聚之物，瓜瓠葵芋，禦冬
　　之具也。野之農賦，旅師斂之。工商、嬪婦，遂師以入玉
　　府。其牧，則遂師又以共野牲。

[二] 聚，凡畜聚之物也。故書羇作奇，杜子春云：“當爲羇。”

[三] 余，當爲餘，聲之誤也。餘，謂縣都畜聚之物。

[四] 式法，故事之多少也。薪蒸，給炊及燎。麤者曰薪，細者曰
　　蒸。木材給張事。委積薪芻者，委積之薪芻也。軍旅又有疏
　　材以助禾粟。野委，謂廬宿止之薪芻也。其兵器，謂守衞陳
　　兵之器也。野圍之財用者，苑圍藩蘺之材。

[五] 館，舍也。必舍此者，就牛馬之用。

土均掌平土地之政，以均地守，以均地事，以均地
貢，[一]以和邦國都鄙之政令、刑禁與其施舍。禮俗、喪紀、
祭祀，皆以地媺惡爲輕重之灋而行之，掌其禁令。[二]

［一］政，讀爲征。所平之稅，邦國都鄙也。地守，虞衡之屬。地
　　事，農圃之職。地貢，諸侯之九貢。

［二］施，讀亦爲弛也。禮俗，邦國都鄙民之所行，先王舊禮也。
　　君子行禮，不求變俗，隨其土地厚薄，爲之制豐省之節耳。
　　《禮器》曰："禮也者，合於天時，設於地財，順於鬼神，合
　　於人心，理萬物。"

（二·五十二）

草人掌土化之灋以物地，相其宜而爲之種。［一］凡糞種，
騂剛用牛，赤緹用羊，墳壤用麋，渴澤用鹿，鹹潟用貆，
勃壤用狐，埴壚用豕，彊㯺用蕡，輕爂用犬。［二］

［一］土化之法，化之使美，若氾勝之術也。以物地，占其形色，
　　爲之種，黃白宜以種禾之屬。

［二］凡所以糞種者，皆謂煑取汁也。赤緹，縓色也。渴澤，故水
　　處也。潟，鹵也。貆，貒也。勃壤，粉解者。埴壚，黏疏
　　者。彊㯺，強堅者。輕爂，輕脆者。故書騂爲挈，墳作坋。
　　杜子春挈讀爲騂，謂地色赤而土剛強也。鄭司農云："用牛，
　　以牛骨汁漬其種也，謂之糞種。墳壤，多蚠鼠也。壤，白
　　色。蕡，麻也。"玄謂墳壤，潤解。

（二·五十三）

稻人掌稼下地。［一］以瀦畜水，以防止水，以溝蕩水，
以遂均水，以列舍水，以澮寫水，以涉揚其芟作田。［二］凡
稼澤，夏以水殄草而芟夷之。［三］澤草所生，種之芒種。［四］
旱暵，共其雩斂。［五］喪紀，共其葦事。［六］

［一］以水澤之地種穀也。謂之稼者，有似嫁女相生。

［二］鄭司農説豬防以《春秋傳》曰"町原防，規偃豬"。以列舍
水，列者非一，道以去水也。以涉揚其芟，以其水寫，故得
行其田中，舉其芟鉤也。杜子春讀蕩爲和蕩，謂以溝行水
也。玄謂偃豬者，畜流水之陂也。防，豬旁隄也。遂，田首
受水小溝也。列，田之畦埒也。澮，田尾去水大溝。作，猶
治也。開遂舍水於列中，因涉之，揚去前年所芟之草，而治
田種稻。

［三］殄，病也，絶也。鄭司農説芟夷以《春秋傳》曰"芟夷藴崇
之"。今時謂禾下麥爲夷下麥，言芟刈其禾，於下種麥也。
玄謂將以澤地爲稼者，必於夏六月之時，大雨時行，以水病
絶草之後生者，至秋水涸，芟之，明年乃稼。

［四］鄭司農云："澤草之所生，其地可種芒種。芒種，稻麥也。"

［五］稻人共雩斂，稻急水者也。鄭司農云："雩事所發斂。"

［六］葦以闉壙，禦濕之物。

(二·五十四)

土訓掌道地圖，以詔地事。^[一]道地慝，以辨地物而原
其生，以詔地求。^[二]王巡守，則夾王車。^[三]

［一］道，説也。説地圖，九州形勢，山川所宜，告王以施其事
也。若云荆揚地宜稻，幽并地宜麻。

［二］地慝，若障蠱然也。辨其物者，別其所有所無。原其生，生
有時也。以此二者告王之求也。地所無及物未生，則不求
也。鄭司農云："地慝，地所生惡物害人者，若虺蝮之屬。"

［三］巡守，行視所守也。天子以四海爲守。

172

（二·五十五）

誦訓掌道方志，以詔觀事。[一]掌道方慝，以詔辟忌，以知地俗。[二]王巡守，則夾王車。

[一] 說四方所識久遠之事，以告王觀。博古所識，若魯有大庭氏之庫，殽之二陵。

[二] 方慝，四方言語所惡也。不辟其忌，則其方以爲苟於言語也。知地俗，博事也。鄭司農云："以詔辟忌，不違其俗也。《曲禮》曰：'君子行禮，不求變俗。'"

（二·五十六）

山虞掌山林之政令，物爲之厲而爲之守禁。[一]仲冬斬陽木，仲夏斬陰木。[二]

[一] 物爲之厲，每物有蕃界也。爲之守禁，爲守者設禁令也。守者，謂其地之民占伐林木者也。鄭司農云："厲，遮列守之。"

[二] 鄭司農云："陽木，春夏生者。陰木，秋冬生者，若松柏之屬。"玄謂陽木，生山南者。陰木，生山北者。冬斬陽，夏斬陰，堅濡調。

凡服耕，斬季材，以時入之。[一]令萬民時斬材，有期日。[二]凡邦工入山林而掄材，不禁。[三]春秋之斬木不入禁，[四]凡竊木者有刑罰。[五]

[一] 季，猶稺也。服與耕宜用稺材，尚柔刃也。服牝，服車之材。

［二］時斬材，斬材之時也。有期日，入出有日數，爲久盡物。

［三］掄，猶擇也。不禁者，山林國之有，不拘日也。

［四］非冬夏之時，不得入所禁之中斬木也。斬四野之木可。

［五］竊，盜也。

若祭山林，則爲主而脩除，且蹕。^{［一］}若大田獵，則萊山田之野。及弊田，植虞旗于中，致禽而珥焉。^{［二］}

［一］爲主，主辨護之也。脩除，治道路場壇。

［二］萊，除其草萊也。弊田，田者止也。植，猶樹也。田止樹旗，令獲者皆致其禽而校其耳，以知獲數也。山虞有旗，以其主山，得畫熊虎，其仞數則短也。鄭司農云：“珥者，取禽左耳，以效功也。《大司馬職》曰：‘獲者取左耳。’”

(二·五十七)

林衡掌巡林麓之禁令而平其守，^{［一］}以時計林麓而賞罰之。^{［二］}若斬木材，則受灋于山虞，而掌其政令。^{［三］}

［一］平其守者，平其地之民，守林麓之部分。

［二］計林麓者，計其守之功也。林麓蕃茂，民不盜竊則有賞，不則罰之。

［三］法，萬民入出時日之期。

(二·五十八)

川衡掌巡川澤之禁令而平其守。以時舍其守，犯禁者，執而誅罰之。^{［一］}祭祀、賓客，共川奠。^{［二］}

［一］舍其守者，時案視守者，於其舍申戒之。

［二］川奠，籩豆之實，魚鱐蜃蛤之屬。

（二·五十九）

　　澤虞掌國澤之政令，爲之厲禁。使其地之人守其財物，以時入之于玉府，頒其餘于萬民。^{［一］}凡祭祀、賓客，共澤物之奠。^{［二］}喪紀，共其葦蒲之事。^{［三］}若大田獵，則萊澤野。及弊田，植虞旌以屬禽。^{［四］}

［一］其地之人占取澤物者，因以部分使守之。以時入之于玉府，謂皮角珠貝也。入之以當邦賦，然後得取其餘以自爲也。入出亦有時日之期。

［二］澤物之奠，亦籩豆之實，芹茆菱芡之屬。

［三］葦以闉壙，蒲以爲席。

［四］屬禽，猶致禽而珥焉。澤虞有旌，以其主澤，澤鳥所集，故得注析羽。

（二·六十）

　　迹人掌邦田之地政，爲之厲禁而守之。^{［一］}凡田獵者受令焉。^{［二］}禁麛卵者與其毒矢射者。^{［三］}

［一］田之地，若今苑也。

［二］令謂時與處也。

［三］爲其天物且害心多也。麛，麋鹿子。

175

（二·六十一）

　　卝人掌金玉錫石之地，而爲之厲禁以守之。^[一]若以時取之，則物其地，圖而授之。^[二]巡其禁令。^[三]

　　［一］錫，鈏也。

　　［二］物地，占其形色，知鹹淡也。授之，敎取者之處。

　　［三］行其禁，明其令。

（二·六十二）

　　角人掌以時徵齒角，凡骨物於山澤之農，以當邦賦之政令。^[一]以度量受之，以共財用。^[二]

　　［一］山澤出齒角骨物，大者犀象，其小者麋鹿。

　　［二］骨入漆浣者，受之以量，其餘以度度所中。

（二·六十三）

　　羽人掌以時徵羽翮之政于山澤之農，以當邦賦之政令。^[一]凡受羽，十羽爲審，百羽爲摶，十摶爲縛。^[二]

　　［一］翮，羽本。

　　［二］審、摶、縛，羽數束名也。《爾雅》曰：“一羽謂之箴，十羽謂之縛，百羽謂之緷。”其名音相近也。一羽則有名，蓋失之矣。

（二·六十四）

　　掌葛掌以時徵絺綌之材于山農，凡葛征，徵草貢之材

于澤農，以當邦賦之政令。^[一]以權度受之。^[二]

［一］草貢出澤，蒨絟之屬可緝績者。

［二］以知輕重長短也。故書受或爲授，杜子春云：“當爲受。”

（二·六十五）

掌染草掌以春秋斂染草之物，^[一]以權量受之，以待時而頒之。^[二]

［一］染草，茅蒐、橐蘆、豕首、紫茢之屬。

［二］權量，以知輕重多少。時，染夏之時。

（二·六十六）

掌炭掌灰物、炭物之徵令，以時入之。^[一]以權量受之，以共邦之用，凡炭灰之事。

［一］灰、炭，皆山澤之農所出也。灰給澣練。炭之所共多。

（二·六十七）

掌荼掌以時聚荼以共喪事。^[一]徵野疏材之物，以待邦事，凡畜聚之物。^[二]

［一］共喪事者，以著物也。《既夕禮》曰：“茵著用荼。”

［二］荼，茅莠，疏材之類也，因使掌焉。徵者，徵於山澤，入於委人。

(二·六十八)

掌蜃掌斂互物、蜃物，以共闉壙之蜃。^[一]祭祀，共蜃器之蜃。^[二]共白盛之蜃。^[三]

> [一] 互物，蚌蛤之屬。闉，猶塞也。將井椁，先塞下以蜃禦濕也。鄭司農説以《春秋傳》曰“始用蜃炭”，言僭天子也。
>
> [二] 飾祭器之屬也。《㡯人職》曰：“凡四方山川用蜃器。”《春秋》：“定十四年秋，天王使石尚來歸脤。”脤之器以蜃飾，因名焉。鄭司農云：“蜃可以白器，令色白。”
>
> [三] 盛，猶成也，謂飾牆使白之蜃也。今東萊用蛤，謂之义灰云。

(二·六十九)

囿人掌囿游之獸禁。^[一]牧百獸。^[二]祭祀、喪紀、賓客，共其生獸、死獸之物。

> [一] 囿游，囿之離宮小苑觀處也。養獸以宴樂視之。禁者，其蕃衞也。鄭司農云：“囿游之獸，游牧之獸。”
>
> [二] 備養衆物也。今披庭有鳥獸，自熊虎孔雀，至於狐狸鳧鶴備焉。

(二·七十)

場人掌國之場圃，而樹之果蓏、珍異之物，以時斂而藏之。^[一]凡祭祀、賓客，共其果蓏，享亦如之。^[二]

> [一] 果，棗李之屬。蓏，瓜瓝之屬。珍異，蒲桃、枇杷之屬。

〔二〕享，納牲。

(二·七十一)

廩人掌九穀之數，以待國之匪頒、賙賜、稍食。[一]
以歲之上下數邦用，以知足否，以詔穀用，以治年之凶
豐。[二]凡萬民之食食者，人四鬴，上也；人三鬴，中也；
人二鬴，下也。[三]若食不能人二鬴，則令邦移民就穀，詔
王殺邦用。[四]凡邦有會同、師役之事，則治其糧與其食。[五]
大祭祀，則共其接盛。[六]

〔一〕匪，讀爲分。分頒謂委人之職諸委積也。賙賜，謂王所賜
　　　予，給好用之式也。稍食，祿稟。

〔二〕數，猶計也。

〔三〕此皆謂一月食米也。六斗四升曰鬴。

〔四〕就穀，就都鄙之有者。殺，猶減也。

〔五〕行道曰糧，謂糒也。止居曰食，謂米也。

〔六〕接讀爲“壹扱再祭”之扱。扱以授春人舂之[一]。大祭祀之穀，
　　　藉田之收藏於神倉者也，不以給小用。

(二·七十二)

舍人掌平宮中之政，分其財守，以灋掌其出入。[一]凡
祭祀，共簠簋，實之，陳之。[二]賓客，亦如之，共其禮：
車米、筲米、芻禾。[三]喪紀，共飯米、熬穀。[四]

〔一〕政，謂用穀之政也。分其財守者，計其用穀之數，分送宮

〔一〕扱以授春人舂之　“授”，底本作“受”，今據黃本改。

正、内宰，使守而頒之也。而行出於廩人，其有空缺，則計之還入。

［二］方曰簠，圓曰簋，盛黍稷稻粱器。

［三］禮，致饔餼之禮。

［四］飯所以實口，不忍虛也。君用粱，大夫用稷，士用稻，皆四升，實者唯盈。熬穀者，錯于棺旁，所以惑蚍蜉也。《喪大記》曰：“熬，君四種八筐，大夫三種六筐，士二種四筐，加魚腊焉。”

以歲時縣穜稑之種，以共王后之春獻種。[一]掌米粟之出入，辨其物。[二]歲終，則會計其政。[三]

［一］縣之者，欲其風氣燥達也。鄭司農云：“春王當耕于藉，則后獻其種也。后獻其種，見《内宰職》。”

［二］九穀、六米別爲書。

［三］政，用穀之多少。

倉人掌粟入之藏。[一]辨九穀之物，以待邦用。若穀不足，則止餘灋用。有餘，則藏之，以待凶而頒之。[二]凡國之大事，共道路之穀積、食飲之具。[三]

［一］九穀盡藏焉，以粟爲主。

［二］止，猶殺也。殺餘法用，謂道路之委積，所以豐優賓客之屬。

［三］大事謂喪、戎。

（二·七十四）

　　司祿，闕。

（二·七十五）

　　司稼掌巡邦野之稼，而辨穜稑之種，周知其名，與其所宜地，以爲灋而縣于邑閭。[一]巡野觀稼，以年之上下出斂灋。[二]掌均萬民之食，而賙其急，而平其興。[三]

　　　[一]周，猶徧也。徧知種所宜之地，縣以示民，後年種穀用爲
　　　　　法也。
　　　[二]斂法者，豐年從正，凶荒則損。若今十傷二三，實除減半。
　　　[三]均，謂度其多少。賙，稟其艱阨。興，所徵賦。

（二·七十六）

　　舂人掌共米物。[一]祭祀，共其齍盛之米。[二]賓客，共其牢禮之米。[三]凡饗食，共其食米。[四]掌凡米事。

　　　[一]米物，言非一米。
　　　[二]齍盛，謂黍稷稻粱之屬，可盛以爲簠簋實。
　　　[三]謂可以實筐筥。
　　　[四]饗有食米，則饗禮兼燕與食。

（二·七十七）

　　饎人掌凡祭祀共盛，[一]共王及后之六食。[二]凡賓客，共其簠簋之實。[三]饗食，亦如之。

〔一〕炊而共之。

〔二〕六食，六穀之飯。

〔三〕謂致飧饔。

（二·七十八）

槀人掌共外內朝冗食者之食〔一〕。〔一〕若饗耆老、孤子、士庶子，共其食。〔二〕掌豢祭祀之犬。〔三〕

〔一〕外朝，司寇斷獄弊訟之朝也。今司徒府中，有百官朝會之殿云，天子與丞相舊決大事焉，是外朝之存者與？內朝，路門外之朝也。冗食者，謂留治文書，若今尚書之屬，諸直上者。

〔二〕士庶子，卿、大夫、士之子弟宿衞王宮者。

〔三〕養犬豕曰豢。不於饎人言者，共至尊，雖其潘瀾戔餘，不可褻也。

周禮卷第五

周禮卷第五

鄭 氏 注

春官宗伯第三

惟王建國，辨方正位，體國經野，設官分職，以爲民極。乃立春官宗伯，使帥其屬而掌邦禮，以佐王和邦國。[一]

[一] 禮，謂曲禮五，吉、凶、賓、軍、嘉，其別三十有六。鄭司農云："宗伯，主禮之官，故《書·堯典》曰：'帝曰："咨四岳，有能典朕三禮。"僉曰："伯夷。"帝曰："俞，咨伯，汝作秩宗。"'宗官又主鬼神，故《國語》曰：'使名姓之後，能知四時之生，犧牲之物，玉帛之類，采服之宜，彝器之量，次主之度，屏攝之位，壇場之所，上下之神祇，氏姓之所出，而率舊典者，爲之宗。'《春秋》'禘于大廟，躋僖公'，而傳曰'夏父弗忌爲宗人'，又曰'使宗人釁夏獻其禮'。《禮·特牲》曰：'宗人升自西階，視壺濯及豆籩。'然則唐虞歷三代，以宗官典國之禮與其祭祀，漢之大常是也。"

禮官之屬：
大宗伯，卿一人。
小宗伯，中大夫二人。

肆師，下大夫四人；上士八人，中士十有六人，旅下士三十有二人。府六人，史十有二人，胥十有二人，徒百有二十人。^[一]

〔一〕肆，猶陳也。肆師佐宗伯，陳列祭祀之位及牲器粢盛。

鬱人，下士二人。府二人^[一]，史一人，徒八人。^[二]

〔一〕鬱，鬱金香草，宜以和鬯。

鬯人，下士二人。府一人，史一人，徒八人。^[一]

〔一〕鬯，釀秬爲酒，芬香條暢於上下也。秬如黑黍，一稃二米。

雞人，下士一人。史一人，徒四人。
司尊彝，下士二人。府四人，史二人，胥二人，徒二十人。^[一]

〔一〕彝，亦尊也。鬱鬯曰彝。彝，法也，言爲尊之法也。

司几筵，下士二人。府二人，史一人，徒八人。^[一]

〔一〕筵，亦席也。鋪陳曰筵，藉之曰席。然其言之筵席通矣。

天府，上士一人，中士二人。府四人，史二人，胥二人，徒二十人。^[一]

〔一〕府二人 "二"，底本作 "一"，今據黃本改。

［一］府，物所藏。言天者，尊此所藏，若天物然。

典瑞，中士二人。府二人，史二人，胥一人，徒十人。^{［一］}

［一］瑞，節信也。典瑞，若今符璽郎。

典命，中士二人。府二人，史二人，胥一人，徒十人。^{［一］}

［一］命，謂王遷秩群臣之書。

司服，中士二人。府二人，史一人，胥一人，徒十人。

典祀，中士二人，下士四人。府二人，史二人，胥四人，徒四十人。

守祧，奄八人，女祧每廟二人，奚四人。^{［一］}

［一］遠廟曰祧，周爲文王、武王廟，遷主藏焉。奄，如今之宦者。女祧，女奴有才知者。天子七廟，三昭三穆。奚，女奴也。

世婦，每宮卿二人；下大夫四人；中士八人。女府二人，女史二人，奚十有六人。^{［一］}

［一］世婦，后宮官也。王后六宮。漢始大長秋、詹事、中少府、

187

大僕亦用士人〔一〕。女府、女史，女奴有才知者。

内宗，凡内女之有爵者。〔一〕

〔一〕内女，王同姓之女，謂之内宗。有爵，其嫁於大夫及士者。
凡，無常數之言。

外宗，凡外女之有爵者。〔一〕

〔一〕外女，王諸姑姊妹之女，謂之外宗。

冢人，下大夫二人；中士四人。府二人，史四人，胥
十有二人，徒百有二十人。〔一〕

〔一〕冢，封土爲丘壠〔二〕，象冢而爲之。

墓大夫，下大夫二人；中士八人。府二人，史四人，
胥二十人，徒二百人。〔一〕

〔一〕墓，冢塋之地，孝子所思慕之處。

職喪，上士二人，中士四人，下士八人。府二人，史

〔一〕大僕亦用士人 "士人"上，底本作"士八人"，阮本同，黄本、殿本無"八"字。
阮本《校勘記》："亦用士八人，余本、閩、監、毛本同。嘉靖本作'亦用士人'，無'八'
字。此衍文，當刪正。"今據黄本、殿本及阮本《校勘記》刪。
〔二〕封土爲丘壠 "壠"，底本作"壟"，今據黄本改。

四人，胥四人，徒四十人。^[一]

[一] 職，主也。

大司樂，中大夫二人^[一]。^[一]

[一] 大司樂，樂官之長。

樂師，下大夫四人；上士八人，下士十有六人。府四人，史八人，胥八人，徒八十人。
大胥，中士四人。
小胥，下士八人。府二人，史四人，徒四十人。^[一]

[一] 胥，有才知之稱。《禮記·文王世子》曰：“小樂正學干，大胥佐之。”

大師，下大夫二人。
小師，上士四人。
瞽矇，上瞽四十人，中瞽百人，下瞽百有六十人。
眡瞭，三百人，府四人，史八人，胥十有二人，徒百有二十人。^[一]

[一] 凡樂之歌，必使瞽矇爲焉。命其賢知者以爲大師、小師。晉杜蒯云：“曠也大師也。”眡，讀如虎眡之眡。瞭，目明者。鄭司農云：“無目朕謂之瞽，有目朕而無見謂之矇，有目無眸子謂之瞍。”

〔一〕 中大夫二人 “二”，底本作“四”，今據黄本改。

典同，中士二人。府一人，史一人，胥二人，徒二十人。[一]

[一] 同，陰律也。不以陽律名官者，因其先言耳。《書》曰："協時月正日，同律度量衡。"《大師職》曰："執同律以聽軍聲。"

磬師，中士四人，下士八人。府四人，史二人，胥四人，徒四十人。

鍾師，中士四人，下士八人。府二人，史二人，胥六人，徒六十人。

笙師，中士二人，下士四人。府二人，史二人，胥一人，徒十人。

鎛師，中士二人，下士四人。府二人，史二人[一]，胥二人，徒二十人。[一]

[一] 鎛，如鍾而大。

韎師，下士二人。府一人，史一人，舞者十有六人，徒四十人。[一]

[一] 鄭司農說以《明堂位》曰"韎，東夷之樂"，讀如味食飲之味。杜子春讀韎爲菋荎著之菋。玄謂讀如韎韐之韎。

旄人，下士四人。舞者衆寡無數，府二人，史二人，

〔一〕 史二人 "二"，底本作 "一"，今據黃本改。

胥二人，徒二十人。^[一]

[一] 旄，旄牛尾，舞者所持以指麾。

籥師，中士四人。府二人，史二人，胥二人，徒
二十人。^[一]

[一] 籥，舞者所吹。《春秋》宣八年：“壬午，猶繹。《萬》入，去
籥。”傳曰：“去其有聲者，廢其無聲者。”《詩》云：“左手執
籥，右手秉翟。”

籥章，中士二人，下士四人。府一人，史一人，胥二
人，徒二十人。^[一]

[一] 籥章，吹籥以爲詩章。

鞮鞻氏，下士四人。府一人，史一人，胥二人，徒
二十人。^[一]

[一] 鞻，讀爲屨。鞮屨，四夷舞者所屝也。今時倡蹋鼓沓行者，
自有屝。

典庸器，下士四人。府四人，史二人，胥八人，徒
八十人。^[一]

[一] 庸，功也。鄭司農云：“庸器，有功者鑄器銘其功。《春秋傳》

曰:'以所得於齊之兵作林鍾而銘魯功焉。'"

司干,下士二人。府二人,史二人,徒二十人。^[一]

[一] 干,舞者所持,謂楯也。《春秋傳》曰:"《萬》者何? 干舞也。"

大卜,下大夫二人。
卜師,上士四人。
卜人,中士八人,下士十有六人。府二人,史二人,胥四人,徒四十人。^[一]

[一] 問龜曰卜。大卜,卜筮官之長。

龜人,中士二人。府二人,史二人,工四人,胥四人,徒四十人。^[一]

[一] 工,取龜、攻龜。

菙氏,下士二人。史一人,徒八人。^[一]

[一] 燋焌用荊菙之類。

占人,下士八人。府一人,史二人,徒八人。^[一]

[一] 占蓍龜之卦,兆吉凶。

簭人，中士二人。府一人，史二人，徒四人。[一]

［一］問著曰筮，其占《易》。

占夢，中士二人。史二人，徒四人。
眂祲，中士二人。史二人，徒四人。[一]

［一］祲，陰陽氣相侵，漸成祥者。魯史梓慎云：“吾見赤黑之祲。”

大祝，下大夫二人，上士四人。[一]

［一］大祝，祝官之長。

小祝，中士八人，下士十有六人。府二人，史四人，胥四人，徒四十人。
喪祝，上士二人，中士四人，下士八人。府二人，史二人，胥四人，徒四十人。
甸祝，下士二人。府一人，史一人，徒四人。[一]

［一］甸之言田也，田狩之祝。

詛祝，下士二人。府一人，史一人，徒四人。[一]

［一］詛，謂祝之使沮敗也。

司巫，中士二人。府一人，史一人，胥一人，徒

十人。[一]

[一] 司巫，巫官之長。

男巫，無數。**女巫**，無數。其師，中士四人。府二人，史四人，胥四人，徒四十人。[一]

[一] 巫，能制神之處位次主者。

大史，下大夫二人，上士四人。[一]

[一] 大史，史官之長。

小史，中士八人，下士十有六人。府四人，史八人，胥四人，徒四十人。
馮相氏，中士二人，下士四人。府二人，史四人，徒八人。[一]

[一] 馮，乘也。相，視也。世登高臺，以視天文之次序。天文屬大史。《月令》曰："乃命大史，守典奉法，司天日月星辰之行，宿離不貸。"

保章氏，中士二人，下士四人。府二人，史四人，徒八人。[一]

[一] 保，守也。世守天文之變。

内史，中大夫一人，下大夫二人；上士四人，中士八人，下士十有六人。府四人，史八人，胥四人，徒四十人。

外史，上士四人，中士八人，下士十有六人。胥二人，徒二十人。

御史，中士八人，下士十有六人。其史百有二十人，府四人，胥四人，徒四十人。[一]

[一]御，猶侍也，進也。其史百有二十人，以掌贊書人多也。

巾車，下大夫二人；上士四人，中士八人，下士十有六人。府四人，史八人，工百人，胥五人，徒五十人。[一]

[一]巾，猶衣也。巾車，車官之長。

典路，中士二人，下士四人。府二人，史二人，胥二人，徒二十人。[一]

[一]路，王之所乘車。

車僕，中士二人，下士四人。府二人，史二人，胥二人，徒二十人。

司常，中士二人，下士四人。府二人，史二人，胥四人，徒四十人。[一]

[一]司常，主王旌旗。

195

都宗人，上士二人，中士四人。府二人，史四人，胥四人，徒四十人。[一]

[一] 都，謂王子弟所封及公卿所食邑。

家宗人，如都宗人之數。[一]

[一] 家，謂大夫所食采邑。

凡以**神士**者，無數，以其藝爲之貴賤之等。[一]

[一] 以神士者，男巫之俊，有學問才知者。藝，謂禮、樂、射、御、書、數。高者爲上士，次之爲中士，又次之爲下士。

(三·一)

大宗伯之職，掌建邦之天神、人鬼、地示之禮，以佐王建保邦國。[一]

[一] 建，立也。立天神地祇人鬼之禮者，謂祀之，祭之，享之。禮，吉禮是也。保，安也。所以佐王立安邦國者，主謂凶禮、賓禮、軍禮、嘉禮也。目吉禮於上[一]，承以立安邦國者，互以相成，明尊鬼神，重人事。

〔一〕目吉禮於上 "目"，底本作 "自"，黃本、殿本、阮本作 "目"。阮本《校勘記》："目吉禮於上，余本、閩、監、毛本同。嘉靖本'目'作'自'者，誤也。"今據黃本、殿本、阮本改。

　以吉禮事邦國之鬼神示，^{〔一〕}以禋祀祀昊天上帝，以實
柴祀日月星辰，以槱燎祀司中、司命、飌師、雨師。^{〔二〕}以
血祭祭社稷、五祀、五嶽，以貍沉祭山林川澤，以疈辜祭
四方百物。^{〔三〕}以肆獻祼享先王，以饋食享先王，以祠春享
先王，以禴夏享先王，以嘗秋享先王，以烝冬享先王。^{〔四〕}

〔一〕事，謂祀之，祭之，享之。故書吉或爲告，杜子春云："書
　　爲告禮者，非是。當爲吉禮，書亦多爲吉禮。"吉禮之別十
　　有二。

〔二〕禋之言煙。周人尚臭。煙，氣之臭聞者。槱，積也。《詩》曰：
　　"芃芃棫樸，薪之槱之。"三祀皆積柴實牲體焉，或有玉帛，
　　燔燎而升煙，所以報陽也。鄭司農云："昊天，天也。上帝，
　　玄天也。昊天上帝，樂以《雲門》。實柴，實牛柴上也。故
　　書實柴或爲賓柴。司中，三能三階也。司命，文昌宮星。風
　　師，箕也。雨師，畢也。"玄謂昊天上帝，冬至於圜丘所祀
　　天皇大帝。星，謂五緯。辰，謂日月所會十二次。司中、司
　　命，文昌第五、第四星，或曰中能、上能也。祀五帝亦用實
　　柴之禮云。

〔三〕不言祭地，此皆地祇，祭地可知也。陰祀自血起，貴氣臭
　　也。社稷，土穀之神，有德者配食焉。共工氏之子曰句龍，
　　食於社；有厲山氏之子曰柱，食於稷，湯遷之而祀棄。故
　　書祀作禩，疈爲罷。鄭司農云："禩，當爲祀，書亦或作祀。
　　五祀，五色之帝於王者宮中，曰五祀。罷辜，披磔牲以祭，
　　若今時磔狗祭以止風。"玄謂此五祀者，五官之神在四郊，
　　四時迎五行之氣於四郊，而祭五德之帝，亦食此神焉。少昊
　　氏之子曰重，爲句芒，食於木；該爲蓐收，食於金；脩及熙

為玄冥，食於水。顓頊氏之子曰黎，為祝融、后土，食於火土。五嶽，東曰岱宗，南曰衡山，西曰華山，北曰恒山，中曰嵩高山。不見四瀆者，四瀆，五嶽之匹，或省文。祭山林曰埋，川澤曰沈，順其性之含藏〔一〕。膈，膈牲胸也。膈而磔之，謂磔禳及蜡祭。《郊特牲》曰："八蜡以記四方，四方年不順成，八蜡不通，以謹民財也。"又曰："蜡之祭也，主先嗇而祭司嗇也，祭百種以報嗇也。饗農及郵表畷、禽獸，仁之至、義之盡也。"

［四］宗廟之祭，有此六享。肆獻祼、饋食，在四時之上，則是祫也、禘也。肆者，進所解牲體，謂薦孰時也。獻，獻醴，謂薦血腥也。祼之言灌，灌以鬱鬯，謂始獻尸求神時也。《郊特牲》曰："魂氣歸于天，形魄歸于地，故祭所以求諸陰陽之義也。殷人先求諸陽，周人先求諸陰。"灌是也。祭必先灌，乃後薦腥薦孰。於祫逆言之者，與下共文，明六享俱然。祫，言肆獻祼。禘，言饋食者。著有黍稷，互相備也。魯禮，三年喪畢，而祫於大祖；明年春，禘於群廟。自爾以後，率五年而再殷祭，一祫一禘〔二〕。

以凶禮哀邦國之憂，〔一〕以喪禮哀死亡，〔二〕以荒禮哀凶札，〔三〕以弔禮哀禍烖，〔四〕以禬禮哀圍敗，〔五〕以恤禮哀寇亂。〔六〕

［一］哀，謂救患分烖。凶禮之別有五。

［二］哀，謂親者服焉，疏者含襚。

〔一〕順其性之含藏　"含"，底本作"舍"，今據黃本、殿本、阮本改。
〔二〕一祫一禘　"一祫"，底本作"二祫"，今據黃本改。

［三］荒，人物有害也。《曲禮》曰："歲凶，年穀不登，君膳不祭肺，馬不食穀，馳道不除，祭事不縣，大夫不食粱，士飲酒不樂。"札，讀爲截。截，謂疫厲。

［四］禍烖，謂遭水火。宋大水，魯莊公使人弔焉，曰："天作淫雨，害於粢盛，如何不弔？"廐焚，孔子拜鄉人爲火來者。拜之，士一，大夫再，亦相弔之道。

［五］同盟者合會財貨，以更其所喪。《春秋》襄三十年冬，會于澶淵，宋烖故，是其類。

［六］恤，憂也。鄰國相憂。兵作於外爲寇，作於內爲亂。

　　以賓禮親邦國。^{［一］}春見曰朝，夏見曰宗，秋見曰覲，冬見曰遇，時見曰會，殷見曰同。^{［二］}時聘曰問，殷覜曰視。^{［三］}

［一］親，謂使之相親附。賓禮之別有八。

［二］此六禮者，以諸侯見王爲文。六服之內，四方以時分來，或朝春，或宗夏，或覲秋，或遇冬，名殊禮異，更遞而徧。朝，猶朝也，欲其來之早。宗，尊也，欲其尊王。覲之言勤也，欲其勤王之事。遇，偶也，欲其若不期而俱至。時見者，言無常期，諸侯有不順服者，王將有征討之事，則既朝覲，王爲壇於國外，合諸侯而命事焉。《春秋傳》曰"有事而會，不協而盟"是也。殷，猶衆也。十二歲王如不巡守，則六服盡朝，朝禮既畢，王亦爲壇，合諸侯以命政焉。所命之政，如王巡守。殷見，四方四時分來，終歲則徧。

［三］時聘者，亦無常期，天子有事乃聘之焉。竟外之臣，既非朝歲，不敢瀆爲小禮。殷覜，謂一服朝之歲，以朝者少，諸侯

乃使卿以大禮衆聘焉。一服朝在元年、七年、十一年。

以軍禮同邦國，^[一]大師之禮，用衆也；^[二]大均之禮，恤衆也；^[三]大田之禮，簡衆也；^[四]大役之禮，任衆也；^[五]大封之禮，合衆也。^[六]

［一］同，謂威其不協僭差者。軍禮之別有五。

［二］用其義勇。

［三］均其地政、地守、地職之賦，所以憂民。

［四］古者因田習兵，閱其車徒之數。

［五］築宮邑，所以事民力強弱。

［六］正封疆溝塗之固，所以合聚其民。

以嘉禮親萬民，^[一]以飲食之禮親宗族兄弟，^[二]以昏冠之禮親成男女，^[三]以賓射之禮親故舊朋友，^[四]以饗燕之禮親四方之賓客，^[五]以脤膰之禮親兄弟之國，^[六]以賀慶之禮親異姓之國。^[七]

［一］嘉，善也。所以因人心所善者，而爲之制。嘉禮之別有六。

［二］親者，使之相親。人君有食宗族飲酒之禮，所以親之也。《文王世子》曰：“族食世降一等。”《大傳》曰：“繫之以姓而弗別，綴之以食而弗殊，百世而昏姻不通者，周道然也。”

［三］親其恩，成其性。

［四］射禮，雖王，亦立賓主也。王之故舊朋友，爲世子時共在學者。天子亦有友諸侯之義。武王誓曰“我友邦冢君”是也。《司寇職》有議故之辟，議賓之辟。

〔五〕賓客，謂朝聘者。

〔六〕脤膰，社稷宗廟之肉，以賜同姓之國，同福祿也。兄弟，有共先王者。<u>魯定公</u>十四年，天王使<u>石尚</u>來歸脤。

〔七〕異姓，王昏姻甥舅。

以九儀之命正邦國之位，^{〔一〕}壹命受職，^{〔二〕}再命受服，^{〔三〕}三命受位，^{〔四〕}四命受器，^{〔五〕}五命賜則，^{〔六〕}六命賜官，^{〔七〕}七命賜國，^{〔八〕}八命作牧，^{〔九〕}九命作伯。^{〔一〇〕}

〔一〕每命異儀，貴賤之位乃正。《春秋傳》曰："名位不同，禮亦異數。"

〔二〕始見命爲正吏，謂列國之士，於子男爲大夫，王之下士亦一命。<u>鄭司農</u>云："受職，治職事。"

〔三〕<u>鄭司農</u>云："受服，受祭衣服，爲上士。"玄謂此受玄冕之服，列國之大夫再命，於子男爲卿。卿大夫自玄冕而下，如孤之服。王之中士亦再命，則爵弁服。

〔四〕<u>鄭司農</u>云："受下大夫之位。"玄謂此列國之卿，始有列位於王，爲王之臣也。王之上士亦三命。

〔五〕<u>鄭司農</u>云："受祭器爲上大夫。"玄謂此公之孤始得有祭器者也。《禮運》曰："大夫具官，祭器不假，聲樂皆具，非禮也。"王之下大夫亦四命。

〔六〕<u>鄭司農</u>云："則者，法也。出爲子男。"玄謂則，地未成國之名。王之下大夫四命，出封加一等。五命，賜之以方百里二百里之地者。方三百里以上爲成國。<u>王莽</u>時以二十五成爲則，方五十里，合今俗説子男之地。獨<u>劉子駿</u>等識古有此制焉。

〔七〕鄭司農云："子男入爲卿，治一官也。"玄謂此王六命之卿賜官者，使得自置其臣，治家邑如諸侯。《春秋》襄十八年冬，晉侯以諸侯圍齊，荀偃爲君禱河，既陳齊侯之罪，而曰："曾臣彪將率諸侯以討焉，其官臣偃實先後之。"

〔八〕王之卿六命，出封加一等者。鄭司農云："出就侯伯之國。"

〔九〕謂侯伯有功德者，加命得專征伐於諸侯。鄭司農云："一州之牧。王之三公亦八命。"

〔一〇〕上公有功德者，加命爲二伯，得征五侯九伯者。鄭司農云："長諸侯爲方伯。"

　　以玉作六瑞，以等邦國，〔一〕王執鎮圭，〔二〕公執桓圭，〔三〕侯執信圭，伯執躬圭，〔四〕子執穀璧，男執蒲璧。〔五〕

〔一〕等，猶齊等也。

〔二〕鎮，安也，所以安四方。鎮圭者，蓋以四鎮之山爲瑑飾，圭長尺有二寸。

〔三〕公，二王之後及王之上公。雙植謂之桓。桓，宮室之象，所以安其上也。桓圭蓋亦以桓爲瑑飾，圭長九寸。

〔四〕信，當爲身，聲之誤也。身圭、躬圭，蓋皆象以人形，爲瑑飾，文有麤縟耳。欲其慎行以保身。圭皆長七寸。

〔五〕穀所以養人，蒲爲席，所以安人。二玉蓋或以穀爲飾，或以蒲爲瑑飾。璧皆徑五寸。不執圭者，未成國也。

　　以禽作六摯，以等諸臣，〔一〕孤執皮帛，卿執羔，大夫執雁，士執雉，庶人執鶩，工商執雞。〔二〕

202

［一］摯之言至，所執以自致。

［二］皮帛者，束帛而表以皮爲之飾。皮，虎豹皮。帛，如今璧色
　　繒也。羔，小羊，取其群而不失其類。鴈取其候時而行。雉
　　取其守介而死，不失其節。鶩取其不飛遷。雞取其守時而
　　動。《曲禮》曰"飾羔鴈者以繢"，謂衣之以布而又畫之者。
　　自雉以下，執之無飾。士相見之禮，卿大夫飾摯以布，不言
　　繢，此諸侯之臣，與天子之臣異也。然則天子之孤飾摯以虎
　　皮，公之孤飾摯以豹皮與? 此孤、卿、大夫、士之摯，皆以
　　爵不以命數。凡摯無庭實。

　　以玉作六器，以禮天地四方，^{［一］}以蒼璧禮天，以黃琮
禮地，以青圭禮東方，以赤璋禮南方，以白琥禮西方，以
玄璜禮北方。^{［二］}皆有牲幣，各放其器之色。^{［三］}

［一］禮，謂始告神時薦於神坐。《書》曰"周公植璧秉圭"是也。

［二］此禮天以冬至，謂天皇大帝，在北極者也。禮地以夏至，謂
　　神在崑崙者也。禮東方以立春，謂蒼精之帝，而大昊、句芒
　　食焉。禮南方以立夏，謂赤精之帝，而炎帝、祝融食焉。禮
　　西方以立秋，謂白精之帝，而少昊、蓐收食焉。禮北方以立
　　冬，謂黑精之帝，而顓頊、玄冥食焉。禮神者必象其類，璧
　　圜，象天；琮八方，象地；圭銳，象春物初生；半圭曰璋，
　　象夏物半死；琥猛，象秋嚴；半璧曰璜，象冬閉藏，地上無
　　物，唯天半見。

［三］幣以從爵，若人飲酒有酬幣。

　　以天產作陰德，以中禮防之。以地產作陽德，以和樂

防之。^[一]以禮樂合天地之化、百物之産，以事鬼神，以諧萬民，以致百物。^[二]

[一] 鄭司農云："陰德，謂男女之情，天性生而自然者。過時則奔隨，先時則血氣未定，聖人爲制其中，令民三十而娶，女二十而嫁，以防其淫泆，令無失德。情性隱而不露，故謂之陰德。陽德，謂分地利以致富。富者之失，不驕奢則吝嗇，故以和樂防之。樂所以蕩滌邪穢，道人之正性者也。一説：地産謂土地之性各異，若齊性舒緩，楚性急悍，則以和樂防其失，令無失德，樂所以移風易俗者也。此皆露見於外，故謂之陽德。陽德、陰德不失其正，則民和而物各得其理，故曰以諧萬民，以致百物。"玄謂天産者動物，謂六牲之屬；地産者植物，謂九穀之屬。陰德，陰氣在人者。陰氣虛，純之則劣，故食動物，作之使動，過則傷性，制中禮以節之。陽德，陽氣在人者。陽氣盈，純之則躁，故食植物，作之使靜，過則傷性，制和樂以節之。如是，然後陰陽平，情性和，而能育其類。

[二] 禮濟虛，樂損盈，並行則四者乃得其和。能生非類曰化，生其種曰産。

凡祀大神，享大鬼，祭大示，帥執事而卜日，宿，眡滌濯，涖玉鬯，省牲鑊，奉玉齍，詔大號，治其大禮，詔相王之大禮。^[一]若王不與祭祀，則攝位。^[二]凡大祭祀，王后不與，則攝而薦豆籩，徹。^[三]

[一] 執事，諸有事於祭者。宿，申戒也。滌濯，溉祭器也。玉，

禮神之玉也。始涖之，祭又奉之。鑊，烹牲器也。大號，六
號之大者，以詔大祝，以爲祝辭。治，猶簡習也。豫簡習大
禮，至祭，當以詔相王。群臣禮爲小禮。故書涖作立，<u>鄭司
農</u>讀爲涖。涖，視也。

〔二〕王有故，代行其祭事。

〔三〕薦徹豆籩，王后之事。

　　大賓客，則攝而載果。^{〔一〕}朝覲會同，則爲上相。大喪，
亦如之。王哭諸侯，亦如之。^{〔二〕}王命諸侯，則儐。^{〔三〕}

〔一〕載，爲也。果，讀爲裸。代王裸賓客以鬯。君無酌臣之
　　禮，言爲者，攝酌獻耳，拜送則王也。<u>鄭司農</u>云：“王不親
　　爲主。”

〔二〕相，詔王禮也。出接賓曰擯，入詔禮曰相。相者五人，卿爲
　　上擯。大喪，王后及世子也。哭諸侯者，謂薨於國，爲位而
　　哭之。《檀弓》曰：“天子之哭諸侯也，爵弁，絰，紂衣。”

〔三〕儐，進之也。王將出命，假祖廟，立依前，南鄉。擯者進，
　　當命者延之，命使登。内史由王右以策命之。降，再拜稽
　　首，登，受策以出。此其略也。諸侯爵祿其臣，則於祭焉。

　　國有大故，則旅上帝及四望。^{〔一〕}王大封，則先告后
土。^{〔二〕}乃頒祀于邦國、都家、鄉邑。^{〔三〕}

〔一〕故，謂凶災。旅，陳也。陳其祭事以祈焉，禮不如祀之備
　　也。上帝，五帝也。<u>鄭司農</u>云：“四望，日、月、星、海。”
　　<u>玄</u>謂四望，五嶽、四鎮、四瀆。

〔二〕后土，土神也，黎所食者。

〔三〕頒，讀爲班，班其所當祀及其禮。都家之鄉邑，謂王子弟及
　　　公、卿、大夫所食采地。

（三・二）

　　小宗伯之職，掌建國之神位，右社稷，左宗廟。〔一〕
兆五帝于四郊，四望、四類亦如之。〔二〕兆山川、丘陵、墳
衍，各因其方。〔三〕

〔一〕庫門内、雉門外之左右。故書位作立，<u>鄭司農</u>云："立，讀
　　　爲位。古者'立''位'同字，古文《春秋經》'公即位'爲
　　　'公即立'。"

〔二〕兆，爲壇之營域。五帝，蒼曰<u>靈威仰</u>，<u>大昊</u>食焉；赤曰<u>赤熛</u>
　　　<u>怒</u>，<u>炎帝</u>食焉；黄曰<u>含樞紐</u>，<u>黄帝</u>食焉；白曰<u>白招拒</u>，<u>少昊</u>
　　　食焉；黑曰<u>汁光紀</u>，<u>顓頊</u>食焉。<u>黄帝</u>亦於南郊。<u>鄭司農</u>云：
　　　"四望，道氣出入。四類，三皇、五帝、九皇、六十四民咸
　　　祀之。"<u>玄</u>謂四望，五嶽、四鎮、四竇。四類，日、月、星、
　　　辰，運行無常，以氣類爲之位。兆日於東郊，兆月與風師於
　　　西郊，兆司中、司命於南郊，兆雨師於北郊。

〔三〕順其所在。

　　掌五禮之禁令與其用等。〔一〕辨廟祧之昭穆。〔二〕辨吉
凶之五服、車旗、宮室之禁。〔三〕

〔一〕用等，牲器尊卑之差。<u>鄭司農</u>云："五禮，吉、凶、賓、
　　　軍、嘉。"

［二］祧，遷主所藏之廟。自始祖之後，父曰昭，子曰穆。

［三］五服，王及公、卿、大夫、士之服。

掌三族之別，以辨親疏。其正室皆謂之“門子”，掌其政令。[一]

［一］三族，謂父子孫，人屬之正名。《喪服小記》曰：“親親以三爲五，以五爲九。”正室，適子也，將代父當門者也。政令，謂役守之事。

毛六牲，辨其名物而頒之于五官，使共奉之。[一]辨六齍之名物與其用，使六宮之人共奉之。[二]辨六彝之名物，以待果將。[三]辨六尊之名物，以待祭祀、賓客。[四]

［一］毛，擇毛也。鄭司農云：“司徒主牛，宗伯主雞，司馬主馬及羊，司寇主犬，司空主豕。”

［二］齍，讀爲粢。六粢，謂六穀，黍、稷、稻、梁、麥、苽。

［三］六彝，雞彝、鳥彝、斝彝、黃彝、虎彝、蜼彝。果，讀爲祼。

［四］待者，有事則給之。鄭司農云：“六尊，獻尊、象尊、壺尊、著尊、大尊、山尊。”

掌衣服、車旗、宮室之賞賜。[一]

［一］王以賞賜有功者。《書》曰：“車服以庸。”

掌四時祭祀之序事與其禮。[一]若國大貞，則奉玉帛以詔號。[二]

[一] 序事，卜日、省牲、視滌濯、饔饎之事，次序之時。

[二] 號，神號、幣號。鄭司農云："大貞，謂卜立君，卜大封。"

大祭祀，省牲，眡滌濯。祭之日，逆齍，省鑊，告時于王，告備于王。[一]凡祭祀、賓客，以時將瓚果。[二]詔相祭祀之小禮。凡大禮，佐大宗伯。[三]賜卿、大夫、士爵，則儐。[四]小祭祀，掌事，如大宗伯之禮。大賓客，受其將幣之齎。[五]

[一] 逆齍，受饎人之盛以入。省鑊，視亨腥孰，時薦陳之晚早。備，謂饌具。

[二] 將，送也，猶奉也。祭祀以時奉而授王，賓客以時奉而授宗伯。天子圭瓚，諸侯璋瓚。

[三] 小禮，群臣之禮。

[四] 賜，猶命也。儐之，如命諸侯之儀。《春秋》文元年，天王使毛伯來錫公命。《傳》曰："錫者何？賜也。命者何？加我服也。"

[五] 謂所齎來貢獻之財物。

若大師，則帥有司而立軍社、奉主車。[一]若軍將有事，則與祭有司將事于四望。[二]若大甸，則帥有司而饎獸于郊，遂頒禽。[三]大烖，及執事禱祠于上下神示。[四]

［一］有司，大祝也。王出軍，必先有事於社及遷廟，而以其主行。社主曰軍社，遷主曰祖。《春秋傳》曰："軍行祓社釁鼓，祝奉以從。"《曾子問》曰："天子巡守，以遷廟主行，載于齊車，言必有尊也。"《書》曰："用命賞于祖，不用命戮于社。"社之主蓋用石爲之。奉，謂將行。

［二］軍將有事，將與敵合戰也。鄭司農云："則與祭，謂軍祭表禡軍社之屬，小宗伯與其祭事。"玄謂與祭有司，謂大祝之屬，蓋司馬之官實典焉。

［三］甸，讀曰田。有司，大司馬之屬。饁，饋也。以禽饋四方之神於郊，郊有群神之兆〔一〕。頒禽，謂以予群臣。《詩傳》曰："禽雖多，擇取三十焉，其餘以予大夫士，以習射於澤宮而分之。"

［四］執事，大祝及男巫、女巫也。求福曰禱，得求曰祠。讄曰："禱爾于上下神祇。"鄭司農云："小宗伯與執事共禱祠。"

王崩，大肆，以秬鬯渳。[一]及執事涖大斂、小斂，帥異族而佐。[二]縣衰冠之式于路門之外。[三]及執事眡葬獻器，遂哭之。[四]卜葬兆，甫竁，亦如之。[五]既葬，詔相喪祭之禮。[六]成葬而祭墓，爲位。[七]

［一］鄭司農云："大肆，大浴也。"杜子春讀渳爲泯，以秬鬯浴尸。玄謂大肆，始陳尸，伸之。

［二］執事，大祝之屬。涖，臨也。親斂者蓋事官之屬爲之。《喪大記》曰："小斂，衣十九稱，君大夫士一也。大斂，君百

〔一〕郊有群神之兆　"神"，底本作"臣"，今據黄本改。

稱，大夫五十稱，士三十稱。”異族佐斂，疏者可以相助。

［三］制色宜齊同。

［四］執事，蓋梓匠之屬。至將葬，獻明器之材，又獻素獻成，皆
於殯門外。王不親哭，有官代之。

［五］兆，墓塋域。甫，始也。鄭大夫讀窆皆爲穿，杜子春讀窆爲
甕，皆謂葬穿壙也。今南陽名穿地爲窆，聲如腐胞之胞。

［六］喪祭，虞祔也。《檀弓》曰：“葬日虞，弗忍一日離也。是日
也，以虞易奠。卒哭曰成事，是日也，以吉祭易喪祭。明日
祔于祖父。”

［七］成葬，丘已封也。天子之冢，蓋不一日而畢。位，壇位也。
先祖形體託於此地，祀其神以安之。《冢人職》曰：“大喪既
有日，請度，甫竁遂爲之尸。”

凡王之會同、軍旅、甸役之禱祠，肄儀爲位。［一］國有
禍烖，則亦如之。［二］凡天地之大烖，類社稷宗廟，則爲
位。［三］凡國之大禮，佐大宗伯。凡小禮，掌事，如大宗伯
之儀。

［一］肄，習也。故書肄爲肆，儀爲義。杜子春讀肆當爲肄，義爲
儀，謂若今時肄司徒府也，小宗伯主其位。

［二］謂有所禱祈。

［三］禱祈禮輕。類者，依其正禮而爲之。

(三·三)

肆師之職，掌立國祀之禮，以佐大宗伯。［一］立大祀，
用玉帛、牲牷。立次祀，用牲幣。立小祀，用牲。［二］以歲

時序其祭祀及其祈珥。[三]

［一］佐，助也。

［二］鄭司農云："大祀，天地。次祀，日月星辰。小祀，司命已下。"玄謂大祀又有宗廟，次祀又有社稷、五祀、五嶽，小祀又有司中、風師、雨師、山川、百物。

［三］序，第次其先後大小。故書祈爲幾，杜子春讀幾，當爲祈；珥，當爲餌。玄謂祈，當爲進禨之禨；珥，當爲衈。禨衈者，釁禮之事。《雜記》曰："成廟則釁之。雍人舉羊升屋，自中，中屋南面，刲羊，血流于前，乃降。門、夾室皆用雞，其衈皆於屋下。割雞，門、當門〔一〕，夾室、中室。"然則是禨謂羊血也。《小子職》曰"掌珥于社稷，祈于五祀"是也。亦謂其宮兆始成時也。《春秋》僖十九年夏："邾人執鄫子，用之。"《傳》曰："用之者何？蓋叩其鼻以衈社也。"

大祭祀，展犧牲，繫于牢，頒于職人。[一] 凡祭祀之卜日、宿爲期，詔相其禮，眡滌濯亦如之。[二] 祭之日，表齍盛，告絜；展器陳，告備；及果，築鬻。相治小禮，誅其慢怠者。[三] 掌兆中、廟中之禁令。[四] 凡祭祀禮成，則告事畢。

［一］展，省閱也。職，讀爲樴。樴，可以繫牲者。此職人，謂充人及監門人。

［二］宿，先卜祭之夕。

〔一〕門當門　此三字底本作"用當門"，今據黄本改。

［三］粢，六穀也，在器曰盛。陳，陳列也。果築鬱者，所築鬱以
　　裸也。故書表爲剽。剽、表皆謂徽識也。鄭司農云：“築煮，
　　築香草，煮以爲鬯。”

［四］兆，壇墠域。

　　大賓客，沃筵几，築鬱，^[一]贊果將。^[二]大朝覲，佐
儐。^[三]共設匪甕之禮。^[四]饗食，授祭。^[五]

［一］此王所以禮賓客。

［二］酌鬱鬯，授大宗伯載裸。

［三］爲承儐。

［四］設於賓客之館。《公食大夫禮》曰：“若不親食，使大夫以侑
　　幣致之。豆實實于甕，簋實實于筐。”匪，其筐字之誤與？
　　禮不親饗，則以酬幣致之，或者匪以致饗。

［五］授賓祭肺。

　　與祝侯禳于畺及郊。^[一]大喪，大渳以鬯，則築鬱。^[二]
令外内命婦序哭。^[三]禁外内命男女之衰不中灋者，且授
之杖。^[四]

［一］侯禳小祝職也。畺五百里，遠郊百里，近郊五十里。

［二］築香草，煮以爲鬯，以浴尸。香草，鬱也。

［三］序，使相次秩。

［四］外命男，六鄉以出也。内命男，朝廷卿、大夫、士也。其妻
　　爲外命女。喪服，爲夫之君齊衰不杖。内命女，王之三夫人
　　以下。不中法，違升數與裁制者。鄭司農云：“三日授子杖，

五日授大夫杖，七日授士杖，此舊説也。《喪大記》曰：‘君
子喪，三日，子、夫人杖，五日既殯，授大夫、世婦杖。’
無七日授士杖文。”玄謂授杖日數，王喪依諸侯與？七日授
士杖，《四制》云。

　　凡師甸，用牲于社宗，則爲位。[一]類造上帝，封于
大神，祭兵于山川，亦如之。[二]凡師不功，則助牽主
車[一]。[三]凡四時之大甸獵，祭表貉，則爲位。[四]

　[一]社，軍社也。宗，遷主也。《尚書傳》曰：“王升舟入水，鼓
　　　鍾亞，觀臺亞，將舟亞，宗廟亞。”故書位爲涖，杜子春云：
　　　“涖當爲位，書亦或爲位。宗謂宗廟。”

　[二]造，猶即也。爲兆以類禮，即祭上帝也。類禮，依郊祀而爲
　　　之者。封，謂壇也。大神，社及方嶽也。山川，蓋軍之所依
　　　止。《大傳》曰：“牧之野，武王之大事也。既事而退，柴於
　　　上帝，祈于社，設奠於牧室。”

　[三]助，助大司馬也。故書功爲工，鄭司農：“工讀爲功。古者
　　　‘工’與‘功’同字。謂師無功，肆師助牽之，恐爲敵所得。”

　[四]貉，師祭也。貉，讀爲十百之百。於所立表之處，爲師祭造
　　　軍法者，禱氣勢之增倍也。其神蓋蚩尤，或曰黄帝。

　　嘗之日，涖卜來歲之芟。[一]獮之日，涖卜來歲之戒。[二]
社之日，涖卜來歲之稼。[三]

[一] 芟，芟草，除田也。古之始耕者，除田種穀。嘗者，嘗新
　　穀，此芟之功也。卜者，問後歲宜芟不。《詩》云："載芟載
　　柞，其耕澤澤。"

[二] 秋田為獮，始習兵，戒不虞也。卜者，問後歲兵寇之備。

[三] 社，祭土，為取財焉。卜者，問後歲稼所宜。

　　若國有大故，則令國人祭。[一]歲時之祭祀，亦如之。[二]
凡卿大夫之喪，相其禮。[三]凡國之大事，治其禮儀，以佐
宗伯。[四]凡國之小事，治其禮儀而掌其事，如宗伯之禮。

[一] 大故，謂水旱凶荒。所令祭者，社及禜酺。

[二]《月令》："仲春命民社。"此其一隅。

[三] 相其適子。

[四] 治，謂如今每事者更奏白王，禮也。故書儀為義，<u>鄭司農</u>：
　　"義讀為儀。"古者書儀但為義，今時所謂義為誼。

(三·四)

　　鬱人掌祼器。[一]凡祭祀、賓客之祼事，和鬱鬯以實彝
而陳之。[二]凡祼玉，濯之陳之，以贊祼事。[三]詔祼將之
儀與其節。[四]凡祼事，沃盥。

[一] 祼器，謂彝及舟與瓚。

[二] 築鬱金，煮之以和鬯酒。<u>鄭司農</u>云："鬱，草名，十葉為貫，
　　百二十貫為築，以煮之鐎中，停於祭前。鬱為草若蘭。"

[三] 祼玉，謂圭瓚、璋瓚。

[四] 節，謂王奉玉送祼早晏之時。

　　大喪之涗，共其肆器；[一]及葬，共其祼器，遂貍
之。[二]大祭祀，與量人受舉斝之卒爵而飲之。[三]

[一] 肆器，陳尸之器。《喪大記》曰："君設大盤造冰焉，大夫設
　　夷盤造冰焉，士併瓦盤，無冰，設牀襢笫，有枕。"此之謂
　　肆器。天子亦用夷盤。

[二] 遣奠之葬與瓚也，貍之於祖廟階閒，明奠終於此。

[三] 斝，受福之嘏，聲之誤也。王醻尸，尸嘏王，此其卒爵也。
　　《少牢饋食禮》："主人受嘏詩懷之，卒爵，執爵以興，出。
　　宰夫以籩受嗇黍，主人嘗之，乃還獻祝。"此鬱人受王之卒
　　爵，亦王出房時也。必與量人者，鬱人贊祼尸，量人制從獻
　　之脯燔，事相成。

(三·五)

　　鬯人掌共秬鬯而飾之。[一]凡祭祀，社壝用大罍，[二]
禜門用瓢齎，[三]廟用脩。凡山川四方用蜃，凡祼事用概，
凡甈事用散。[四]

[一] 秬鬯，不和鬱者。飾之謂設巾。

[二] 壝，謂委土爲埒壝，所以祭也。大罍，瓦罍。

[三] 禜，謂營鄭所祭。門，國門也。《春秋傳》曰："日月星辰之
　　神，則雪霜風雨之不時，於是乎禜之。山川之神，則水旱
　　癘疫之不時，於是乎禜之。"魯莊二十五年秋，大水，鼓用
　　牲于門。故書瓢作剽，鄭司農讀剽爲瓢。杜子春讀齎爲粢。
　　瓢，謂瓠蠡也。粢，盛也。玄謂齎，讀爲齊，取甘瓠，割去
　　柢，以齊爲尊。

[四] 祼，當爲埋字之誤也。故書蜃或爲謨，杜子春云：“謨，當
爲蜃，書亦或爲蜃。蜃，水中蜃也。”鄭司農云：“脩、謨、
概、散，皆器名。”玄謂廟用脩者，謂始禘時，自饋食始。
脩、蜃、概、散，皆漆尊也。脩，讀曰卣。卣，中尊，謂獻
象之屬。尊者，彝爲上，罍爲下。蜃，畫爲蜃形。蚌曰合
漿，尊之象。概，尊以朱帶者。無飾曰散。

大喪之大渳，設斗，共其釁鬯。[一]凡王之齊事，共其
秬鬯。[二]凡王弔臨，共介鬯。[三]

[一] 斗，所以沃尸也。釁尸以鬯酒，使之香美者。鄭司農云：
“釁，讀爲徽。”

[二] 給淬浴。

[三] 以尊適卑曰臨。《春秋傳》曰：“照臨敝邑。”鄭司農云：“鬯，
香草。王行弔喪被之，故曰介。”玄謂《曲禮》曰“摯，天
子鬯”，王至尊，介爲執致之，以禮於鬼神與?《檀弓》曰：
“臨諸侯，畛於鬼神，曰有天王某父。”此王適四方，舍諸侯
祖廟，祝告其神之辭，介於是進鬯。

(三·六)

雞人掌共雞牲，辨其物。[一]大祭祀，夜嘑旦以嘂百
官。[二]凡國之大賓客、會同、軍旅、喪紀，亦如之。凡國
事爲期，則告之時。[三]凡祭祀，面禳，釁，共其雞牲。[四]

[一] 物，謂毛色也。辨之者，陽祀用騂，陰祀用黝。

[二] 夜，夜漏未盡，雞鳴時也。呼旦，以警起百官，使夙興。

［三］象雞知時也。告其有司主事者。《少牢》曰：“宗人朝服北面，
曰［一］：‘請祭期。’主人曰：‘比於子。’宗人曰：‘旦明行事。’”
告時者，至此旦明而告之。

［四］釁，釁廟之屬。釁廟以羊，門、夾室皆用雞。鄭司農云：“面
禳，四面禳也。釁，讀爲徽。”

(三·七)

司尊彝掌六尊、六彝之位，詔其酌，辨其用與其
實。［一］春祠、夏禴，祼用雞彝、鳥彝，皆有舟。其朝踐用
兩獻尊，其再獻用兩象尊，皆有罍，諸臣之所昨也。秋嘗、
冬烝，祼用斝彝、黃彝，皆有舟。其朝獻用兩著尊，其饋
獻用兩壺尊，皆有罍，諸臣之所昨也。凡四時之閒祀、追
享、朝享，祼用虎彝、蜼彝，皆有舟。其朝踐用兩大尊，
其再獻用兩山尊，皆有罍，諸臣之所昨也。［二］

［一］位，所陳之處。酌，沛之使可酌，各異也。用，四時祭祀所
用亦不同。實，鬱及醴齊之屬。

［二］祼，謂以圭瓚酌鬱鬯，始獻尸也。后於是以璋瓚酌亞祼。《郊
特牲》曰：“周人尚臭，灌用鬯臭，鬱合鬯臭，陰達於淵泉，
灌以圭璋，用玉氣也。既灌，然後迎牲，致陰氣也。”朝踐，
謂薦血腥、酌醴，始行祭事。后於是薦朝事之豆籩，既又酌
獻。其變朝踐爲朝獻者，尊相因也。朝獻，謂尸卒食，王酳
之。再獻者，王酳尸之後，后酌亞獻，諸臣爲賓，又次后酌
盎齊，備卒食三獻也。於后亞獻，內宗薦加豆籩。其變再獻

〔一〕曰　“曰”，底本作“白”，今據黃本改。

爲饋獻者，亦尊相因。饋獻，謂薦孰時。后於是薦饋食之豆
籩。此凡九酌，王及后各四，諸臣一，祭之正也。以今《祭
禮》《特牲》《少牢》言之，二祼爲奠，而尸飲七矣，王可以
獻諸臣。《祭統》曰：“尸飲五，君洗玉爵獻卿。”是其差也。
《明堂位》曰：“灌用玉瓚、大圭，爵用玉琖，加用璧角、璧
散。”又《鬱人職》曰：“受舉斝之卒爵而飲之。”則王醳尸
以玉爵也。王醳尸用玉爵，而再獻者用璧角、璧散可知也。
雞彝、鳥彝，謂刻而畫之爲雞、鳳皇之形。皆有舟，皆有
罍，言春夏秋冬及追享朝享有之同。昨，讀爲酢，字之誤
也。諸臣獻者，酌罍以自酢，不敢與王之神靈共尊。鄭司農
云：“舟，尊下臺，若今時承槃。獻，讀爲犧。犧尊，飾以
翡翠。象尊以象鳳皇，或曰以象骨飾尊。《明堂位》曰：‘犧
象，周尊也。’《春秋傳》曰：‘犧象不出門。’尊以祼神。罍，
臣之所飲也。《詩》曰：‘缾之罄矣，維罍之恥。’斝，讀爲
稼。稼彝，畫禾稼也。黃彝，黃目尊也。《明堂位》曰：‘夏
后氏以雞彝，殷以斝，周以黃目。’《爾雅》曰：‘彝、卣、罍，
器也。’著尊者，著略尊也。或曰著尊，著地無足。《明堂
位》曰：‘著，殷尊也。’壺者，以壺爲尊。《春秋傳》曰：‘尊
以魯壺。’追享，朝享，謂禘祫也。在四時之間，故曰間祀。
蜼，讀爲蛇虺之虺，或讀爲公用射隼之隼。大尊，大古之瓦
尊。山尊，山罍也。《明堂位》曰：‘泰，有虞氏之尊也。山
罍，夏后氏之尊。’”故書踐作錢，杜子春云：“錢當爲踐。”
玄謂黃目，以黃金爲目。《郊特牲》曰：“黃目，鬱氣之上尊
也。黃者，中也。目者，氣之清明者也。言酌於中而清明
於外。”追享，謂追祭遷廟之主，以事有所請禱。朝享，謂
朝受政於廟。《春秋傳》曰：“閏月不告朔，猶朝于廟。”蜼，

禺屬，卬鼻而長尾〔一〕。山罍，亦刻而畫之，爲山雲之形。

凡六彝、六尊之酌，鬱齊獻酌，醴齊縮酌，盎齊涗酌，凡酒脩酌。〔一〕

［一］故書縮爲數，齊爲齍。鄭司農云：“獻，讀爲儀。儀酌，有威儀多也。涗酌者，涗拭勺而酌也。脩酌者，以水洗勺而酌也。齊，讀皆爲齊和之齊。”杜子春云：“數，當爲縮。齊，讀皆爲粢。”玄謂《禮運》曰：“玄酒在室，醴醆在戶，粢醍在堂，澄酒在下。”以五齊次之，則醆酒盎齊也。《郊特牲》曰：“縮酌用茅，明酌也。醆酒涗于清，汁獻涗于醆酒，猶明、清與醆酒于舊澤之酒也。”此言轉相泲成也。獻，讀爲摩莎之莎，齊語聲之誤也。煮鬱和秬鬯，以醆酒摩莎泲之，出其香汁也。醴齊尤濁，和以明酌，泲之以茅，縮去滓也。盎齊差清，和以清酒，泲之而已。其餘三齊，泛從醴，緹沈從盎。凡酒，謂三酒也。脩，讀如滌濯之滌。滌酌，以水和而泲之，今齊人命浩酒曰滌。明酌，酌取事酒之上也。澤，讀曰醳。明酌、清酒、醆酒，泲之皆以舊醳之酒。凡此四者，祼用鬱齊，朝用醴齊，饋用盎齊，諸臣自酢用凡酒。唯大事於大廟，備五齊三酒。

大喪，存奠彝。〔一〕大旅，亦如之。〔二〕

［一］存，省也。謂大遣時奠者，朝夕乃微也。

〔一〕　卬鼻而長尾　“卬”，底本作“印”，今據黃本改。

［二］旅者，國有大故之祭也。亦存其奠彝，則陳之，不即徹。

（三·八）

司几筵掌五几、五席之名物，辨其用與其位。^[一]凡大朝覲、大饗射，凡封國、命諸侯，王位設黼依，依前南鄉，設莞筵紛純，加繅席畫純，加次席黼純，左右玉几。^[二]祀先王、昨席，亦如之。^[三]

［一］五几，左右玉、彫、彤、漆、素。五席，莞、藻、次、蒲、熊。用位，所設之席及其處。

［二］斧謂之黼，其繡白黑采，以絳帛爲質。依，其制如屏風然。於依前爲王設席，左右有几，優至尊也。鄭司農云：“紛，讀爲豳，又讀爲和粉之粉，謂白繡也。純，讀爲均服之均。純，緣也。繅，讀爲藻率之藻。次席，虎皮爲席。《書·顧命》曰：‘成王將崩，命大保芮伯、畢公等被冕服，馮玉几。’”玄謂紛如綬，有文而狹者。繅席，削蒲蒻，展之，編以五采，若今合歡矣。畫，謂雲氣也。次席，桃枝席，有次列成文。

［三］鄭司農云：“昨席，於主階設席，王所坐也。”玄謂昨，讀曰酢，謂祭祀及王受酢之席。尸卒食，王酳之，卒爵，祝受之，又酳授尸，尸酢王，於是席王於户内，后、諸臣致爵，乃設席。

諸侯祭祀席蒲筵繢純，加莞席紛純，右彫几。^[一]昨席莞筵紛純，加繅席畫純。筵國賓于牖前亦如之，左彫几。^[二]甸役，則設熊席，右漆几。^[三]凡喪事，設葦席，

右素几。其柏席用萑，繡純。諸侯則紛純，每敦一几。^[四]
凡吉事變几，凶事仍几。^[五]

[一] 繢，畫文也。不莞席加繅者，繅柔礝，不如莞清堅，又於鬼
　　神宜。

[二] 昨，讀亦曰酢。鄭司農云：“《禮記》：國賓，老臣也。爲布
　　筵席於牖前。”玄謂國賓，諸侯來朝，孤、卿、大夫來聘。
　　後言几者，使不蒙“如”也。朝者彤几，聘者彤几。

[三] 謂王旬有司祭表貉所設席。

[四] 喪事，謂凡奠也。萑，如葦而細者。鄭司農云：“柏席，迫
　　地之席，葦居其上。或曰柏席，載黍稷之席。”玄謂柏，椑
　　字磨滅之餘。椑席，藏中神坐之席也。敦，讀曰燾。燾，覆
　　也。棺在殯則棺燾，既窆則加見，皆謂覆之。周禮，雖合葬
　　及同時在殯，皆異几，體實不同。祭於廟，同几，精氣合。

[五] 故書仍爲乃。鄭司農云：“變几，變更其質，謂有飾也。乃，
　　讀爲仍。仍，因也。因其質，謂無飾也。《爾雅》曰：‘儴、
　　仍，因也。’《書·顧命》曰：‘翌日乙丑，成王崩。癸酉，
　　牖間南嚮，西序東嚮，東序西嚮，皆仍几。’”玄謂吉事，
　　王祭宗廟，裸於室，饋食於堂，繹於祊，每事易几，神事
　　文，示新之也。凶事，謂凡奠几，朝夕相因，喪禮略。

(三·九)

　　天府掌祖廟之守藏與其禁令。^[一]凡國之玉鎮、大寶器
藏焉。若有大祭、大喪，則出而陳之。既事，藏之。^[二]凡
官府、鄉州及都鄙之治中，受而藏之，以詔王察群吏
之治。^[三]

［一］祖廟，始祖后稷之廟。其寶物世傳守之，若魯寶玉大弓者。

［二］玉鎮、大寶器，玉瑞、玉器之美者，禘袷及大喪，陳之以華國也。故書鎮作瑱，鄭司農云：“瑱讀爲鎮。《書·顧命》曰：‘翌日乙丑，王崩。丁卯，命作册度。越七日癸酉，陳寶：赤刀、大訓、弘璧、琬、琰，在西序；大玉、夷玉、天球、《河圖》，在東序；胤之舞衣、大貝、鼖鼓，在西房；兑之戈、和之弓、垂之竹矢，在東房。’此其行事見於經。”

［三］察，察其當黜陟者。鄭司農云：“治中，謂其治職簿書之要。”

　　上春，釁寶鎮及寶器。^{［一］}凡吉凶之事，祖廟之中沃盥，執燭。^{［二］}季冬，陳玉以貞來歲之媺惡。^{［三］}若遷寶，則奉之。^{［四］}若祭天之司民、司禄而獻民數、穀數，則受而藏之。^{［五］}

［一］上春，孟春也。釁，謂殺牲以血血之。鄭司農云：“釁讀爲徽，或曰釁鼓之釁。”

［二］吉事，四時祭也。凶事，后王喪朝于祖廟之奠。

［三］問事之正曰貞。問歲之美惡，謂問於龜，大卜職大貞之屬。陳玉，陳禮神之玉。凡卜筮實問於鬼神，龜筮能出其卦兆之占耳。龜有天地四方，則玉有六器者與？言陳者，既事藏之，不必貍之也。鄭司農云：“貞，問也。《易》曰：‘《師》，貞丈人吉。’問於丈人。《國語》曰：‘貞於陽卜。’”

［四］奉，猶送也。

［五］司民，軒轅角也。司禄，文昌第六星，或曰下能也。禄之言穀也。年穀登乃後制禄。祭此二星者，以孟冬既祭之，而上民穀之數於天府。

（三·十）

　　典瑞掌玉瑞、玉器之藏，辨其名物與其用事，設其服飾。^[一]王晉大圭，執鎮圭，繅藉五采五就，以朝日。^[二]公執桓圭，侯執信圭，伯執躬圭，繅皆三采三就；子執穀璧，男執蒲璧，繅皆二采再就；以朝覲、宗遇、會同于王。^[三]諸侯相見，亦如之。^[四]璪、圭、璋、璧、琮，繅皆二采一就，以覜聘。^[五]

[一] 人執以見曰瑞，禮神曰器。瑞，符信也。服飾，服玉之飾，謂繅藉。

[二] 繅有五采文，所以薦玉，木爲中榦，用韋衣而畫之。就，成也。王朝日者，示有所尊，訓民事君也。天子常春分朝日，秋分夕月。《覲禮》曰："拜日於東門之外。"故書鎮作瑱。鄭司農云："晉，讀爲搢紳之搢，謂插之於紳帶之閒，若帶劒也。瑱，讀爲鎮。《玉人職》曰：'大圭長三尺，杼上，終葵首，天子服之。鎮圭尺有二寸，天子守之。'繅，讀爲藻率之藻。五就，五帀也。一帀爲一就。"

[三] 三采，朱、白、蒼。二采，朱、綠也。鄭司農云："以圭璧見于王，《覲禮》曰：'侯氏入門右，坐奠圭，再拜稽首。'侯氏見于天子，春曰朝，夏曰宗，秋曰覲，冬曰遇，時見曰會，殷見曰同。"

[四] 鄭司農云："亦執圭璧以相見，故邾隱公朝於魯，《春秋傳》曰：'邾子執玉高，其容仰。'"

[五] 璋以聘后夫人，以琮享之也。大夫衆來曰覜，寡來曰聘。鄭司農云："璪有圻鄂璪起。"

四圭有邸，以祀天、旅上帝。[一]兩圭有邸，以祀地、旅四望。[二]裸圭有瓚，以肆先王，以裸賓客。[三]圭璧，以祀日月星辰。[四]璋邸射，以祀山川，以造贈賓客。[五]

[一]鄭司農云："於中央爲璧，圭著其四面，一玉俱成。《爾雅》曰：'邸，本也。'圭本著於璧，故四圭有邸，圭末四出故也。或說四圭有邸，有四角也。邸，讀爲抵欺之抵。上帝，玄天。"玄謂祀天，夏正郊天也。上帝，五帝，所郊亦猶五帝，殊言天者，尊異之也。《大宗伯職》曰："國有大故，則旅上帝及四望。"

[二]兩圭者，以象地數二也。併而同邸。祀地，謂所祀於北郊神州之神。

[三]鄭司農云："於圭頭爲器，可以把邑裸祭，謂之瓚。故《詩》曰：'卹彼玉瓚，黃流在中。'《國語》謂之邑圭。以肆先王，灌先王祭也。"玄謂肆解牲體以祭，因以爲名。爵行曰裸。《漢禮》，瓚槃大五升，口徑八寸，下有槃，口徑一尺。

[四]圭其邸爲璧，取殺於上帝。

[五]璋有邸而射，取殺於四望。鄭司農云："射，剡也。"

土圭以致四時日月，封國則以土地。[一]珍圭以徵守，以恤凶荒。[二]牙璋以起軍旅，以治兵守。[三]璧羡以起度。[四]

[一]以致四時日月者，度其景至不至，以知其行得失也。冬夏以致日，春秋以致月。土地，猶度地也。封諸侯以土圭度日景，觀分寸長短，以制其域所封也。鄭司農說以《玉人職》曰："土圭尺有五寸，以致日，以土地。"以求地中，故

謂之土圭。

[二] 杜子春云："珍，當爲鎮，書亦或爲鎮。以徵守者，以徵召守國諸侯，若今時徵郡守以竹使符也。鎮者，國之鎮，諸侯亦一國之鎮，故以鎮圭徵之也。凶荒則民有遠志，不安其土，故以鎮圭鎮安之。"玄謂珍圭，王使之瑞節，制大小當與琬琰相依。王使人徵諸侯、憂凶荒之國，則授之，執以往，致王命焉，如今時使者持節矣。恤者，閒府庫振救之。凡瑞節，歸又執以反命。

[三] 鄭司農云："牙璋，瑑以爲牙。牙齒，兵象，故以牙璋發兵，若今時以銅虎符發兵。"玄謂牙璋，亦王使之瑞節。兵守，用兵所守，若齊人戍遂，諸侯戍周。

[四] 鄭司農云："琰，長也。此璧徑長尺，以起度量。《玉人職》曰：'璧琰度尺以爲度。'"玄謂琰，不圜之貌。蓋廣徑八寸，衰一尺。

　　駔圭、璋、璧、琮、琥、璜之渠眉，疏璧琮以斂尸。[一] 穀圭以和難，以聘女。[二] 琬圭以治德，以結好。[三] 琰圭以易行，以除慝。[四]

[一] 鄭司農云："駔，外有捷盧也。駔，讀爲駔疾之駔。疏，讀爲沙。謂圭、璋、璧、琮、琥、璜，皆爲開渠爲眉瑑，沙除以斂尸，令汁得流去也。"玄謂以斂尸者，於大斂焉加之也。駔，讀爲組，與組馬同，聲之誤也。渠眉，玉飾之溝瑑也。以組穿聯六玉溝瑑之中，以斂尸，圭在左，璋在首，琥在右，璜在足，璧在背，琮在腹，蓋取象方明，神之也。疏璧琮者，通於天地。

［二］穀圭，亦王使之瑞節。穀，善也。其飾若粟文然。難，仇讎。和之者，若《春秋》宣公及齊侯平莒及郯，晉侯使瑕嘉平戎于王。其聘女則以納徵焉。

［三］琬圭，亦王使之瑞節。諸侯有德，王命賜之。及諸侯使大夫來聘，既而爲壇會之，使大夫執以命事焉。《大行人職》曰："時聘以結諸侯之好。"鄭司農云："琬圭無鋒芒，故治德以結好。"

［四］琰圭，亦王使之瑞節。鄭司農云："琰圭有鋒芒，傷害征伐誅討之象，故以易行除慝。易惡行令爲善者，以此圭責讓喻告之也。"玄謂除慝，亦於諸侯使大夫來覜，既而使大夫執而命事於壇。《大行人職》曰："殷覜以除邦國之慝。"

大祭祀、大旅，凡賓客之事，共其玉器而奉之。^{［一］}大喪，共飯玉、含玉、贈玉。^{［二］}凡玉器出則共奉之。^{［三］}

［一］玉器，謂四圭祼圭之屬。

［二］飯玉，碎玉以雜米也。含玉，柱左右齻及在口中者。《雜記》曰"含者執璧將命"，則是璧形而小耳。贈玉，蓋璧也。贈有束帛，六幣璧以帛。

［三］玉器出，謂王所好賜也。奉之，送以往。遠則送於使者。

(三·十一)

典命掌諸侯之五儀、諸臣之五等之命。^{［一］}上公九命爲伯，其國家、宮室、車旗、衣服、禮儀，皆以九爲節。侯伯七命，其國家、宮室、車旗、衣服、禮儀皆以七爲節。子男五命，其國家、宮室、車旗、衣服、禮儀皆以五爲節。^[二]王之三公八命，其卿六命，其大夫四命。及其出封，皆加一等。其國家、宮室、車旗、衣服、禮儀亦如之。^[三]凡諸侯之適子，誓於天子，攝其君，則下其君之禮一等。未誓，則以皮帛繼子男。^[四]公之孤四命，以皮帛眡小國之君，其卿三命，其大夫再命，其士壹命。其宮室、車旗、衣服、禮儀各眡其命之數。侯伯之卿、大夫、士亦如之。子男之卿再命，其大夫壹命，其士不命。其宮室、車旗、衣服、禮儀各眡其命之數。^[五]

[一] 五儀，公、侯、伯、子、男之儀。五等，謂孤以下四命、三命、再命、一命、不命也。或言儀，或言命，互文也。故書儀作義，<u>鄭司農</u>："義讀爲儀。"

[二] 上公，謂王之三公有德者，加命爲二伯。二王之後亦爲上公。國家，國之所居，謂城方也。公之城蓋方九里，宮方九百步；侯伯之城蓋方七里，宮方七百步；子男之城蓋方五里，宮方五百步。《大行人職》則有諸侯圭藉、冕服、建常、樊纓、貳車、介、牢禮、朝位之數焉。

[三] 四命，中下大夫也。出封，出畿内封於八州之中。加一等，襃有德也。大夫爲子男，卿爲侯伯，其在朝廷則亦如命數耳。王之上士三命，中士再命，下士一命。

[四] 誓，猶命也。言誓者，明天子既命以爲之嗣，樹子不易也。《春秋》桓九年，<u>曹伯</u>使其世子<u>射姑</u>來朝，行國君之禮是也。公之子如侯伯而執圭，侯伯之子如子男而執璧，子男之子與未誓者，皆次小國之君，執皮帛而朝會焉，其賓之皆以上卿之禮焉。

[五] 視小國之君者，列於卿大夫之位而禮如子男也。<u>鄭司農</u>云：

"九命上公，得置孤卿一人。《春秋傳》曰：'列國之卿，當
小國之君，固周制也。'"玄謂《王制》曰："大國三卿，皆
命於天子，下大夫五人，上士二十七人。次國三卿，二卿命
於天子，一卿命於其君，下大夫五人，上士二十七人。小國
二卿，皆命於其君，下大夫五人，上士二十七人。"

(三·十二)

　　司服掌王之吉凶衣服，辨其名物與其用事。^[一]王之吉
服，祀昊天上帝，則服大裘而冕，祀五帝亦如之；享先王，
則袞冕；享先公，饗，射，則鷩冕；祀四望山川，則毳冕；
祭社稷、五祀，則希冕；祭群小祀，則玄冕。^[二]凡兵事，
韋弁服。^[三]眡朝，則皮弁服。^[四]凡甸，冠弁服。^[五]

　　[一] 用事，祭祀、視朝、甸、凶弔之事，衣服各有所用。

　　[二] 六服同冕者，首飾尊也。先公，謂后稷之後，大王之前，不
　　　　窋至諸盩。饗射，饗食賓客與諸侯射也。群小祀，林澤、墳
　　　　衍、四方百物之屬。鄭司農云："大裘，羔裘也。袞，卷龍
　　　　衣也。鷩，禪衣也。毳，罽衣也。"玄謂《書》曰："予欲觀
　　　　古人之象，日、月、星辰、山、龍、華蟲作繢，宗彝、藻、
　　　　火、粉米、黼、黻絺繡。"此古天子冕服十二章，舜欲觀焉。
　　　　華蟲，五色之蟲。《繢人職》曰"鳥獸蛇雜四時五色以章"
　　　　之謂是也。希，讀爲絺，或作黹，字之誤也。王者相變，至
　　　　周而以日月星辰畫於旌旗，所謂三辰旂旗，昭其明也。而冕
　　　　服九章，登龍於山，登火於宗彝，尊其神明也。九章，初一
　　　　曰龍，次二曰山，次三曰華蟲，次四曰火，次五曰宗彝，皆
　　　　畫以爲繢；次六曰藻，次七曰粉米，次八曰黼，次九曰黻，

皆希以爲繡：則袞之衣五章，裳四章，凡九也。鷩畫以雉，
謂華蟲也，其衣三章，裳四章，凡七也。毳畫虎蜼，謂宗彝
也，其衣三章，裳二章，凡五也。希刺粉米，無畫也，其衣
一章，裳二章，凡三也。玄者，衣無文，裳刺黻而已，是以
謂玄焉。凡冕服皆玄衣纁裳。

［三］韠弁，以韎韋爲弁，又以爲衣裳。《春秋傳》曰“晉郤至衣
韎韋之跗注”是也。今時伍伯緹衣，古兵服之遺色。

［四］視朝，視內外朝之事。皮弁之服，十五升白布衣，積素以爲
裳。王受諸侯朝覲於廟，則袞冕。

［五］田，田獵也。冠弁，委貌，其服緇布衣，亦積素以爲裳。諸
侯以爲視朝之服。《詩·國風》曰“緇衣之宜兮”，謂王服此
以田。王卒食而居則玄端。

凡凶事，服弁服。[一]凡弔事，弁絰服。[二]凡喪，爲
天王斬衰，爲王后齊衰。[三]王爲三公六卿錫衰，爲諸侯緦
衰，爲大夫士疑衰，其首服皆弁絰。[四]大札、大荒、大烖，
素服。[五]

［一］服弁，喪冠也。其服，斬衰、齊衰。

［二］弁絰者，如爵弁而素加環絰。《論語》曰：“羔裘玄冠不以弔。”
絰大如緦之絰。其服錫衰、緦衰、疑衰。諸侯及卿大夫亦
以錫衰爲弔服。《喪服小記》曰“諸侯弔必皮弁錫衰”，則
變其冠耳。喪服舊說，以爲士弔服素委貌冠，朝服，此近
庶人弔服，而衣猶非也。士當事弁絰疑衰，變其裳以素耳。
國君於其臣弁絰，他國之臣則皮弁。大夫士有朋友之恩，
亦弁絰。故書弁作絻，鄭司農絻讀爲弁。弁而加環絰，環

絰即弁絰服。

［三］王后，小君也。諸侯爲之不杖期。

［四］君爲臣服弔服也。鄭司農云："錫，麻之滑易者，十五升去其半，有事其布，無事其縷。緦亦十五升去其半，有事其縷，無事其布。疑衰，十四升衰。"玄謂無事其縷，衰在內；無事其布，衰在外。疑之言擬也，擬於吉。

［五］大札，疫病也。大荒，饑饉也。大烖，水火爲害。君臣素服縞冠，若晉伯宗哭梁山之崩。

公之服，自袞冕而下，如王之服。侯伯之服，自鷩冕而下，如公之服。子男之服，自毳冕而下，如侯伯之服。孤之服，自希冕而下，如子男之服。卿大夫之服，自玄冕而下，如孤之服。其凶服，加以大功、小功。士之服，自皮弁而下，如大夫之服。其凶服，亦如之。其齊服有玄端、素端。［一］

［一］自公之袞冕，至卿大夫之玄冕，皆其朝聘天子及助祭之服。諸侯非二王後，其餘皆玄冕而祭於己。《雜記》曰："大夫冕而祭於公，弁而祭於己。士弁而祭於公，冠而祭於己。"大夫爵弁自祭家廟，唯孤爾，其餘皆玄冠，與士同。玄冠自祭其廟者，其服朝服玄端。諸侯之自相朝聘，皆皮弁服，此天子日視朝之服。喪服，天子諸侯齊斬而已，卿大夫加以大功、小功，士亦如之，又加緦焉。士齊有素端者，亦爲札荒有所禱請。變素服言素端者，明異制。鄭司農云："衣有襦裳者爲端。"玄謂端者，取其正也。士之衣袂，皆二尺二寸而屬幅，是廣袤等也。其袪尺二寸。大夫已上侈之。侈

之者，蓋半而益一焉。半而益一，則其袂三尺三寸，袪尺
八寸。

凡大祭祀、大賓客，共其衣服而奉之。[一]大喪，共其
復衣服、斂衣服、奠衣服、廞衣服，皆掌其陳序。[二]

[一]奉，猶送也。送之於王所。

[二]奠衣服，今坐上魂衣也。故書廞爲淫，鄭司農云：“淫讀爲
廞。廞，陳也。”玄謂廞衣服，所藏於椁中。

（三·十三）

典祀掌外祀之兆守，皆有域，掌其禁令。[一]若以時祭
祀，則帥其屬而脩除，徵役于司隸而役之。[二]及祭，帥其
屬而守其厲禁而蹕之。[三]

[一]外祀，謂所祀於四郊者。域，兆表之塋域。

[二]屬，其屬，胥徒也。脩除，芟掃之。徵，召也。役之，作
使之。

[三]鄭司農云：“遮列禁人，不得令入。”

（三·十四）

守祧掌守先王、先公之廟祧，其遺衣服藏焉。[一]若將
祭祀，則各以其服授尸，[二]其廟則有司脩除之，其祧則守
祧黝堊之。[三]既祭，則藏其隋與衣服。[四]

[一]廟，謂大祖之廟及三昭三穆。遷主所藏曰祧。先公之遷主，

231

藏于后稷之廟。先王之遷主，藏于文、武之廟。遺衣服，大
斂之餘也。故書祧作濯，鄭司農："濯讀爲祧。"此王者之宮
而有先公，謂大王以前爲諸侯。

[二] 尸當服卒者之上服，以象生時。

[三] 廟，祭此廟也。祧，祭遷主。有司，宗伯也。脩除、黝堊，
互言之。有司恒主脩除，守祧恒主黝堊。鄭司農云："黝，
讀爲幽。幽，黑也。堊，白也。《爾雅》曰：'地謂之黝，牆
謂之堊。'"

[四] 鄭司農云："隋，謂神前所沃灌器名。"玄謂隋，尸所祭肺脊
黍稷之屬。藏之以依神。

(三·十五)

世婦掌女宫之宿戒及祭祀，比其具。[一] 詔王后之禮
事。[二] 帥六宫之人共齍盛。[三] 相外内宗之禮事。[四] 大賓
客之饗食，亦如之。[五]

[一] 女宫，刑女給宫中事者。宿戒，當給事豫告之齊戒也。比，
次也。具，所濯摡及粢盛之釁。鄭司農："比讀爲庀。庀，
具也。"

[二] 薦徹之節。

[三] 帥世婦女御。

[四] 同姓異姓之女有爵佐后者。

[五] 比、帥、詔、相，其事同。

大喪，比外内命婦之朝莫哭不敬者，而苛罰之。[一] 凡
王后有擗事於婦人，則詔相。[二] 凡内事有達於外官者，世

婦掌之。^[三]

    ［一］苛，譴也。

    ［二］鄭司農云：“謂爵婦人。”玄謂拜，拜謝之也。《喪大記》曰：
       “夫人亦拜寄公夫人於堂上。”

    ［三］主通之，使相共授。

（三・十六）

    内宗掌宗廟之祭祀，薦加豆籩。^[一]及以樂徹，則佐
傳豆籩。^[二]賓客之饗食，亦如之。王后有事，則從。大
喪，序哭者。^[三]哭諸侯，亦如之。凡卿大夫之喪，掌其
弔臨。^[四]

    ［一］加爵之豆籩。故書爲籩豆。鄭司農云：“謂婦人所薦。”杜子
      春云：“當爲豆籩。”

    ［二］佐傳，佐外宗。

    ［三］次序外内宗及命婦哭位。

    ［四］王后弔臨諸侯而已，是以言掌卿大夫云。

（三・十七）

    外宗掌宗廟之祭祀，佐王后薦玉豆，眡豆籩。及以樂
徹，亦如之。^[一]王后以樂羞齍，則贊。^[二]凡王后之獻，
亦如之。^[三]王后不與，則贊宗伯。^[四]

    ［一］眡，視其實。

    ［二］贊，猶佐也。

周 禮 注

〔三〕獻，獻酒于尸。

〔四〕后有故不與祭，宗伯攝其事。

　　小祭祀，掌事。賓客之事，亦如之。〔一〕大喪，則敘外內朝莫哭者。哭諸侯，亦如之。〔二〕

　　〔一〕小祭祀，謂在宮中。

　　〔二〕內，內外宗及外命婦。

（三・十八）

　　冢人掌公墓之地，辨其兆域而爲之圖。先王之葬居中，以昭穆爲左右。〔一〕凡諸侯居左右以前，卿、大夫、士居後，各以其族。〔二〕凡死於兵者，不入兆域。〔三〕凡有功者居前。〔四〕以爵等爲丘封之度與其樹數。〔五〕

　　〔一〕公，君也。圖，謂畫其地形及丘壟所處而藏之。先王，造塋者。昭居左，穆居右，夾處東西。

　　〔二〕子孫各就其所出王，以尊卑處其前後，而亦并昭穆。

　　〔三〕戰敗無勇，投諸塋外以罰之。

　　〔四〕居王墓之前，處昭穆之中央。

　　〔五〕別尊卑也。王公曰丘，諸臣曰封。《漢律》曰：“列侯墳高四丈，關內侯以下至庶人各有差。”

　　大喪既有日，請度甫竁，遂爲之尸。〔一〕及竁，以度爲丘隧，共喪之窆器。〔二〕及葬，言鸞車象人。〔三〕及窆，執斧以涖。〔四〕遂入，藏凶器。〔五〕正墓位，蹕墓域，守墓

234

禁。^[六]凡祭墓，爲尸。^[七]凡諸侯及諸臣葬於墓者，授之兆，爲之蹕，均其禁。

［一］甫，始也。請量度所始竁之處地。爲尸者，成葬爲祭墓地之尸也。鄭司農云：“既有日，既有葬日也。始竁時，祭以告后土，冢人爲之尸。”

［二］隧，羨道也。度丘與羨道廣袤所至。窆器，下棺豐碑之屬。《喪大記》曰：“凡封，用綍，去碑，負引，君封以衡，大夫以咸。”

［三］鸞車，巾車所飾遣車也，亦設鸞旗。鄭司農云：“象人，謂以芻爲人。言，言問其不如法度者。”玄謂言，猶語也。語之者，告當行，若於生存者，於是巾車行之。孔子謂爲芻靈者善，謂爲俑者不仁，非作象人者，不殆於用生人乎。

［四］臨下棺也。

［五］凶器，明器。

［六］位，謂丘封所居前後也。禁，所爲塋限。

［七］祭墓爲尸，或禱祈焉。鄭司農云：“爲尸，冢人爲尸。”

(三·十九)

墓大夫掌凡邦墓之地域，爲之圖。^[一]令國民族葬，而掌其禁令。^[二]正其位，掌其度數，^[三]使皆有私地域。^[四]凡爭墓地者，聽其獄訟。^[五]帥其屬而巡墓厲，居其中之室以守之。^[六]

［一］凡邦中之墓地，萬民所葬也。

［二］族葬，各從其親。

235

〔三〕位，謂昭穆也。度數，爵等之大小。

〔四〕古者萬民墓地同處，分其地使各有區域，得以族葬後相容。

〔五〕爭墓地，相侵區域。

〔六〕屬，塋限遮列處。鄭司農云："居其中之室，有官寺在墓中。"

（三·二十）

職喪掌諸侯之喪及卿、大夫、士凡有爵者之喪，以國之喪禮涖其禁令，序其事。〔一〕凡國有司以王命有事焉，則詔贊主人。〔二〕凡其喪祭，詔其號，治其禮。〔三〕凡公有司之所共，職喪令之，趣其事。〔四〕

〔一〕國之喪禮，《喪服》《士喪》《既夕》《士虞》今存者，其餘則亡。事，謂小斂、大斂、葬也。

〔二〕有事，謂含襚贈賵之屬。詔贊者，以告主人，佐其受之。鄭司農云："凡國謂諸侯國，有司謂王有司也。以王命有事，職喪主詔贊主人。"玄謂凡國有司，有司從王國以王命往。

〔三〕鄭司農云："號，謂謚號。"玄謂告以牲號、齍號之屬，當以祝之。

〔四〕令，令其當共物者給事之期也。有司，或言公，或言國。言國者，由其君所來。居其官曰公。謂王遣使奉命有贈之物，各從其官出，職喪當催督也。

236

周禮卷第六

周禮卷第六

鄭　氏　注

春官宗伯下

（三·二十一）

大司樂掌成均之灋，以治建國之學政，而合國之子弟焉。^[一]凡有道者、有德者，使教焉。死則以爲樂祖，祭於瞽宗。^[二]

> [一] 鄭司農云："均，調也。樂師主調其音，大司樂主受此成事已調之樂。"玄謂董仲舒云："成均，五帝之學。"成均之法者，其遺禮可法者。國之子弟，公、卿、大夫之子弟當學者謂之國子。《文王世子》曰："於成均以及取爵於上尊。"然則周人立此學之宮。

> [二] 道，多才藝者。德，能躬行者。若舜命夔典樂教胄子是也。死則以爲樂之祖，神而祭之。鄭司農云："瞽，樂人，樂人所共宗也。或曰：祭於瞽宗，祭於廟中。《明堂位》曰：'瞽宗，殷學也。泮宮，周學也。'以此觀之，祭於學宮中。"

以樂德教國子中和、祗庸、孝友，^[一]以樂語教國子興道、諷誦、言語，^[二]以樂舞教國子舞《雲門》《大卷》《大咸》《大磬》《大夏》《大濩》《大武》。^[三]以六律、六同、五

聲、八音、六舞大合樂，以致鬼神示，以和邦國，以諧萬民，以安賓客，以説遠人，以作動物。^[四]

[一] 中，猶忠也。和，剛柔適也。祇，敬。庸，有常也。善父母曰孝，善兄弟曰友。

[二] 興者，以善物喻善事。道，讀曰導。導者，言古以剴今也。倍文曰諷，以聲節之曰誦，發端曰言，荅述曰語。

[三] 此周所存六代之樂。黄帝曰《雲門》《大卷》，黄帝能成名，萬物以明，民共財，言其德如雲之所出，民得以有族類。《大咸》《咸池》，堯樂也。堯能禪均刑法以儀民，言其德無所不施。《大磬》，舜樂也。言其德能紹堯之道也。《大夏》，禹樂也。禹治水傅土，言其德能大中國也。《大濩》，湯樂也。湯以寬治民，而除其邪，言其德能使天下得其所也。《大武》，武王樂也。武王伐紂以除其害，言其德能成武功。

[四] 六律，合陽聲者也。六同，合陰聲者也。此十二者以銅爲管，轉而相生。黄鍾爲首，其長九寸，各因而三分之，上生者益一分，下生者去一焉。《國語》曰：“律所以立均出度也。古之神瞽，考中聲而量之，以制度律均鍾。”言以中聲定律，以律立鍾之均。大合樂者，謂徧作六代之樂，以冬日至作之，致天神人鬼；以夏日至作之，致地祇物魅。動物，羽臝之屬。《虞書》云：“夔曰：‘戛擊鳴球、搏拊、琴瑟以詠，祖考來格，虞賓在位，群后德讓，下管鼗鼓，合止柷敔，笙鏞以間，鳥獸蹌蹌，《簫韶》九成，鳳皇來儀。’”夔又曰：“於！予擊石拊石，百獸率舞，庶尹允諧。”此其於宗廟九奏效應。

乃分樂而序之，以祭，以享，以祀。^[一] 乃奏黄鍾，歌大呂，舞《雲門》，以祀天神。[二]乃奏大蔟，歌應鍾，舞《咸池》，以祭地示。[三]乃奏姑洗，歌南呂，舞《大磬》，以祀四望。[四]乃奏蕤賓，歌函鍾，舞《大夏》，以祭山川。[五]乃奏夷則，歌小呂，舞《大濩》，以享先妣。[六]乃奏無射，歌夾鍾，舞《大武》，以享先祖。[七]

[一] 分，謂各用一代之樂。

[二] 以黃鍾之鍾、大呂之聲爲均者，黃鍾，陽聲之首，大呂爲之合奏之，以祀天神，尊之也。天神謂五帝及日月星辰也。王者又各以夏正月祀其所受命之帝於南郊，尊之也。《孝經》説曰“祭天南郊，就陽位”是也。

[三] 大蔟，陽聲第二，應鍾爲之合。《咸池》,《大咸》也。地示，所祭於北郊，謂神州之神及社稷。

[四] 姑洗，陽聲第三，南呂爲之合。四望，五嶽、四鎮、四竇。此言祀者，司中、司命、風師、雨師或亦用此樂與?

[五] 蕤賓，陽聲第四，函鍾爲之合。函鍾，一名林鍾。

[六] 夷則，陽聲第五，小呂爲之合。小呂一名中呂。先妣，姜嫄也。姜嫄履大人跡，感神靈而生后稷，是周之先母也。周立廟自后稷爲始祖，姜嫄無所妃，是以特立廟而祭之，謂之閟宮。閟，神之。

[七] 無射，陽聲之下也，夾鍾爲之合。夾鍾，一名圜鍾。先祖，謂先王、先公。

凡六樂者，文之以五聲，播之以八音。[一]凡六樂者，一變而致羽物及川澤之示，再變而致蠃物及山林之示，三變而致鱗物及丘陵之示，四變而致毛物及墳衍之示，五變

而致介物及土示，六變而致象物及天神。[二]

[一] 六者，言其均，皆待五聲八音乃成也。播之言被也。故書播
爲藩，杜子春云：“藩當爲播，讀如后稷播百穀之播。”

[二] 變，猶更也。樂成則更奏也。此謂大蜡索鬼神而致百物，六
奏樂而禮畢。東方之祭則用大蔟、姑洗，南方之祭則用蕤
賓，西方之祭則用夷則、無射，北方之祭則用黄鍾爲均焉。
每奏有所感，致和以來之。凡動物敏疾者，地示高下之甚者
易致，羽物既飛又走，川澤有孔竅者，蛤蟹走則遲，墳衍孔
竅則小矣，是其所以舒疾之分。土示，原隰及平地之神也。
象物，有象在天，所謂四靈者。天地之神，四靈之知，非德
至和則不至。《禮運》曰：“何謂四靈？麟、鳳、龜、龍謂之
四靈。龍以爲畜，故魚鮪不淰；鳳以爲畜，故鳥不獝；麟以
爲畜，故獸不狘；龜以爲畜，故人情不失。”

凡樂，圜鍾爲宫，黄鍾爲角，大蔟爲徵，姑洗爲羽，
靁鼓靁鼗，孤竹之管，雲和之琴瑟，《雲門》之舞，冬日至，
於地上之圜丘奏之，若樂六變，則天神皆降，可得而禮矣。
凡樂，函鍾爲宫，大蔟爲角，姑洗爲徵，南吕爲羽，靈鼓
靈鼗，孫竹之管，空桑之琴瑟，《咸池》之舞，夏日至，
於澤中之方丘奏之，若樂八變，則地示皆出，可得而禮矣。
凡樂，黄鍾爲宫，大吕爲角，大蔟爲徵，應鍾爲羽，路鼓
路鼗，陰竹之管，龍門之琴瑟，《九德》之歌，《九磬》之舞，
於宗廟之中奏之，若樂九變，則人鬼可得而禮矣。[一]

[一] 此三者，皆禘大祭也。天神則主北辰，地祇則主崑崙，人鬼

則主后稷，先奏是樂以致其神，禮之以玉而祼焉，乃後合樂而祭之。《大傳》曰：“王者必禘其祖之所自出。”《祭法》曰：“周人禘嚳而郊稷。”謂此祭天圜丘，以嚳配之。圜鍾，夾鍾也。夾鍾生於房心之氣，房心爲大辰，天帝之明堂。函鍾，林鍾也。林鍾生於未之氣。未，坤之位。或曰天社在東井輿鬼之外，天社，地神也。黃鍾生於虛危之氣，虛危爲宗廟。以此三者爲宮，用聲類求之，天宮夾鍾，陰聲，其相生從陽數，其陽無射。無射上生中呂，中呂與地宮同位，不用也。中呂上生黃鍾，黃鍾下生林鍾，林鍾地宮，又不用。林鍾上生大蔟，大蔟下生南呂，南呂與無射同位，又不用。南呂上生姑洗。地宮林鍾，林鍾上生大蔟，大蔟下生南呂〔一〕，南呂上生姑洗。人宮黃鍾，黃鍾下生林鍾，林鍾地宮，又辟之。林鍾上生大蔟，大蔟下生南呂，南呂與天宮之陽同位，又辟之。南呂上生姑洗，姑洗南呂之合，又辟之。姑洗下生應鍾，應鍾上生蕤賓，蕤賓地宮林鍾之陽也，又辟之。蕤賓上生大呂。凡五聲，宮之所生，濁者爲角，清者爲徵、羽。此樂無商者，祭尚柔，商堅剛也。鄭司農云：“雷鼓、雷鼗，皆謂六面有革可擊者也。雲和，地名也。靈鼓、靈鼗，四面。路鼓、路鼗，兩面。《九德》之歌，《春秋傳》所謂水、火、金、木、土、穀謂之六府，正德、利用、厚生謂之三事。六府三事謂之九功，九功之德皆可歌也，謂之九歌也。”玄謂雷鼓、雷鼗八面，靈鼓、靈鼗六面，路鼓、路鼗四面。孤竹，竹特生者。孫竹，竹枝根之末生者。陰竹，生於山北者。雲和、空桑、龍門皆山名。九磬讀當爲大韶，字之誤。

〔一〕　大蔟下生南呂　“下”，底本作“不”，今據黃本改。

凡樂事，大祭祀，宿縣，遂以聲展之。[一]王出入，則令奏《王夏》；尸出入，則令奏《肆夏》；牲出入，則令奏《昭夏》。[二]帥國子而舞。[三]大饗不入牲，其他皆如祭祀。[四]大射，王出入，令奏《王夏》；及射，令奏《騶虞》。[五]詔諸侯以弓矢舞。[六]王大食，三宥，皆令奏鍾鼓。[七]王師大獻，則令奏愷樂。[八]

[一]叩聽其聲，具陳次之，以知完不。

[二]三《夏》，皆樂章名。

[三]當用舞者帥以往。

[四]大饗，饗賓客也。不入牲，牲不入，亦不奏《昭夏》也。其他謂王出入、賓客出入亦奏《王夏》《肆夏》。

[五]《騶虞》，樂章名，在《召南》之卒章。王射以《騶虞》爲節。

[六]舞，謂執弓挾矢揖讓進退之儀。

[七]大食，朔月月半以樂宥食時也。宥，猶勸也。

[八]大獻，獻捷於祖。愷樂，獻功之樂。鄭司農説以《春秋》晉文公敗楚於城濮，《傳》曰："振旅愷以入于晉。"

凡日月食，四鎮五嶽崩，大傀異烖，諸侯薨，令去樂。[一]大札、大凶、大烖、大臣死，凡國之大憂，令弛縣。[二]

[一]四鎮，山之重大者，謂揚州之會稽，青州之沂山，幽州之醫無閭，冀州之霍山。五嶽，岱在兗州，衡在荆州，華在豫州，嶽在雍州，恒在并州。傀，猶怪也。大怪異烖，謂天地奇變，若星辰奔貫及震裂爲害者。去樂，藏之也。《春秋傳》

曰："壬午猶繹,《萬》入去籥。"《萬》言入,則去者不入,
藏之可知。

[二] 札,疫癘也。凶,凶年也。烖,水火也。弛,釋下之,若今
休兵鼓之爲。

凡建國,禁其淫聲、過聲、凶聲、慢聲。[一] 大喪,涖
廞樂器。[二] 及葬,藏樂器,亦如之。

[一] 淫聲,若鄭、衞也。過聲,失哀樂之節。凶聲,亡國之聲,
若桑閒、濮上。慢聲,惰慢不恭。

[二] 涖,臨也。廞,興也。臨笙師、鎛師之屬,興樂器也。興,
謂作之也。

(三·二十二)

樂師掌國學之政,以教國子小舞。[一] 凡舞,有帗舞,
有羽舞,有皇舞,有旄舞,有干舞,有人舞。[二] 教樂儀,
行以《肆夏》,趨以《采薺》,車亦如之。環拜,以鍾鼓爲
節。[三] 凡射,王以《騶虞》爲節,諸侯以《貍首》爲節,
大夫以《采蘋》爲節,士以《采蘩》爲節。[四]

[一] 謂以年幼少時教之舞。《內則》曰:"十三舞《勺》,成童舞
《象》,二十舞《大夏》。"

[二] 故書皇作望。鄭司農云:"帗舞者,全羽。羽舞者,析羽。
皇舞者,以羽冒覆頭上,衣飾翡翠之羽。旄舞者,氂牛之
尾。干舞者,兵舞。人舞者,手舞。社稷以帗,宗廟以羽,
四方以皇,辟廱以旄,兵事以干,星辰以人舞。望,讀爲

皇，書亦或爲皇。”玄謂帗，析五采繒，今靈星舞子持之是
也。皇，雜五采羽如鳳皇色，持以舞。人舞無所執，以手袖
爲威儀。四方以羽，宗廟以人，山川以干，旱暵以皇。

［三］教樂儀，教王以樂出入於大寢朝廷之儀。故書趨作跦，鄭
司農云：“跦當作趨，書亦或爲趨。《肆夏》《采薺》皆樂名，
或曰皆逸詩。謂人君行步，以《肆夏》爲節；趨疾於步，則
以《采薺》爲節。若今時行禮於大學，罷出，以《鼓陔》爲
節。環，謂旋也。拜，直拜也。”玄謂行者，謂於大寢之中；
趨，謂於朝廷。《爾雅》曰：“堂上謂之行，門外謂之趨。”
然則王出既服，至堂而《肆夏》作，出路門而《采薺》作。
其反，入至應門、路門亦如之。此謂步迎賓客。王如有車出
之事，登車於大寢西階之前，反降於阼階之前。《尚書傳》曰：
“天子將出，撞黃鍾之鍾，右五鍾皆應。入則撞蕤賓之鍾，
左五鍾皆應。大師於是奏樂。”

［四］《騶虞》《采蘋》《采蘩》皆樂章名，在《國風·召南》。唯
《貍首》在《樂記》。《射義》曰：“《騶虞》者，樂官備也。《貍
首》者，樂會時也。《采蘋》者，樂循法也。《采蘩》者，樂
不失職也。是故天子以備官爲節，諸侯以時會爲節，卿大夫
以循法爲節，士以不失職爲節。”鄭司農説以《大射禮》曰：
“樂正命大師曰：‘奏《貍首》，間若一。’大師不興，許諾，
樂正反位，奏《貍首》以射。”《貍首》，《曾孫》。

　　凡樂，掌其序事，治其樂政。［一］凡國之小事用樂者，
令奏鍾鼓。［二］凡樂成，則告備。［三］詔來瞽臯舞，［四］及徹，
帥學士而歌徹，［五］令相。［六］

〔一〕序事，次序用樂之事。

〔二〕小事，小祭祀之事。

〔三〕成，謂所奏一竟。《書》曰：“《簫韶》九成。”《燕禮》曰：“大師告于樂正曰，正歌備。”

〔四〕鄭司農云：“瞽，當爲鼓。皋，當爲告。呼擊鼓者，又告當舞者持鼓與舞俱來也。鼓字或作瞽。詔來瞽，或曰：來，勑也，勑爾瞽，率爾衆工，奏爾悲誦，肅肅雍雍，毋怠毋凶。”玄謂詔來瞽，詔視瞭扶瞽者來入也。皋之言號，告國子當舞者舞。

〔五〕學士，國子也。鄭司農云：“謂將徹之時自有樂，故帥學士而歌徹。”玄謂徹者歌《雍》，《雍》在《周頌·臣工之什》。

〔六〕令視瞭扶工。鄭司農云：“告當相瞽師者，言當罷也。瞽師、盲者皆有相道之者。故師冕見，及階曰階也，及席曰席也，皆坐，曰某在斯，某在斯。曰，相師之道與？”

　　饗食諸侯，序其樂事，令奏鍾鼓，令相，如祭之儀。燕射，帥射夫以弓矢舞。〔一〕樂出入，令奏鍾鼓。〔二〕凡軍大獻，教愷歌，遂倡之。〔三〕凡喪，陳樂器，則帥樂官。〔四〕及序哭，亦如之。〔五〕凡樂官，掌其政令，聽其治訟。

〔一〕射夫，衆耦也。故書燕爲舞，帥爲率，射夫爲射矢。鄭司農云：“舞，當爲燕。率，當爲帥。射矢，書亦或爲射夫。”

〔二〕樂出入，謂笙歌舞者及其器。

〔三〕故書倡爲昌，鄭司農云：“樂師主倡也。昌，當爲倡，書亦或爲倡。”

〔四〕帥樂官往陳之。

[五]哭此樂器亦帥之。

(三·二十三)

大胥掌學士之版，以待致諸子。^[一]春，入學，舍采，合舞。^[二]秋，頒學，合聲。^[三]以六樂之會正舞位，^[四]以序出入舞者，^[五]比樂官，^[六]展樂器。^[七]凡祭祀之用樂者，以鼓徵學士。^[八]序宮中之事。

[一]鄭司農云："學士，謂卿大夫諸子學舞者。版，籍也，今時鄉戶籍，世謂之戶版。大胥主此籍，以待當召聚學舞者卿大夫之諸子，則案此籍以召之。《漢大樂律》曰：'卑者之子，不得舞宗廟之酎。除吏二千石到六百石及關內侯到五大夫子，先取適子，高七尺已上，年十二到年三十，顏色和順，身體脩治者，以爲舞人。'與古用卿大夫子同義。"

[二]春始以學士入學宮而學之。合舞，等其進退，使應節奏。鄭司農云："舍采，謂舞者皆持芬香之采。或曰：古者士見於君以雉爲摯，見於師以菜爲摯。菜，直謂疏食菜羹之菜。或曰：學者皆人君卿大夫之子，衣服采飾，舍采者，減損解釋盛服，以下其師也。《月令》，仲春之月上丁^{〔一〕}，命樂正習舞，釋采；仲丁，又命樂正入學習樂。"玄謂舍，即釋也；采，讀爲菜。始入學必釋菜，禮先師也。菜，蘋蘩之屬。

[三]春使之學，秋頒其才藝所爲。合聲，亦等其曲折，使應節奏。

[四]大同六樂之節奏，正其位，使相應也。言爲大合樂習之。

〔一〕 仲春之月上丁 "丁"，底本作"下"，今據黃本改。

［五］以長幼次之，使出入不紕錯。

［六］比，猶校也。杜子春云：“次比樂官也。”鄭大夫讀比爲庀。
庀，具也，錄具樂官。

［七］展，謂陳數之。

［八］擊鼓以召之。《文王世子》曰：“大昕鼓徵，所以警衆。”

（三·二十四）

　　小胥掌學士之徵令而比之，觵其不敬者，^{［一］}巡舞列而
撻其怠慢者。^{［二］}正樂縣之位，王宮縣，諸侯軒縣，卿大
夫判縣，士特縣，辨其聲。^{［三］}凡縣鍾磬，半爲堵，全
爲肆。^{［四］}

［一］比，猶校也。不敬，謂慢期不時至也。觵，罰爵也。《詩》云：
“兕觵其觩。”

［二］撻，猶扶也。扶以荆扑。

［三］樂縣，謂鍾磬之屬縣於筍虡者。鄭司農云：“宮縣四面縣，
軒縣去其一面，判縣又去其一面，特縣又去其一面。四面象
宮室四面有牆，故謂之宮縣。軒縣三面，其形曲，故《春秋
傳》曰‘請曲縣繁纓以朝’，諸侯之禮也。故曰唯器與名不
可以假人。”玄謂軒縣去南面，辟王也。判縣左右之合，又
空北面。特縣縣於東方，或於階間而已。

［四］鍾磬者，編縣之二八十六枚，而在一虡，謂之堵。鍾一堵，
磬一堵，謂之肆。半之者，謂諸侯之卿、大夫、士也。諸
侯之卿大夫，半天子之卿大夫，西縣鍾，東縣磬。士亦半
天子之士，縣磬而已。鄭司農云：“以《春秋傳》曰：‘歌鍾
二肆。’”

（三·二十五）

大師掌六律、六同，以合陰陽之聲。陽聲：黃鍾、大蔟、姑洗、蕤賓、夷則、無射。陰聲：大呂、應鍾、南呂、函鍾、小呂、夾鍾。皆文之以五聲，宮、商、角、徵、羽。皆播之以八音，金、石、土、革、絲、木、匏、竹。[一]

[一] 以合陰陽之聲者，聲之陰陽各有合。黃鍾，子之氣也，十一月建焉，而辰在星紀。大呂，丑之氣也，十二月建焉，而辰在玄枵。大蔟，寅之氣也，正月建焉，而辰在娵訾。應鍾，亥之氣也，十月建焉，而辰在析木。姑洗，辰之氣也，三月建焉，而辰在大梁。南呂，酉之氣也，八月建焉，而辰在壽星。蕤賓，午之氣也，五月建焉，而辰在鶉首。林鍾，未之氣也，六月建焉，而辰在鶉火。夷則，申之氣也，七月建焉，而辰在鶉尾。中呂，巳之氣也，四月建焉，而辰在實沈。無射，戌之氣也，九月建焉，而辰在大火。夾鍾，卯之氣也，二月建焉，而辰在降婁。辰與建交錯貿處如表裏然，是其合也。其相生，則以陰陽六體為之。黃鍾初九也，下生林鍾之初六，林鍾又上生大蔟之九二，大蔟又下生南呂之六二，南呂又上生姑洗之九三，姑洗又下生應鍾之六三，應鍾又上生蕤賓之九四，蕤賓又上生大呂之六四，大呂又下生夷則之九五，夷則又上生夾鍾之六五，夾鍾又下生無射之上九，無射又上生中呂之上六。同位者象夫妻，異位者象子母，所謂律取妻而呂生子也。黃鍾長九寸，其實一篇，下生者三分去一，上生者三分益一，五下六上，乃一終矣。大呂長八寸二百四十三分寸之一百四，大蔟長八寸，夾鍾長七寸二千一百八十七分寸之千七十五，姑洗長七寸九分寸之一，

250

中呂長六寸萬九千六百八十三分寸之萬二千九百七十四，蕤賓長六寸八十一分寸之二十六，林鍾長六寸，夷則長五寸七百二十九分寸之四百五十一，南呂長五寸三分寸之一，無射長四寸六千五百六十一分寸之六千五百二十四，應鍾長四寸二十七分寸之二十。文之者，以調五聲，使之相次，如錦繡之有文章。播，猶揚也，揚之以八音，乃可得而觀之矣。金，鍾鏄也。石，磬也。土，塤也。革，鼓鞀也。絲，琴瑟也。木，柷敔也。匏，笙也。竹，管簫也。

教六詩，曰風，曰賦，曰比，曰興，曰雅，曰頌。[一] 以六德爲之本，[二] 以六律爲之音。[三]

[一] 教，教瞽矇也。風，言聖賢治道之遺化也。賦之言鋪，直鋪陳今之政教善惡。比，見今之失，不敢斥言，取比類以言之。興，見今之美，嫌於媚諛，取善事以喻勸之。雅，正也，言今之正者，以爲後世法。頌之言誦也，容也，誦今之德，廣以美之。鄭司農云：“古而自有風雅頌之名，故延陵季子觀樂於魯時，孔子尚幼，未定《詩》《書》，而曰‘爲之歌《邶》《鄘》《衛》’，曰‘是其《衛風》乎’？又爲之歌《小雅》《大雅》，又爲之歌《頌》。《論語》曰：‘吾自衛反魯，然後樂正，《雅》《頌》各得其所。’時禮樂自諸侯出，頗有謬亂不正，孔子正之，曰比曰興。比者，比方於物也。興者，託事於物。”

[二] 所教詩必有知、仁、聖、義、忠、和之道，乃後可教以樂歌。

[三] 以律視其人爲之音，知其宜何歌。子貢見師乙而問，曰：“賜

251

也聞樂歌各有宜，若賜者宜何歌？”此問人性也。本人之性，
莫善於律。

　　大祭祀，帥瞽登歌，令奏擊拊；[一]下管，播樂器，令
奏鼓朄。[二]大饗，亦如之。大射，帥瞽而歌射節。[三]大
師，執同律以聽軍聲而詔吉凶。[四]大喪，帥瞽而廞，作匶，
謚。[五]凡國之瞽矇，正焉。[六]

[一] 擊拊，瞽乃歌也。故書拊爲付。鄭司農云：“登歌，歌者在
　　堂也。付字當爲拊，書亦或爲拊。樂，或當擊，或當拊。登
　　歌下管，貴人聲也。”玄謂拊形如鼓，以韋爲之，著之以穅。

[二] 鼓朄，管乃作也。特言管者，貴人氣也。鄭司農云：“下管，
　　吹管者在堂下。朄，小鼓也。先擊小鼓，乃擊大鼓。小鼓爲
　　大鼓先引，故曰朄。朄，讀爲道引之引。”玄謂鼓朄，猶言
　　擊朄，《詩》云“應朄縣鼓”。

[三] 射節，王歌《騶虞》。

[四] 大師，大起軍師。《兵書》曰：“王者行師出軍之日，授將弓
　　矢，士卒振旅，將張弓大呼，大師吹律合音。商則戰勝，軍
　　士強；角則軍擾多變，失士心；宮則軍和，士卒同心；徵
　　則將急數怒，軍士勞；羽則兵弱，少威明。”鄭司農説以師
　　曠曰：“吾驟歌北風，又歌南風，南風不競，多死聲，楚必
　　無功。”

[五] 廞，興也，興言王之行，謂諷誦其治功之詩。故書廞爲淫，
　　鄭司農云：“淫，陳也。陳其生時行迹，爲作謚。”

[六] 從大師之政教。

252

（三·二十六）

小師掌教鼓鼗、柷、敔、塤、簫、管、弦、歌。^[一]大祭祀，登歌擊拊，^[二]下管，擊應鼓。^[三]徹，歌。^[四]大饗，亦如之。大喪，與廞。^[五]

[一] 教，教瞽矇也。出音曰鼓。鼗如鼓而小，持其柄搖之，旁耳還自擊。塤，燒土爲之，大如鴈卵。簫，編小竹管，如今賣飴餳所吹者。弦，謂琴瑟也。歌，依詠詩也。鄭司農云："柷如漆筩，中有椎。敔，木虎也。塤，六空。管，如簴，六空。"玄謂管如篴而小，併兩而吹之，今大予樂官有焉^{〔一〕}。

[二] 亦自有拊擊之，佐大師令奏。鄭司農云："拊者，擊石。"

[三] 應，鼙也。應與棘及朔，皆小鼓也。其所用別未聞。

[四] 於有司徹而歌《雍》。

[五] 從大師。

凡小祭祀、小樂事，鼓棘。^[一]掌六樂聲音之節與其和。^[二]

[一] 如大師。鄭司農云："棘，小鼓名。"

[二] 和，錞于。

〔一〕 今大予樂官有焉　"予"，底本作"子"，殿本、阮本同，黃本作"予"。阮本《校勘記》："今大予樂官有焉，嘉靖本、閩、監、毛本同，誤也。余本、岳本'子'作'予'，當據正。疏中同。按，光武樂曰《大予》，見《後漢書》及《文選·兩都賦》注。"今據黃本及阮本《校勘記》改。

(三·二十七)

　　瞽矇掌播鼗、柷、敔、塤、簫、管、弦、歌。^[一]諷誦詩，世奠繫，鼓琴瑟。^[二]掌《九德》、六詩之歌，以役大師。^[三]

　　[一]播，謂發揚其音。

　　[二]諷誦詩，謂闇讀之，不依詠也。故書奠或爲帝。鄭司農云："諷誦詩，主誦詩以刺君過，故《國語》曰'瞍賦矇誦'，謂詩也。"杜子春云："帝，讀爲定，其字爲奠，書亦或爲奠。世奠繫，謂帝繫，諸侯卿大夫世本之屬是也。小史主次序先王之世，昭穆之繫，述其德行。瞽矇主誦詩，并誦世繫，以戒勸人君也。故《國語》曰：'教之世，而爲之昭明德而廢幽昏焉，以休懼其動。'"玄謂諷誦詩，主謂廞作柩謚時也。諷誦王治功之詩，以爲謚。世之而定其繫^[一]，謂書於世本也。雖不歌，猶鼓琴瑟以播其音，美之。

　　[三]役，爲之使。

(三·二十八)

　　眡瞭掌凡樂事播鼗，擊頌磬、笙磬。^[一]掌大師之縣。^[二]凡樂事，相瞽。^[三]大喪，廞樂器。大旅，亦如之。^[四]賓、射，皆奏其鍾鼓。^[五]鼜、愷獻，亦如之。^[六]

　　[一]視瞭播鼗又擊磬。磬在東方曰笙。笙，生也。在西方曰頌。頌，或作庸。庸，功也。《大射禮》曰："樂人宿縣于阼階東，笙磬西面，其南笙鍾，其南鎛，皆南陳。"又曰："西階之西，

──────────

〔一〕世之而定其繫　"而"，底本作"面"，今據黃本改。

頌磬東面，其南鍾，其南鎛，皆南陳。”

[二] 大師當縣則爲之。

[三] 相，謂扶工。

[四] 旅，非常祭。於時乃興造其樂器。

[五] 擊棟以奏之。其登歌，大師自奏之。

[六] 愷獻，獻功愷樂也。杜子春讀鼛爲憂戚之戚，謂戒守鼓也。
擊鼓聲疾數，故曰戚。

(三·二十九)

典同掌六律、六同之和，以辨天地四方陰陽之聲，以
爲樂器。^[一]凡聲，高聲硍，正聲緩，下聲肆，陂聲散，
險聲斂，達聲贏，微聲韽，回聲衍，侈聲筰，弇聲鬱，薄
聲甄，厚聲石。^[二]凡爲樂器，以十有二律爲之數度，以十
有二聲爲之齊量。^[三]凡和樂，亦如之。^[四]

[一] 陽聲屬天，陰聲屬地，天地之聲布於四方。爲，作也。故
書同作銅。鄭司農云：“陽律以竹爲管，陰律以銅爲管。竹，
陽也。銅，陰也。各順其性，凡十二律。故《大師職》曰：
‘執同律以聽軍聲。’”玄謂律，述氣者也。同助陽宣氣，與
之同，皆以銅爲之。

[二] 故書硍或作硍，杜子春讀硍爲鏗鎗之鏗；高，謂鍾形容高也；
韽，讀爲閣不明之閣；筰，讀爲行扈唶唶之唶；石，如磬石
之聲。鄭大夫讀硍爲衮冕之衮；陂，讀爲人短罷之罷；韽，
讀爲鶉鷁之鷁。鄭司農云：“鍾形下當睅。正者，不高不下。
鍾形上下正備。”玄謂高，鍾形大上，上大也，高則聲上藏，
衮然旋如裹。正，謂上下直正，則聲緩無所動。下謂鍾形大
下，下大也，下則聲出去放肆。陂，讀爲險陂之陂，陂謂偏

侈，陂則聲離散也。險，謂偏弇也，險則聲斂不越也。達，謂其形微大也，達則聲有餘若大放也。微，謂其形微小也。鎛，讀爲飛鉆涅鎛之鎛，鎛聲小不成也。回，謂其形微圜也，回則其聲淫衍無鴻殺也。侈，謂中央約也，侈則聲迫𰐊出去疾也。弇，謂中央寬也，弇則聲鬱勃不出也。甄，讀爲甄燿之甄，甄猶掉也。鍾微薄則聲掉，鍾大厚則如石，叩之無聲。

〔三〕數度，廣長也。齊量，侈弇之所容。

〔四〕和，謂調其故器也。

（三·三十）

磬師掌教擊磬、擊編鍾。〔一〕教縵樂、燕樂之鍾磬。〔二〕凡祭祀，奏縵樂。

〔一〕教，教視瞭也。磬亦編，於鍾言之者，鍾有不編，不編者鍾師擊之。<u>杜子春</u>讀編爲編書之編。

〔二〕<u>杜子春</u>讀縵爲怠慢之慢。<u>玄</u>謂縵，讀爲縵錦之縵，謂雜聲之和樂者也。《學記》曰："不學操縵，不能安弦。"燕樂，房中之樂，所謂陰聲也。二樂皆教其鍾磬。

（三·三十一）

鍾師掌金奏。〔一〕凡樂事，以鍾鼓奏《九夏》：《王夏》《肆夏》《昭夏》《納夏》《章夏》《齊夏》《族夏》《祴夏》《驁夏》。〔二〕凡祭祀、饗食，奏燕樂。〔三〕凡射：王，奏《騶虞》；諸侯，奏《貍首》；卿大夫，奏《采蘋》；〔四〕士，奏《采蘩》。掌鼙，鼓縵樂。〔五〕

［一］金奏，擊金以為奏樂之節。金，謂鍾及鎛。

［二］以鍾鼓者，先擊鍾，次擊鼓，以奏《九夏》。夏，大也，樂之大歌有九。故書納作內，杜子春云：“內，當讀為納。祴，讀為陔鼓之陔。王出入奏《王夏》，尸出入奏《肆夏》，牲出入奏《昭夏》，四方賓來奏《納夏》，臣有功奏《章夏》，夫人祭奏《齊夏》，族人侍奏《族夏》，客醉而出奏《陔夏》，公出入奏《驁夏》。《肆夏》，詩也。《春秋傳》曰：‘穆叔如晉，晉侯享之，金奏《肆夏》三，不拜；工歌《文王》之三，又不拜；歌《鹿鳴》之三，三拜，曰：“《三夏》，天子所以享元侯也，使臣不敢與聞。”’《肆夏》與《文王》《鹿鳴》俱稱三，謂之三章也。以此知《肆夏》詩也。《國語》曰：‘金奏《肆夏》《繁遏》《渠》，天子所以享元侯。’《肆夏》《繁遏》《渠》，所謂《三夏》矣。”呂叔玉云：“《肆夏》《繁遏》《渠》皆《周頌》也。《肆夏》，《時邁》也。《繁遏》，《執競》也。《渠》，《思文》也。肆，遂也。夏，大也。言遂於大位，謂王位也，故《時邁》曰：‘肆于時夏，允王保之。’繁，多也。遏，止也。言福祿止於周之多也，故《執競》曰：‘降福穰穰，降福簡簡，福祿來反。’渠，大也。言以后稷配天王道之大也，故《思文》曰：‘思文后稷，克配彼天。’故《國語》謂之曰：‘皆昭令德以合好也。’”玄謂以《文王》《鹿鳴》言之，則《九夏》皆詩篇名，頌之族類也。此歌之大者，載在樂章，樂崩，亦從而亡，是以頌不能具。

［三］以鍾鼓奏之。

［四］鄭司農云：“騶虞，聖獸。”

［五］鼓，讀如莊王鼓之鼓。玄謂作緌樂，擊辇以和之。

（三・三十二）

　　笙師掌教龡竽、笙、塤、籥、簫、篪、鐃、管，舂牘、應、雅，以教祴樂。^[一]凡祭祀、饗、射，共其鍾笙之樂，^[二]燕樂亦如之。大喪，廞其樂器。及葬，奉而藏之。^[三]大旅，則陳之。^[四]

[一] 教，教眡瞭也。鄭司農云：“竽，三十六簧。笙，十三簧。篪，七空。舂牘，以竹大五六寸，長七尺，短者一二尺，其端有兩空，髹畫，以兩手築地。應，長六尺五寸，其中有椎。雅，狀如漆筩而弇口，大二圍，長五尺六寸，以羊韋鞔之，有兩紐，疏畫。”杜子春讀鐃爲蕩滌之滌，今時所吹五空竹鐃。玄謂籥如篴，三空。祴樂，《祴夏》之樂。牘、應、雅教其舂者，謂以築地。笙師教之，則三器在庭可知矣。賓醉而出，奏《祴夏》，以此三器築地，爲之行節，明不失禮。

[二] 鍾笙，與鍾聲相應之笙。

[三] 廞，興也，興謂作之。奉，猶送也。

[四] 陳於饌處而已，不涖其縣。

（三・三十三）

　　鎛師掌金奏之鼓。^[一]凡祭祀，鼓其金奏之樂。饗食、賓射，亦如之。軍大獻，則鼓其愷樂。凡軍之夜三鼜，皆鼓之。守鼜，亦如之。^[二]大喪，廞其樂器，奉而藏之。

[一] 謂主擊晉鼓，以奏其鍾鎛也。然則擊鎛者亦眡瞭也。

[二] 守鼜，備守鼓也。鼓之以蒦鼓。杜子春云：“一夜三擊，備守鼜也。《春秋傳》所謂賓將趨者，音聲相似。”

258

(三·三十四)

鞮師掌教鞮樂。祭祀，則帥其屬而舞之。^[一]大饗，亦如之。

　　[一] 舞之以東夷之舞。

(三·三十五)

旄人掌教舞散樂、舞夷樂。^[一]凡四方之以舞仕者屬焉。凡祭祀、賓客，舞其燕樂。

　　[一] 散樂，野人爲樂之善者，若今黃門倡矣，自有舞。夷樂，四
　　　　夷之樂，亦皆有聲歌及舞。

(三·三十六)

籥師掌教國子舞羽龡籥。^[一]祭祀，則鼓羽籥之舞。^[二]賓客、饗食，則亦如之。大喪，廞其樂器，奉而藏之。

　　[一] 文舞有持羽吹籥者，所謂籥舞也。《文王世子》曰：“秋冬學
　　　　羽籥。”《詩》云：“左手執籥，右手秉翟。”
　　[二] 鼓之者，恒爲之節。

(三·三十七)

籥章掌土鼓、豳籥。^[一]中春，晝擊土鼓、龡《豳》詩，以逆暑。^[二]中秋，夜迎寒，亦如之。^[三]凡國祈年于田祖，龡《豳》雅，擊土鼓，以樂田畯。^[四]國祭蜡，則龡《豳》頌，擊土鼓，以息老物。^[五]

［一］杜子春云：“土鼓，以瓦爲匡，以革爲兩面，可擊也。”鄭司農云：“豳籥，豳國之地竹，《豳詩》亦如之。”玄謂豳籥，豳人吹籥之聲章，《明堂位》曰：“土鼓蒯桴葦籥，伊耆氏之樂。”

［二］《豳詩》，《豳風・七月》也，吹之者以籥爲之聲。《七月》言寒暑之事，迎氣歌其類也。此風也，而言《詩》，《詩》揔名也。迎暑以晝，求諸陽。

［三］迎寒以夜，求諸陰。

［四］祈年，祈豐年也。田祖，始耕田者，謂神農也。《豳雅》，亦《七月》也。《七月》又有于耜舉趾，饁彼南畝之事，是亦歌其類。謂之雅者，以其言男女之正。鄭司農云：“田畯，古之先教田者。《爾雅》曰：‘畯，田夫也。’”

［五］故書蜡爲蠶，杜子春云：“蠶當爲蜡。《郊特牲》曰：‘天子大蜡八，伊耆氏始爲蜡。歲十二月，而合聚萬物而索饗之也。蜡之祭也，主先嗇而祭司嗇也。黃衣黃冠而祭，息田夫也。既蜡而收，民息已。’”玄謂十二月，建亥之月也。求萬物而祭之者，萬物助天成歲事，至此爲其老而勞，乃祀而老息之，於是國亦養老焉，《月令》“孟冬，勞農以休息之”是也。《豳頌》，亦《七月》也。《七月》又有“穫稻作酒，躋彼公堂，稱彼兕觥，萬壽無疆”之事，是亦歌其類也。謂之頌者，以其言歲終人功之成。

(三・三十八)

　　鞮鞻氏掌四夷之樂與其聲歌。^{［一］}祭祀，則龡而歌之，燕亦如之。^{［二］}

　　[一] 四夷之樂，東方曰《韎》，南方曰《任》，西方曰《株離》，
　　北方曰《禁》。《詩》云“以《雅》以《南》”是也。王者必
　　作四夷之樂，一天下也。言與其聲歌，則云樂者主於舞。

　　[二] 吹之以管籥爲之聲。

（三·三十九）

　　典庸器掌藏樂器、庸器。[一] 及祭祀，帥其屬而設筍虡、
陳庸器。[二] 饗食、賓射，亦如之。大喪，廞筍虡。[三]

　　[一] 庸器，伐國所獲之器，若崇鼎、貫鼎及以其兵物所鑄銘也。

　　[二] 設筍虡，視瞭當以縣樂器焉。陳功器，以華國也。杜子春云：
　　　“筍，讀爲博選之選。橫者爲筍，從者爲鐻。”

　　[三] 廞，興也，興謂作之。

（三·四十）

　　司干掌舞器。[一] 祭祀，舞者既陳，則授舞器。既舞，
則受之。[二] 賓、饗，亦如之。大喪，廞舞器。及葬，奉
而藏之。

　　[一] 舞器，羽籥之屬。

　　[二] 既，已也。受取藏之。

（三·四十一）

　　大卜掌三《兆》之灋，一曰《玉兆》，二曰《瓦兆》，
三曰《原兆》。[一] 其經兆之體，皆百有二十，其頌皆千有
二百。[二] 掌三《易》之灋，一曰《連山》，二曰《歸藏》，

三曰《周易》。^[三]其經卦皆八，其別皆六十有四。^[四]掌三《夢》之灋，一曰《致夢》，二曰《觭夢》，三曰《咸陟》。^[五]其經運十，其別九十。^[六]

［一］兆者，灼龜發於火，其形可占者。其象似玉瓦原之璺罅，是用名之焉。上古以來，作其法可用者有三。原，原田也。杜子春云："《玉兆》，帝顓頊之兆。《瓦兆》，帝堯之兆。《原兆》，有周之兆。"

［二］頌，謂繇也。三法體繇之數同，其名占異耳。百二十每體十繇，體有五色，又重之以墨坼也。五色者，《洪範》所謂曰雨、曰濟、曰圛、曰蟊、曰剋。

［三］易者，揲著變易之數，可占者也。名曰《連山》，似山出內氣也。《歸藏》者，萬物莫不歸而藏於其中。杜子春云："《連山》，宓戲。《歸藏》，黃帝。"

［四］三《易》卦別之數亦同，其名占異也。每卦八。別者，重之數。

［五］夢者，人精神所寤可占者。致夢，言夢之所至，夏后氏作焉。咸，皆也。陟之言得也，讀如王德翟人之德。言夢之皆得，周人作焉。杜子春云："觭，讀爲奇偉之奇，其字直當爲奇。"玄謂觭，讀如諸戎掎之掎，掎亦得也。亦言夢之所得，殷人作焉。

［六］運，或爲韗，當爲煇，是視祲所掌十煇也。王者於天，日也。夜有夢，則畫視日旁之氣，以占其吉凶。凡所占者十煇，每煇九變。此術今亡。

以邦事作龜之八命，一曰征，二曰象，三曰與，四曰謀，五曰果，六曰至，七曰雨，八曰瘳。^{〔一〕}以八命者贊三《兆》、三《易》、三《夢》之占，以觀國家之吉凶，以詔救政。^{〔二〕}凡國大貞，卜立君，卜大封，則眂高作龜。^{〔三〕}

〔一〕國之大事待蓍龜而決者有八。定作其辭於將卜，以命龜也。鄭司農云：“征，謂征伐人也。象，謂災變雲物，如衆赤鳥之屬有所象似。《易》曰‘天垂象見吉凶’，《春秋傳》曰‘天事恒象’，皆是也。與，謂予人物也。謀，謂謀議也。果，謂事成與不也。至，謂至不也。雨，謂雨不也。瘳，謂疾瘳不也。”玄謂征，亦云行，巡守也。象，謂有所造立也，《易》曰：“以制器者尚其象。”與，謂所與共事也。果，謂以勇決爲之，若吳伐楚，楚司馬子魚卜戰，令龜曰“鮒也以其屬死之，楚師繼之，尚大克之，吉”，是也。

〔二〕鄭司農云：“以此八事，命卜筮蓍龜，參之以夢，故曰以八命者贊三《兆》、三《易》、三《夢》之占。《春秋傳》曰：‘筮襲於夢，武王所用。’”玄謂贊，佐也。詔，告也。非徒占其事，吉則爲，否則止，又佐明其繇之占，演其意，以視國家餘事之吉凶，凶則告王救其政。

〔三〕卜立君，君無冡適，卜可立者。卜大封，謂竟界侵削，卜以兵征之，若魯昭元年秋，叔弓帥師疆鄆田是也。視高，以龜骨高者可灼處，示宗伯也。大事，宗伯涖卜，卜用龜之腹骨，骨近足者其部高。鄭司農云：“貞，問也。國有大疑，問於蓍龜。作龜，謂鑿龜令可爇也。”玄謂貞之爲問，問於正者，必先正之，乃從問焉。《易》曰：“師貞，丈人吉。”作龜，謂以火灼之，以作其兆也。春灼後左，夏灼前左，秋灼前右，冬灼後右。《士喪禮》曰：“宗人受卜人龜，示高涖卜，受視反之。"又曰："卜人坐作龜。"

大祭祀，則眂高命龜。^[一]凡小事，涖卜。^[二]國大遷、大師，則貞龜。^[三]凡旅，陳龜。^[四]凡喪事，命龜。^[五]

[一] 命龜，告龜以所卜之事。不親作龜者，大祭祀輕於大貞也。《士喪禮》曰："宗人即席西面坐，命龜。"

[二] 代宗伯。

[三] 正龜於卜位也。《士喪禮》曰"卜人抱龜燋，先奠龜西面"是也^{〔一〕}。又不親命龜，亦大遷、大師輕於大祭祀也。

[四] 陳龜於饌處也。《士喪禮》曰"卜人先奠龜于西塾上，南首"是也。不親貞龜，亦以卜旅祭非常，輕於大遷大師。

[五] 重喪禮，次大祭祀也。士喪禮則筮宅、卜日，天子卜葬兆。凡大事，大卜陳龜、貞龜、命龜、視高，其他以差降焉。

(三·四十二)

卜師掌開龜之四兆，一曰方兆，二曰功兆，三曰義兆，四曰弓兆。^[一]凡卜事，眂高。^[二]揚火以作龜，致其墨。^[三]凡卜，辨龜之上下、左右、陰陽，以授命龜者而詔相之。^[四]

[一] 開，開出其占書也。經兆百二十體，言此四兆者，分之爲四部，若《易》之二篇。《書·金縢》曰"開籥見書"，是謂與？其云方、功、義、弓之名，未聞。

[二] 示涖卜也。

〔一〕 先奠龜西面是也 "面"，底本作"南"，今據黃本、殿本、阮本改。

〔三〕揚，猶熾也。致其墨者，執灼之，明其兆。

〔四〕所卜者當各用其龜也。大祭祀、喪事，大卜命龜，則大貞、小宗伯命龜，其他卜師命龜，卜人作龜。卜人作龜，則亦辨龜以授卜師。上，仰者也。下，俯者也。左，左倪也。右，右倪也。陰，後弇也。陽，前弇也。詔相，告以其辭及威儀。

（三·四十三）

龜人掌六龜之屬，各有名物。天龜曰靈屬，地龜曰繹屬，東龜曰果屬，西龜曰靁屬，南龜曰獵屬，北龜曰若屬。各以其方之色與其體辨之。〔一〕凡取龜用秋時，攻龜用春時，各以其物入于龜室。〔二〕上春釁龜，祭祀先卜。〔三〕若有祭事，則奉龜以往。〔四〕旅亦如之，喪亦如之。

〔一〕屬言非一也。色，謂天龜玄，地龜黃，東龜青，西龜白，南龜赤，北龜黑。龜俯者靈，仰者繹，前弇果，後弇獵，左倪靁，右倪若，是其體也。東龜南龜長前後，在陽，象經也；西龜北龜長左右，在陰，象緯也。天龜俯，地龜仰，東龜前，南龜卻，西龜左，北龜右，各從其耦也。杜子春讀果爲臝。

〔二〕六龜各異室也。秋取龜，及萬物成也。攻，治也。治龜骨以春，是時乾解不發傷也。

〔三〕釁者，殺牲以血之，神之也。鄭司農云：“祭祀先卜者，卜其日與其牲。”玄謂先卜，始用卜筮者，言祭言祀，尊焉天地之也。《世本》作曰：“巫咸作筮。”卜，未聞其人也。是上春者，夏正建寅之月，《月令·孟冬》云“釁祠龜筴”，相互矣。秦以十月建亥爲歲首，則《月令》秦世之書，亦或欲以歲首釁龜耳。

〔四〕奉，猶送也，送之所當於卜。

（三·四十四）

菙氏掌共燋契，以待卜事。〔一〕凡卜，以明火爇燋，遂歔其焌契，以授卜師，遂役之。〔二〕

〔一〕杜子春云："燋，讀爲細目燋之燋。或曰如薪樵之樵，謂所爇灼龜之木也，故謂之樵〔一〕。契，謂契龜之鑿也。《詩》云：'爰始爰謀，爰契我龜。'"玄謂《士喪禮》曰："楚焞置于燋，在龜東。"楚焞，即契所用灼龜也。燋，謂炬，其存火。

〔二〕杜子春云："明火，以陽燧取火於日。焌，讀爲英俊之俊，書亦或爲俊。"玄謂焌，讀如戈鐏之鐏，謂以契柱燋火而吹之也。契既然，以授卜師，用作龜也。役之，使助之。

（三·四十五）

占人掌占龜，以八簭占八頌，以八卦占簭之八故，以眡吉凶。〔一〕凡卜簭，君占體，大夫占色，史占墨，卜人占坼。〔二〕凡卜簭，既事，則繫幣以比其命。歲終，則計其占之中否。〔三〕

〔一〕占人亦占筮，言掌占龜者，筮短龜長，主於長者。以八筮占八頌，謂將卜八事，先以筮筮之。言頌者，同於龜占也。以八卦占筮之八故，謂八事不卜而徒筮之也。其非八事，則用九筮，占人亦占焉。

［二］體，兆象也。色，兆氣也。墨，兆廣也。坼，兆璺也。體有吉凶，色有善惡，墨有大小，坼有微明。尊者視兆象而已，卑者以次詳其餘也。周公卜武王，占之曰“體，王其無害”。凡卜象吉，色善，墨大，坼明，則逢吉。

［三］杜子春云：“繫幣者，以帛書其占，繫之於龜也。”玄謂既卜筮，史必書其命龜之事及兆於策，繫其禮神之幣，而合藏焉。《書》曰：“王與大夫盡弁，開金縢之書，乃得周公所自以爲功，代武王之說。”是命龜書。

(三·四十六)

筮人掌三《易》以辨九筮之名，一曰《連山》，二曰《歸藏》，三曰《周易》。九筮之名，一曰巫更，二曰巫咸，三曰巫式，四曰巫目，五曰巫易，六曰巫比，七曰巫祠，八曰巫參，九曰巫環。以辨吉凶。^{［一］}凡國之大事，先筮而後卜。^{［二］}上春，相筮。^{［三］}凡國事，共筮。

［一］此九巫，讀皆當爲筮，字之誤也。更，謂筮遷都邑也。咸，猶僉也，謂筮衆心歡不也。式，謂筮制作法式也。目，謂事衆筮其要所當也。易，謂民衆不說，筮所改易也。比，謂筮與民和比也。祠，謂筮牲與日也。參，謂筮御與右也。環，謂筮可致師不也。

［二］當用卜者，先筮之，即事有漸也。於筮之凶，則止不卜。

［三］相，謂更選擇其蓍也，蓍龜歲易者與？

（三·四十七）

　　占夢掌其歲時，觀天地之會，辨陰陽之氣。^[一] 以日月星辰占六夢之吉凶，^[二] 一曰正夢，^[三] 二曰噩夢，^[四] 三曰思夢，^[五] 四曰寤夢，^[六] 五曰喜夢，^[七] 六曰懼夢。^[八]

[一] 其歲時，今歲四時也。天地之會，建厭所處之日辰。陰陽之
　　　氣，休王前後。

[二] 日月星辰，謂日月之行及合辰所在。《春秋》昭三十一年：
　　　“十二月辛亥朔〔一〕，日有食之。是夜也，晉趙簡子夢童子裸
　　　而轉以歌，旦而日食，占諸史墨。對曰：‘六年及此月也，
　　　吳其入郢乎，終亦弗克。入郢必以庚辰，日月在辰尾。庚午
　　　之日，日始有謫。火勝金，故弗克。’”此以日月星辰占夢
　　　者。其術則今八會其遺象也，用占夢則亡。

[三] 無所感動，平安自夢。

[四] 杜子春云：“噩，當爲驚愕之愕，謂驚愕而夢。”

[五] 覺時所思念之而夢。

[六] 覺時道之而夢。

[七] 喜說而夢。

[八] 恐懼而夢。

　　季冬，聘王夢，獻吉夢于王，王拜而受之。^[一] 乃舍萌于四方，以贈惡夢，^[二] 遂令始難歐疫。^[三]

[一] 聘，問也。夢者，事之祥。吉凶之占，在日月星辰。季冬，
　　　日窮于次，月窮于紀，星迴于天，數將幾終，於是發幣而問

〔一〕十二月辛亥朔　“二”，底本作“一”，今據黃本改。

焉，若休慶之云爾。因獻群臣之吉夢於王，歸美焉。《詩》云：
"牧人乃夢，衆維魚矣，旐維旟矣。"此所獻吉夢。

［二］杜子春讀萌爲明，又云："其字當爲明。明，謂歐疫也，謂
歲竟逐疫，置四方。書亦或爲明。"玄謂舍，讀爲釋，舍萌
猶釋采也。古書釋采、釋奠多作舍字。萌，菜始生也。贈，
送也。欲以新善去故惡。

［三］令，令方相氏也。難，謂執兵以有難卻也。方相氏蒙熊皮，
黃金四目，玄衣朱裳，執戈揚盾，帥百隸爲之歐疫癘鬼也。
故書難或爲儺，杜子春儺讀爲難問之難，其字當作難。《月
令》：季春之月，命國儺，九門磔禳，以畢春氣。仲秋之月，
天子乃儺，以達秋氣。季冬之月，命有司大儺，旁磔，出土
牛，以送寒氣。

（三·四十八）

眡祲掌十煇之灋，以觀妖祥，辨吉凶。［一］一曰祲，二
曰象，三曰鑴，四曰監，五曰闇，六曰瞢，七曰彌，八
曰敘，九曰隮，十曰想。［二］掌安宅敘降。［三］正歲，則行
事。［四］歲終，則弊其事。［五］

［一］妖祥，善惡之徵。鄭司農云："煇，謂日光炁也。"

［二］故書彌作迷，隮作資。鄭司農云："祲，陰陽氣相侵也。象
者，如赤鳥也。鑴，謂日旁氣四面反鄉，如煇狀也。監，雲
氣臨日也。闇，日月食也。瞢，日月瞢瞢無光也。彌者，白
虹彌天也。敘者，雲有次序如山在日上也。隮者，升氣也。
想者，煇光也。"玄謂鑴，讀如童子佩鑴之鑴，謂日旁氣刺
日也。監，冠珥也。彌，氣貫日也。隮，虹也。《詩》云"朝

隋于西"。想，雜氣有似可形想。

[三] 宅，居也。降，下也。人見妖祥則不安，主安其居處也。次
　　序其凶禍所下，謂禳移之。

[四] 占夢以季冬贈惡夢，此正月而行安宅之事，所以順民。

[五] 弊，斷也，謂計其吉凶然否多少。

(三·四十九)

大祝掌六祝之辭，以事鬼神示，祈福祥，求永貞。一
曰順祝，二曰年祝，三曰吉祝，四曰化祝，五曰瑞祝，六
曰筴祝。[一]

[一] 永，長也。貞，正也。求多福，歷年得正命也。鄭司農云："順
　　祝，順豐年也。年祝，求永貞也。吉祝，祈福祥也。化祝，弭
　　災兵也。瑞祝，逆時雨、寧風旱也。筴祝，遠罪疾也。"

掌六祈以同鬼神示，一曰類，二曰造，三曰禬，四曰
禜，五曰攻，六曰說。[一]

[一] 祈，嘄也，謂爲有災變，號呼告神以求福。天神、人鬼、地
　　祇不和，則六癘作見，故以祈禮同之。故書造作竈，杜子春
　　讀竈爲造次之造，書亦或爲造。造，祭於祖也。鄭司農云：
　　"類、造、禬、禜、攻、說，皆祭名也。類，祭于上帝。《詩》
　　曰：'是類是禡。'《爾雅》曰：'是類是禡，師祭也。'又曰：
　　'乃立冢土，戎醜攸行。'《爾雅》曰：'起大事，動大衆，必
　　先有事乎社而後出，謂之宜。'故曰：'大師宜于社，造于祖，
　　設軍社，類上帝。'《司馬法》曰：'將用師，乃告于皇天上
　　帝、日月星辰，以禱于后土、四海神祇、山川冢社，乃造于

先王，然後冢宰徵師于諸侯曰：某國爲不道，征之，以某年某月某日，師至某國。'禜，日月星辰山川之祭也。《春秋傳》曰：'日月星辰之神，則雪霜風雨之不時，於是乎禜之。山川之神，則水旱癘疫之災，於是乎禜之。'"玄謂類、造，加誠肅，求如志。禬、禜，告之以時有災變也。攻、說，則以辭責之。禜如日食以朱絲縈社，攻如其鳴鼓然。董仲舒救日食，祝曰"炤炤大明，瀸滅無光，奈何以陰侵陽，以卑侵尊"，是之謂說也。禬，未聞焉。造、類、禬、禜皆有牲，攻、說用幣而已。

作六辭以通上下、親疏、遠近，一曰祠，二曰命，三曰誥，四曰會，五曰禱，六曰誄。[一]

[一] 鄭司農云："祠，當爲辭，謂辭令也。命，《論語》所謂爲命裨諶草創之。誥，謂《康誥》《盤庚之誥》之屬也。盤庚將遷于殷，誥其世臣卿大夫，道其先祖之善功，故曰以通上下、親疏、遠近。會，謂王官之伯，命事於會，胥命于蒲，主爲其命也。禱，謂禱於天地、社稷、宗廟，主爲其辭也。《春秋傳》曰，鐵之戰，衞大子禱曰：'曾孫蒯聵敢昭告皇祖文王、烈祖康叔、文祖襄公：鄭勝亂從，晉午在難，不能治亂，使鞅討之。蒯聵不敢自佚，備持矛焉[一]。敢告無絕筋，無破骨，無面夷，無作三祖羞。大命不敢請，佩玉不敢愛。'若此之屬。誄，謂積累生時德行，以賜之命，主爲其辭也。《春秋傳》曰：'孔子卒，哀公誄之曰：閔天不淑，不憖遺一

―――――――――
〔一〕 備持矛焉　"矛"，底本作"予"，今據黃本改。

老，俾屏余一人以在位，嬛嬛予在疚。鳴呼哀哉尼父！無自律。’此皆有文雅辭令，難爲者也，故大祝官主作六辭。或曰諫，《論語》所謂‘諫曰“禱爾于上下神祇”。’”杜子春云：“詁，當爲告，書亦或爲告。”玄謂一曰祠者，交接之辭。《春秋傳》曰：“古者諸侯相見，號辭必稱先君以相接。”辭之辭也。會，謂會同盟誓之辭。禱，賀慶言福祚之辭。晉趙文子成室，晉大夫發焉。張老曰：“美哉輪焉！美哉奂焉！歌於斯，哭於斯，聚國族於斯。”文子曰：“武也得歌於斯，哭於斯，聚國族於斯，是全要領以從先大夫於九京也。”北面再拜稽首，君子謂之善頌善禱。是禱之辭。

辨六號，一曰神號，二曰鬼號，三曰示號，四曰牲號，五曰齍號，六曰幣號。[一]

[一] 號，謂尊其名，更爲美稱焉。神號，若云皇天上帝。鬼號，若云皇祖伯某。祇號，若云后土地祇。幣號，若玉云嘉玉，幣云量幣。鄭司農云：“牲號，謂犧牲皆有名號。《曲禮》曰：‘牛曰一元大武，豕曰剛鬣，羊曰柔毛，雞曰翰音。’齍號，謂黍稷皆有名號也。《曲禮》曰：‘黍曰香合，粱曰香萁，稻曰嘉疏。’《少牢饋食禮》曰：‘敢用柔毛、剛鬣。’《士虞禮》曰：‘敢用絜牲剛鬣、香合。’”

辨九祭，一曰命祭，二曰衍祭，三曰炮祭，四曰周祭，五曰振祭，六曰擩祭，七曰絕祭，八曰繚祭，九曰共祭。[一]

[一] 杜子春云：“命祭，祭有所主命也。振祭，振讀爲慎，禮家

讀振爲振旅之振。攤祭，攤讀爲虞芮之芮。”鄭司農云：“衍祭羨之道中，如今祭殤，無所主命。周祭，四面爲坐也。炮祭，燔柴也。《爾雅》曰：‘祭天曰燔柴。’攤祭，以肝肺菹攤鹽醢中以祭也。繚祭，以手從肺本，循之至于末，乃絕以祭也。絕祭，不循其本，直絕肺以祭也。重肺賤肝，故初祭絕肺以祭，謂之絕祭；至祭之末，禮殺之後，但攤肝鹽中，振之，擬之若祭狀，弗祭，謂之振祭。《特牲饋食禮》曰：‘取菹攤于醢，祭于豆間。’《鄉射禮》曰：‘取肺坐，絕祭。’《鄉飲酒禮》曰：‘右取肺，左卻手執本，坐，弗繚，右絕末以祭。’《少牢》曰：‘取肝攤于鹽，振祭。’”玄謂九祭，皆謂祭食者。命祭者，《玉藻》曰“君若賜之食，而君客之，則命之祭，然後祭”是也。衍字當爲延，炮字當爲包，聲之誤也。延祭者，《曲禮》曰“客若降等，執食興辭，主人興辭於客，然後客坐，主人延客祭”是也。包，猶兼也。兼祭者，《有司》曰“宰夫贊者取白黑以授尸，尸受兼祭于豆祭”是也。周，猶徧也。徧祭者，《曲禮》曰“殽之序，徧祭之”是也。振祭、攤祭本同，不食者攤則祭之，將食者既攤必振乃祭也。絕祭、繚祭亦本同，禮多者繚之，禮略者絕則祭之。共，猶授也。王祭食，宰夫授祭。《孝經》説曰：“共綏執授。”

　　辨九攃，一曰稽首，二曰頓首，三曰空首，四曰振動，五曰吉攃，六曰凶攃，七曰奇攃，八曰褒攃，九曰肅攃，以享右祭祀。[一]

　　[一] 稽首，拜頭至地也。頓首，拜頭叩地也。空首，拜頭至手，

所謂拜手也。吉拜，拜而後稽顙，謂齊衰不杖以下者。言吉
者，此殷之凶拜，周以其拜與頓首相近，故謂之吉拜云。凶
拜，稽顙而後拜，謂三年服者。杜子春云："振，讀爲振鐸
之振。動，讀爲哀慟之慟。奇，讀爲奇偶之奇，謂先屈一
膝，今雅拜是也。或云：奇，讀曰倚，倚拜謂持節、持戟
拜，身倚之以拜。"鄭大夫云："動，讀爲董，書亦或爲董。
振董，以兩手相擊也。奇拜，謂一拜也。襃，讀爲報，報
拜，再拜是也。"鄭司農云："襃拜，今時持節拜是也。肅
拜，但俯下手，今時揖是也。介者不拜，故曰'爲事故，敢
肅使者'。"玄謂振動戰栗變動之拜。《書》曰："王動色變。"
一拜，荅臣下拜。再拜，拜神與尸。享，獻也，謂朝獻饋獻
也。右，讀爲侑，侑勸尸食而拜。

凡大禮祀、肆享、祭示，則執明水火而號祝。[一]

[一] 明水火，司烜所共日月之氣，以給烝享。執之如以六號祝，
明此圭絜也。禮祀，祭天神也。肆享，祭宗廟也。故書祇爲
衭，杜子春云："衭，當爲祇。"

隋釁、逆牲、逆尸，令鍾鼓，右亦如之。[一]來瞽，令
皋舞。[二]相尸禮。[三]既祭，令徹。大喪，始崩，以肆鬯
涗尸，相飯，贊斂，徹奠，[四]言甸人讀禱；付、練、祥，
掌國事。[五]

[一] 隋釁，謂薦血也。凡血祭曰釁。既隋釁，後言逆牲，容逆
鼎。右，讀亦當爲侑。

［二］皋，讀爲卒嘷呼之嘷。來、嘷者，皆謂呼之入。

［三］延其出入，詔其坐作。

［四］肆爸，所爲陳尸設爸也。鄭司農云：“洇尸，以爸浴尸。”

［五］鄭司農云：“甸人主設復梯，大祝主言問其具梯物。”玄謂言，猶語也。禱，六辭之屬禱也。甸人喪事代王受眚災，大祝爲禱辭語之，使以禱於藉田之神也。付，當爲祔。祭於先王，以祔後死者。掌國事，辨護之。

國有大故、天菑，彌祀社稷，禱祠。^{［一］}大師，宜于社，造于祖，設軍社，類上帝，國將有事于四望，及軍歸獻于社，則前祝。^{［二］}

［一］大故，兵寇也。天菑，疫癘水旱也。彌，猶徧也。徧祀社稷及諸所禱，既則祠之以報焉。

［二］鄭司農説設軍社以《春秋傳》曰所謂“君以師行，祓社釁鼓，祝奉以從”者也。則前祝，大祝自前祝也。玄謂前祝者，王出也，歸也，將有事於此神，大祝居前，先以祝辭告之。

大會同，造于廟，宜于社，過大山川，則用事焉。反行，舍奠。^{［一］}建邦國，先告后土，用牲幣。^{［二］}禁督逆祀命者。^{［三］}頒祭號于邦國都鄙。^{［四］}

［一］用事，亦用祭事告行也。《玉人職》有宗祝以黄金勺前馬之禮，是謂過大山川與？《曾子問》曰：“凡告必用牲幣，反亦如之。”

［二］后土，社神也。

275

［三］督，正也。正王之所命，諸侯之所祀。有逆者，則刑罰焉。

［四］祭號，六號。

（三·五十）

小祝掌小祭祀將事侯、禳、禱、祠之祝號，以祈福祥，順豐年，逆時雨，寧風旱，彌灾兵，遠罪疾。^[一]大祭祀，逆齍盛，送逆尸，沃尸盥，贊隋，贊徹，贊奠。^[二]

［一］侯之言候也，候嘉慶，祈福祥之屬。禳，禳卻凶咎，寧風旱之屬。順豐年而順爲之祝辭。逆，迎也。彌讀曰敉。敉，安也。

［二］隋，尸之祭也。奠，奠爵也。祭祀奠先徹後，反言之者，明所佐大祝非一。

凡事，佐大祝。^[一]大喪，贊渳，^[二]設熬，置銘。^[三]及葬，設道齎之奠，分禱五祀。^[四]

［一］唯大祝所有事。

［二］故書渳爲攝，杜子春云：“當爲渳。渳，謂浴尸。”

［三］銘，今書或作名，鄭司農云：“銘，書死者名於旌，今謂之柩。《士喪禮》曰：‘爲銘，各以其物。亡則以緇，長半幅；䞓末，長終幅，廣三寸。書名于末，曰某氏某之柩。竹杠長三尺，置于西階上。’重木置于中庭，參分庭一在南。粥餘飯，盛以二鬲，縣于重，冪用葦席。取銘置于重。”杜子春云：“熬，謂重也。《檀弓》曰：‘銘，明旌也。以死者爲不可別，故以其旗識之，愛之斯錄之矣，敬之斯盡其道焉爾。

重，主道也。殷主綴重焉，周主徹重焉，奠以素器，以主人
有哀素之心也。'"玄謂熬者，棺既蓋，設於其旁，所以惑
蚍蜉也。《喪大記》曰："熬，君四種八筐，大夫三種六筐，
士二種四筐，加魚腊焉。"《士喪禮》曰："熬，黍稷各二筐，
有魚腊，饌于西坫南。"又曰："設熬，旁一筐，乃塗。"

［四］杜子春云："齍，當爲粢，道中祭也。漢儀每街路輒祭。"玄
謂齍，猶送也。送道之奠，謂遣奠也。分其牲體以祭五祀，
告王去此宮中，不復反，故興祭祀也。王七祀，祀五者，司
命、大厲，平生出入不以告。

　　大師，掌釁祈號祝。^{［一］}有寇戎之事，則保郊，祀于
社。^{［二］}凡外内小祭祀、小喪紀、小會同、小軍旅，掌事焉。

［一］鄭司農云："釁，謂釁鼓也。《春秋傳》曰：'君以軍行，祓社
釁鼓，祝奉以從。'"

［二］故書祀，或作禩。鄭司農云："謂保守郊祭諸祀及社，無令
寇侵犯之。"杜子春讀禩爲祀，書亦或爲祀。玄謂保祀互文，
郊社皆守而祀之，彌災兵。

（三·五十一）

　　喪祝掌大喪勸防之事。^{［一］}及辟，令啟。^{［二］}及朝，御匶，
乃奠。^{［三］}及祖，飾棺，乃載，遂御。^{［四］}及葬，御匶出宮，
乃代。^{［五］}及壙，說載除飾。^{［六］}小喪，亦如之。掌喪祭
祝號。^{［七］}

［一］鄭司農云："勸防，引柩也。"杜子春云："防，當爲披。"玄

謂勸，猶倡帥前引者。防，謂執披備傾戲。

[二] 鄭司農云：“辟，謂除菆塗椁也。令啓，謂喪祝主命役人開之也。《檀弓》曰：‘天子之殯也，菆塗龍輴以椁，加斧于椁上，畢塗屋，天子之禮也。’”

[三] 鄭司農云：“朝，謂將葬，朝於祖考之廟而後行，則喪祝爲御柩也。《檀弓》曰：‘喪之朝也，順死者之孝心也。其哀離其室也，故至於祖考之廟而後行。殷朝而殯於祖，周朝而遂葬。’故《春秋傳》曰：‘凡夫人不殯于廟，不祔于姑，則弗致也。’‘晉文公卒，將殯於曲沃’，就宗廟。晉宗廟在曲沃，故曰‘曲沃，君之宗也’。又曰‘丙午，入于曲沃。丁未，朝于武宮’。”玄謂乃奠，朝廟奠。

[四] 鄭司農云：“祖，謂將葬祖於庭，象生時出則祖也，故曰事死如事生，禮也。《檀弓》曰：‘飯於牖下，小斂於戶內，大斂於阼，殯於客位，祖於庭，葬於墓，所以即遠也。’祖時，喪祝主飾棺乃載，遂御之，喪祝爲柩車御也。或謂及祖，至祖廟也。”玄謂祖爲行始。飾棺，設柳池紐之屬。其序，載而後飾，既飾當還車鄉外，喪祝御之。御之者，執翿居前，卻行爲節度。

[五] 喪祝二人相與更也。

[六] 鄭司農云：“壙，謂穿中也。說載，下棺也。除飾，去棺飾也，四翣之屬，令可舉移安錯之。”玄謂除飾，便其窆爾。周人之葬，牆置翣。

[七] 喪祭，虞也。《檀弓》曰：“葬日虞，不忍一日離也，是日也，以虞易奠。卒哭曰成事，是日也，以吉祭易喪祭。”

王弔，則與巫前。[一] 掌勝國邑之社稷之祝號，以祭祀禱祠焉。^{〔二〕}凡卿大夫之喪，掌事而斂飾棺焉。

〔一〕鄭司農云："喪祝與巫以桃扇執戈在王前。《檀弓》曰：'君臨
　　臣喪，以巫祝桃茢執戈，惡之也，所以異於生也。'《春秋傳》
　　曰：'楚人使公親襚，公使巫以桃茢先祓殯，楚人弗禁，既
　　而悔之。'君臨臣喪之禮，故悔之。"

〔二〕勝國邑，所誅討者。社稷者，若亳社是矣。存之者，重神
　　也。蓋奄其上而棧其下，爲北牖。

（三·五十二）

甸祝掌四時之田表貉之祝號。^{〔一〕}舍奠于祖廟，禂亦如
之。^{〔二〕}師甸，致禽于虞中，乃屬禽。及郊，饁獸，舍奠
于祖禂，乃斂禽。禂牲、禂馬，皆掌其祝號。^{〔三〕}

〔一〕杜子春讀貉爲百爾所思之百，書亦或爲禡。貉，兵祭也。甸
　　以講武治兵，故有兵祭。《詩》曰："是類是禡。"《爾雅》曰：
　　"是類是禡，師祭也。"玄謂田者，習兵之禮，故亦禡祭，禱
　　氣埶之十百而多獲。

〔二〕舍，讀爲釋。釋奠者，告將時田，若將征伐。鄭司農云：
　　"禂，父廟。"

〔三〕師甸，謂起大衆以田也。致禽於虞中，使獲者各以其禽來致
　　于所表之處。屬禽，別其種類。饁，饋也。以所獲獸饋於
　　郊，薦于四方群兆，入又以奠于祖禂，薦且告反也。斂禽謂
　　取三十入腊人也。杜子春云："禂^{〔一〕}，禱也。爲馬禱無疾，爲

田禱多獲禽牲。《詩》云‘既伯既禱’,《爾雅》曰‘既伯既禱, 馬祭也’。”玄謂禂, 讀如伏誅之誅, 今俗大字也。爲牲祭, 求肥充; 爲馬祭, 求肥健。

(三・五十三)

詛祝掌盟、詛、類、造、攻、説、禬、禜之祝號。[一]作盟詛之載辭, 以敘國之信用, 以質邦國之劑信。[二]

[一] 八者之辭, 皆所以告神明也。盟詛主於要誓, 大事曰盟, 小事曰詛。

[二] 載辭, 爲辭而載之於策, 坎用牲, 加書於其上也。國, 謂王之國。邦國, 諸侯國也。質, 正也, 成也。文王脩德, 而虞、芮質厥成。鄭司農云載辭以《春秋傳》曰“使祝爲載書”。

(三・五十四)

司巫掌群巫之政令。若國大旱, 則帥巫而舞雩。[一]國有大裁, 則帥巫而造巫恒。[二]祭祀, 則共匰主及道布及蒩館。[三]凡祭事, 守瘗。[四]凡喪事, 掌巫降之禮。[五]

[一] 雩, 旱祭也。天子於上帝, 諸侯於上公之神。鄭司農云: “魯僖公欲焚巫尫, 以其舞雩不得雨。”

[二] 杜子春云: “司巫帥巫宮之屬, 會聚常處以待命也。”玄謂恒, 久也。巫久者, 先巫之故事。造之, 當案視所施爲。

[三] 杜子春云: “蒩, 讀爲俎。匰, 器名。主, 謂木主也。道布, 新布三尺也。俎, 藉也。館, 神所館止也。書或爲蒩館, 或爲租飽。或曰: 布者, 以爲席也。租飽, 茅裹肉也。”玄謂

道布者，爲神所設巾，《中霤禮》曰"以功布爲道布，屬于几也"。葅之言藉也，祭食有當藉者。館所以承葅，謂若今筐也。主先匧，葅後館，互言之者，明共主以匧，共葅以筐，大祝取其主、葅，陳之，器則退也。《士虞禮》曰："苴刊茅長五寸，實于筐，饌于西坫上。"又曰："祝盥，取苴降，洗之，升，入設于几東席上，東縮。"

[四] 瘞，謂若祭地祇有埋牲玉者也。守之者，以祭禮未畢，若有事然。祭禮畢則去之。

[五] 降，下也。巫下神之禮。今世或死既斂，就巫下禓，其遺禮。

(三·五十五)

男巫掌望祀、望衍，授號，旁招以茅。[一] 冬堂贈，無方無筭。[二] 春招弭，以除疾病。[三] 王弔，則與祝前。[四]

[一] 杜子春云："望衍，謂衍祭也。授號，以所祭之名號授之。旁招以茅，招四方之所望祭者。"玄謂衍，讀爲延，聲之誤也。望祀，謂有牲粢盛者。延，進也，謂但用幣致其神。二者詛祝所授類造攻説禬禜之神號，男巫爲之招。

[二] 故書贈爲矰，杜子春云："矰，當爲贈。堂贈，謂逐疫也。無方，四方爲可也。無筭，道里無數，遠益善也。"玄謂冬歲終，以禮送不祥及惡夢，皆是也。其行必由堂始。巫與神通言，當東則東，當西則西，可近則近，可遠則遠，無常數。

[三] 招，招福也。杜子春讀弭如彌兵之彌。玄謂弭，讀爲敉，字之誤也。敉，安也，安凶禍也。招、敉，皆有祀衍之禮。

[四] 巫祝前王也。故書前爲先，鄭司農云："爲先，非是也。"

281

（三·五十六）

　　女巫掌歲時祓除、釁浴。^[一]旱暵則舞雩。^[二]若王后弔，則與祝前。^[三]凡邦之大烖，歌哭而請。^[四]

　　　[一] 歲時祓除，如今三月上巳如水上之類。釁浴，謂以香薰草藥沐浴。

　　　[二] 使女巫舞旱祭，崇陰也。鄭司農云："求雨以女巫，故《檀弓》曰：歲旱，繆公召縣子而問焉，曰：'吾欲暴巫而奚若？'曰：'天則不雨，而望之愚婦人，無乃已疏乎！'"

　　　[三] 女巫與祝前后，如王禮。

　　　[四] 有歌者，有哭者，冀以悲哀感神靈也。

（三·五十七）

　　大史掌建邦之六典，以逆邦國之治。掌灋以逆官府之治，掌則以逆都鄙之治。^[一]凡辨灋者攷焉，不信者刑之。^[二]凡邦國都鄙及萬民之有約劑者藏焉，以貳六官，六官之所登。^[三]若約劑亂，則辟灋，不信者刑之。^[四]

　　　[一] 典、則，亦法也。逆，迎也。六典、八法、八則，冢宰所建，以治百官，大史又建焉，以為王迎受其治也。大史，日官也。《春秋傳》曰："天子有日官，諸侯有日御，日官居卿以底日，禮也。日御不失日，以授百官于朝。"居，猶處也，言建六典以處六卿之職。

　　　[二] 謂邦國、官府、都鄙以法爭訟來正之者。

　　　[三] 約劑，要盟之載辭及券書也。貳，猶副也。藏法與約劑之書，以為六官之副。其有後事，六官又登焉。

〔四〕謂抵冒盟誓者。辟法者，考案讀其然不。

正歲年以序事，頒之于官府及都鄙，〔一〕頒告朔于邦國。〔二〕閏月，詔王居門終月。〔三〕

〔一〕中數日歲，朔數日年。中朔大小不齊，正之以閏，若今時作曆日矣。定四時，以次序授民時之事。《春秋傳》曰：“閏以正時，時以作事，事以厚生，生民之本，於是乎在。”

〔二〕天子頒朔于諸侯，諸侯藏之祖廟。至朔，朝于廟，告而受行之。鄭司農云：“頒，讀爲班。班，布也。以十二月朔，布告天下諸侯，故《春秋傳》曰：‘不書日，官失之也。’”

〔三〕門，謂路寢門也。鄭司農云：“《月令》十二月分在青陽、明堂、總章、玄堂左右之位，唯閏月無所居，居于門，故於文‘王’在‘門’謂之閏。”

大祭祀，與執事卜日。〔一〕戒及宿之日，與群執事讀禮書而協事。〔二〕祭之日，執書以次位常，〔三〕辨事者攷焉，不信者誅之。〔四〕

〔一〕執事，大卜之屬。與之者，當視墨。

〔二〕協，合也。合，謂習錄所當共之事也。故書協作叶，杜子春云：“叶，協也。書亦或爲協，或爲汁。”

〔三〕謂校呼之，教其所當居之處。

〔四〕謂抵冒其職事。

大會同、朝覲，以書協禮事。〔一〕及將幣之日，執書以

詔王。[二]大師，抱天時，與大師同車。[三]大遷國，抱灋以前。[四]

[一]亦先習錄之也。

[二]將，送也。詔王，告王以禮事。

[三]鄭司農云："大出師，則大史主抱式，以知天時，處吉凶。史官主知天道，故《國語》曰：'吾非瞽史，焉知天道？'《春秋傳》曰：'楚有雲如衆赤鳥，夾日以飛，楚子使問諸周大史。'大史主天道。"玄謂瞽即大師。大師，瞽官之長。

[四]法，司空營國之法也。抱之以前，當先王至，知諸位處。

大喪，執灋以涖勸防。[一]遣之日，讀誄。[二]凡喪事攷焉。[三]小喪，賜謚。[四]凡射事，飾中，舍筭，執其禮事。[五]

[一]鄭司農云："勸防，引六紼。"

[二]遣，謂祖廟之庭大奠，將行時也。人之道終於此。累其行而讀之，大師又帥瞽廞之而作謚。瞽史知天道，使共其事，言王之誄謚成於天道。

[三]爲有得失。

[四]小喪，卿大夫也。

[五]舍，讀曰釋。鄭司農云："中，所以盛筭也。"玄謂設筭於中，以待射時而取之，中則釋之。《鄉射禮》曰："君國中射則皮豎中，於郊則閭中，於竟則虎中。大夫兕中，士鹿中。"天子之中，未聞。

（三·五十八）

小史掌邦國之志，奠繫世，辨昭穆。若有事，則詔王之忌諱。^[一]大祭祀，讀禮灋，史以書敘昭穆之俎簋。^[二]大喪、大賓客、大會同、大軍旅，佐大史。凡國事之用禮灋者，掌其小事。卿大夫之喪，賜謚，讀誄。^[三]

[一] 鄭司農云：“志，謂記也，《春秋傳》所謂《周志》，《國語》所謂《鄭書》之屬是也。史官主書，故韓宣子聘於魯，觀書大史氏。繫世，謂帝繫、世本之屬是也。小史主定之，瞽矇諷誦之。先王死日為忌，名為諱。”故書奠為帝，杜子春云：“帝，當為奠；奠，讀為定。書帝亦或為奠。”玄謂王有事祈祭於其廟。

[二] 讀禮法者，大史與群執事。史，此小史也。言讀禮法者，小史敘俎簋以為節。故書簋或為几，鄭司農云：“几，讀為軌，書亦或為簋，古文也。大祭祀，小史主敘其昭穆，以其主定繫世。祭祀，史主敘其昭穆，次其俎簋，故齊景公疾，欲誄於祝史。”玄謂俎簋，牲與黍稷，以書次之，校比之。

[三] 其讀誄亦以大史賜謚為節，事相成。

（三·五十九）

馮相氏掌十有二歲、十有二月、十有二辰、十日、二十有八星之位，辨其敘事，以會天位。^[一]冬夏致日，春秋致月，以辨四時之敘。^[二]

[一] 歲，謂大歲，歲星與日同次之月，斗所建之辰。《樂説》説歲星與日常應大歲月建以見，然則今曆大歲非此也。歲日月

辰星宿之位，謂方面所在。辨其叙事，謂若仲春辨秩東作，仲夏辨秩南譌，仲秋辨秩西成，仲冬辨在朔易。會天位者，合此歲日月辰星宿五者，以爲時事之候，若今曆日大歲在某月某日某甲朔日直某也。《國語》曰：“王合位于三五。”《孝經》説曰：“故勑以天期四時，節有晚早，趣勉趣時，無失天位。”皆由此術云。

〔二〕冬至，日在牽牛，景丈三尺。夏至，日在東井，景尺五寸。此長短之極。極則氣至，冬無愆陽，夏無伏陰。春分日在婁，秋分日在角，而月弦於牽牛、東井，亦以其景知氣至不。春秋冬夏氣皆至，則是四時之敘正矣。

(三·六十)

保章氏掌天星，以志星辰日月之變動，以觀天下之遷，辨其吉凶。〔一〕以星土辨九州之地，所封封域皆有分星，以觀妖祥。〔二〕以十有二歲之相，觀天下之妖祥。〔三〕以五雲之物辨吉凶、水旱降、豐荒之祲象。〔四〕以十有二風察天地之和，命乖別之妖祥。〔五〕凡此五物者，以詔救政，訪序事。〔六〕

〔一〕志，古文識。識，記也。星，謂五星。辰，日月所會。五星有贏縮圜角，日有薄食暈珥，月有虧盈朓側匿之變。七者右行列舍，天下禍福變移所在皆見焉。

〔二〕星土，星所主土也。封，猶界也。鄭司農説星土以《春秋傳》曰“參爲晉星”“商主大火”，《國語》曰“歲之所在，則我有周之分野”之屬是也。玄謂大界則曰九州。州中諸國中之封域，於星亦有分焉，其書亡矣。堪輿雖有郡國所入度，非古數也。今其存可言者，十二次之分也。星紀，吳越也。玄枵，齊也。娵訾，衞也。降婁，魯也。大梁，趙也。實沈，晉也。鶉首，秦也。鶉火，周也。鶉尾，楚也。壽星，鄭也。大火，宋也。析木，燕也。此分野之妖祥，主用客星彗孛之氣爲象。

［三］歲，謂大歲。歲星與日同次之月，斗所建之辰也。歲星爲陽，右行於天，大歲爲陰，左行於地，十二歲而小周。其妖祥之占，《甘氏歲星經》，其遺象也。鄭司農云：“大歲所在，歲星所居。《春秋傳》曰‘越得歲而吳伐之，必受其凶’之屬是也。”

［四］物，色也。視日旁雲氣之色。降，下也，知水旱所下之國。鄭司農云：“以二至二分觀雲色，青爲蟲，白爲喪，赤爲兵荒，黑爲水，黃爲豐。故《春秋傳》曰：‘凡分至啓閉，必書雲物，爲備故也。’故曰凡此五物，以詔救政。”

［五］十有二辰皆有風，吹其律以知和不，其道亡矣。《春秋》襄十八年，楚師伐鄭，師曠曰：“吾驟歌北風，又歌南風，南風不競，多死聲，楚必無功。”是時楚師多凍，其命乖別審矣。

［六］訪，謀也。見其象則當豫爲之備，以詔王救其政，且謀今歲天時占相所宜，次序其事。

（三·六十一）

　内史掌王之八柄之灋，以詔王治，一曰爵，二曰禄，三曰廢，四曰置，五曰殺，六曰生，七曰予，八曰奪。［一］執國灋及國令之貳，以攷政事，以逆會計。［二］掌敘事之灋，受納訪，以詔王聽治。［三］

〔一〕大宰既以詔王，內史又居中貳之。

〔二〕國法，六典、八法、八則。

〔三〕敘，六敘也。納訪，納謀於王也。六敘六曰以敘聽其情。

凡命諸侯及孤卿、大夫，則策命之。^{〔一〕}凡四方之事書，內史讀之。^{〔二〕}王制祿，則贊爲之，以方出之。^{〔三〕}賞賜，亦如之。內史掌書王命，遂貳之。^{〔四〕}

〔一〕鄭司農說以《春秋傳》曰："王命內史興父策命晉侯爲侯伯。"策，謂以簡策書王命。其文曰："王謂叔父，敬服王命，以綏四國，糾逖王慝。"晉侯三辭，從命，受策以出。

〔二〕若今尚書入省事。

〔三〕贊爲之，爲之辭也。鄭司農云："以方出之，以方版書而出之。上農夫食九人，其次食八人，其次食七人，其次食六人，下農夫食五人。庶人在官者，其祿以是爲差。諸侯之下士視上農夫，祿足以代其耕也。中士倍下士，上士倍中士，下大夫倍上士，卿四大夫祿，君十卿祿。"杜子春云："方，直謂今時牘也。"玄謂《王制》曰："王之三公視公侯，卿視伯，大夫視子男，元士視附庸。"

〔四〕副寫藏之。

(三·六十二)

外史掌書外令，^{〔一〕}掌四方之志，^{〔二〕}掌三皇、五帝之書，^{〔三〕}掌達書名于四方。^{〔四〕}若以書使于四方，則書其令。^{〔五〕}

〔一〕王令下畿外。

［二］志，記也。謂若魯之《春秋》，晉之《乘》，楚之《檮杌》。

［三］楚靈王所謂《三墳》《五典》。

［四］謂若《堯典》《禹貢》，達此名使知之。或曰：古曰名，今曰字，使四方知書之文字，得能讀之。

［五］書王令以授使者。

（三·六十三）

　　御史掌邦國都鄙及萬民之治令，以贊冢宰。^[一]凡治者受灋令焉。^[二]掌贊書，^[三]凡數從政者。^[四]

［一］王所以治之令，冢宰掌王治。

［二］爲書寫其治之法令，來受則授之。

［三］王有命，當以書致之，則贊爲辭，若今尚書作詔文。

［四］自公卿以下至胥徒凡數，及其見在空缺者。鄭司農讀言“掌贊書數”。書數者，經禮三百，曲禮三千，法度皆在。玄以爲不辭，故改之云。

（三·六十四）

　　巾車掌公車之政令，辨其用與其旗物而等敘之，以治其出入。^[一]

［一］公，猶官也。用，謂祀賓之屬。旗物，大常以下。等敘之，以封同姓異姓之次序。

　　王之五路：一曰玉路，錫，樊纓十有再就，建大常，十有二斿，以祀；^[一]金路，鉤，樊纓九就，建大旂，以

賓，同姓以封；^[二]象路，朱，樊纓七就，建大赤，以朝，
異姓以封；^[三]革路，龍勒，條纓五就，建大白，以即戎，
以封四衞；^[四]木路，前樊鵠纓，建大麾，以田，以封
蕃國。^[五]

[一] 王在焉曰路。玉路，以玉飾諸末。錫，馬面當盧刻金爲之，
所謂鏤錫也。樊，讀如鞶帶之鞶，謂今馬大帶也。鄭司農
云：“纓，謂當胷。《士喪禮下篇》曰‘馬纓三就’，禮家説曰：
纓，當胷，以削革爲之。三就，三重三匝也。”玄謂纓，今
馬鞅。玉路之樊及纓，皆以五采罽飾之十二就。就，成也。
大常，九旗之畫日月者，正幅爲縿，斿則屬焉。

[二] 金路，以金飾諸末。鉤，婁頷之鉤也。金路無錫有鉤，亦以
金爲之。其樊及纓以五采罽飾之而九成。大旂，九旗之畫
交龍者。以賓，以會賓客。同姓以封，謂王子母弟率以功德
出封。雖爲侯伯，其畫服猶如上公，若魯、衞之屬。其無功
德，各以親疏食采繢内而已。故書鉤爲拘，杜子春讀爲鉤。

[三] 象路，以象飾諸末。象路無鉤，以朱飾勒而已。其樊及纓以
五采罽飾之而七成。大赤，九旗之通帛。以朝，以日視朝。
異姓，王甥舅。

[四] 革路，鞔之以革而漆之，無他飾。龍，駹也。以白黑飾眢雜
色爲勒。條，讀爲絛。其樊及纓，以絛絲飾之而五成。不
言樊字，蓋脱爾。以此言絛，知玉路、金路、象路飾樊纓皆
不用金玉象矣。大白，殷之旗，猶周大赤，蓋象正色也。即
戎，謂兵事。四衞，四方諸侯守衞者，蠻服以内。

[五] 木路，不鞔以革，漆之而已。前，讀爲緇翦之翦。翦，淺黑
也。木路無龍勒，以淺黑飾眢爲樊，鵠色飾眢爲纓。不言就

數，飾與革路同。大麾不在九旗中，以正色言之則黑，夏后氏所建。田，四時田獵。蕃國，謂九州之外夷服、鎮服、蕃服。杜子春云："鵠，或爲結。"

　　王后之五路：重翟，錫面朱緫；厭翟，勒面繢緫；安車，彫面鷖緫，皆有容蓋；[一]翟車，貝面組緫，有握；[二]輦車，組挽，有翣，羽蓋。[三]

[一] 重翟，重翟雉之羽也。厭翟，次其羽使相迫也。勒面，謂以如玉龍勒之韋，爲當面飾也。彫者，畫之，不龍其章。安車，坐乘車，凡婦人車皆坐乘。故書朱緫爲絻，鷖或作繄。鄭司農云："錫，馬面錫。絻，當爲緫，書亦或爲緫。鷖，讀爲鳧鷖之鷖。鷖緫者，青黑色，以繒爲之，緫著馬勒直兩耳與兩鑣。容，謂幨車，山東謂之裳幃，或曰潼容。"玄謂朱緫、繢緫，其施之如鷖緫，車衡輈亦宜有焉。繢，畫文也。蓋，如今小車蓋也。皆有容有蓋，則重翟、厭翟謂蔽也。重翟，后從王祭祀所乘。厭翟，后從王賓饗諸侯所乘。安車無蔽，后朝見於王所乘，謂去飾也。《詩·國風·碩人》曰"翟蔽以朝"，謂諸侯夫人始來，乘翟蔽之車，以朝見於君，盛之也。此翟蔽蓋厭翟也。然則王后始來乘重翟乎？

[二] 翟車，不重不厭，以翟飾車之側爾。貝面，貝飾勒之當面也。有握，則此無蓋矣，如今幝車是也。后所乘以出桑。

[三] 輦車不言飾，后居宮中從容所乘，但漆之而已。爲輇輪，人輓之以行。有翣，所以禦風塵。以羽作小蓋，爲翳日也。故書翣爲馺，杜子春云："當爲翣，書亦或爲毲。"

王之喪車五乘: 木車, 蒲蔽, 犬𩰂, 尾囊, 疏飾, 小服皆疏;^[一] 素車, 棻蔽, 犬𩰂, 素飾, 小服皆素;^[二] 藻車, 藻蔽, 鹿淺𩰂、革飾;^[三] 駹車, 萑蔽, 然𩰂, 髤飾;^[四] 漆車, 藩蔽, 犴𩰂, 雀飾。^[五]

[一] 木車, 不漆者。鄭司農云: "蒲蔽, 謂贏蘭車以蒲爲蔽, 天子喪服之車, 漢儀亦然。犬𩰂, 以犬皮爲覆笭。"故書疏爲揗, 杜子春讀揗爲沙。玄謂蔽, 車旁禦風塵者。犬, 白犬皮, 既以皮爲覆笭, 又以其尾爲戈戟之弢。麤布飾二物之側爲之緣, 若攝服云。服, 讀爲箙, 小箙, 刀劍短兵之衣。此始遭喪所乘, 爲君之道尚微, 備姦臣也。《書》曰: "以虎賁百人逆子釗, 亦爲備焉。"

[二] 素車, 以白土堊車也。棻, 讀爲蘈, 蘈麻以爲蔽。其𩰂服以素繒爲緣。此卒哭所乘, 爲君之道益著, 在車可以去戈戟。

[三] 故書藻作轍, 杜子春: "轍, 讀爲華藻之藻, 直謂華藻也。" 玄謂藻, 水草, 蒼色。以蒼土堊車, 以蒼繒爲蔽也。鹿淺𩰂, 以鹿夏皮爲覆笭, 又以所治去毛者緣之。此既練所乘。

[四] 故書駹作龍, 髤爲軟。杜子春云: "龍, 讀爲駹。軟, 讀爲桼坑之桼, 直謂髤桼也。"玄謂駹車, 邊側有桼飾也。萑, 細葦席也。以爲蔽者, 漆則成藩, 即吉也。然, 果然也。髤, 赤多黑少之色章也。此大祥所乘。

[五] 漆車, 黑車也。藩, 今時小車藩, 漆席以爲之。犴, 胡犬。雀, 黑多赤少之色章也。此禫所乘。

服車五乘: 孤乘夏篆, 卿乘夏縵, 大夫乘墨車, 士乘棧車, 庶人乘役車。^[一]

［一］服車，服事者之車。故書夏篆爲夏緣。鄭司農云：“夏，赤也。緣，緣色。或曰：夏篆，篆讀爲圭瑑之瑑。夏篆，轂有約也。”玄謂夏篆，五采畫轂約也。夏縵，亦五采畫，無瑑爾。墨車不畫也。棧車不革鞔而漆之。役車，方箱，可載任器以共役［一］。

凡良車、散車不在等者，其用無常。［一］

［一］給遊燕及恩惠之賜。不在等者，謂若今輜車後户之屬。作之有功有沽。

凡車之出入，歲終則會之，［一］凡賜闕之。［二］毀折，入齎于職幣。［三］

［一］計其完敗多少。

［二］完敗不計。

［三］計所傷敗入其直。杜子春云：“齎，讀爲資。資，謂財也。乘官車毀折者，入財以償繕治之直。”

大喪，飾遣車，遂廞之行之。［一］及葬，執蓋從車，持旌。［二］及墓，嘑啓關，陳車。［三］小喪，共匶路與其飾。［四］歲時更續，共其弊車。［五］大祭祀，鳴鈴以應雞人。［六］

［一］廞，興也，謂陳駕之。行之，使人以次舉之以如墓也。遣車

―――――――――

〔一〕　可載任器以共役　“任”，底本作“在”，今據黃本改。

一曰鸞車。

[二] 從車，隨柩路。持蓋與旌者，王平生時車建旌，雨則有蓋。
今蜃車無蓋，執而隨之，象生時有也。所執者銘旌。

[三] 關，墓門也。車，貳車也。《士喪禮下篇》曰：“車至道左，
北面立，東上。”

[四] 柩路，載柩車也。飾，棺飾也。

[五] 故書更續爲受讀，杜子春云：“受，當爲更。讀，當爲續。
更續，更受新。共其弊車，歸其故弊車也。”玄謂俱受新耳。
更，易其舊。續，續其不任用。共其弊車，巾車既更續之，
取其弊車，共於車人，材或有中用之。

[六] 雞人主呼旦，鳴鈴以和之，聲且警衆。必使鳴鈴者，車有和
鸞相應和之象。故書鈴或作軨，杜子春云：“當爲鈴。”

(三·六十五)

典路掌王及后之五路，辨其名物與其用說。[一] 若有大
祭祀，則出路，贊駕說。[二] 大喪、大賓客，亦如之。[三]
凡會同、軍旅、弔于四方，以路從。[四]

[一] 用，謂將有朝祀之事而駕之。鄭司農云：“說，謂舍車也。《春
秋傳》曰：‘雞鳴而駕，日中而說。’用，謂所宜用。”

[二] 出路，王當乘之。贊駕說，贊僕與趣馬也。

[三] 亦出路當陳之。鄭司農說以《書·顧命》曰“成王崩，康王
既陳先王寶器”，又曰“大路在賓階面，贅路在阼階面，先
路在左塾之前，次路在右塾之前”，漢朝《上計律》陳屬車
於庭，故曰大喪、大賓客亦如之。

[四] 王出於事無常，王乘一路，典路以其餘路從行，亦以華國。

294

（三·六十六）

車僕掌戎路之萃、廣車之萃、闕車之萃、苹車之萃、輕車之萃。[一]凡師，共革車，各以其萃。[二]會同，亦如之。[三]大喪，廞革車。[四]大射，共三乏。[五]

[一] 萃，猶副也。此五者皆兵車，所謂五戎也。戎路，王在軍所乘也。廣車，橫陳之車也。闕車，所用補闕之車也。苹，猶屏也，所用對敵自蔽隱之車也。輕車，所用馳敵致師之車也。《春秋傳》曰“公喪戎路”，又曰“其君之戎，分爲二廣”，則諸侯戎路，廣車也。又曰“帥斿闕四十乘”。《孫子》八陳有苹車之陳，又曰“馳車千乘”。五者之制及萃數，未盡聞也。《書》曰：“武王戎車三百兩。”故書革作平，杜子春云：“苹車，當爲軿車。其字當爲萃，書亦或爲苹。”

[二] 五戎者共其一以爲王，優尊者所乘也，而萃各從其元焉。

[三] 巡守及兵車之會，則王乘戎路。乘車之會，王雖乘金路，猶共以從，不失備也。

[四] 言興革車，則遣車不徒戎路，廣、闕、苹、輕皆有焉。

[五] 鄭司農云：“乏，讀爲匱乏之乏。”

（三·六十七）

司常掌九旗之物名，各有屬，以待國事。日月爲常，交龍爲旂，通帛爲旜，雜帛爲物，熊虎爲旗，鳥隼爲旟，龜蛇爲旐，全羽爲旞，析羽爲旌。[一]及國之大閱，贊司馬頒旗物。王建大常，諸侯建旂，孤卿建旜，大夫、士建物，師都建旗，州里建旟，縣鄙建旐，道車載旞，斿車載旌。[二]皆畫其象焉，官府各象其事，州里各象其名，家各

象其號。^[三]

[一] 物名者，所畫異物則異名也。屬，謂徽識也，《大傳》謂之
徽號。今城門僕射所被及亭長著絳衣，皆其舊象。通帛，謂
大赤，從周正色，無飾。雜帛者，以帛素飾其側。白，殷之
正色。全羽、析羽，皆五采，繫之於旞旌之上，所謂注旄於
干首也。凡九旗之帛皆用絳。

[二] 仲冬教大閱，司馬主其禮。自王以下治民者，旗畫成物之
象。王畫日月，象天明也。諸侯畫交龍，一象其升朝，一象
其下復也。孤卿不畫，言奉王之政教而已。大夫士雜帛，言
以先王正道佐職也。師都，六鄉六遂大夫也。謂之師都，都
民所聚也。畫熊虎者，鄉遂出軍賦，象其守猛，莫敢犯也。
州里、縣鄙、鄉遂之官，互約言之。鳥隼，象其勇捷也。龜
蛇，象其扞難辟害也。道車，象路也，王以朝夕燕出入。斿
車，木路也，王以田以鄙。全羽、析羽五色，象其文德也。
大閱，王乘戎路，建大常焉。玉路、金路不出。

[三] 事、名、號者，徽識，所以題別衆臣，樹之於位，朝各就
焉。《覲禮》曰：“公、侯、伯、子、男，皆就其旂而立。”
此其類也。或謂之事，或謂之名，或謂之號，異外內也。三
者旌旗之細也。《士喪禮》曰：“爲銘，各以其物。亡則以緇
長半幅，赬末長終幅，廣三寸，書名於末。”此蓋其制也。
徽識之書，則云某某之事，某某之名，某某之號。今大閱禮
象而爲之。兵，凶事，若有死事者，亦當以相別也。杜子
春云：“畫，當爲書。”玄謂畫，畫雲氣也。異於在國，軍事
之飾。

凡祭祀，各建其旗，^[一]會同、賓客，亦如之，置旌門。^[二]大喪，共銘旌，^[三]建廞車之旌。及葬，亦如之。^[四]

[一] 王祭祀之車則玉路。

[二] 賓客、朝覲、宗遇，王乘金路，巡守、兵車之會，王乘戎路，皆建其大常。《掌舍職》曰：“爲帷宮，設旌門。”

[三] 銘旌，王則大常也。《士喪禮》曰：“爲銘各以其物。”

[四] 葬云建之，則行廞車解説之。

凡軍事，建旌旗。及致民，置旗弊之。^[一]甸亦如之。凡射，共獲旌。^[二]歲時，共更旌。^[三]

[一] 始置旗以致民，民至仆之，誅後至者。

[二] 獲旌，獲者所持旌。

[三] 取舊予新^{〔一〕}。

（三・六十八）

都宗人掌都祭祀之禮。凡都祭祀，致福于國。^[一]正都禮與其服。^[二]若有寇戎之事，則保群神之壝。^[三]國有大故，則令禱祠。既祭，反命于國。^[四]

[一] 都或有山川及因國無主九皇六十四民之祀，王子弟則立其祖王之廟，其祭祀王皆賜禽焉。主其禮者，警戒之，糾其戒具。其來致福，則帥而以造祭僕。

〔一〕 取舊予新　“予”，底本作“子”，今據<u>黃</u>本改。

［二］禁督其違失者。服謂衣服及宮室車旗。

［三］守山川、丘陵、墳衍之壇域。

［四］令，令都之有司也。祭，謂報塞也。反命，還白王。

（三·六十九）

　　家宗人掌家祭祀之禮。凡祭祀，致福。^{［一］}國有大故，則令禱祠，反命，祭亦如之。^{［二］}掌家禮與其衣服、宮室、車旗之禁令。^{［三］}

［一］大夫采地之所祀，與都同。若先王之子孫，亦有祖廟。

［二］以王命令禱祠，歸白王。於獲福，又以王命令祭之，還又
　　　反命。

［三］掌，亦正也。不言寇戎保群神之壇，則都家自保之，都宗人
　　　所保者謂王所祀，明矣。

（三·七十）

　　凡以**神仕**者，掌三辰之灋，以猶鬼神示之居，辨其名物。^{［一］}以冬日至致天神、人鬼，以夏日至致地示、物魅，以禬國之凶荒、民之札喪。^{［二］}

［一］猶，圖也。居，謂坐也。天者，群神之精，日月星辰其著位
　　　也。以此圖天神、人鬼、地祇之坐者，謂布祭衆寡與其居
　　　句。《孝經》說郊祀之禮曰：“燔燎埽地，祭牲繭栗，或象天
　　　酒旗、坐星、廚、倉，具黍稷，布席，極敬心也。”言郊之
　　　布席，象五帝坐。禮祭宗廟，序昭穆，亦又有似虛危。則祭
　　　天圜丘象北極，祭地方澤象后妃，及社稷之席皆有明法焉。

《國語》曰："古者民之精爽不攜貳者，而又能齊肅中正，其
知能上下比義，其聖能光遠宣朗，其明能光照之，其聰能聽
徹之，如是則神明降之，在男曰覡，在女曰巫，是之使制神
之處位次主，而爲之牲器時服。"巫既知神如此，又能居以
天法，是以聖人用之。今之巫祝，既闇其義，何明之見？何
法之行？正神不降，或於淫厲，苟貪貨食，遂誣人神，令此
道滅，痛矣。

[二] 天、人，陽也。地、物，陰也。陽氣升而祭鬼神，陰氣升而
祭地祇、物魅，所以順其爲人與物也。致人鬼於祖廟，致物
魅於墠壇，蓋用祭天地之明日。百物之神曰魅。《春秋傳》曰：
"螭魅魍魎。"杜子春云："禬，除也。"玄謂此禬，讀如潰癰
之潰。

周禮卷第七

周禮卷第七

夏官司馬第四

惟王建國，辨方正位，體國經野，設官分職，以
爲民極。乃立夏官司馬，使帥其屬而掌邦政，以佐王平
邦國。[一]

[一]政，正也，所以正不正者也。《孝經》説曰："政者，正也，
　　正德名以行道。"

政官之屬：
大司馬，卿一人。
小司馬，中大夫二人。
軍司馬，下大夫四人。
輿司馬，上士八人。
行司馬，中士十有六人，旅下士三十有二人。府六人，
史十有六人，胥三十有二人，徒三百有二十人。[一]

[一]輿，衆也。行，謂軍行列，晉作六軍而有三行，取名於此。

凡制軍，萬有二千五百人爲軍。王六軍，大國三軍，

次國二軍，小國一軍。軍將皆命卿。二千有五百人爲師，師帥皆中大夫。五百人爲旅，旅帥皆下大夫。百人爲卒，卒長皆上士。二十五人爲兩，兩司馬皆中士。五人爲伍，伍皆有長。[一]一軍則二府、六史、胥十人、徒百人。

[一] 軍、師、旅、卒、兩、伍，皆衆名也。伍一比，兩一閭，卒一族，旅一黨，師一州，軍一鄉，家所出一人。將、帥、長、司馬者，其師吏也。言軍將皆命卿，則凡軍帥不特置，選於六官、六鄉之吏。自鄉以下，德任者使兼官焉。鄭司農云：“王六軍，大國三軍，次國二軍，小國一軍，故《春秋傳》有大國、次國、小國。又曰：‘成國不過半天子之軍。周爲六軍，諸侯之大者三軍可也。’《詩·大雅·常武》曰：‘赫赫明明，王命卿士，南仲大祖，大師皇父，整我六師，以修我戎，既儆既戒，惠此南國。’《大雅·文王》曰：‘周王于邁，六師及之。’此周爲六軍之見于經也。《春秋傳》曰：‘王使虢公命曲沃伯以一軍爲晉侯。’此小國一軍之見於傳也。百人爲卒，二十五人爲兩，故《春秋傳》曰：‘廣有一卒，卒偏之兩。’”

司勳，上士二人，下士四人。府二人，史四人，胥二人，徒二十人。[一]

[一] 故書勳作勛，鄭司農云：“勛讀爲勳。勳，功也。此官主功賞，故曰掌六鄉賞地之法以等其功。”

馬質，中士二人。府一人，史二人，賈四人，徒

八人。[一]

[一] 質，平也。主買馬，平其大小之賈直。

量人，下士二人。府一人，史四人，徒八人。[一]

[一] 量，猶度也，謂以丈尺度地。

小子，下士二人。史一人，徒八人。[一]

[一] 小子主祭祀之小事。

羊人，下士二人。史一人，賈二人，徒八人。
司爟，下士二人。徒六人。[一]

[一] 故書爟爲燋，杜子春云：“燋當爲爟，書亦或爲爟。爟爲私火。”玄謂爟，讀如予若觀火之觀。今燕俗名湯熱爲觀，則爟火謂熱火與？

掌固，上士二人，下士八人。府二人，史四人，胥四人，徒四十人。[一]

[一] 固，國所依阻者也。國曰固，野曰險。《易》曰：“王公設險，以守其國。”

司險，中士二人，下士四人。史二人，徒四十人。

305

掌疆，中士八人。史四人，胥十有六人，徒百有六十人。[一]

[一] 疆，界也。

候人，上士六人，下士十有二人。史六人，徒百有二十人。[一]

[一] 候，候迎賓客之來者。

環人，下士六人。史二人，徒十有二人。[一]

[一] 環，猶卻也，以勇力卻敵。

挈壺氏，下士六人。史二人，徒十有二人。[一]

[一] 挈，讀如絜髮之絜。壺，盛水器也。世主挈壺水以爲漏。

射人，下大夫二人；上士四人，下士八人。府二人，史四人，胥二人，徒二十人。
服不氏，下士一人。徒四人。[一]

[一] 服不，服不服之獸者。

射鳥氏，下士一人。徒四人。
羅氏，下士一人。徒八人。[一]

〔一〕能以羅罔搏鳥者。《郊特牲》曰："大羅氏，天子之掌鳥獸者。"

掌畜，下士二人。史二人，胥二人，徒二十人。^{〔一〕}

〔一〕畜，謂斂而養之。

司士，下大夫二人；中士六人，下士十有二人。府二人，史四人，胥四人，徒四十人。

諸子，下大夫二人；中士四人。府二人，史二人，胥二人，徒二十人。^{〔一〕}

〔一〕諸子，主公、卿、大夫、士之子者，或曰庶子。

司右，上士二人，下士四人。府四人，史四人，胥八人，徒八十人。^{〔一〕}

〔一〕右，謂有勇力之士，充王車右。

虎賁氏，下大夫二人；中士十有二人。府二人，史八人，胥八十人，虎士八百人。^{〔一〕}

〔一〕不言徒，曰虎士，則虎士徒之選有勇力者。

旅賁氏，中士二人，下士十有六人。史二人，徒八人。

節服氏，下士八人。徒四人。^{〔一〕}

〔一〕世爲王節所衣服。

方相氏，狂夫四人。^[一]

〔一〕方相，猶言放想，可畏怖之貌。

大僕，下大夫二人。
小臣，上士四人。
祭僕，中士六人。
御僕，下士十有二人。府二人，史四人，胥二人，徒二十人。^[一]

〔一〕僕，侍御於尊者之名。大僕，其長也。

隸僕，下士二人。府一人，史二人，胥四人，徒四十人。^[一]

〔一〕此吏而曰隸，以其事褻。

弁師，下士二人。工四人，史二人，徒四人。^[一]

〔一〕弁者，古冠之大稱。委貌、緇布曰冠。

司甲，下大夫二人；中士八人。府四人，史八人，胥八人，徒八十人。^[一]

〔一〕甲，今之鎧也。司甲，兵戈盾官之長。

司兵，中士四人。府二人，史四人，胥二人，徒二十人。

司戈盾，下士二人。府一人，史二人，徒四人。^{〔一〕}

〔一〕戈，今時句孑戟。

司弓矢，下大夫二人；中士八人。府四人，史八人，胥八人，徒八十人。^{〔一〕}

〔一〕司弓矢，弓弩矢箙官之長。

繕人，上士二人，下士四人。府一人，史二人，胥二人，徒二十人。^{〔一〕}

〔一〕繕之言勁也，善也。

槀人，中士四人。府二人，史四人，胥二人，徒二十人。^{〔一〕}

〔一〕鄭司農云：“槀，讀爲刍槀之槀，箭幹謂之槀。此官主弓弩箭矢，故謂之槀人。”

戎右，中大夫二人；上士二人。^{〔一〕}

［一］右者，參乘。此充戎路之右，田獵亦爲之右焉。

齊右，下大夫二人。^[一]

［一］充玉路、金路之右。

道右，上士二人。^[一]

［一］充象路之右。

大馭，中大夫二人。^[一]

［一］馭之最尊。

戎僕，中大夫二人。^[一]

［一］馭言僕者，此亦侍御於車。

齊僕，下大夫二人。^[一]

［一］古者王將朝覲會同，必齊，所以敬宗廟及神明也。

道僕，上士十有二人。^[一]

［一］王朝朝莫夕，主御王以與諸臣行先王之道。

田僕，上士十有二人。

馭夫，中士二十人，下士四十人。

校人，中大夫二人；上士四人，下士十有六人。府四人，史八人，胥八人，徒八十人。[一]

［一］校之爲言校也，主馬者必仍校視之。校人，馬官之長。

趣馬，下士、皁一人，徒四人。[一]

［一］趣馬，趣養馬者也。鄭司農説以《詩》曰："蹶惟趣馬。"

巫馬，下士二人。醫四人，府一人，史二人，賈二人，徒二十人。[一]

［一］巫馬，知馬祖、先牧、馬社、馬步之神者。馬疾若有犯焉則知之，是以使與醫同職。

牧師，下士四人。胥四人，徒四十人。[一]

［一］主牧放馬而養之。

廋人，下士、閑二人，史二人，徒二十人。[一]

［一］廋之言數。

圉師，乘一人，徒二人。

圉人，良馬匹二人，駑馬麗一人。[一]

[一] 養馬曰圉。四馬爲乘。良，善也。麗，耦也。

職方氏，中大夫四人，下大夫八人；中士十有六人。府四人，史十有六人，胥十有六人，徒百有六十人。[一]

[一] 職，主也，主四方之職貢者。職方氏，主四方官之長。

土方氏，上士五人，下士十人。府二人，史五人，胥五人，徒五十人。[一]

[一] 土方氏，主四方邦國之土地。

懷方氏，中士八人。府四人，史四人，胥四人，徒四十人。[一]

[一] 懷，來也，主來四方之民及其物。

合方氏，中士八人。府四人，史四人，胥四人，徒四十人。[一]

[一] 合方氏，主合同四方之事。

訓方氏，中士四人。府四人，史四人，胥四人，徒四十人。[一]

［一］訓，道也，主教道四方之民。

形方氏，中士四人。府四人，史四人，胥四人，徒四十人。^{［一］}

［一］形方氏，主制四方邦國之形體。

山師，中士二人，下士四人。府二人，史四人，胥四人，徒四十人。
川師，中士二人，下士四人。府二人，史四人，胥四人，徒四十人。
邍師，中士四人，下士八人。府四人，史八人，胥八人，徒八十人。^{［一］}

［一］邍，地之廣平者。

匡人，中士四人。史四人，徒八人。^{［一］}

［一］匡，正也。主正諸侯以法則。

撢人，中士四人。史四人，徒八人。^{［一］}

［一］撢人，主撢序王意，以語天下。

都司馬，每都上士二人，中士四人，下士八人。府二人，史八人，胥八人，徒八十人。^{［一］}

［一］都，王子弟所封及三公采地也。司馬主其軍賦。

家司馬，各使其臣，以正於公司馬。^{［一］}

［一］家，卿大夫采地。正，猶聽也。公司馬，國司馬也。卿大夫
之采地，王不特置司馬，各自使其家臣爲司馬，主其地之軍
賦，往聽政於王之司馬。王之司馬其以王命來有事，則曰國
司馬。

(四·一)

大司馬之職，掌建邦國之九灋，以佐王平邦國。^{［一］}制
畿封國，以正邦國。^{［二］}設儀辨位，以等邦國。^{［三］}進賢興功，
以作邦國。^{［四］}建牧立監，以維邦國。^{［五］}制軍詰禁，以糾
邦國。^{［六］}施貢分職，以任邦國。^{［七］}簡稽鄉民，以用邦國。^{［八］}
均守平則，以安邦國。^{［九］}比小事大，以和邦國。^{［一〇］}

［一］平，成也，正也。

［二］封，謂立封於疆爲界。

［三］儀，謂諸侯及諸臣之儀。辨，別也，別尊卑之位。

［四］興，猶舉也。作，起也。起其勸善樂業之心，使不惰廢。

［五］牧，州牧也。監，監一國，謂君也。維，猶聯結也。

［六］詰，猶窮治也。糾，猶正也。

［七］職，謂賦稅也。任，猶事也，事以其力之所堪。

［八］簡，謂比數之。稽，猶計也。

［九］諸侯有土地者均之，尊者守大，卑者守小。則，法也。

［一〇］比，猶親，使大國親小國，小國事大國，相合和也。

《易·比象》曰："先王以建萬國，親諸侯。"

以九伐之灋正邦國，^[一]馮弱犯寡則眚之，^[二]賊賢害民則伐之，^[三]暴内陵外則壇之，^[四]野荒民散則削之，^[五]負固不服則侵之，^[六]賊殺其親則正之，^[七]放弒其君則殘之，^[八]犯令陵政則杜之，^[九]外内亂、鳥獸行則滅之。^[一〇]

[一] 諸侯有違王命，則出兵以征伐之，所以正之也。諸侯之於國，如樹木之有根本，是以言伐云。

[二] 馮，猶乘陵也，言不字小而侵侮之。眚，猶人眚瘦也。《王霸記》曰："四面削其地。"

[三]《春秋傳》曰："粗者曰侵，精者曰伐。"又曰："有鍾鼓曰伐。"則伐者，兵入其竟，鳴鍾鼓以往，所以聲其罪。

[四] 内，謂其國；外，謂諸侯。壇，讀如同墠之墠。《王霸記》曰："置之空墠之地。"鄭司農云："壇，讀從憚之以威之憚，書亦或爲墠。"玄謂置之空墠，以出其君，更立其次賢者。

[五] 荒，蕪也。田不治，民不附，削其地，明其不能有。

[六] 負，猶恃也。固，險可依以固者也。不服，不事大也。侵之者，兵加其竟而已，用兵淺者。《詩》曰："密人不恭，敢距大邦。"

[七] 正之者，執而治其罪。《王霸記》曰："正，殺之也。"《春秋》僖二十八年冬，晉人執衛侯，歸之于京師，坐殺其弟叔武。

[八] 放，逐也。殘，殺也。《王霸記》曰："殘滅其爲惡。"

[九] 令，猶命也。《王霸記》曰："犯令者，違命也。"陵政者，輕政法，不循也。杜之者，杜塞使不得與鄰國交通。

[一〇]《王霸記》曰："悖人倫，外内無以異于禽獸，不可親百姓，

則誅滅去之也。"《曲禮》曰:"夫唯禽獸無禮,故父子聚麀。"

正月之吉,始和布政于邦國都鄙,乃縣政象之灋于象魏,使萬民觀政象,挾日而斂之。[一]

[一] 以正月朔日布王政於天下,至正歲又縣政法之書。挾日,十日也。

乃以九畿之籍,施邦國之政職。方千里曰國畿,其外方五百里曰侯畿,又其外方五百里曰甸畿,又其外方五百里曰男畿,又其外方五百里曰采畿,又其外方五百里曰衛畿,又其外方五百里曰蠻畿,又其外方五百里曰夷畿,又其外方五百里曰鎮畿,又其外方五百里曰蕃畿。[一]

[一] 畿,猶限也。自王城以外五千里為界,有分限者九。籍,其禮差之書也。政職,所共王政之職,謂賦稅也。故書畿為近,鄭司農云:"近,當言畿。《春秋傳》曰:'天子一畿,列國一同。'《詩·殷頌》曰:'邦畿千里,維民所止。'"

凡令賦,以地與民制之。上地,食者參之二,其民可用者家三人。中地,食者半,其民可用者二家五人。下地,食者參之一,其民可用者家二人。[一]

[一] 賦,給軍用者也。令邦國之賦,亦以地之美惡、民之眾寡為制,如六遂矣。鄭司農云:"上地謂肥美田也。食者參之二,假令一家有三頃,歲種二頃,休其一頃。下地食者參之一,

田薄惡者所休多。"

中春教振旅，司馬以旗致民，平列陳，如戰之陳。^[一]辨鼓鐸鐲鐃之用，王執路鼓，諸侯執賁鼓，軍將執晉鼓，師帥執提，旅帥執鼙，卒長執鐃，兩司馬執鐸，公司馬執鐲，^[二]以教坐作、進退、疾徐、疏數之節。^[三]遂以蒐田，有司表貉，誓民。鼓，遂圍禁。火弊，獻禽以祭社。^[四]

[一] 以旗者，立旗期民於其下也。兵者，守國之備。<u>孔子</u>曰："以不教民戰，是謂棄之。"兵者凶事，不可空設，因蒐狩而習之。凡師出曰治兵，入曰振旅，皆習戰也。四時各教民以其一焉。春習振旅，兵入收衆專於農。平，猶正也。

[二]《鼓人職》曰："以路鼓鼓鬼享，以賁鼓鼓軍事，以晉鼓鼓金奏，以金鐃止鼓，以金鐸通鼓，以金鐲節鼓。"<u>鄭司農</u>云："辨鼓鐸鐲鐃之用，謂鉦鐸之屬。鐲讀如濁其源之濁。鐃讀如讙嘵之嘵。提讀如攝提之提，謂馬上鼓，有曲木提持鼓立馬髦上者，故謂之提。"<u>杜子春</u>云："公司馬，謂五人爲伍，伍之司馬也。"<u>玄</u>謂王不執賁鼓，尚之於諸侯也。伍長謂之公司馬者，雖卑同其號。

[三] 習戰法。

[四] 春田爲蒐。有司，大司徒也，掌大田役治徒庶之政令。表貉，立表而貉祭也。誓民，誓以犯田法之罰也。誓曰："無干車，無自後射，立旌，遂圍禁，旌弊爭禽而不審者，罰以假馬。"禁者，虞衡守禽之屬禁也。既誓，令鼓而圍之，遂蒐田。火弊，火止也。春田主用火，因焚萊除陳草，皆殺而火止。獻猶致也，屬也。田止，虞人植旌，衆皆獻其所獲禽焉。《詩》

云："言私其豵，獻肩于公。"春田主祭社者，土方施生也。鄭司農云："貉，讀爲禡。禡，謂師祭也。書亦或爲禡。"

中夏教茇舍，如振旅之陳。群吏撰車徒，讀書契，辨號名之用，帥以門名，縣鄙各以其名，家以號名，鄉以州名，野以邑名，百官各象其事，以辨軍之夜事。其他皆如振旅。^[一]遂以苗田，如蒐之灋，車弊，獻禽以享礿。^[二]

[一] 茇，讀如萊沛之沛。茇舍，草止之也。軍有草止之法。撰，讀曰算。算車徒，謂數擇之也。讀書契，以簿書校錄軍實之凡要。號名者，徽識所以相別也。鄉遂之屬謂之名，家之屬謂之號，百官之屬謂之事。在國以表朝位，在軍又象其制而爲之，被之以備死事。帥，謂軍將及師帥、旅帥至伍長也。以門名者，所被徽識如其在門所樹者也。凡此言以也、象也，皆謂其制同耳。軍將皆命卿。古者軍將，蓋爲營治於國門，魯有東門襄仲，宋有桐門右師，皆上卿爲軍將者也。縣鄙，謂縣正、鄙師至鄰長也。家，謂食采地者之臣也。鄉以州名，亦謂州長至比長也。野，謂公邑大夫。百官，以其職從王者。此六者皆書其官與名氏焉。門則襄仲、右師明矣。鄉則南鄉甀、東鄉爲人是也。其他象此，云某某之名，某某之號，某某之事而已，未盡聞也。鄉遂大夫，文錯不見，以其素信于民，不爲軍將，或爲諸帥，是以闕焉。夜事，戒夜守之事。草止者慎於夜，於是主別其部職。

[二] 夏田爲苗。擇取不孕任者，若治苗去不秀實者云。車弊，驅獸之車止也。夏田主用車，示所取物希，皆殺而車止。《王制》曰："天子殺則下大綏，諸侯殺則下小綏，大夫殺則止

佐車，佐車止則百姓田獵。"礿，宗廟之夏祭也。冬夏田主
于祭宗廟者，陰陽始起，象神之在內。

中秋教治兵，如振旅之陳。辨旗物之用，王載大常，
諸侯載旂，軍吏載旗，師都載旜，鄉遂載物，郊野載旌，
百官載旟，各書其事與其號焉。其他皆如振旅。^[一]遂以獮
田，如蒐田之灋，羅弊，致禽以祀祊。^[二]

［一］軍吏，諸軍帥也。師都，遂大夫也。鄉遂，鄉大夫也。或載
　　旜，或載物，衆屬軍吏，無所將也。郊，謂鄉遂之州長、縣
　　正以下也。野，謂公邑大夫。載旌者，以其將羨卒也。百
　　官，卿大夫也。載旟者，以其屬衞王也。凡旌旗，有軍衆者
　　畫異物，無者帛而已。書，當爲畫，事也、號也，皆畫以
　　雲氣。

［二］秋田爲獮。獮，殺也。羅弊，罔止也。秋田主用罔，中殺者
　　多也。皆殺而罔止。祊，當爲方，聲之誤也。秋田主祭四
　　方，報成萬物，《詩》曰："以社以方。"

中冬，教大閱。^[一]前期，群吏戒衆庶脩戰灋。^[二]虞
人萊所田之野，爲表，百步則一，爲三表，又五十步爲一
表。田之日，司馬建旗于後表之中，群吏以旗物鼓鐸鐲鐃，
各帥其民而致。質明，弊旗，誅後至者。乃陳車徒如戰之
陳，皆坐。^[三]群吏聽誓于陳前，斬牲，以左右徇陳，曰：
"不用命者斬之。"^[四]

［一］春辨鼓鐸，夏辨號名，秋辨旗物，至冬大閱，簡軍實。凡頒

319

旗物，以出軍之旗則如秋，以尊卑之常則如冬，司常佐司馬
時也。大閲備軍禮，而旌旗不如出軍之時，空辟實。

〔二〕群吏，鄉師以下。

〔三〕鄭司農云："虞人萊所田之野，芟除其草萊，令車得驅馳。
《詩》曰：'田卒污萊。'"玄謂萊，芟除可陳之處。後表之中
五十步，表之中央。表，所以識正行列也。四表積二百五十
步。左右之廣當容三軍，步數未聞。致，致之司馬。質，正
也。弊，仆也。皆坐，當聽誓。

〔四〕群吏，諸軍帥也。陳前，南面鄉表也。《月令》："季秋，天
子教于田獵，以習五戎，司徒搢扑，北面以誓之。"此大閲
禮實正歲之中冬，而説季秋之政，於周爲中冬，爲《月令》
者失之矣。斬牲者，小子也。凡誓之大略，《甘誓》《湯誓》
之屬是也。

中軍以鼙令鼓，鼓人皆三鼓，司馬振鐸，群吏作旗，
車徒皆作。鼓行，鳴鐲，車徒皆行，及表乃止。三鼓，擽
鐸，群吏弊旗，車徒皆坐。〔一〕又三鼓，振鐸作旗，車徒皆
作。鼓進，鳴鐲，車驟，徒趨，及表乃止，坐作如初。〔二〕
乃鼓，車馳，徒走，及表乃止。〔三〕鼓戒三闋，車三發，
徒三刺。〔四〕乃鼓退，鳴鐃且卻，及表乃止，坐作如初。〔五〕

〔一〕中軍，中軍之將也。天子六軍，三三而居一偏。群吏既聽
誓，各復其部曲。中軍之將令鼓，鼓以作其士衆之氣也。鼓
人者，中軍之將、師帥、旅帥也。司馬，兩司馬也。振鐸以
作衆。作，起也。既起，鼓人擊鼓以行之，伍長鳴鐲以節
之。伍長，一曰公司馬。及表，自後表前至第二表也。三鼓

者，鼓人也。鄭司農云：“撿，讀如弄。”玄謂如涿鹿之鹿。掩上振之爲撿。撿者，止行息氣也。《司馬法》曰：“鼓聲不過閶，鼙聲不過闒，鐸聲不過琅。”

［二］趨者，赴敵尚疾之漸也。《春秋傳》曰：“先人有奪人之心。”及表，自第二前至第三。

［三］及表，自第三前至前表。

［四］鼓戒，戒攻敵。鼓壹闋，車壹轉，徒壹刺，三而止，象服敵。

［五］鐃所以止鼓。軍退，卒長鳴鐃以和衆，鼓人爲止之也。退，自前表至後表。鼓鐸則同，習戰之禮，出入一也。異者，廢鐲而鳴鐃。

遂以狩田，以旌爲左右和之門，群吏各帥其車徒以敘和出，左右陳車徒，有司平之。旗居卒閒以分地，前後有屯百步，有司巡其前後，險野人爲主，易野車爲主。[一]既陳，乃設驅逆之車，有司表貉于陳前。[二]中軍以鼙令鼓，鼓人皆三鼓，群司馬振鐸，車徒皆作。遂鼓行，徒銜枚而進。大獸公之，小禽私之，獲者取左耳。[三]及所弊，鼓皆駴，車徒皆譟。[四]徒乃弊，致禽饁獸于郊。入，獻禽以享烝。[五]

［一］冬田爲狩，言守取之，無所擇也。軍門曰和，今謂之壘門，立兩旌以爲之。敘和出，用次第出和門也。左右，或出而左，或出而右。有司平之，鄉師居門，正其出入之行列也。旗，軍吏所載。分地，調其部曲疏數。前後有屯百步，車徒異群相去之數也。車徒畢出和門，鄉師又巡其行陳。鄭司農

云："險野，人爲主，人居前。易野，車爲主，車居前。"

[二] 驅，驅出禽獸使趨田者也。逆，逆要不得令走。設此車者，田僕也。

[三] 群司馬，謂兩司馬也。枚如箸，銜之，有繕結項中。軍法止語，爲相疑惑也。進，行也。鄭司農云："大獸公之，輸之於公。小禽私之，以自畀也。《詩》云：'言私其豵，獻肩于公。'一歲爲豵，二歲爲豝，三歲爲特，四歲爲肩，五歲爲慎。此明其獻大者於公，自取其小者。"玄謂慎，讀爲麎，《爾雅》曰"豕生三曰豵，豕牝曰豝，麇牝曰麎"。獲，得也。得禽獸者取左耳，當以計功。

[四] 鄭司農云："及所弊，至所弊之處。"玄謂至所弊之處，田所當於止也。天子諸侯蒐狩有常，至其常處，吏士鼓譟，象攻敵剋勝而喜也。疾雷擊鼓曰駴。譟，讙也。《書》曰"前師乃鼓鼗譟"，亦謂喜也。

[五] 徒乃弊，徒止也。冬田主用眾，物多，眾得取也。致禽饁獸于郊，聚所獲禽，因以祭四方神於郊。《月令》"季秋，天子既田，命主祠祭禽四方"是也。入又以禽祭宗廟。

及師，大合軍，以行禁令，以救無辜、伐有罪。[一] 若大師，則掌其戒令，涖大卜，帥執事涖釁主及軍器。[二] 及致，建大常，比軍眾，誅後至者。[三] 及戰，巡陳眡事而賞罰。[四]

[一] 師，所謂王巡守若會同，司馬起師合軍以從，所以威天下、行其政也。不言大者，未有敵，不尚武。

[二] 大師，王出征伐也。涖，臨也。臨大卜，卜出兵吉凶也。《司

馬法》曰："上卜下謀，是謂參之。"主，謂遷廟之主及社主
在軍者也。軍器，鼓鐸之屬。凡師既受甲，迎主于廟及社
主，祝奉以從，殺牲以血塗主及軍器，皆神之。

［三］比，或作庀。鄭司農云："致，謂聚眾也。庀，具也。"玄謂
致，鄉師致民於司馬。比，校次之也。

［四］事，謂戰功也。

　　若師有功，則左執律、右秉鉞以先，愷樂獻于社。[一]
若師不功，則厭而奉主車。[二] 王弔勞士庶子，則相。[三]

［一］功，勝也。律所以聽軍聲，鉞所以爲將威也。先，猶道也。
　　兵樂曰愷。獻于社，獻功于社也。《司馬法》曰："得意則愷
　　樂愷歌，示喜也。"鄭司農云："故城濮之戰，《春秋傳》曰：
　　'振旅愷以入于晉。'"

［二］鄭司農云："厭，謂厭冠，喪服也。軍敗則以喪禮，故秦伯
　　之敗於殽也，《春秋傳》曰'秦伯素服郊次，鄉師而哭'。"
　　玄謂厭，伏冠也。奉，猶送也，送主歸於廟與社。

［三］師敗，王親弔士庶子之死者，勞其傷者，則相王之禮。庶
　　子，卿大夫之子從軍者，或謂之庶士。

　　大役，與慮事屬其植，受其要，以待攷而賞誅。[一]
大會同，則帥士庶子而掌其政令。[二] 若大射，則合諸侯
之六耦。[三]

［一］大役，築城邑也。鄭司農云："國有大役，大司馬與謀慮其
　　事也。植謂部曲將吏。故宋城，《春秋傳》曰'華元爲植巡

功'。"屬，謂聚會之也。要者，簿書也。考，謂考校其功。
玄謂慮事者，封人也。於有役，司馬與之。植，築城楨也。
屬，賦丈尺與其用人數。

[二] 帥，帥以從王。

[三] 大射，王將祭，射于射宮，以選賢也。王射三侯，以諸侯爲
六耦。

　　大祭祀、**饗食**，羞牲魚，授其祭。[一] 大喪，平士、大
夫。[二] 喪祭，奉詔馬牲。[三]

[一] 牲魚，魚牲也。祭，謂尸賓所以祭也。鄭司農云："大司馬
主進魚牲。"

[二] 鄭司農云："平，一其服也。"玄謂平者，正其職與其位。

[三] 王喪之以馬祭者，蓋遣奠也。奉，猶送也，送之至墓，告而
藏之。

（四·二）

　　小司馬之職，掌……[一] 凡小祭祀、會同、饗射、師田、
喪紀，掌其事，如大司馬之灋。

[一] 此下字脫滅，札爛文闕。漢興，求之不得，遂無識其數者。

（四·三）

　　軍司馬，闕。

（四·四）

輿司馬，闕。

（四·五）

行司馬，闕。

（四·六）

司勳掌六鄉賞地之灋，以等其功。^[一]王功曰勳，^[二]國功曰功，^[三]民功曰庸，^[四]事功曰勞，^[五]治功曰力，^[六]戰功曰多。^[七]

［一］賞地，賞田也。在遠郊之內，屬六鄉焉。等，猶差也，以功大小爲差。

［二］輔成王業，若周公。

［三］保全國家，若伊尹。

［四］法施於民，若后稷。

［五］以勞定國，若禹。

［六］制法成治，若咎繇。

［七］剋敵出奇，若韓信、陳平。《司馬法》曰：“上多前虜。”

凡有功者，銘書於王之大常，祭於大烝，司勳詔之。^[一]大功，司勳藏其貳。^[二]掌賞地之政令，^[三]凡賞無常，輕重眂功。^[四]凡頒賞地，參之一食，^[五]唯加田無國正。^[六]

［一］銘之言名也。生則書于王旌，以識其人與其功也。死則於烝先王祭之。詔，謂告其神以辭也，般庚告其卿大夫曰“茲予

325

大享于先王，爾祖其從與享之"是也。今漢祭功臣於廟庭。

［二］貳，猶副也。功書藏於天府，又副於此者，以其主賞。

［三］政令，謂役賦。

［四］無常者，功之大小不可豫。

［五］鄭司農云："不以美田爲采邑。"玄謂賞地之税，參分計税，
　　　王食其一也，二全入於臣。

［六］加田，既賞之，又加賜以田，所以厚恩也。鄭司農云："正，
　　　謂税也。祿田亦有給公家之賦貢，若今時侯國有司農少府錢
　　　穀矣。獨加賞之田無正耳。"

（四·七）

馬質掌質馬。馬量三物，一曰戎馬，二曰田馬，三曰
駑馬，皆有物賈。[一] 綱惡馬。[二] 凡受馬於有司者，書其
齒毛與其賈。馬死，則旬之内更，旬之外入馬耳，以其物
更，其外否。[三]

［一］此三馬，買以給官府之使，無種也。鄭司農云："皆有物賈，
　　　皆有物色及賈直。"

［二］鄭司農云："綱，讀爲以亢其讎之亢，書亦或爲亢。亢，御
　　　也，禁也，禁去惡馬不畜也。"玄謂綱，以縻索維綱狎習之。

［三］鄭司農云："更，謂償也。"玄謂旬之内死者，償以齒毛與賈，
　　　受之日淺，養之惡也。旬之外死，入馬耳，償以毛色，不以
　　　齒賈，任之過其任也。其外否者，旬之外踰二十日而死，不
　　　任用，非用者罪。

馬及行，則以任齊其行。[一] 若有馬訟，則聽之。[二]

禁原蠶者。^[三]

［一］識其所載輕重及道里，齊其勞逸，乃復用之。

［二］訟，謂賣買之言相負。

［三］原，再也。天文，辰爲馬。《蠶書》，蠶爲龍精，月直大火，則浴其種，是蠶與馬同氣。物莫能兩大，禁再蠶者，爲傷馬與？

（四·八）

量人掌建國之灋，以分國爲九州。營國城郭，營后宮，量市朝、道巷、門渠，造都邑亦如之。^[一]營軍之壘舍，量其市朝、州涂、軍社之所里。^[二]邦國之地與天下之涂數，皆書而藏之。^[三]

［一］建，立也。立國有舊法式，若《匠人職》云。分國，定天下之國分也。后，君也。言君，容王與諸侯。

［二］軍壁曰壘。鄭司農云：“量其市朝州涂，還市朝而爲道也。”玄謂州，一州之衆，二千五百人爲師，每師一處，市也，朝也，州也，皆有道以相之。軍社，社主在軍者。里，居也。

［三］書地，謂方圓山川之廣狹。書涂，謂支湊之遠近。

凡祭祀、饗賓，制其從獻脯燔之數量。^[一]掌喪祭奠竁之俎實。^[二]凡宰祭，與鬱人受斝歷而皆飲之。^[三]

［一］鄭司農云：“從獻者，肉殽從酒也。”玄謂燔，從於獻酒之肉炙也。數，多少也。量，長短也。

［二］竄亦有俎實，謂所包遺奠。《士喪禮下篇》曰：“藏苞筲於旁。”

［三］言宰祭者，冢宰佐王祭，亦容攝祭。鄭司農云：“斝，讀如
　　　嫁娶之嫁。斝，器名。《明堂位》曰：‘爵，夏后氏以琖，殷
　　　以斝，周以爵。’”玄謂斝，讀如蝦尸之蝦。宰，冢宰。

（四·九）

　　小子掌祭祀羞羊肆、羊殽、肉豆，［一］而掌珥于社稷、
祈于五祀。［二］凡沈辜、侯禳，飾其牲。［三］釁邦器及軍器。［四］
凡師田，斬牲以左右徇陳。［五］祭祀，贊羞、受徹焉。

［一］鄭司農云：“羞，進也。羊肆，體薦全烝也。羊殽，體解節
　　　折也。肉豆者，切肉也。”玄謂肆，讀爲鬄。羊鬄者，所謂
　　　豚解也。

［二］故書祀作禩，鄭司農云：“禩，讀爲祀，書亦或爲祀。珥社
　　　稷，以牲頭祭也。”玄謂珥，讀爲衈。祈，或爲刉。刉衈者，
　　　釁禮之事也。用毛牲曰刉，羽牲曰衈。衈刉社稷五祀，謂始
　　　成其宮兆時也。《春官·肆師職》“祈”或作“䜩”。《秋官·士
　　　師職》曰“凡刉衈則奉犬牲”，此刉衈正字與？

［三］鄭司農云：“沈，謂祭川。《爾雅》曰：‘祭川曰浮沈。’辜，
　　　謂磔牲以祭也。《月令》曰：‘九門磔禳以畢春氣。’侯禳者，
　　　候四時惡氣，禳去之也。”

［四］邦器，謂禮樂之器及祭器之屬。《雜記》曰：“凡宗廟之器，
　　　其名者成，則釁之以豭豚。”

［五］示犯誓必殺之。

（四·十）

羊人掌羊牲。凡祭祀，飾羔。[一] 祭祀，割羊牲，登其首。[二] 凡祈珥，共其羊牲；[三] 賓客，共其法羊。[四]

［一］羔，小羊也。《詩》曰：“四之日其蚤，獻羔祭韭。”

［二］登，升也。升首，報陽也。升首于室。

［三］共，猶給也。

［四］法羊，飱饔積膳之羊。

凡沈、辜、侯、禳、釁、積，共其羊牲。[一] 若牧人無牲，則受布于司馬，使其賈買牲而共之。[二]

［一］積，故書爲眦，鄭司農云：“眦，讀爲漬，謂釁鬘國寶、漬軍器也。”玄謂積，積柴，禋祀、楢燎、實柴。

［二］布，泉。

（四·十一）

司爟掌行火之政令，四時變國火以救時疾。[一] 季春出火，民咸從之。季秋内火，民亦如之。[二] 時則施火令。[三] 凡祭祀，則祭爟。[四] 凡國失火，野焚萊，則有刑罰焉。[五]

［一］行，猶用也。變，猶易也。鄭司農説以《鄹子》曰：“春取榆柳之火，夏取棗杏之火，季夏取桑柘之火，秋取柞楢之火，冬取槐檀之火。”

［二］火所以用陶冶，民隨國而爲之。鄭人鑄刑書，火星未出而出火，後有災。鄭司農云：“以三月本時昏，心星見于辰上，

329

使民出火。九月本黃昏，心星伏在戌上，使民內火。故《春秋傳》曰‘以出內火’。”

［三］焚萊之時。

［四］報其爲明之功，禮如祭爨。

［五］野焚萊，民擅放火。

（四·十二）

掌固掌脩城郭、溝池、樹渠之固，頒其士庶子及其衆庶之守，^{［一］}設其飾器，^{［二］}分其財用，均其稍食。^{［三］}任其萬民，用其材器。^{［四］}

［一］樹，謂枳棘之屬有刺者也。衆庶，民遞守固者也。鄭司農說樹以《國語》曰：“城守之木，於是乎用之。”

［二］兵甲之屬。今城郭門之器亦然。

［三］財用，國以財所給守吏之用也。稍食，祿稟。

［四］任，謂以其任使之也。民之材器，其所用塹築及爲藩落。

凡守者受灋焉，以通守政。有移甲與其役財用，唯是得通，與國有司帥之，以贊其不足者。^{［一］}晝三巡之，夜亦如之。^{［二］}夜三鼜以號戒。^{［三］}

［一］凡守者，士庶子及他要害之守吏。通守政者，兵甲役財，難易多少，轉移相給也。其他非是，不得妄離部署。國有司，掌固也。其移之者，又與掌固帥致之。贊，佐也。

［二］巡，行也。行守者，爲衆庶之解惰。

［三］杜子春云：“讀鼜爲造次之造，謂擊鼓行夜戒守也。《春秋傳》

所謂賓將趣者與，趣與造音相近，故曰終夕與燎。"玄謂鼛，擊鼛，警守鼓也。三巡之閒，又三擊鼛。

若造都邑則治其固，與其守澷。[一]凡國都之竟，有溝樹之固，郊亦如之。[二]民皆有職焉。[三]若有山川，則因之。[四]

[一] 都邑亦爲城郭。

[二] 竟，界也。

[三] 職，謂守與任。

[四] 山川，若殽、皐、河、漢。

(四·十三)

司險掌九州之圖，以周知其山林、川澤之阻，而達其道路。[一]設國之五溝、五涂，而樹之林以爲阻固，皆有守禁，而達其道路。[二]國有故，則藩塞阻路而止行者，以其屬守之，唯有節者達之。[三]

[一] 周，猶徧也。達道路者，山林之阻則開鑿之，川澤之阻則橋梁之。

[二] 五溝，遂、溝、洫、澮、川也。五涂，徑、畛、涂、道、路也。樹之林，作藩落也。

[三] 有故，喪災及兵也。閉絕要害之道，備姦寇也。

(四·十四)

掌疆，闕。

(四·十五)

候人各掌其方之道治與其禁令，以設候人。^[一]若有方治，則帥而致于朝。及歸，送之于竟。^[二]

> ［一］道治，治道也。《國語》曰“候不在竟”，譏不居其方也。禁令，備姦宼也。以設候人者，選士卒以爲之。《詩》云：“彼候人兮，何戈與祋。”
>
> ［二］方治，其方來治國事者也。《春秋傳》曰“晉欒盈過周，王使候人出諸轘轅”，是其送之。

(四·十六)

環人掌致師，^[一]察軍慝，^[二]環四方之故。^[三]巡邦國，搏諜賊。^[四]訟敵國，^[五]揚軍旅，^[六]降圍邑。^[七]

> ［一］致師者，致其必戰之志。古者將戰，必使勇力之士犯敵焉。《春秋傳》曰：“楚許伯御樂伯，攝叔爲右，以致晉師。許伯曰：‘吾聞致師者，御靡旌摩壘而還。’樂伯曰：‘吾聞致師者，左射以菆，代御執轡，御下，摭馬掉鞅而還。’攝叔曰：‘吾聞致師者，右入壘，折馘執俘而還。’”皆行其所聞而復之。
>
> ［二］慝，陰姦也。視軍中有爲慝者，則執之。
>
> ［三］卻其以事謀來侵伐者，所謂折衝禦侮。
>
> ［四］諜賊，反間爲國賊。
>
> ［五］敵國兵來，則往之與訟曲直，若齊國佐如師。
>
> ［六］爲之威武以觀敵。《詩》云：“惟師尚父，時惟鷹揚。”

ー

［七］圍邑欲降者，受而降之。《春秋傳》曰："齊人降鄣。"

（四·十七）

挈壺氏掌挈壺以令軍井，挈轡以令舍，挈畚以令糧。[一]凡軍事，縣壺以序聚檬。凡喪，縣壺以代哭者。皆以水火守之，分以日夜。[二]及冬，則以火爨鼎水而沸之，而沃之。[三]

［一］鄭司農云："挈壺以令軍井，謂爲軍穿井，井成，挈壺縣其上，令軍中士衆皆望見，知此下有井。壺所以盛飲，故以壺表井。挈轡以令舍，亦縣轡于所當舍止之處，使軍望見，知當舍止于此。轡所以駕舍，故以轡表舍。挈畚以令糧，亦縣畚于所當稟假之處，令軍望見，知當稟假于此下也。畚所以盛糧之器，故以畚表稟。軍中人多，車騎雜會讙囂，號令不能相聞，故各以其物爲表，省煩趨疾，于事便也。"

［二］鄭司農云："縣壺以爲漏，以序聚檬，以次更聚擊檬備守也。"玄謂擊檬，兩木相敲，行夜時也。代亦更也。《禮》，未大斂，代哭。以水守壺者，爲沃漏也。以火守壺者，夜則視刻數也。分以日夜者，異晝夜漏也。漏之箭，晝夜共百刻，冬夏之閒有長短焉。大史立成法，有四十八箭。

［三］鄭司農云："冬水凍，漏不下，故以火炊水，沸以沃之，謂沃漏也。"

（四·十八）

射人掌國之三公、孤、卿、大夫之位，三公北面，孤東面，卿、大夫西面。其摯，三公執璧，孤執皮帛，卿執

羔，大夫鴈。^[一]諸侯在朝，則皆北面，詔相其灋。^[二]若
有國事，則掌其戒令，詔相其事。^[三]掌其治達。^[四]

[一] 位，將射，始入見君之位。不言士者，此與諸侯之賓射，士
　　不與也。《燕禮》曰："公升，即位于席西。鄉小臣納卿大夫，
　　卿大夫皆入門右，北面東上。士立於西方，東面北上。"《大
　　射》亦云。則凡朝燕及射，臣見于君之禮同。

[二] 謂諸侯來朝而未歸，王與之射於朝者，皆北面，從三公位，
　　法其禮儀。

[三] 謂王有祭祀之事，諸侯當助其薦獻者也。戒令，告以齊
　　與期。

[四] 謂諸侯因與王射及助祭，而有所治受而達之於王。王有命，
　　又受而下之。

　　以射灋治射儀，王以六耦，射三侯，三獲三容，樂以
《騶虞》，九節五正；諸侯以四耦，射二侯，二獲二容，樂
以《貍首》，七節三正；孤、卿、大夫以三耦，射一侯，一
獲一容，樂以《采蘋》，五節二正；士以三耦，射豻侯，一
獲一容，樂以《采蘩》，五節二正。^[一]

[一] 射灋，王射之禮。治射儀，謂肆之也。鄭司農云："三侯，
　　熊、虎、豹也。容者，乏也，待獲者所蔽也。九節，析羽九
　　重，設於長杠也。正，所射也。《詩》云：'終日射侯，不出
　　正兮。'二侯，熊、豹也。豻侯，豻者，獸名也。獸有貙、
　　豻、熊、虎。"玄謂三侯者，五正、三正、二正之侯也。二
　　侯者，三正、二正之侯也。一侯者，二正而已。此皆與賓射

於朝之禮也。《考工·梓人職》曰："張五采之侯則遠國屬。"遠國，謂諸侯來朝者也。五采之侯，即五正之侯也[一]。正之言正也，射者内志正，則能中焉。畫五正之侯，中朱，次白，次蒼，次黃，玄居外。三正，損玄、黃。二正，去白、蒼而畫以朱、綠。其外之廣，皆居侯中參分之一，中二尺。今儒家云：四尺曰正，二尺曰鵠，鵠乃用皮，其大如正。此說失之矣。《大射禮》豻作干，讀如宜豻宜獄之豻。豻，胡犬也。士與士射則以豻皮飾侯，下大夫也。大夫以上與賓射，飾侯以雲氣，用采各如其正。九節、七節、五節者，奏樂以爲射節之差。言節者，容侯道之數也。《樂記》曰："明乎其節之志，不失其事，則功成而德行立。"

　　若王大射，則以貍步張三侯。[一]王射，則令去侯，立于後，以矢行告。卒，令取矢。[二]祭侯則爲位。[三]與大史數射中。[四]佐司馬治射正。[五]祭祀，則贊射牲，相孤、卿、大夫之灋儀。[六]

　[一]鄭司農云："貍步，謂一舉足爲一步，於今爲半步。"玄謂貍，善搏者也，行則止而擬度焉，其發必獲，是以量侯道法之也。侯道者，各以弓爲度。九節者九十弓，七節者七十弓，五節者五十弓。弓之下制長六尺。《大射禮》曰"大侯九十，參七十，干五十"是也。三侯者，司裘所共虎侯、熊侯、豹侯也。列國之君大射亦張三侯，數與天子同。大侯，熊侯也。參，讀爲糝。糝，雜也。雜者，豹鵠而麋飾，下天子大夫。

<hr>

〔一〕即五正之侯也　"即"，底本作"節"，今據黃本改。

［二］鄭司農云："射人主令人去侯所而立于後也。以矢行告，射
　　　人主以矢行高下左右告于王也。《大射禮》曰：'大射正立于
　　　公後，以矢行告于公，下曰留，上曰揚，左右曰方。'杜子
　　　春說以矢行告，告白射事于王，王則執矢也。杜子春說不與
　　　《禮經》合，疑非是也。卒令取矢，謂射卒，射人令當取矢
　　　者使取矢也。"玄謂令去侯者，命負侯者去侯也。《鄉射》曰：
　　　"司馬命獲者執旌以負侯。"

［三］祭侯，獻服不，服不以祭侯。爲位，爲服不受獻之位也。《大
　　　射》曰："服不侯西北三步，北面拜受爵。"

［四］射中，數射者中侯之筭也。《大射》曰："司射適階西，釋弓，
　　　去扑，襲，進，由中東立于中南，北面視筭。"

［五］射正，射之法儀也。

［六］烝嘗之禮有射豕者。《國語》曰："禘郊之事，天子必自射其
　　　牲。"今立秋有貙劉云。

　　會同、朝覲，作大夫介，凡有爵者。^{［一］}大師，令有爵
者乘王之倅車。^{［二］}有大賓客，則作卿大夫從，^{［三］}戒大史
及大夫介。^{［四］}大喪，與僕人遷尸，作卿大夫掌事，比其廬，
不敬者，苛罰之。^{［五］}

［一］作，讀如作止爵之作。諸侯來至，王使公卿有事焉，則作大
　　　夫使之介也。有爵者，命士以上。不使賤者。

［二］倅車，戎車之副。

［三］作者，選使從王見諸侯。

［四］戒，戒其當行者。《覲禮》曰："諸公奉篋服，加命書于其上，
　　　升自西階，東面，大史氏右。"

［五］僕人，大僕也。僕人與射人俱掌王之朝位也。王崩，小斂、
　　大斂，遷尸于室堂，朝之象也。《檀弓》曰：“扶君，卜人師
　　扶右，射人扶左。君薨，以是舉。”苛謂詰問之。

（四·十九）

服不氏掌養猛獸而教擾之。^{［一］}凡祭祀，共猛獸。^{［二］}
賓客之事，則抗皮。^{［三］}射則贊張侯，以旌居乏而待獲。^{［四］}

［一］猛獸，虎、豹、熊、羆之屬。擾，馴也。教習使之馴服。王
　　者之教，無不服。

［二］謂中膳羞者。獸人冬獻狼。《春秋傳》曰：“熊蹯不孰。”

［三］鄭司農云：“謂賓客來朝聘，布皮帛者，服不氏主舉藏之。
　　抗，讀爲亢其讎之亢。”玄謂抗者，若《聘禮》曰“有司二
　　人舉皮以東”。

［四］贊，佐也。《大射禮》曰：“命量人、巾車張三侯。”杜子春云：
　　“待，當爲持，書亦或爲持。乏，讀爲匱乏之乏，持獲者所
　　蔽。”玄謂待獲，待射者中舉旌以獲。

（四·二十）

射鳥氏掌射鳥。^{［一］}祭祀，以弓矢敺烏鳶。凡賓客、
會同、軍旅，亦如之。^{［二］}射則取矢，矢在侯高，則以并
夾取之。^{［三］}

［一］鳥，謂中膳羞者，鳧、鴈、鴇、鴠之屬。

［二］烏鳶，善鈔盜，便汙人。

［三］鄭司農云：“王射，則射鳥氏主取其矢。矢在侯高者，矢著

侯高，人手不能及，則以幷夾取之。幷夾，鍼箭具。夾，讀
爲甲，故《司弓矢職》曰'大射燕射共弓矢幷夾'。"

（四·二十一）

　　羅氏掌羅烏鳥。[一] 蜡則作羅襦。[二] 中春，羅春鳥，
獻鳩以養國老，行羽物。[三]

　　[一] 烏，謂卑居，鵲之屬。
　　[二] 作，猶用也。鄭司農云："蜡，謂十二月大祭萬物也。《郊特
　　　　牲》曰：'天子大蜡，謂歲十二月，合聚萬物而索饗之。'襦，
　　　　細密之羅。襦，讀爲繻有衣袽之繻。"玄謂蜡，建亥之月，
　　　　此時火伏，蟄者畢矣，豺既祭獸，可以羅網圍取禽也。《王
　　　　制》曰"豺祭獸，然後田"，又曰"昆蟲已蟄，可以火田"。
　　　　今俗放火張羅，其遺教。
　　[三] 春鳥，蟄而始出者，若今南郡黃雀之屬。是時鷹化爲鳩。鳩
　　　　與春鳥變舊爲新，宜以養老助生氣。行，謂賦賜。

（四·二十二）

　　掌畜掌養鳥，而阜蕃教擾之。[一] 祭祀，共卵鳥。[二]
歲時，貢鳥物，[三] 共膳獻之鳥。[四]

　　[一] 阜，猶盛也。蕃，蕃息也。鳥之可養使盛大蕃息者，謂鵝騖
　　　　之屬。
　　[二] 其卵可薦之鳥。
　　[三] 鴈鶩之屬，以四時來。
　　[四] 雉及鵝騖之屬。

周禮卷第八

周禮卷第八

夏官司馬下

（四·二十三）

司士掌群臣之版，以治其政令。歲登下其損益之數，辨其年歲與其貴賤，周知邦國、都家、縣鄙之數，卿、大夫、士庶子之數，^{〔一〕}以詔王治。^{〔二〕}以德詔爵，以功詔祿，以能詔事，以久奠食，^{〔三〕}唯賜無常。^{〔四〕}

〔一〕損益，謂用功過黜陟者。縣鄙，鄉遂之屬。故書版爲班，鄭司農云：“班，書或爲版。版，名籍。”

〔二〕告王所當進退。

〔三〕德，謂賢者。食，稍食也。賢者既爵乃祿之，能者事成乃食之。《王制》曰：“司馬辨論官材，論進士之賢者以告於王，而定其論，論定然後官之，任官然後爵之，位定然後祿之。”

〔四〕賜多少由王，不如祿食有常品。

正朝儀之位，辨其貴賤之等。王南鄉，三公北面東上，孤東面北上，卿大夫西面北上。王族故士、虎士在路門之右，南面東上。大僕、大右、大僕從者在路門之左，南面西上。^{〔一〕}司士擯，^{〔二〕}孤卿特揖，大夫以其等旅揖，士旁

341

三揖，王還揖門左，揖門右。[三] 大僕前。[四] 王入，內朝皆退。[五]

[一] 此王日視朝事於路門外之位[一]。王族故士，故爲士，晚退留宿衞者。未嘗仕，雖同族，不得在王宮。大右，司右也。大僕從者，小臣、祭僕、御僕、隸僕。

[二] 詔王出揖公、卿、大夫以下朝者。

[三] 特揖，一一揖之。旅，衆也。大夫爵同者衆揖之。公及孤、卿、大夫始入門右，皆北面東上，王揖之，乃就位。群士及故士、大僕之屬，發在其位。群士位東面，王西南鄉而揖之。三揖者，士有上中下。王揖之，皆逡遁，既，復位。鄭司農云：“卿、大夫、士皆君之所揖，《禮》《春秋傳》所謂‘三揖在下’。”

[四] 前正王視朝之位。

[五] 王入，入路門也。王入路門，內朝朝者皆退，反其官府治處也。王之外朝，則朝士掌焉。《玉藻》曰“朝服以日視朝於內朝，朝，辨色始入。君日出而視之，退適路寢聽政，使人視大夫，大夫退，然後適小寢”，謂諸侯也。王日視朝皮弁服，其禮則同。

掌國中之士治，凡其戒令。[一] 掌擯士者，膳其摯。[二]

[一] 國中，城中。

[二] 擯士，告見初爲士者於王也。鄭司農云：“膳其摯者，王食其所執羔雁之摯。”玄謂膳者，入於王之膳人。

〔一〕 此王日視朝事於路門外之位 “視”，底本作“祝”，今據黃本改。

凡祭祀，掌士之戒令，詔相其灋事。及賜爵，呼昭穆而進之。[一] 帥其屬而割牲，羞俎豆。[二] 凡會同，作士從，賓客亦如之。[三] 作士適四方使，爲介。[四]

[一] 賜爵，神惠及下也。此所賜王之子姓兄弟。《祭統》曰："凡賜爵，昭爲一，穆爲一，昭與昭齒，穆與穆齒。凡群有司皆以齒，此之謂長幼有序。"

[二] 割牲，制體也。羞，進也。

[三] 作士從，謂選可使從於王者。

[四] 士使，謂自以王命使也。介，大夫之介也。《春秋傳》曰："天王使石尚來歸脤。"

大喪，作士掌事，[一] 作六軍之士執披。[二] 凡士之有守者，令哭無去守。[三] 國有故，則致士而頒其守。[四] 凡邦國，三歲則稽士任，而進退其爵祿。[五]

[一] 事，謂奠斂之屬。

[二] 作，謂使之也。披，柩車行，所以披持棺者，有紐以結之，謂之戴。鄭司農云："披者，扶持棺險者也。天子旁十二，諸侯旁八，大夫六，士四。"玄謂結披必當棺束，於束繫紐。天子、諸侯載柩三束，大夫、士二束。《喪大記》曰："君纁披六，大夫披四，前纁後玄。士二披，用纁。"人君禮文，欲其數多，圍數兩旁言六耳，其實旁三。

[三] 守官不可空也。

[四] 故，非喪則兵災。

[五] 任，其所掌治。

（四·二十四）

　　諸子掌國子之倅，掌其戒令與其教治，辨其等，正其位。[一]國有大事，則帥國子而致於大子，惟所用之。若有兵甲之事，則授之車甲，合其卒伍，置其有司，以軍灋治之，司馬弗正。[二]凡國正，弗及。

　　[一]故書倅爲卒，鄭司農云：“卒，讀如物有副倅之倅。國子，謂諸侯、卿、大夫、士之子也。《燕義》曰：‘古者周天子之官，有庶子官。’與《周官·諸子職》同文。”玄謂四民之業而士者亦世焉。國子者，是公、卿、大夫、士之副貳。戒令，致於大子之事。教治，脩德學道也。位，朝位。

　　[二]軍法，百人爲卒，五人爲伍。弗，不也。國子屬大子，司馬雖有軍事，不賦之。

　　大祭祀，正六牲之體。[一]凡樂事，正舞位，授舞器。[二]大喪，正群子之服位。會同、賓客，作群子從。[三]凡國之政事，國子存遊倅，使之脩德學道，春合諸學，秋合諸射，以攷其藝而進退之。[四]

　　[一]正，謂朼載之。

　　[二]位，俏處。

　　[三]從於王。

　　[四]遊倅，倅之未仕者。學，大學也。射，射宮也。《王制》曰：“春秋教以禮樂，冬夏教以《詩》《書》。王大子，王子，群后之大子，卿、大夫、元士之適子，國之俊選，皆造焉。”

（四·二十五）

　　司右掌群右之政令。[一]凡軍旅、會同，合其車之卒伍，而比其乘、屬其右。[二]凡國之勇力之士能用五兵者屬焉，掌其政令。[三]

　　[一]群右，戎右、齊右、道右。

　　[二]合、比、屬，謂次第相安習也。車亦有卒伍。

　　[三]勇力之士屬焉者，選右當於中。《司馬法》曰：“弓矢圍，殳矛守，戈戟助。凡五兵，長以衞短，短以救長。”

（四·二十六）

　　虎賁氏掌先後王而趨以卒伍。[一]軍旅、會同，亦如之。舍則守王閑。[二]王在國，則守王宮。[三]國有大故，則守王門。大喪，亦如之。[四]及葬，從遣車而哭。[五]適四方使，則從士大夫。[六]若道路不通，有徵事，則奉書以使於四方。[七]

　　[一]王出，將虎賁士居前後，雖群行亦有局分。

　　[二]舍，王出所止宿處。閑，楗柜。

　　[三]爲周衞。

　　[四]非常之難，要在門。

　　[五]遣車，王之魂魄所馮依。

　　[六]虎士從使者。

　　[七]不通，逢兵寇若泥水。奉書，徵師役也。《春秋》隱七年冬，戎伐凡伯于楚丘以歸。

（四·二十七）

　　旅賁氏掌執戈盾，夾王車而趨〔一〕，左八人，右八人。車止，則持輪。〔一〕凡祭祀、會同、賓客，則服而趨。〔二〕喪紀，則衰葛執戈盾。〔三〕軍旅，則介而趨。〔四〕

　　〔一〕夾王車者，其下士也。下士十有六人，中士爲之帥焉。
　　〔二〕服而趨，夾王車趨也。會同、賓客，王亦齊服，服袞冕，則此士之齊服，服玄端。
　　〔三〕葛，葛絰。武士尚輕。
　　〔四〕介，被甲。

（四·二十八）

　　節服氏掌祭祀、朝覲，袞冕六人，維王之大常。〔一〕諸侯則四人，其服亦如之。郊祀，裘冕二人，執戈，送逆尸，從車。〔二〕

　　〔一〕服袞冕者，從王服也。維，維之以縷。王旌十二旒，兩兩以縷綴連，旁三人持之。禮，天子旌曳地。鄭司農云：“維，持之。”
　　〔二〕裘冕者，亦從尸服也。裘，大裘也。凡尸，服卒者之上服。從車，從尸車送逆之往來。《春秋傳》曰：“晉祀夏郊，董伯爲尸。”

（四·二十九）

　　方相氏掌蒙熊皮、黃金四目、玄衣朱裳、執戈揚盾，帥百隸而時難，以索室毆疫。〔一〕大喪，先匶。〔二〕及墓，

────────
〔一〕夾王車而趨　“夾”，底本作“來”，今據黃本改。

346

入壙，以戈擊四隅，毆方良。[三]

[一] 蒙，冒也。冒熊皮者，以驚毆疫癘之鬼，如今魌頭也。時
　　難，四時作方相氏以難卻凶惡也。《月令》："季冬，命國難。"
　　索，廋也。

[二] 葬，使之道。

[三] 壙，穿地中也。方良，罔兩也。天子之椁柏，黃腸爲裏，而
　　表以石焉。《國語》曰："木石之怪夔罔兩。"

(四·三十)

　　太僕掌正王之服位，出入王之大命。[一]掌諸侯之復
逆。[二]王眠朝，則前正位而退，入亦如之。[三]建路鼓于
大寢之門外而掌其政，[四]以待達窮者與遽令，聞鼓聲，則
速逆御僕與御庶子。[五]

[一] 服，王舉動所當衣也。位，立處也。出大命，王之教也。入
　　大命，群臣所奏行。

[二] 鄭司農云："復，謂奏事也。逆，謂受下奏。"

[三] 前正位而退，道王，王既立，退居路門左，待朝畢。

[四] 大寢，路寢也。其門外，則內朝之中，如今宮殿端門下矣。
　　政，鼓節與早晏。

[五] 鄭司農云："窮，謂窮冤失職，則來擊此鼓，以達於王。若
　　今時上變事擊鼓矣。遽，傳也。若今時驛馬軍書當急聞者，
　　亦擊此鼓，今聞此鼓聲，則速逆御僕與御庶子也。大僕主
　　令此二官，使速逆窮遽者。"玄謂達窮者，謂司寇之屬朝士，

掌以肺石達窮民，聽其辭以告於王〔一〕。遽令，郵驛上下程品。御僕、御庶子，直事鼓所者。大僕聞鼓聲，則速逆此二官，當受其事以聞。

祭祀、賓客、喪紀，正王之服位，詔澡儀，贊王牲事。〔一〕王出入，則自左馭而前驅。〔二〕凡軍旅、田役，贊王鼓。〔三〕救日月，亦如之。〔四〕

〔一〕詔，告也。牲事，殺割七載之屬。

〔二〕前驅，如今道引也。道而居左自馭，不參乘，辟王也。亦有車右焉。

〔三〕王通鼓，佐擊其餘面。

〔四〕日月食時。《春秋傳》曰："非日月之眚不鼓。"

大喪，始崩，戒鼓傳達于四方，窆亦如之。〔一〕縣喪首服之澡于宮門。〔二〕掌三公、孤、卿之吊勞。〔三〕

〔一〕戒鼓，擊鼓以警眾也。故書戒爲駭。鄭司農云："窆，謂葬下棺也。《春秋傳》所謂'日中而偏'，《禮記》謂之封，皆葬下棺也。音相似。窆，讀如慶封氾祭之氾。"

〔二〕首服之法，謂免髽笄總廣狹長短之數。縣其書於宮門，示四方。

〔三〕王使往。

王燕飲，則相其灋。^[一]王射，則贊弓矢。^[二]王眡燕朝，則正位，掌擯相。^[三]王不眡朝，則辭於三公及孤卿。^[四]

[一] 相，左右。

[二] 贊，謂授之、受之。

[三] 燕朝，朝於路寢之庭。王圖宗人之嘉事，則燕朝。

[四] 辭，謂以王不視朝之意告之。《春秋傳》曰：“公有疾，不視朔。”

（四·三十一）

小臣掌王之小命，詔相王之小灋儀。^[一]掌三公及孤卿之復逆，正王之燕服位。^[二]王之燕出入，則前驅。^[三]大祭祀、朝覲，沃王盥。小祭祀、賓客、饗食、賓射，掌事如大僕之灋。^[四]掌士大夫之弔勞。凡大事，佐大僕。

[一] 小命，時事所勑問也。小法儀，趨行拱揖之容。

[二] 謂燕居時也。《玉藻》曰：“王卒食，玄端而居。”

[三] 燕出入，若今游於諸觀苑。

[四] 賓射，與諸侯來朝者射。

（四·三十二）

祭僕掌受命于王，以眡祭祀，而警戒祭祀有司，糾百官之戒具。^[一]既祭，帥群有司而反命，以王命勞之，誅其不敬者。大喪，復于小廟。^[二]凡祭祀，王之所不與，則賜之禽，都家亦如之。^[三]凡祭祀致福者，展而受之。^[四]

［一］謂王有故不親祭也。祭祀有司，有事於祭祀者。糾，謂校錄
　　所當共之牲物。

［二］小廟，高祖以下也。始祖曰大廟。《春秋》："僖八年秋七月，
　　禘于大廟。"

［三］鄭司農云："王之所不與，謂非郊廟尊祭祀，則王不與也。
　　則賜之禽，公卿自祭其先祖，則賜之禽也。"玄謂王所不與，
　　同姓有先王之廟。

［四］臣有祭事，必致祭肉於君，所謂歸胙也。展，謂錄視其牲體
　　數。體數者，大牢則以牛左肩臂臑折九个，少牢則以羊左肩
　　七个，特牲則以豕左肩五个。

（四·三十三）

　　御僕掌群吏之逆，及庶民之復，與其弔勞。^{［一］}大祭祀，
相盥而登。^{［二］}大喪，持翣。^{［三］}掌王之燕令，^{［四］}以序守
路鼓。^{［五］}

［一］群吏，府史以下。

［二］相盥者，謂奉槃授巾與？登，謂爲主登牲體於俎。《特牲饋
　　食禮》："主人降盥出，舉入乃匕載。"

［三］翣，棺飾也。持之者，夾蜃車。

［四］燕居時之令。

［五］序，更。

（四·三十四）

　　隸僕掌五寢之埽除糞洒之事。^{［一］}祭祀，脩寢。^{［二］}王行，
洗乘石。^{［三］}掌蹕宮中之事。^{［四］}大喪，復于小寢、大寢。^{［五］}

［一］五寢，五廟之寢也。周天子七廟，唯祧無寢。《詩》云"寢廟繹繹"，相連貌也。前曰廟，後曰寢。氾埽曰埽，埽席前曰拚。洒，灑也。鄭司農云："洒，當爲灑。"玄謂《論語》曰："子夏之門人，當洒埽應對。"

［二］於廟祭寢，或有事焉。《月令》凡新物，先薦寢廟。

［三］鄭司農云："乘石，王所登上車之石也。《詩》云'有扁斯石，履之卑兮'，謂上車所登之石。"

［四］宮中有事則蹕。鄭司農云："蹕，謂止行者，清道。若今時儆蹕。"

［五］小寢，高祖以下廟之寢也。始祖曰大寢。

（四·三十五）

弁師掌王之五冕，皆玄冕、朱裏、延、紐、^{［一］}五采繅十有二就；皆五采玉十有二，玉笄，朱紘。^{［二］}諸侯之繅斿九就，瑉玉三采，其餘如王之事；繅斿皆就，玉瑱，玉笄。^{［三］}

［一］冕服有六，而言五冕者，大裘之冕蓋無旒，不聯數也。延，冕之覆，在上，是以名焉。紐，小鼻在武上，笄所貫也。今時冠卷當簪者，廣袤以冠繼，其舊象與？

［二］繅，雜文之名也。合五采絲爲之繩，垂於延之前後，各十二，所謂邃延也。就，成也。繩之每一帀而貫五采玉，十二斿則十二玉也。每就閒蓋一寸。朱紘，以朱組爲紘也。紘一條，屬兩端於武。繅不言皆，有不皆者。此爲袞衣之冕十二斿，則用玉二百八十八。鷩衣之冕繅九斿，用玉二百一十六。毳衣之冕七斿，用玉百六十八。希衣之冕五斿，用玉百二十。玄衣之冕三斿，用玉七十二。

〔三〕侯，當爲公，字之誤也。三采，朱、白、蒼也。其餘，謂延紐皆玄覆朱裏，與王同也。出此則異。繅斿皆就，皆三采也。每繅九成，則九斿也。公之冕用玉百六十二。玉瑱，塞耳者。故書瑉作璑。鄭司農云："繅當爲藻，繅古字也，藻今字也，同物同音。璑，惡玉名。"

王之皮弁，會五采玉璂，象邸，玉笄。〔一〕王之弁絰，弁而加環絰。〔二〕諸侯及孤、卿、大夫之冕、韋弁、皮弁、弁絰，各以其等爲之，而掌其禁令。〔三〕

〔一〕故書會作體，鄭司農云："讀如馬會之會，謂以五采束髮也。《士喪禮》曰：'檜用組，乃笄。'檜讀與體同，書之異耳。說曰：以組束髮乃著笄，謂之檜。沛國人謂反紒爲體。璂，讀如綦車轂之綦。"玄謂會，讀如大會之會。會，縫中也。璂，讀如薄借綦之綦。綦，結也。皮弁之縫中，每貫結五采玉十二以爲飾，謂之綦。《詩》云"會弁如星"，又曰"其弁伊綦"是也。邸，下柢也，以象骨爲之。

〔二〕弁絰，王弔所服也。其弁如爵弁而素，所謂素冠也。而加環絰，環絰者，大如緦之麻絰，纏而不糾。《司服職》曰："凡弔事，弁絰服。"

〔三〕各以其等，繅斿玉璂如其命數也。冕則侯伯繅七就，用玉九十八；子男繅五就，用玉五十，繅玉皆三采；孤繅四就，用玉三十二；三命之卿繅三就，用玉十八；再命之大夫藻再就，用玉八，藻玉皆朱、綠。韋弁、皮弁則侯伯璂飾七，子男璂飾五，玉亦三采。孤則璂飾四，三命之卿璂飾三，再命之大夫璂飾二，玉亦二采。弁絰之弁，其辟積如冕繅之就

352

然。庶人弔者素委貌。一命之大夫冕而無斿，士變冕爲爵弁。其韋弁、皮弁之會無結飾，弁絰之弁不辟積。禁令者，不得相僭踰也。《玉藻》曰："君未有命，不敢即乘服。"不言冠弁，冠弁兼於韋弁、皮弁矣。不言服弁，服弁自天子以下，無飾無等。

（四·三十六）

司甲，闕。

（四·三十七）

司兵掌五兵五盾，各辨其物與其等，以待軍事。[一]及授兵，從司馬之灋以頒之。及其受兵輸，亦如之。及其用兵，亦如之。[二]祭祀，授舞者兵。[三]大喪，廞五兵。[四]軍事，建車之五兵，會同亦如之。[五]

[一] 五盾，干櫓之屬，其名未盡聞也。等，謂功沽上下。鄭司農云："五兵者，戈、殳、戟、酋矛、夷矛。"

[二] 從司馬之法，令師、旅、卒、兩人數所用多少也。兵輸，謂師還，有司還兵也。用兵，謂出給衞守。

[三] 授以朱干玉戚之屬。

[四] 故書廞爲淫，鄭司農云："淫，陳也。淫讀爲廞。"玄謂廞，興也，興作明器之役器五兵也。《士喪禮下篇》有甲胄干笮。

[五] 車之五兵，鄭司農所云者是也。步卒之五兵，則無夷矛，而有弓矢。

(四·三十八)

司戈盾掌戈盾之物而頒之。[一]祭祀，授旅賁殳、故士戈盾，授舞者兵亦如之。[二]軍旅、會同，授貳車戈盾，建乘車之戈盾，授旅賁及虎士戈盾。[三]及舍，設藩盾，行則斂之。[四]

[一] 分與授用。

[二] 亦頒之也。故士，王族故士也，與旅賁當事則衞王也。殳如杖[一]，長尋有四尺。

[三] 乘車，王所乘車也。軍旅則革路，會同則金路。

[四] 舍，止也。藩盾，盾可以藩衞者，如今之扶蘇與？

(四·三十九)

司弓矢掌六弓、四弩、八矢之灋，辨其名物，而掌其守藏與其出入。[一]中春獻弓弩，中秋獻矢箙。[二]及其頒之，王弓、弧弓以授射甲革、椹質者，夾弓、庾弓以授射犴侯、鳥獸者，唐弓、大弓，以授學射者、使者、勞者。[三]其矢箙皆從其弓。[四]凡弩，夾、庾利攻守，唐、大利車戰、野戰。[五]

[一] 法，曲直長短之數。

[二] 弓弩成於和，矢箙成於堅。箙，盛矢器也，以獸皮爲之。

[三] 王、弧、夾、庾、唐、大六者，弓異體之名也。往體寡，來體多，曰王、弧。往體多，來體寡，曰夾、庾。往體來體

〔一〕殳如杖 "杖"，底本作"校"，今據黃本改。

若一，曰唐、大。甲革，革甲也。《春秋傳》曰："蹲甲而射之。"質，正也。樹椹以爲射正。射甲與椹，試弓習武也。豻侯五十步，及射鳥獸，皆近射也。近射用弱弓，則射大侯者用王、弧，射參侯者用唐、大矣。學射者弓用中，後習強弱則易也。使者、勞者弓亦用中，遠近可也。勞者，勤勞王事，若晉文侯、文公受王弓矢之賜者。故書椹爲鞎，鄭司農云："椹字或爲鞎，非是也。《圉師職》曰：'射則充椹質。'又此《司弓矢職》曰：'澤共射椹質之弓矢。'言射椹質自有弓，謂王、弧弓也。以此觀之，言鞎質者非。"

[四] 從弓數也。每弓者一簸百矢。

[五] 攻城壘者與其自守者相迫近，弱弩發疾也。車戰、野戰，進退非強則不及。弩無王、弧，王、弧恒服弦，往體少者，使矢不疾。

凡矢，枉矢、絜矢利火射，用諸守城、車戰；殺矢、鍭矢用諸近射、田獵；矰矢、茀矢用諸弋射；恒矢、庳矢用諸散射。[一] 天子之弓合九而成規，諸侯合七而成規，大夫合五而成規，士合三而成規；句者謂之弊弓。[二]

[一] 此八矢者，弓弩各有四焉。枉矢、殺矢、矰矢、恒矢，弓所用也；絜矢、鍭矢、茀矢、庳矢，弩所用也。枉矢者，取名變星，飛行有光，今之飛矛是也，或謂之兵矢。絜矢象焉。二者皆可結火以射敵、守城、車戰。前於重後微輕，行疾也。殺矢，言中則死。鍭矢象焉，鍭之言候也。二者皆可以司候射敵之近者及禽獸，前尤重，中深，而不可遠也。結繳於矢謂之矰。矰，高也。茀矢象焉，茀之言制也。二者皆可

355

以弋飛鳥，制羅之也。前於重，又微輕，行不低也。《詩》云：
“弋鳧與雁。”恒矢，安居之矢也。庳矢象焉。二者皆可以散
射也，謂禮射及習射也。前後訂，其行平也。凡矢之制，枉
矢之屬五分，二在前，三在後；殺矢之屬參分，一在前，二
在後；矰矢之屬七分，三在前，四在後；恒矢之屬軒輖中，
所謂志也。鄭司農云：“庳矢，讀爲人罷短之罷。”玄謂庳，
讀如痹病之痹，痹之言倫比。

〔二〕體往來之衰也。往體寡來體多則合多，往體多來體寡則合少
而圍。弊，猶惡也。句者惡則直者善矣。

　　凡祭祀，共射牲之弓矢。〔一〕澤，共射椹質之弓矢。〔二〕
大射、燕射，共弓矢如數并夾。〔三〕大喪，共明弓矢。〔四〕
凡師役、會同，頒弓弩各以其物，從授兵甲之儀。〔五〕田弋，
充籠箙矢，共矰矢。〔六〕凡亡矢者，弗用則更。〔七〕

〔一〕射牲，示親殺也。殺牲，非尊者所親，唯射爲可。《國語》曰：
　　　“禘郊之事，天子必自射其牲。”

〔二〕鄭司農云：“澤，澤宮也，所以習射選士之處也。《射義》曰：
　　　‘天子將祭，必先習射於澤。澤者，所以擇士也。已射於澤，
　　　而后射於射宮，射中者得與於祭。’”

〔三〕如數，如當射者之數也。每人一弓乘矢。并夾，矢簡也。

〔四〕弓矢，明器之用器也。《士喪禮下篇》曰：“用器弓矢。”

〔五〕物，弓弩矢箙之屬。

〔六〕籠，竹籠也。矰矢不在箙者，爲其相繞亂，將用乃共之。

〔七〕更，償也。用而棄之則不償。

（四·四十）

繕人掌王之用弓弩、矢箙、贈弋、抉拾，^[一]掌詔王射，^[二]贊王弓矢之事。^[三]凡乘車，充其籠，箙載其弓弩。^[四]既射，則斂之，^[五]無會計。^[六]

[一] 鄭司農云：“抉者，所以縱弦也。拾者，所以引弦也。《詩》云：‘抉拾既次。’《詩》家説或謂抉謂引弦彄也，拾謂韝扜也。”玄謂抉，挾矢時所以持弦飾也，著右手巨指。《士喪禮》曰：“抉，用正王棘若檡棘。”則天子用象骨與？韝扜著左臂裏，以韋爲之。

[二] 告王當射之節。

[三] 授之，受之。

[四] 充籠箙者以矢。

[五] 斂，藏之也。《詩》云：“彤弓弨兮，受言藏之。”

[六] 亡敗多少不計。

（四·四十一）

槀人掌受財于職金，以齎其工。^[一]弓六物爲三等，弩四物亦如之。^[二]矢八物皆三等，箙亦如之。春獻素，秋獻成。^[三]書其等以饗工。^[四]乘其事，試其弓弩，以下上其食而誅賞。^[五]乃入功于司弓矢及繕人。^[六]凡齎財與其出入，皆在槀人，以待會而攷之，亡者闕之。^[七]

[一] 齎其工者，給市財用之直。

[二] 三等者，上中下人各有所宜。《弓人職》曰：“弓長六尺六寸，謂之上制，上士服之；弓長六尺三寸，謂之中制，中士服

之；弓長六尺，謂之下制，下士服之。”弩及矢箙長短之制，
未聞。

〔三〕矢箙，春作秋成。

〔四〕鄭司農云：“書工功拙高下之等，以制其饗食也。”玄謂饗，
酒肴勞之也。上工作上等，其饗厚；下工作下等，其饗薄。

〔五〕鄭司農云：“乘，計也，計其事之成功也。故書試爲考。”玄
謂考之而善，則上其食，尤善又賞之，否者反此。

〔六〕功，成。

〔七〕皆在稾人者，所齎工之財及弓弩矢箙，出入其簿書，稾人藏
之。闕，猶除也。弓弩矢箙棄亡者除之，計今見在者。

（四·四十二）

戎右掌戎車之丘革使，〔一〕詔贊王鼓，〔二〕傳王命于陳
中。〔三〕會同，充革車。〔四〕盟，則以玉敦辟盟，遂役之。〔五〕
贊牛耳、桃茢。〔六〕

〔一〕使，謂王使以兵，有所誅斬也。《春秋傳》曰：“戰於殽，
晉梁弘御戎，萊駒爲右。戰之明日，襄公縛秦囚，使萊駒以
戈斬之。”

〔二〕既告王當鼓之節，又助擊之。

〔三〕爲王大言之也。

〔四〕會同王雖乘金路，猶以革路從行也。充之者，謂居左也。《曲
禮》曰：“乘君之乘車，不敢曠左。”

〔五〕鄭司農云：“敦，器名也。辟，法也。”玄謂將歃血者，先執
其器，爲衆陳其載辭，使心皆開辟也。役之者，傳敦血，授
當歃者。

〔六〕鄭司農云：“贊牛耳，《春秋傳》所謂執牛耳者。”故書苅爲滅，杜子春云：“滅當爲屬。”玄謂尸盟者割牛耳取血，助爲之，及血在敦中，以桃苅拂之，又助之也。耳者盛以珠盤，尸盟者執之。桃，鬼所畏也。苅，苕帚，所以埽不祥。

（四·四十三）

齊右掌祭祀、會同、賓客前齊車，王乘則持馬，行則陪乘。〔一〕凡有牲事，則前馬。〔二〕

〔一〕齊車，金路，王自整齊之車也。前之者，已駕王未乘之時。陪乘，參乘，謂車右也。齊右與齊僕同車，而有祭祀之事，則兼玉路之右，然則戎右兼田右與？

〔二〕王見牲則拱而式，居馬前卻行，備驚奔也。《曲禮》曰：“國君下宗廟，式齊牛。”

（四·四十四）

道右掌前道車。王出入，則持馬陪乘，如齊車之儀。〔一〕自車上諭命于從車，〔二〕詔王之車儀。〔三〕王式，則下前馬；王下，則以蓋從。〔四〕

〔一〕道車，象路也。王行道德之車。

〔二〕自，由。

〔三〕顧式之屬。

〔四〕以蓋從，表尊。

(四·四十五)

大馭掌馭玉路以祀。及犯軷，王自左馭，馭下祝，登受轡，犯軷，遂驅之。^[一]及祭，酌僕；僕左執轡，右祭兩軹，祭軓，乃飲。^[二]凡馭路，行以《肆夏》，趨以《采薺》。^[三]凡馭路儀，以鸞和爲節。^[四]

[一] 行山曰軷。犯之者，封土爲山象，以菩芻棘柏爲神主，既祭之，以車轢之而去，喻無險難也。《春秋傳》曰：“跋涉山川。”自，由也。王由左馭，禁制馬，使不行也。故書軷作罰，杜子春云：“罰，當爲軷。軷，讀爲別異之別，謂祖道、軷較、磔犬也。《詩》云：‘載謀載惟，取蕭祭脂，取羝以軷。’《詩》家説曰：‘將出祖道，犯軷之祭也。’《聘禮》曰：‘乃舍軷，飲酒于其側。’《禮》家説亦謂道祭。”

[二] 故書軹爲軒，軓爲範。杜子春云：“文當如此，‘左’不當重，重非是。”書亦或如子春言。又云：“軒，當作軹，軹謂兩轊也。其或言軷，亦非是。”又云：“軹當爲軓，軓謂車軾前也。或讀軒爲簪笄之笄。”

[三] 凡馭路，謂五路也。《肆夏》《采薺》，樂章也。行，謂大寢至路門。趨，謂路門至應門。

[四] 舒疾之法也。鸞在衡，和在軾，皆以金爲鈴。

(四·四十六)

戎僕掌馭戎車。^[一]掌王倅車之政，正其服。^[二]犯軷，如玉路之儀^[一]。凡巡守及兵車之會，亦如之。^[三]掌凡戎

〔一〕 如玉路之儀　“玉”，底本作“王”，今據黃本改。

車之儀。^[四]

[一] 戎車，革路也。師出，王乘以自將。

[二] 倅，副也。服，謂衆乘戎車者之衣服。

[三] 如在軍。

[四] 凡戎車，衆之兵車也。《書序》曰："武王戎車三百兩。"

（四·四十七）

　　齊僕掌馭金路以賓。^[一]朝覲、宗遇、饗食，皆乘金路，其灋儀各以其等爲車送逆之節。^[二]

[一] 以待賓客。

[二] 節，謂王乘車迎賓客及送相去遠近之數。上公九十步，侯伯七十步，子男五十步。《司儀職》曰"車逆拜辱"，又曰"及出車送"。

（四·四十八）

　　道僕掌馭象路，以朝夕、燕出入，其灋儀如齊車。^[一]掌貳車之政令。^[二]

[一] 朝夕，朝朝莫夕。

[二] 貳，亦副。

（四·四十九）

　　田僕掌馭田路，以田以鄙。^[一]掌佐車之政，^[二]設驅逆之車。^[三]令獲者植旌，^[四]及獻比禽。^[五]凡田，王提馬

而走，諸侯晉，大夫馳。^[六]

[一] 田路，木路也。田，田獵也。鄙，循行縣鄙。

[二] 佐，亦副。

[三] 驅，驅禽使前趨獲。逆，衛還之使不出圍。

[四] 以告獲也。植，樹也。

[五] 田弊，獲者各獻其禽。比，種物相從次數之。

[六] 提，猶舉也。晉，猶抑也。使人扣而舉之、抑之，皆止奔
也。馳，放不扣。

（四·五十）

趣夫掌馭貳車、從車、使車，^[一]分公馬而駕治之。^[二]

[一] 貳車，象路之副也。從車，戎路、田路之副也。使車，驅逆
之車。

[二] 乘調六種之馬。

（四·五十一）

校人掌王馬之政。^[一]辨六馬之屬，種馬一物，戎馬一
物，齊馬一物，道馬一物，田馬一物，駑馬一物。^[二]凡頒
良馬而養乘之，乘馬一師四圉，三乘爲皁，皁一趣馬；三
皁爲繫，繫一馭夫；六繫爲廄，廄一僕夫；六廄成校，校
有左右。駑馬三良馬之數；麗馬一圉，八麗一師；八師一
趣馬，八趣馬一馭夫。^[三]

[一] 政，謂差擇養乘之數也。《月令》曰："班馬政。"

362

［二］種，謂上善似母者。以次差之，玉路駕種馬，戎路駕戎馬，金路駕齊馬，象路駕道馬，田路駕田馬，駑馬給宮中之役。

［三］良，善也。善馬，五路之馬。鄭司農云：“四匹爲乘。養馬爲圉，故《春秋傳》曰：‘馬有圉，牛有牧。’”玄謂二耦爲乘。師、趣馬、馭夫、僕夫，帥之名也。趣馬下士，馭夫中士，則僕夫上士也。自乘至廐，其數二百一十六匹。《易》“《乾》爲馬”，此應《乾》之筴也。至校變爲言成者，明六馬各一廐，而王馬小備也。校有左右，則良馬一種者，四百三十二匹，五種合二千一百六十四。駑馬三之，則爲千二百九十六匹。五良一駑，凡三千四百五十六匹，然後王馬大備。《詩》云“騋牝三千”，此謂王馬之大數與？麗，耦也。駑馬自圉至馭夫，凡馬千二十四匹，與三良馬之數不相應，八皆宜爲六，字之誤也。師十二匹，趣馬七十二匹，則馭夫四百三十二匹矣，然後而三之。既三之，無僕夫者，不駕於五路，卑之也。

天子十有二閑，馬六種；邦國六閑，馬四種；家四閑，馬二種。［一］凡馬，特居四之一。［二］

［一］降殺之差，每廐爲一閑。諸侯有齊馬、道馬、田馬，大夫有田馬，各一閑，其駑馬則皆分爲三焉。

［二］欲其乘之性相似也。物同氣則心一。鄭司農云：“四之一者，三牝一牡。”

春祭馬祖，執駒。［一］夏祭先牧，頒馬攻特。［二］秋祭馬社，臧僕。［三］冬祭馬步，獻馬，講馭夫。［四］

［一］馬祖，天駟也。《孝經》説曰：“房爲龍馬。”鄭司農云：“執駒無令近母，猶攻駒也。二歲曰駒，三歲曰駣。”玄謂執，猶拘也。春通淫之時，駒弱，血氣未定，爲其乘匹傷之。

［二］先牧，始養馬者，其人未聞。夏通淫之後，攻其特，爲其蹄齧，不可乘用。鄭司農云：“攻特，謂騬之。”

［三］馬社，始乘馬者。《世本》作曰：“相土作乘馬。”鄭司農云：“臧僕，謂簡練馭者，令皆善也。”玄謂僕，馭五路之僕。

［四］馬步，神爲災害馬者。獻馬，見成馬於王也。馭夫，馭貳車、從車、使車者。講，猶簡習。

凡大祭祀、朝覲、會同，毛馬而頒之。[一]飾幣馬，執扑而從之。[二]凡賓客，受其幣馬。[三]大喪，飾遣車之馬。及葬，埋之。[四]田獵，則帥驅逆之車。[五]

［一］毛馬，齊其色也。頒，授當乘之。

［二］鄭司農云：“校人主飾之也。幣馬，以馬遺人，當幣處者也。《聘禮》曰：‘馬則北面，奠幣于其前。’《士喪禮下篇》曰：‘薦馬，纓三就，入門北面，交轡，圉人夾牽之，馭者執策立于馬後。’”

［三］賓客之幣馬，來朝聘而享王者。

［四］言埋之，則是馬塗車之芻靈。

［五］帥，猶將也。

凡將事于四海、山川，則飾黃駒。[一]凡國之使者，共其幣馬。[二]凡軍事，物馬而頒之。[三]等馭夫之禄、[四]宮中之稍食。[五]

［一］四海，猶四方也。王巡守，過大山川，則有殺駒以祈沈禮
　　與？《玉人職》有宗祝以黃金勺前馬之禮。

［二］使者所用私覿。

［三］物馬，齊其力。

［四］馭夫，於趣馬、僕夫爲中，舉中見上下。

［五］師圉府史以下也。鄭司農云：“稍食曰稾。”

（四·五十二）

趣馬掌贊正良馬，而齊其飲食，簡其六節。^{［一］}掌駕説
之頒。^{［二］}辨四時之居治，以聽馭夫。^{［三］}

［一］贊，佐也。佐正者，謂校人臧僕講馭夫之時。簡，差也。
　　節，猶量也，差擇王馬以爲六等。

［二］用馬之第次。

［三］居，謂牧庌所處。治，謂執駒攻特之屬。

（四·五十三）

巫馬掌養疾馬而乘治之，相醫而藥攻馬疾，受財于校
人。^{［一］}馬死，則使其賈粥之，入其布于校人。^{［二］}

［一］乘，謂驅步以發其疾，知所疾處乃治之。相，助也。

［二］布，泉也。鄭司農云：“賈，謂其屬官小吏賈二人。粥，
　　賣也。”

（四·五十四）

牧師掌牧地，皆有屬禁而頒之。^{［一］}孟春，焚牧；^{［二］}

中春，通淫；^[三]掌其政令。凡田事，贊焚萊。^[四]

[一] 頒馬，授圉者所牧處。

[二] 焚牧地，以除陳，生新草。

[三] 中春，陰陽交、萬物生之時，可以合馬之牝牡也。《月令》
　　季春"乃合累牛騰馬，遊牝于牧"，秦時書也。秦地寒涼，
　　萬物後動。

[四] 焚萊者，山澤之虞。

(四·五十五)

廋人掌十有二閑之政教，以阜馬、佚特、教駣、攻駒，
及祭馬祖、祭閑之先牧，及執駒、散馬耳、圉馬。^[一]正
校人員選。^[二]馬八尺以上爲龍，七尺以上爲騋，六尺以上
爲馬。^[三]

[一] 九者皆有政教焉。阜，盛壯也。《詩》云："四牡孔阜。"杜
　　子春云："佚，當爲逸。"鄭司農云："馬三歲曰駣，二歲曰
　　駒。散，讀爲中散大夫之散，謂聐馬耳，毋令善驚也。"玄
　　謂逸者，用之不使甚勞，安其血氣也。教駣，始乘習之也。
　　攻駒，騬其蹄齧者。閑之先牧，先牧制閑者。散馬耳，以竹
　　括押其耳，頭動搖則括中物，後遂串習，不復驚。

[二] 校人，謂師圉也。正員選者，選擇可備員者平之。

[三] 大小異名。《爾雅》曰："騋，牝驪牡玄，駒褭驂。"鄭司農
　　說以《月令》曰"駕蒼龍"。

（四·五十六）

圉師掌教圉人養馬。春除蓐，釁廄，始牧。夏庌馬，冬獻馬。射則充椹質，茨牆則翦闒。[一]

[一] 蓐，馬茲也。馬既出而除之。新釁焉，神之也。《春秋傳》曰：“凡馬，日中而出，日中而入。”故字庌爲訝，鄭司農云：“當爲庌。”玄謂庌，廡也。廡所以庇馬涼也。充，猶居也。茨，蓋也。闒，苫也。椹質、翦闒，圉人所習也。杜子春讀椹爲齊人言鈇椹之椹。椹質，所射者習射處。

（四·五十七）

圉人掌養馬芻牧之事，以役圉師。[一]凡賓客、喪紀，牽馬而入陳。[二]廞馬亦如之。[三]

[一] 役者，圉師使令焉。

[二] 賓客之馬，王所以賜之者。《詩》云：“雖無予之，路車乘馬。”喪紀之馬，啓後所薦馬。

[三] 廞馬，遣車之馬。人捧之，亦牽而入陳。

（四·五十八）

職方氏掌天下之圖，以掌天下之地。辨其邦國、都鄙、四夷、八蠻、七閩、九貉、五戎、六狄之人民，與其財用、九穀、六畜之數要，周知其利害。[一]

[一] 天下之圖，如今司空輿地圖也。鄭司農云：“東方曰夷，南方曰蠻，西方曰戎，北方曰貉狄。”玄謂閩，蠻之别也。《國

367

語》曰：“閩，羋蠻矣。”四、八、七、九、五、六，周之所
服國數也。財用，泉穀貨賄也。利，金錫竹箭之屬。害，神
姦，鑄鼎所象百物也。《爾雅》曰：“九夷、八蠻、六戎、五
狄，謂之四海。”

乃辨九州之國，使同貫利。[一]東南曰揚州，其山鎮曰
會稽，其澤藪曰具區，其川三江，其浸五湖，其利金、錫、
竹、箭，其民二男五女，其畜宜鳥獸，其穀宜稻。[二]正南
曰荊州，其山鎮曰衡山，其澤藪曰云瞢，其川江、漢，其
浸潁、湛，其利丹、銀、齒、革，其民一男二女，其畜宜
鳥獸，其穀宜稻。[三]河南曰豫州，其山鎮曰華山，其澤藪
曰圃田，其川滎、雒，其浸波、溠，其利林、漆、絲、枲，
其民二男三女，其畜宜六擾，其穀宜五種。[四]正東曰青州，
其山鎮曰沂山，其澤藪曰望諸，其川淮、泗，其浸沂、沭，
其利蒲、魚，其民二男二女，其畜宜雞、狗，其穀宜稻、
麥。[五]河東曰兗州，其山鎮曰岱山，其澤藪曰大野，其川
河、沛，其浸盧、維，其利蒲、魚，其民二男三女，其畜
宜六擾，其穀宜四種。[六]正西曰雍州，其山鎮曰嶽山，其
澤藪曰弦蒲，其川涇、汭，其浸渭、洛，其利玉、石，其
民三男二女，其畜宜牛、馬，其穀宜黍、稷。[七]東北曰幽
州，其山鎮曰醫無閭，其澤藪曰貕養，其川河、泲，其浸
菑、時，其利魚、鹽，其民一男三女，其畜宜四擾，其穀
宜三種。[八]河內曰冀州，其山鎮曰霍山，其澤藪曰揚紆，
其川漳，其浸汾、潞，其利松、柏，其民五男三女，其畜
宜牛、羊，其穀宜黍、稷。[九]正北曰并州，其山鎮曰恒山，
其澤藪曰昭餘祁，其川虖池、嘔夷，其浸淶、易，其利布、

帛，其民二男三女，其畜宜五擾，其穀宜五種。^[一○]

〔一〕貫，事也。

〔二〕鎮，名山安地德者也。會稽在山陰。大澤曰藪。具區、五湖
在吳南。浸，可以爲陂灌溉者。錫，鑞也。箭，篠也。鳥
獸，孔雀、鸞、鷄鷘、犀、象之屬。故書箭爲晉，杜子春
云："晉，當爲箭，書亦或爲箭。"

〔三〕衡山在湘南。雲瞢在華容。潁出陽城，宜屬豫州，在此非
也。湛，未聞。齒，象齒也。革，犀兕革也。杜子春云：
"湛，讀當爲人名湛之湛，湛或爲淮。"

〔四〕華山，在華陰。圃田，在中牟。滎，沇水也，出東垣，入
于河，泆爲滎，滎在滎陽。波，讀爲播，《禹貢》曰"滎播
既都"。《春秋傳》曰"楚子除道梁溠，營軍臨隨"，則溠宜
屬荆州，在此非也。林，竹木也。六擾，馬、牛、羊、豕、
犬、雞。五種，黍、稷、菽、麥、稻。

〔五〕沂山，沂水所出也，在蓋。望諸，明都也，在睢陽。沭，出
東莞。二男二女，數等，似誤也，蓋當與兗州同二男三女。
鄭司農云："淮，或爲睢。沭，或爲洙。"

〔六〕岱山在博，大野在鉅野。盧維，當爲雷雍，字之誤也。《禹
貢》曰："雷夏既澤，雍沮會同。"雷夏在城陽。四種，黍、
稷、稻、麥。

〔七〕嶽，吳嶽也，及弦蒲在汧。涇出涇陽，汭在豳地。《詩·大
雅·公劉》曰："汭坭之即。"洛出懷德。鄭司農云："弦，或
爲汧。蒲，或爲浦。"

〔八〕醫無閭在遼東，貕養在長廣，菑出萊蕪，時出般陽。四擾，
馬、牛、羊、豕。三種，黍、稷、稻。杜子春讀貕爲奚。

周 禮 注

[九] 霍山在䍐。揚紆所在未聞。漳出長子，汾出汾陽，潞出歸德。

[一〇] 恒山在上曲陽。昭餘祁在鄔。虖池出鹵城。嘔夷，祁夷與？出平舒。淶出廣昌，易出故安。五擾，馬、牛、羊、犬、豕。五種，黍、稷、菽、麥、稻也。凡九州及山鎮澤藪言曰者，以其非一，曰其大者耳。此州界，揚、荆、豫、兗、雍、冀與《禹貢》略同，青州則徐州地也，幽、并則青、冀之北也，無徐、梁。

乃辨九服之邦國，方千里曰王畿，其外方五百里曰侯服，又其外方五百里曰甸服，又其外方五百里曰男服，又其外方五百里曰采服，又其外方五百里曰衛服，又其外方五百里曰蠻服，又其外方五百里曰夷服，又其外方五百里曰鎮服，又其外方五百里曰藩服。[一]

[一] 服，服事天子也。《詩》云："侯服于周。"

凡邦國千里，封公以方五百里，則四公；方四百里，則六侯；方三百里，則七伯；方二百里，則二十五子；方百里，則百男。以周知天下。[一]

[一] 以此率徧知四海九州邦國多少之數也。方千里者，爲方百里者百。以方三百里之積，以九約之，得十一有奇。云七伯者，字之誤也。周九州之界，方七千里，七七四十九，方千里者四十九，其一爲畿內，餘四十八。八州各有方千里者六。周公變殷湯之制，雖小國，地皆方百里。是每事言

370

“則”者，設法也。設法者以待有功，而大其封。一州之中，以其千里封公，則可四；又以其千里封侯，則可六；又以其千里封伯，則可十一；又以其千里封子，則可二十五；又以其千里封男，則可百。公、侯、伯、子、男，亦不是過也。州二百一十國，以男備其數焉。其餘以爲附庸。四海之封，黜陟之功，亦如之。雖有大國，爵稱子而已。<u>鄭司農</u>云：“此制亦見《大司徒職》，曰：‘諸公之地方五百里，諸侯之地方四百里，諸伯之地方三百里，諸子之地方二百里，諸男之地方百里。’”

　　凡邦國，小大相維。[一] 王設其牧，[二] 制其職，各以其所能。[三] 制其貢，各以其所有。[四] 王將巡守，則戒于四方，曰：各脩平乃守，攷乃職事[一]，無敢不敬戒，國有大刑！[五] 及王之所行，先道，帥其屬而巡戒令。[六] 王殷國，亦如之。[七]

[一] 大國比小國，小國事大國，各有屬，相維聯也。

[二] 選諸侯之賢者爲牧，使牧理之。

[三] 牧監參伍之屬。用能，所任秩次。

[四] 國之地物所有。

[五] 乃，猶女也。守，謂國竟之内。職事，所當共具。

[六] 先道，先由王所從道，居前，行其前日所戒之令。

[七] 殷，猶衆也。十二歲王若不巡守，則六服盡朝，謂之殷國。其戒四方諸侯，與巡守同。

〔一〕 攷乃職事　“攷”，底本作“攻”，今據<u>黃</u>本改。

（四·五十九）

土方氏掌土圭之灋以致日景，^[一]以土地相宅而建邦國都鄙。^[二]以辨土宜土化之灋而授任地者。^[三]王巡守，則樹王舍。^[四]

[一] 致日景者，夏至景尺有五寸，冬至景丈三尺，其間則日有長短。

[二] 土地，猶度地。知東西南北之深，而相其可居者。宅，居也。

[三] 土宜，謂九穀稙穉所宜也。土化，地之輕重糞種所宜用也。任地者，載師之屬。

[四] 爲之藩羅。

（四·六十）

懷方氏掌來遠方之民，致方貢，致遠物，而送逆之，達之以節。^[一]治其委積、館舍、飲食。^[二]

[一] 遠方之民，四夷之民也。諭德延譽以來之。遠物，九州之外無貢法而至者。達民以旌節，達貢物以璽節。

[二] 續食其往來。

（四·六十一）

合方氏掌達天下之道路，^[一]通其財利，^[二]同其數器，^[三]壹其度量，^[四]除其怨惡，^[五]同其好善。^[六]

[一] 津梁相湊，不得陷絕。

〔二〕茂遷其有無。

〔三〕權衡不得有輕重。

〔四〕尺丈釜鍾不得有大小。

〔五〕怨惡，邦國相侵虐。

〔六〕所好所善，謂風俗所高尚。

（四·六十二）

訓方氏掌道四方之政事，與其上下之志，〔一〕誦四方之傳道。〔二〕正歲，則布而訓四方，〔三〕而觀新物。〔四〕

〔一〕道，猶言也，爲王説之。四方，諸侯也。上下，君臣也。

〔二〕傳道，世世所傳説往古之事也。爲王誦之，若今論聖德堯舜之道矣。故書傳爲傳，杜子春云：“傳，當作傳，書亦或爲傳。”

〔三〕布告以教天下，使知世所善惡。

〔四〕四時於新物出則觀之，以知民志所好惡。志淫行辟，則當以政教化正之。

（四·六十三）

形方氏掌制邦國之地域，而正其封疆，無有華離之地。〔一〕使小國事大國，大國比小國。〔二〕

〔一〕杜子春云：“離，當爲麗，書亦或爲麗。”玄謂華，讀爲瓜瓝之瓝，正之使不瓝邪離絶。

〔二〕比，猶親也。《易·比象》曰：“先王以建萬國，親諸侯。”

（四·六十四）

　　山師掌山林之名，辨其物與其利害，而頒之于邦國，使致其珍異之物。[一]

　　[一]山林之名與物，若岱畎絲枲，嶧陽孤桐矣。利，其中人用者。害，毒物及螫噬之蟲獸。

（四·六十五）

　　川師掌川澤之名，辨其物與其利害，而頒之于邦國，使致其珍異之物。[一]

　　[一]川澤之名與物，若泗濱浮磬，淮夷蠙珠暨魚，澤之萑蒲。

（四·六十六）

　　邍師掌四方之地名，辨其丘陵、墳衍、邍隰之名。[一]物之可以封邑者。[二]

　　[一]地名，謂東原、大陸之屬。
　　[二]物之，謂相其土地可以居民立邑。

（四·六十七）

　　匡人掌達灋則，匡邦國而觀其慝，使無敢反側，以聽王命。[一]

　　[一]法則，八法八則也，邦國之官府都鄙亦用焉。慝，姦偽之惡也。反側，猶背違法度也。《書》云：“無反無側，王道正直。”

(四·六十八)

　　撢人掌誦王志，道國之政事，以巡天下邦國而語之，[一] 使萬民和説而正王面。[二]

　　[一] 道，猶言也，以王之志與政事諭説諸侯，使不迷惑。

　　[二] 面，猶鄉也，使民之心曉而正鄉王。

(四·六十九)

　　都司馬掌都之士庶子及其衆庶、車馬、兵甲之戒令。[一] 以國灋掌其政學，[二] 以聽國司馬。[三]

　　[一] 庶子，卿、大夫、士之子。車馬兵甲，備軍發卒。

　　[二] 政，謂賦税也。學，脩德學道。

　　[三] 聽者，受行其所徵爲也。國司馬，大司馬之屬皆是。

(四·七十)

　　家司馬，亦如之。[一]

　　[一] 大夫家臣爲司馬者。《春秋傳》曰：“叔孫氏之司馬鬷戾。”

周禮卷第九

周禮卷第九

鄭　氏　注

秋官司寇第五

惟王建國，辨方正位，體國經野，設官分職，以爲民極。乃立秋官司寇，使帥其屬而掌邦禁，以佐王刑邦國。[一]

[一] 禁，所以防姦者也。刑，正人之法。《孝經》説曰：“刑者，侀也，過出罪施。”

刑官之屬：

大司寇，卿一人。

小司寇，中大夫二人。

士師，下大夫四人。

鄉士，上士八人，中士十有六人，旅下士三十有二人。[一]府六人，史十有二人，胥十有二人，徒百有二十人。

[一] 士，察也，主察獄訟之事者。鄭司農説以《論語》曰：“柳下惠爲士師。”鄉士，主六鄉之獄。

遂士，中士十有二人。府六人，史十有二人，胥十有

379

二人，徒百有二十人。[一]

　　[一]遂士，主六遂之獄者。

　　縣士，中士三十有二人。府八人，史十有六人，胥十有六人，徒百有六十人。[一]

　　[一]距王城三百里至四百里曰縣。縣士，主縣之獄者。

　　方士，中士十有六人。府八人，史十有六人，胥十有六人，徒百有六十人。[一]

　　[一]方士，主四方都家之獄者。

　　訝士，中士八人。府四人，史八人，胥八人，徒八十人。[一]

　　[一]訝，迎也。士官之迎四方賓客。

　　朝士，中士六人。府三人，史六人，胥六人，徒六十人。[一]

　　[一]朝士，主外朝之法。

　　司民，中士六人。府三人，史六人，胥三人，徒三十人。[一]

〔一〕司民，主民數。

司刑，中士二人。府一人，史二人，胥二人，徒二十人。

司刺，下士二人。府一人，史二人，徒四人。^{〔一〕}

〔一〕刺，殺也。三訊罪定則殺之。

司約，下士二人。府一人，史二人，徒四人。^{〔一〕}

〔一〕約，言語之約束。

司盟，下士二人。府一人，史二人，徒四人。^{〔一〕}

〔一〕盟，以約辭告神，殺牲歃血，明著其信也。《曲禮》曰：“涖牲曰盟。”

職金，上士二人，下士四人。府二人，史四人，胥八人，徒八十人。^{〔一〕}

〔一〕職，主也。

司厲，下士二人。史一人，徒十有二人。^{〔一〕}

〔一〕犯政爲惡曰厲。厲士，主盜賊之兵器及其奴者。

犬人，下士二人。府一人，史二人，賈四人，徒十有六人。

司圜，中士六人，下士十有二人。府三人，史六人，胥十有六人，徒百有六十人。[一]

[一]鄭司農云："圜，謂圜土也。圜土，謂獄城也。今獄城圜。《司圜職》中言'凡圜土之刑人也'，以此知圜謂圜土也。又《大司寇職》曰'以圜土聚教罷民'，故《司圜職》曰：'掌收教罷民。'"

掌囚，下士十有二人。府六人，史十有二人，徒百有二十人。[一]

[一]囚，拘也。主拘繫當刑殺之者。

掌戮，下士二人。史一人，徒十有二人。[一]

[一]戮，猶辱也。既斬殺，又辱之。

司隸，中士二人，下士十有二人。府五人，史十人，胥二十人，徒二百人。[一]

[一]隸，給勞辱之役者。漢始置司隸，亦使將徒治道溝渠之役，後稍尊之，使主官府及近郡。

罪隸，百有二十人。[一]

［一］盜賊之家爲奴者。

蠻隸，百有二十人。[一]

［一］征南夷所獲。

閩隸，百有二十人。[一]

［一］閩，南蠻之別。

夷隸，百有二十人。[一]

［一］征東夷所獲。

貉隸，百有二十人。[一]

［一］征東北夷所獲。凡隸衆矣，此其選以爲役員，其餘謂之隸民。

布憲，中士二人，下士四人。府二人，史四人，胥四人，徒四十人。[一]

［一］憲，表也。主表刑禁者。

禁殺戮，下士二人。史一人，徒十有二人。^[一]

[一] 禁殺戮者，禁民不得相殺戮。

禁暴氏，下士六人。史三人，胥六人，徒六十人。
野廬氏，下士六人。胥十有二人，徒百有二十人。^[一]

[一] 廬，賓客行道所舍。

蜡氏，下士四人。徒四十人。^[一]

[一] 蜡，骨肉腐臭，蠅蟲所蜡也。《月令》曰“掩骼埋胔”，此官之職也。蜡，讀如狙司之狙。

雍氏，下士二人。徒八人。^[一]

[一] 雍，謂隄防止水者也。

萍氏，下士二人。徒八人。^[一]

[一] 鄭司農云：“萍，讀爲蛢，或爲萍號起雨之萍。”玄謂今《天問》萍號作萍。《爾雅》曰：“萍，蓱，其大者蘋。”讀如小子言平之平。萍氏主水禁，萍之草無根而浮，取名於其不沈溺。

司寤氏，下士二人。徒八人。^[一]

［一］寤，覺也，主夜覺者。

司烜氏，下士六人。徒十有二人。^[一]

［一］烜，火也，讀如衛侯燬之燬。故書燬爲垣，鄭司農云：“當
　　爲烜。”

條狼氏，下士六人。胥六人，徒六十人。^[一]

［一］杜子春云：“條，當爲滌器之滌。”玄謂滌，除也。狼，狼扈
　　道上。

脩閭氏，下士二人。史一人，徒十有二人。^[一]

［一］閭，謂里門。

冥氏，下士二人。徒八人。^[一]

［一］鄭司農云：“冥，讀爲冥氏春秋之冥。”玄謂冥方之冥，以繩
　　繫取禽獸之名。

庶氏，下士一人。徒四人。^[一]

［一］庶，讀如藥煑之煑，驅除毒蠱之言。書不作蠱者，字從聲。

穴氏，下士一人。徒四人。^[一]

〔一〕穴，搏蟄獸所藏者。

貆氏，下士二人。徒八人。^[一]

〔一〕貆，鳥翩也。鄭司農云：“貆，讀爲翅翼之翅。”

柞氏，下士八人。徒二十人。^[一]

〔一〕柞，除木之名。除木者必先校剝之。鄭司農云：“柞，讀爲音聲喈喈之喈，屋筓之筓。”

薙氏，下士二人。徒二十人。^[一]

〔一〕書薙或作夷。鄭司農云：“掌殺草，故《春秋傳》曰：‘如農夫之務去草，芟夷薀崇之。’又今俗閒謂麥下爲夷下，言芟夷其麥，以其下種禾豆也。”玄謂薙，讀如鬀小兒頭之鬀。書或作夷。此皆翦草也，字從類耳。《月令》曰“燒薙行水”，謂燒所芟草乃水之^{〔一〕}。

硩蔟氏，下士一人。徒二人。^[一]

〔一〕鄭司農云：“硩，讀爲擿。蔟，讀爲爵蔟之蔟，謂巢也。”玄謂硩，古字，從石折聲。

〔一〕謂燒所芟草乃水之　“謂”前，底本衍“非”字，黃本同。殿本、阮本無。阮本《校勘記》：“多一‘非’係誤衍。”今據殿本、阮本刪。

386

翦氏，下士一人。徒二人。[一]

［一］翦，斷滅之言也，主除蟲蠹者。《詩》云：“實始翦商。”

赤犮氏，下士一人。徒二人。[一]

［一］赤犮，猶言拃拔也，主除蟲豸自埋者。

蟈氏，下士一人。徒二人。[一]

［一］鄭司農云：“蟈，讀爲蜮。蜮，蝦蟇也。《月令》曰‘螻蟈鳴’，故曰‘掌去鼃黽’。鼃黽，蝦蟇屬。書或爲‘掌去蝦蟇’。”玄謂蟈，今御所食蛙也。字從虫，國聲也。蜮乃短狐與？

壺涿氏，下士一人。徒二人。[一]

［一］壺，謂瓦鼓。涿，擊之也。故書涿爲獨，鄭司農云：“獨，讀爲濁其源之濁，音與涿相近。書亦或爲濁。”

庭氏，下士一人。徒二人。[一]

［一］庭氏主射妖鳥，令國中絜清如庭者也。

銜枚氏，下士二人。徒八人。[一]

［一］銜枚，止言語囂讙也。枚狀如箸，橫銜之，爲之繣結於項。

伊耆氏，下士一人。徒二人。[一]

[一] 伊耆，古王者號。始爲蜡，以息老物。此主王者之齒杖。後
　　王識伊耆氏之舊德，而以名官與？今姓有伊耆氏。

大行人，中大夫二人。
小行人，下大夫四人。
司儀，上士八人，中士十有六人。
行夫，下士三十有二人。府四人，史八人，胥八人，
徒八十人。[一]

[一] 行夫，主國使之禮。

環人，中士四人。史四人，胥四人，徒四十人。[一]

[一] 環，猶圍也。主圍賓客、任器，爲之守衞。

象胥，每翟上士一人，中士二人，下士八人。徒
二十人。[一]

[一] 通夷狄之言者曰象。胥，其有才知者也。此類之本名，東方
　　曰寄，南方曰象，西方曰狄鞮，北方曰譯。今緫名曰象者，
　　周之德先致南方也。

掌客，上士二人，下士四人。府一人，史二人，胥二
人，徒二十人。

掌訝，中士八人。府二人，史四人，胥四人，徒四十人。^[一]

[一] 訝，迎也。賓客來，主迎之。鄭司農云：“訝，讀爲跛者訝跛者之訝。”

掌交，中士八人。府二人，史四人，徒三十有二人。^[一]

[一] 主交通結諸侯之好。

掌察，四方中士八人。史四人，徒十有六人。
掌貨賄，下士十有六人。史四人，徒三十有二人。
朝大夫，每國上士二人，下士四人。府一人，史二人，庶子八人，徒二十人。^[一]

[一] 此王之士也，使主都家之國治，而命之朝大夫云。

都則，中士一人，下士二人。府一人，史二人，庶子四人，徒八十人。^[一]

[一] 都則，主都家之八則者也。當言每都，如朝大夫及都司馬云。

都士，中士二人，下士四人。府二人，史四人，胥四人，徒四十人。
家士，亦如之。^[一]

　　〔一〕都家之士，主治都家吏民之獄訟，以告方士者也。亦當言
　　　　每都。

（五·一）

　　大司寇之職，掌建邦之三典，以佐王刑邦國、詰四方：〔一〕一曰刑新國用輕典，〔二〕二曰刑平國用中典，〔三〕三曰刑亂國用重典。〔四〕

　　〔一〕典，法也。詰，謹也。《書》曰：“王旋荒，度作詳刑，以詰
　　　　四方。”
　　〔二〕新國者，新辟地立君之國。用輕法者，爲其民未習於教。
　　〔三〕平國，承平守成之國也。用中典者，常行之法。
　　〔四〕亂國，篡弒叛逆之國。用重典者，以其化惡伐滅之。

　　以五刑糾萬民：〔一〕一曰野刑，上功糾力；〔二〕二曰軍刑，上命糾守；〔三〕三曰鄉刑，上德糾孝；〔四〕四曰官刑，上能糾職；〔五〕五曰國刑，上愿糾暴。〔六〕

　　〔一〕刑，亦法也。糾，猶察異之。
　　〔二〕功，農功。力，勤力。
　　〔三〕命，將命也。守，不失部伍。
　　〔四〕德，六德也。善父母爲孝。
　　〔五〕能，能其事也。職，職事修理。
　　〔六〕愿，愨慎也。暴，當爲恭，字之誤也。

　　以圜土聚教罷民，〔一〕凡害人者，寘之圜土而施職事焉，

以明刑恥之。^[二]其能改者，反于中國，不齒三年。^[三]其不能改而出圜土者，殺。^[四]

> ［一］圜土，獄城也。聚罷民其中，困苦以教之爲善也。民不愍作勞，有似於罷。
>
> ［二］害人，謂爲邪惡已有過失麗於法者。以其不故犯法，寘之圜土繫教之，庶其困悔而能改也。寘，置也。施職事，以所能役使之。明刑，書其罪惡於大方版，著其背。
>
> ［三］反于中國，謂舍之還於故鄉里也。《司圜職》曰：“上罪三年而舍，中罪二年而舍，下罪一年而舍。”不齒者，不得以年次列於平民。
>
> ［四］出，謂逃亡。

以兩造禁民訟，入束矢於朝，然後聽之。^[一]以兩劑禁民獄，入鈞金，三日乃致于朝，然後聽之。^[二]

> ［一］訟，謂以財貨相告者。造，至也。使訟者兩至，既兩至，使入束矢乃治之也。不至，不入束矢，則是自服不直者也。必入矢者，取其直也。《詩》曰：“其直如矢。”古者一弓百矢，束矢其百个與？
>
> ［二］獄，謂相告以罪名者。劑，今券書也。使獄者各齎券書，既兩券書，使入鈞金，又三日乃治之，重刑也。不券書，不入金，則是亦自服不直者也。必入金者，取其堅也。三十斤曰鈞。

以嘉石平罷民，^[一]凡萬民之有罪過而未麗於法，而害於州里者，桎梏而坐諸嘉石，役諸司空。重罪，旬有三日坐，朞役；其次九日坐，九月役；其次七日坐，七月役；其次五日坐，五月役；其下罪三日坐，三月役；使州里任之，則宥而舍之。^[二]

[一] 嘉石，文石也。斵之外朝門左。平，成也。成之使善。

[二] 有罪過，謂邪惡之人所罪過者也。麗，附也。未附於法，未著於法也。木在足曰桎，在手曰梏。役諸司空，坐日訖，使給百工之役也。役月訖，使其州里之人任之，乃赦之。宥，寬也。

以肺石達窮民，^[一]凡遠近惸獨老幼之欲有復於上而其長弗達者，立於肺石三日，士聽其辭，以告於上而罪其長。^[二]

[一] 肺石，赤石也。窮民，天民之窮而無告者。

[二] 無兄弟曰惸，無子孫曰獨。復，猶報也。上，謂王與六卿也。報之者，若上書詣公府言事矣。長，謂諸侯若鄉遂大夫。

正月之吉，始和布刑于邦國都鄙，乃縣刑象之灋于象魏，使萬民觀刑象，挾日而斂之。^[一]凡邦之大盟約，涖其盟書而登之于天府，^[二]大史、內史、司會及六官皆受其貳而藏之。^[三]凡諸侯之獄訟，以邦典定之。^[四]凡卿大夫之獄訟，以邦灋斷之。^[五]凡庶民之獄訟，以邦成弊之。^[六]

[一] 正月朔日，布王刑於天下，正歲又縣其書，重之。

[二] 涖，臨也。天府，祖廟之藏。

［三］六官，六卿之官也。貳，副也。

［四］邦典，六典也。以六典待邦國之治。

［五］邦法，八法也。以八法待官府之治。

［六］邦成，八成也。以官成待萬民之治。故書弊爲憋，鄭司農云：
　　　“憋，當爲弊。邦成，謂若今時決事比也。弊之，斷其獄訟
　　　也。故《春秋傳》曰：‘弊獄邢侯。’”

大祭祀，奉犬牲。^{［一］}若禋祀五帝，則戒之日，涖誓百
官，戒于百族。^{［二］}及納亨，前王，祭之日，亦如之。^{［三］}
奉其明水火。^{［四］}

［一］奉，猶進也。

［二］戒之日，卜之日也。百族，謂府史以下也。《郊特牲》曰：“卜
　　　之日，王立于澤，親聽誓命，受教諫之義也。獻命庫門之
　　　內，戒百官也。大廟之內，戒百姓也。”

［三］納亨，致牲。

［四］明水火，所取於日月者。

凡朝覲、會同，前王，大喪亦如之。^{［一］}大軍旅，涖戮
于社。^{［二］}凡邦之大事，使其屬蹕。^{［三］}

［一］大喪所前或嗣王。

［二］社，謂社主在軍者也。鄭司農説以《書》曰“用命賞于祖，
　　　不用命戮于社”。

［三］屬，士師以下也。故書蹕作避，杜子春云：“避，當爲辟，
　　　謂辟除姦人也。”玄謂蹕，止行也。

（五·二）

小司寇之職，掌外朝之政，以致萬民而詢焉，一曰詢國危，二曰詢國遷，三曰詢立君。[一]其位，王南鄉，三公及州長、百姓北面，群臣西面，群吏東面。[二]小司寇擯以敘進而問焉，以衆輔志而弊謀。[三]

[一] 外朝，朝在雉門之外者也。國危，謂有兵寇之難。國遷，謂徙都改邑也。立君，謂無冢適選於庶也。鄭司農云：“致萬民，聚萬民也。詢，謀也。《詩》曰‘詢于芻蕘’，《書》曰‘謀及庶民’。”

[二] 群臣，卿、大夫、士也。群吏，府史也。其孤不見者，孤從群臣。鄉大夫在公後。

[三] 擯，謂揖之使前也。敘，更也。輔志者，尊王賢明也。

以五刑聽萬民之獄訟，附于刑，用情訊之。至于旬，乃弊之，讀書則用灋。[一]凡命夫命婦，不躬坐獄訟。[二]凡王之同族有罪，不即市。[三]

[一] 附，猶著也。故書附作付。訊，言也，用情理言之，冀有可以出之者。十日乃斷之。《王制》曰：“刑者侀也，侀者成也，一成而不可變，故君子盡心焉。”鄭司農云：“讀書則用法，如今時讀鞫已乃論之。”

[二] 爲治獄吏褻尊者也。躬，身也。不身坐者，必使其屬若子弟也。《喪服傳》曰：“命夫者，其男子之爲大夫者。命婦者，其婦人之爲大夫之妻者。”《春秋傳》曰：“衛侯與元咺訟，甯武子爲輔，鍼莊子爲坐，士榮爲大理。”

［三］鄭司農云：“刑諸甸師氏。《禮記》曰：‘刑于隱者，不與國人
　　慮兄弟。’”

以五聲聽獄訟，求民情：一曰辭聽，^{［一］}二曰色聽，^{［二］}
三曰氣聽，^{［三］}四曰耳聽，^{［四］}五曰目聽。^{［五］}

［一］觀其出言，不直則煩。

［二］觀其顏色，不直則赧然。

［三］觀其氣息，不直則喘。

［四］觀其聽聆，不直則惑。

［五］觀其眸子視，不直則眊然。

以八辟麗邦灋，附刑罰：^{［一］}一曰議親之辟，^{［二］}二曰
議故之辟，^{［三］}三曰議賢之辟，^{［四］}四曰議能之辟，^{［五］}五曰
議功之辟，^{［六］}六曰議貴之辟，^{［七］}七曰議勤之辟，^{［八］}八曰
議賓之辟。^{［九］}

［一］辟，法也。杜子春讀麗爲罹。玄謂麗，附也。《易》曰：“日
　　月麗乎天。”故書附作付。附，猶著也。

［二］鄭司農云：“若今時宗室有罪，先請是也。”

［三］故，謂舊知也。鄭司農云：“故舊不遺，則民不愉。”

［四］鄭司農云：“若今時廉吏有罪，先請是也。”玄謂賢，有德
　　行者。

［五］能，謂有道藝者。《春秋傳》曰：“夫謀而鮮過，惠訓不倦者，
　　叔向有焉，社稷之固也，猶將十世宥之，以勸能者。今壹不
　　免其身，以棄社稷，不亦惑乎？”

［六］謂有大勳力立功者。

［七］鄭司農云：“若今時吏墨綬有罪，先請是也。”

［八］謂憔悴以事國。

［九］謂所不臣者，三恪二代之後與？

以三刺斷庶民獄訟之中，^{［一］}一曰訊群臣，二曰訊群吏，三曰訊萬民。^{［二］}聽民之所刺宥，以施上服、下服之刑。^{［三］}及大比，登民數，自生齒以上，登于天府。^{［四］}内史、司會、冢宰貳之，以制國用。^{［五］}

［一］中，謂罪正所定。

［二］刺，殺也，三訊罪定則殺之。訊，言也。

［三］宥，寬也。民言殺，殺之；言寬，寬之。上服，劓墨也。下
　　　服，宮刖也。

［四］大比，三年大數民之衆寡也。人生齒而體備。男八月而生
　　　齒，女七月而生齒。

［五］人數定而九賦可知，國用乃可制耳。

小祭祀，奉犬牲。^{［一］}凡禋祀五帝，實鑊水，納亨亦如之。^{［二］}大賓客，前王而辟，^{［三］}后、世子之喪亦如之。小師，涖戮。^{［四］}凡國之大事，使其屬蹕。^{［五］}

［一］奉，猶進也。

［二］納亨，致牲也。其時鑊水當以洗解牲體肉。

［三］鄭司農云：“小司寇爲王道，辟除姦人也，若今時執金吾下
　　　至令尉奉引矣。”

396

［四］小師，王不自出之師。

［五］屬，士師以下。

孟冬祀司民，獻民數於王，王拜受之，以圖國用而進退之。^[一]歲終，則令群士計獄弊訟，登中于天府。^[二]正歲，帥其屬而觀刑象，令以木鐸，曰："不用灋者，國有常刑！"令群士，^[三]乃宣布于四方，憲刑禁。^[四]乃命其屬入會，乃致事。^[五]

［一］司民，星名，謂軒轅角也。小司寇於祀司民而獻民數於王，重民也。進退，猶損益也。國用，民衆則益，民寡則損。

［二］上其所斷獄訟之數。

［三］群士，遂士以下。

［四］宣，徧也。憲，表也，謂縣之也。刑禁，士師之五禁。

［五］得其屬之計，乃令致之於王。

（五・三）

士師之職，掌國之五禁之灋，以左右刑罰。一曰宮禁，二曰官禁，三曰國禁，四曰野禁，五曰軍禁。皆以木鐸徇之于朝，書而縣于門閭。^[一]

［一］左右，助也。助刑罰者，助其禁民爲非也。宮，王宮也。官，官府也。國，城中也。古之禁書亡矣。今宮門有符籍，官府有無故擅入，城門有離載下帷，野有《田律》，軍有嚻讙夜行之禁，其類可言者。

以五戒先後刑罰，毋使罪麗于民：一曰誓，用之于軍旅；二曰誥，用之于會同；三曰禁，用諸田役；四曰糾，用諸國中；五曰憲，用諸都鄙。[一]

[一] 先後，猶左右也。誓誥於《書》，則《甘誓》《湯誓》《大誥》《康誥》之屬。禁則軍禮曰“無干車”，“無自後射”，此其類也。糾、憲，未有聞焉。

掌鄉合州、黨、族、閭、比之聯，與其民人之什伍，使之相安相受，以比追胥之事，以施刑罰慶賞。[一] 掌官中之政令。[二] 察獄訟之辭，以詔司寇斷獄弊訟，致邦令。[三]

[一] 鄉合，鄉所合也。追，追寇也。胥，讀如宿偦之偦，偦謂司搏盜賊也。

[二] 大司寇之官府中也。

[三] 詔司寇，若今白聽正法解也。致邦令者，以法報之。

掌士之八成，[一] 一曰邦汋，[二] 二曰邦賊，[三] 三曰邦諜，[四] 四曰犯邦令，[五] 五曰撟邦令，[六] 六曰爲邦盜，[七] 七曰爲邦朋，[八] 八曰爲邦誣。[九]

[一] 鄭司農云：“八成者，行事有八篇，若今時決事比。”

[二] 鄭司農云：“汋，讀如酌酒尊中之酌。國汋者，斟汋盜取國家密事，若今時刺探尚書事。”

[三] 爲逆亂者。

[四] 爲異國反閒。

　　〔五〕干冒王教令者。

　　〔六〕稱詐以有爲者。

　　〔七〕竊取國之寶藏者。

　　〔八〕朋黨相阿，使政不平者。故書朋作倗，鄭司農云："倗，讀
　　　　爲朋友之朋。"

　　〔九〕誣罔君臣，使事失實。

　　若邦凶荒，則以荒辯之灋治之。〔一〕令移民、通財，糾
守、緩刑。〔二〕凡以財獄訟者，正之以傅别、約劑。〔三〕若
祭勝國之社稷，則爲之尸。〔四〕

　　〔一〕鄭司農云："辯，讀爲風别之别。救荒之政十有二，而士師
　　　　别受其數條，是爲荒别之法。"玄謂辯，當爲貶，聲之誤也。
　　　　遭飢荒則刑罰、國事有所貶損，作權時法也。《朝士職》曰：
　　　　"若邦凶荒、札喪、寇戎之故，則令邦國、都家、縣鄙慮
　　　　刑貶。"

　　〔二〕移民，就賤救困也。通財，補不足也。糾守，備盜賊也。緩
　　　　刑，紓民心也。

　　〔三〕傅别，中别手書也。約劑，各所持券也。故書别爲辯。鄭司
　　　　農云："傅，或爲符。辯，讀爲風别之别。若今時市買，爲
　　　　券書以别之，各得其一，訟則案券以正之。"

　　〔四〕以刑官爲尸，略之也。周謂亡殷之社爲亳社。

　　王燕出入，則前驅而辟。〔一〕祀五帝，則沃尸及王盥，
泊鑊水。〔二〕凡刉珥，則奉犬牲。〔三〕諸侯爲賓，則帥其屬
而躍于王宮。〔四〕大喪，亦如之。大師，帥其屬而禁逆軍旅

者與犯師禁者而戮之。^[五]

[一] 道王且辟行人。

[二] 洎，謂增其沃汁。

[三] 珥，讀爲衈。刉衈，釁禮之事。用牲，毛者曰刉，羽者曰衈。

[四] 謂諸侯來朝若燕饗時。

[五] 逆軍旅，反將命也。犯師禁，干行陳也。

　　歲終，則令正要會。^[一] 正歲，帥其屬而憲禁令于國及郊野。^[二]

[一] 定計簿。

[二] 去國百里爲郊，郊外謂之野。

（五·四）

　　鄉士掌國中。^[一] 各掌其鄉之民數而糾戒之。^[二] 聽其獄訟，察其辭。^[三] 辨其獄訟，異其死刑之罪而要之，旬而職聽于朝。^[四] 司寇聽之，斷其獄，弊其訟于朝。群士、司刑皆在，各麗其灋以議獄訟。^[五] 獄訟成，士師受中，協日刑殺，肆之三日。^[六] 若欲免之，則王會其期。^[七]

[一] 鄭司農云：“謂國中至百里郊也。”玄謂其地則距王城百里內也。言掌國中，此主國中獄也，六鄉之獄在國中。

[二] 鄉士八人，言各者，四人而分主三鄉。

[三] 察，審也。

［四］辨、異，謂殊其文書也。要之，爲其罪法之要辭，如今劾矣。十日，乃以職事治之於外朝，容其自反覆。

［五］麗，附也。各附致其法以成議也。

［六］受中，謂受獄訟之成也。鄭司農云：“士師受中，若今二千石受其獄也。中者，刑罰之中也。故《論語》曰‘刑罰不中，則民無所措手足’。協日刑殺，協，合也，和也，和合支幹善日，若今時望後利日也。肆之三日，故《春秋傳》曰‘三日棄疾請尸’，《論語》曰‘肆諸市朝’。”玄謂士師既受獄訟之成，鄉士則擇可刑殺之日，至其時而往涖之，尸之三日乃反也。

［七］免，猶赦也。期，謂鄉士職聽于朝，司寇聽之日，王欲赦之，則用此時親往議之。

　　大祭祀、大喪紀、大軍旅、大賓客，則各掌其鄉之禁令，帥其屬夾道而蹕。[一]三公若有邦事，則爲之前驅而辟，其喪亦如之。[二]凡國有大事，則戮其犯命者。

［一］屬，中士以下。

［二］鄭司農云：“鄉士爲三公道也，若今時三公出城，郡督郵盜賊道也。”

（五・五）

　　遂士掌四郊。[一]各掌其遂之民數，而糾其戒令。[二]聽其獄訟，察其辭。辨其獄訟，異其死刑之罪而要之，二旬而職聽于朝。司寇聽之，斷其獄，弊其訟于朝。群士、司刑皆在，各麗其灋以議獄訟。獄訟成，士師受中，協日就郊而刑殺，各於其遂肆之三日。^[三]若欲免之，則王令三公會其期。^[四]若邦有大事，聚衆庶，則各掌其遂之禁令，帥其屬而蹕。^[五]六卿若有邦事，則爲之前驅而辟，其喪亦如之。凡郊有大事，則戮其犯命者。

> [一] 鄭司農云："謂百里外至三百里也。"玄謂其地則距王城百里以外至二百里。言掌四郊者，此主四郊獄也。六遂之獄在四郊。

> [二] 遂士十二人，言各者，二人而分主一遂。

> [三] 就郊而刑殺者，遂士也。遂士擇刑殺日，至其時往涖之，如鄉士爲之矣。言各於其遂者，四郊六遂，遂處不同。

> [四] 令，猶命也。王欲赦之，則用遂士職聽之時，命三公往議之。

> [五] 大事，王所親也。

(五·六)

縣士掌野。^[一]各掌其縣之民數，糾其戒令而聽其獄訟，察其辭。辨其獄訟，異其死刑之罪而要之，三旬而職聽于朝。司寇聽之，斷其獄，弊其訟于朝。群士、司刑皆在，各麗其灋以議獄訟。獄訟成，士師受中，協日刑殺，各就其縣肆之三日。^[二]若欲免之，則王命六卿會其期。^[三]若邦有大役，聚衆庶，則各掌其縣之禁令。若大夫有邦事，則爲之前驅而辟，其喪亦如之。凡野有大事，則戮其犯命者。^[四]

> [一] 鄭司農云："掌三百里至四百里，大夫所食。晉韓須爲公

族大夫，食縣。"玄謂地距王城二百里以外至三百里曰野，三百里以外至四百里曰縣，四百里以外至五百里曰都。都縣野之地，其邑非王子弟，公、卿、大夫之采地，則皆公邑也，謂之縣。縣士掌其獄焉。言掌野者，郊外曰野，大摠言之也。獄居近，野之縣獄在二百里上，縣之縣獄在三百里上，都之縣獄在四百里上。

［二］刑殺各就其縣者，亦謂縣士也。

［三］期，亦謂縣士職聽之時。

［四］野，距王城二百里以外，及縣都。

（五·七）

　方士掌都家。[一]聽其獄訟之辭，辨其死刑之罪而要之，三月而上獄訟于國。[二]司寇聽其成于朝，群士司刑皆在，各麗其灋以議獄訟。[三]獄訟成，士師受中，書其刑殺之成與其聽獄訟者。[四]

［一］鄭司農云："掌四百里至五百里，公所食，魯季氏食於都。"玄謂都，王子弟及公卿之采地。家，大夫之采地。大都在畺地，小都在縣地，家邑在稍地。不言掌其民數，民不純屬王。

［二］三月乃上要者，又變朝言國，以其自有君，異之。

［三］成，平也。鄭司農説以《春秋傳》曰："晉邢侯與雍子爭鄐田，久而無成。"

［四］都家之吏自協日刑殺。但書其成與治獄之吏姓名，備反覆有失實者。

凡都家之大事，聚衆庶，則各掌其方之禁令。^[一]以時
脩其縣灋，若歲終，則省之而誅賞焉。^[二]凡都家之士所上
治，則主之。^[三]

[一] 方士十六人，言各掌其方者，四人而主一方也。其方以王之
　　事動衆，則爲班禁令焉。

[二] 縣法，縣師之職也。其職，掌邦國都鄙稍甸郊野之地域，而
　　辨其夫家人民田菜之數，及其六畜車輦之稽。方士以四時脩
　　此法^[一]，歲終又省之，則與掌民數亦相近。

[三] 都家之士，都士、家士也。所上治者，謂獄訟之小事，不附
　　罪者也。主之，告於司寇，聽平之。

(五·八)

訝士掌四方之獄訟，^[一]諭罪刑于邦國。^[二]凡四方之
有治於士者造焉。^[三]四方有亂獄，則往而成之。^[四]邦有
賓客，則與行人送逆之。入於國，則爲之前驅而辟，野亦
如之。居館，則帥其屬而爲之蹕，誅戮暴客者。客出入，
則道之；有治，則贊之。^[五]凡邦之大事，聚衆庶，則讀其
誓禁。

[一] 鄭司農云：“四方諸侯之獄訟。”

[二] 告曉以麗罪及制刑之本意。

[三] 謂讞疑辨事，先來詣，乃通之於士也。士，主謂士師也。如
　　今郡國亦時遣主者吏，詣廷尉議者。

〔一〕 方士以四時脩此法　“士”，底本作“上”，今據黃本改。

［四］亂獄，謂若君臣宣淫、上下相虐者也。往而成之，猶呂步舒
　　使治淮南獄。

［五］送逆，謂始來及去也。出入，謂朝覲於王時也。《春秋傳》曰：
　　“晉侯受策以出，出入三覲。”入國入野，自以時事。

（五·九）

　　朝士掌建邦外朝之灋。左九棘，孤、卿、大夫位焉，
群士在其後。右九棘，公、侯、伯、子、男位焉，群吏在
其後。面三槐，三公位焉，州長衆庶在其後。左嘉石，平
罷民焉。右肺石，達窮民焉。[一]

［一］樹棘以爲位者，取其赤心而外刺，象以赤心三刺也。槐之言
　　懷也，懷來人於此，欲與之謀。群吏，謂府史也。州長，鄉
　　遂之官。鄭司農云：“王有五門，外曰皋門，二曰雉門，三
　　曰庫門，四曰應門，五曰路門。路門，一曰畢門。外朝在路
　　門外，內朝在路門內。左九棘，右九棘，故《易》曰‘係用
　　徽纆，寘于叢棘’。”玄謂《明堂位》説魯公宮曰“庫門，天
　　子皋門；雉門，天子應門”。言魯用天子之禮，所名曰庫門
　　者，如天子皋門；所名曰雉門者，如天子應門。此名制二兼
　　四，則魯無皋門、應門矣。《檀弓》曰：“魯莊公之喪，既葬，
　　而絰不入庫門。”言其除喪而反，由外來，是庫門在雉門外
　　必矣。如是，王五門，雉門爲中門，雉門設兩觀，與今之宮
　　門同。閽人幾出入者，窮民蓋不得入也。《郊特牲》譏繹於
　　庫門內，言遠，當於廟門，廟在庫門之內，見於此矣。《小
　　宗伯職》曰：“建國之神位，右社稷，左宗廟。”然則外朝在
　　庫門之外，皋門之內與？今司徒府有天子以下大會殿，亦古

405

之外朝哉。周天子諸侯皆有三朝，外朝一，内朝二。内朝之在路門内者，或謂之燕朝。

帥其屬而以鞭呼、趨且辟。[一] 禁慢朝、錯立族談者。[二] 凡得獲貨賄、人民、六畜者，委于朝，告于士，旬而舉之。大者公之，小者庶民私之。[三]

[一] 趨朝辟行人，執鞭以威之。

[二] 慢朝，謂臨朝不肅敬也。錯立族談，違其位傳語也。

[三] 俘而取之曰獲。委於朝十日，待來識之者。人民，謂刑人、奴隸逃亡者。《司隸職》曰："帥其民而搏盜賊。"鄭司農云："若今時得遺物及放失六畜，持詣鄉亭縣廷。大者公之，大物没入公家也。小者私之，小物自畀也。"玄謂人民之小者，未亂七歲以下。

凡士之治有期日，國中一旬，郊二旬，野三旬，都三月，邦國朞。期内之治聽，期外不聽。[一] 凡有責者，有判書以治，則聽。[二] 凡民同貨財者，令以國灋行之，犯令者，刑罰之。[三] 凡屬責者，以其地傳而聽其辭。[四]

[一] 鄭司農云："謂在期内者聽，期外者不聽，若今時徒論決，滿三月，不得乞鞠。"

[二] 判，半分而合者。故書判爲辨。鄭司農云："謂若今時辭訟，有券書者爲治之。辨讀爲別，謂別券也。"玄謂古者出責之息，亦如國服與？

[三] 鄭司農云："同貨財者，謂合錢共賈者也。以國法行之，司

市爲節以遣之。"玄謂同貨財者，富人畜積者，多時收斂之，乏時以國服之法出之，雖有騰躍，其贏不得過此以利，出者與取者，過此則罰之。若今時加貴取息坐臧。

〔四〕鄭司農云："謂訟地畔界者，田地町畔相比屬，故謂之屬責。以地傅而聽其辭，以其比畔爲證也。"玄謂屬責，轉責使人歸之，而本主死亡，歸受之數相抵冒者也。以其地之人相比近，能爲證者來，乃受其辭爲治之。

凡盜賊軍鄉邑及家人，殺之無罪。〔一〕凡報仇讎者，書於士，殺之無罪。〔二〕若邦凶荒、札喪、寇戎之故，則令邦國、都家、縣鄙慮刑貶。〔三〕

〔一〕鄭司農云："謂盜賊群輩若軍共攻盜鄉邑及家人者，殺之無罪。若今時無故入人室宅廬舍，上人車船，牽引人欲犯法者，其時格殺之，無罪。"

〔二〕謂同國不相辟者，將報之，必先言之於士。

〔三〕故書慮爲憲，貶爲窆，杜子春云："窆，當爲禁。憲，謂幡書以明之。"玄謂慮，謀也。貶，猶減也，謂當圖謀緩刑〔一〕，且減國用，爲民困也。所貶視時爲多少之法。

(五·十)

司民掌登萬民之數。自生齒以上〔二〕，皆書於版。辨其國中與其都鄙及其郊野，異其男女。歲登下其死生。〔一〕及三年大比，以萬民之數詔司寇。司寇及孟冬祀司民之日，獻

〔一〕謂當圖謀緩刑　"緩"，底本作"援"，今據黃本改。
〔二〕自生齒以上　"自"，底本作"目"，今據黃本改。

其數于王。王拜受之，登于天府。內史、司會、冢宰貳之，
以贊王治。[二]

[一] 登，上也。男八月、女七月而生齒。版，今戶籍也。下猶去
也。每歲更著生去死。

[二] 鄭司農云："文昌宮三能，屬軒轅角，相與爲體。近文昌爲
司命，次司中，次司祿，次司民。"玄謂司民，軒轅角也。
天府，主祖廟之藏者。贊，佐也。三官以貳佐王治者，當以
民多少黜陟主民之吏。

(五·十一)

　　司刑掌五刑之灋，以麗萬民之罪，墨罪五百，劓罪
五百，宮罪五百，刖罪五百，殺罪五百。[一] 若司寇斷獄弊
訟，則以五刑之灋詔刑罰，而以辨罪之輕重。[二]

[一] 墨，黥也，先刻其面，以墨窒之。劓，截其鼻也。今東西夷
或以墨劓爲俗，古刑人亡逃者之世類與？宮者，丈夫則割其
勢，女子閉於宮中，若今宦男女也。刖，斷足也。周改臏作
刖。殺，死刑也。《書傳》曰："決關梁、踰城郭而略盜者，
其刑臏。男女不以義交者，其刑宮。觸易君命，革輿服制度，
姦軌盜攘傷人者，其刑劓。非事而事之，出入不以道義，而
誦不詳之辭者，其刑墨。降畔、寇賊、劫略、奪攘、矯虔者，
其刑死。"此二千五百罪之目略也，其刑書則亡。夏刑大辟
二百，臏辟三百，宮辟五百，劓、墨各千，周則變焉，所謂
刑罰世輕世重者也。鄭司農云："漢孝文帝十三年，除肉刑。"

[二] 詔刑罰者，處其所應不，如今律家所署法矣。

(五·十二)

司刺掌三刺、三宥、三赦之灋，以贊司寇聽獄訟。[一]
壹刺曰訊群臣，再刺曰訊群吏，三刺曰訊萬民。[二]壹宥曰
不識，再宥曰過失，三宥曰遺忘。[三]壹赦曰幼弱，再赦曰
老旄，三赦曰惷愚。[四]以此三灋者求民情，斷民中，而施
上服、下服之罪，然後刑殺。[五]

[一] 刺，殺也。訊而有罪則殺之。宥，寬也。赦，舍也。

[二] 訊，言。

[三] 鄭司農云：“不識，謂愚民無所識則宥之。過失，若今律過
　　失殺人不坐死。”玄謂識，審也。不審，若今仇讎當報甲，
　　見乙，誠以爲甲而殺之者。過失，若舉刃欲斫伐，而軼中人
　　者。遺忘，若閒帷薄，忘有在焉者，而以兵矢投射之。

[四] 惷愚，生而癡騃童昏者。鄭司農云：“幼弱、老旄，若今律
　　令年未滿八歲，八十以上，非手殺人，他皆不坐。”

[五] 上服，殺與墨、劓。下服，宮、刖也。《司約職》曰：“其不
　　信者服墨刑。”凡行刑，必先規識所刑之處，乃後行之。

(五·十三)

司約掌邦國及萬民之約劑。治神之約爲上，治民之約
次之，治地之約次之，治功之約次之，治器之約次之，治
摯之約次之。[一]凡大約劑書於宗彝，小約劑書於丹圖。[二]
若有訟者，則珥而辟藏，其不信者服墨刑。[三]若大亂，則
六官辟藏，其不信者殺。[四]

[一] 此六約者，諸侯以下至於民，皆有焉。劑，謂券書也。治

者，理其相抵冒上下之差也。神約，謂命祀、郊社、群望
及所祖宗也。夔子不祀祝融，楚人伐之。民約，謂征稅遷
移，仇讎既和，若懷宗九姓在晉，殷民六族七族在魯、衞皆
是也。地約，謂經界所至，田菜之比也。功約，謂王功、國
功之屬，賞爵所及也。器約，謂禮樂吉凶車服所得用也。摯
約，謂玉帛禽鳥，相與往來也。

［二］大約劑，邦國約也。書於宗廟之六彝，欲神監焉。小約劑，
萬民約也。丹圖，未聞。或有彤器簠簋之屬，有圖象者與？
《春秋傳》曰：“斐豹，隸也，著於丹書。”今俗語有鐵券丹
書，豈此舊典之遺言？

［三］鄭司農云：“謂有爭訟罪罰，刑書謬誤不正者，爲之開藏，
取本刑書以正之。當開時，先祭之。”玄謂訟，訟約，若
宋仲幾、薛宰者也。辟藏，開府視約書。不信，不如約也。
珥，讀曰衈，謂殺雞取血釁其戶。

［四］大亂，謂僭約，若吳、楚之君僭稱王，晉文公請隧以葬者。
六官辟藏，明罪大也。六官初受盟約之貳。

（五·十四）

司盟掌盟載之灋。^[一]凡邦國有疑會同，則掌其盟約之
載及其禮儀，北面詔明神，既盟，則貳之。^[二]盟萬民之犯
命者，詛其不信者亦如之。^[三]

［一］載，盟辭也。盟者書其辭於策，殺牲取血，坎其牲，加書於
上而埋之，謂之載書。《春秋傳》曰：“宋寺人惠牆伊戾坎用
牲，加書，爲世子痤與楚客盟。”

［二］有疑，不協也。明神，神之明察者，謂日月山川也。《覲禮》

加方明于壇上，所以依之也。詔之者，讀其載書以告之也。貳之者，寫副當以授六官。

［三］盟詛者，欲相與共惡之也。犯命，犯君教令也。不信，違約者也。《春秋傳》曰："臧紇犯門斬關以出，乃盟臧氏。"又曰："鄭伯使卒出豭，行出犬雞，以詛射潁考叔者。"

凡民之有約劑者，其貳在司盟。[一]有獄訟者，則使之盟詛。[二]凡盟詛，各以其地域之衆庶，共其牲而致焉。既盟，則爲司盟共祈酒脯。[三]

［一］貳之者，檢其自相違約。

［二］不信則不敢聽此盟詛，所以省獄訟。

［三］使其邑閭出牲而來盟，已，又使出酒脯，司盟爲之祈明神，使不信者必凶。

（五·十五）

職金掌凡金玉、錫石、丹青之戒令。[一]受其入征者，辨其物之媺惡與其數量，楬而璽之。入其金錫于爲兵器之府，入其玉石、丹青于守藏之府，[二]入其要。[三]

［一］青，空青也。

［二］爲兵器者，攻金之工六也。守藏者，玉府、内府也。鄭司農云："受其入征者，謂主受采金玉、錫石、丹青者之租税也。楬而璽之者，楬書其數量以著其物也。璽者，印也。既楬書揃其數量，又以印封之。今時之書有所表識，謂之楬櫫。"

［三］要，凡數也。入之於大府。

掌受士之金罰、貨罰，入于司兵。^[一]旅于上帝，則共其金版，饗諸侯亦如之。^[二]凡國有大故而用金石，則掌其令。^[三]

[一] 給治兵及工直也。貨，泉貝也。罰，罰贖也。《書》曰："金作贖刑。"

[二] 鉼金謂之版，此版所施未聞。

[三] 主其取之令也。用金石者，作槍雷椎椁之屬。

（五·十六）

司厲掌盜賊之任器、貨賄。辨其物，皆有數量，賈而楬之，入于司兵。^[一]其奴，男子入于罪隸，女子入于舂、槀。^[二]凡有爵者與七十者，與未齔者，皆不爲奴。^[三]

[一] 鄭司農云："任器、貨賄，謂盜賊所用傷人兵器及所盜財物也。入于司兵，若今時傷殺人所用兵器，盜賊贓，加責没入縣官。"

[二] 鄭司農云："謂坐爲盜賊而爲奴者，輸於罪隸、舂人、槀人之官也。由是觀之，今之爲奴婢，古之罪人也。故《書》曰'予則奴戮汝'，《論語》曰'箕子爲之奴'，罪隸之奴也。故《春秋傳》曰'斐豹，隸也，著於丹書，請焚丹書，我殺督戎'，恥爲奴婢，焚其籍也。"玄謂奴從坐而没入縣官者，男女同名。

[三] 有爵，謂命士以上也。齔，毀齒也。男八歲、女七歲而毀齒。

（五·十七）

犬人掌犬牲。凡祭祀，共犬牲，用牷物，伏、瘞亦如之。[一] 凡幾、珥、沈、辜，用駹可也。[二] 凡相犬、牽犬者屬焉，掌其政治。[三]

[一] 鄭司農云：“牷，純也。物，色也。伏，謂伏犬，以王車轢之。瘞，謂埋祭也。《爾雅》曰：‘祭地曰瘞埋。’”

[二] 故書駹作龍。鄭司農云：“幾讀爲庪。《爾雅》曰：‘祭山曰庪縣，祭川曰浮沈。’《大宗伯職》曰：‘以埋沈祭山川林澤，以罷辜祭四方百物。’龍，讀爲駹，謂不純色也。”玄謂幾，讀爲刉。珥，當爲衈。刉衈者，釁禮之事。

[三] 相，謂視擇，知其善惡。

（五·十八）

司圜掌收教罷民。凡害人者弗使冠飾，而加明刑焉，任之以事而收教之。能改者，上罪三年而舍，中罪二年而舍，下罪一年而舍。其不能改而出圜土者，殺。雖出，三年不齒。[一] 凡圜土之刑人也，不虧體。其罰人也，不虧財。[二]

[一] 弗使冠飾者，著黑幪，若古之象刑與？舍，釋之也。鄭司農云：“罷民，謂惡人不從化，爲百姓所患苦，而未入五刑者也，故曰凡害人者。不使冠飾，任之以事，若今時罰作矣。”

[二] 言其刑人，但加以明刑；罰人，但任之以事耳。鄭司農云：“以此知其爲民所苦，而未入刑者也。故《大司寇職》曰：‘凡萬民之有罪過而未麗於法而害於州里者，桎梏而坐諸嘉

石，役諸司空。'又曰：'以嘉石平罷民。'《國語》曰：'罷士
無伍，罷女無家。'言爲惡無所容入也。"玄謂圜土所收教者，
過失害人已麗於法者。

(五·十九)

掌囚掌守盜賊。凡囚者，上罪梏拲而桎，中罪桎梏，
下罪梏。王之同族拲，有爵者桎，以待弊罪。^[一]及刑殺，
告刑于王，奉而適朝，士加明梏，以適市而刑殺之。^[二]凡
有爵者與王之同族，奉而適甸師氏，以待刑殺。^[三]

[一] 凡囚者，謂非盜賊自以他罪拘者也。鄭司農云："拲者，兩
手共一木也。桎梏者，兩手各一木也。"玄謂在手曰梏，在
足曰桎。中罪不拲，手足各一木耳。下罪又去桎。王同族及
命士以上，雖有上罪，或拲或桎而已。弊，猶斷也。

[二] 告刑于王，告王以今日當行刑及所刑姓名也。其死罪則曰
"某之罪在大辟"，其刑罪則曰"某之罪在小辟"。奉而適朝
者，重刑，爲王欲有所赦，且當以付士。士，鄉士也。鄉士
加明梏者，謂書其姓名及其罪於梏而著之也。囚時雖有無梏
者，至於刑殺，皆設之，以適市就衆也。庶姓無爵者，皆刑
殺於市。

[三] 適甸師氏，亦由朝乃往也。待刑殺者，掌戮將自市來也。《文
王世子》曰："雖親不以犯有司，正術也，所以體異姓也。
刑于隱者，不與國人慮兄弟也。"

(五·二十)

掌戮掌斬殺賊諜而搏之。^[一]凡殺其親者，焚之；殺王

之親者，辜之。[二]凡殺人者，踣諸市，肆之三日。刑盜于市。[三]凡罪之麗於灋者，亦如之。唯王之同族與有爵者，殺之于甸師氏。[四]凡軍旅、田役，斬殺、刑戮亦如之。[五]

［一］斬以鈇鉞，若今要斬也。殺以刀刃，若今棄市也。諜，謂姦寇反閒者。賊與諜，罪大者斬之，小者殺之。搏，當爲膊諸城上之膊，字之誤也。膊，謂去衣磔之。

［二］親，緦服以内也。焚，燒也。《易》曰："焚如，死如，棄如。"辜之言枯也，謂磔之。

［三］踣，僵尸也。肆，猶申也，陳也。凡言刑盜，罪惡莫大焉。

［四］罪二千五百條，上附下附，刑五而已。於刑同科者，其刑殺之一也。

［五］戮，謂膊焚辜肆。

　　墨者使守門，[一]劓者使守關，[二]宮者使守内，[三]刖者使守囿，[四]髡者使守積。[五]

［一］黥者無妨於禁御。

［二］截鼻者亦無妨，以貌醜遠之。

［三］以其人道絶也，今世或然。

［四］斷足驅衞禽獸，無急行。

［五］鄭司農云："髡，當作完，謂但居作三年，不虧體者也。"玄謂此出五刑之中而髡者，必王之同族。不宮者，宮之爲翦其類，髡頭而已。守積，積在隱者宜也。

（五·二十一）

　　司隸掌五隸之灋，辨其物而掌其政令。[一]帥其民而搏盜賊，役國中之辱事，爲百官積任器，凡囚執人之事。[二]邦有祭祀、賓客、喪紀之事，則役其煩辱之事。[三]掌帥四翟之隸，使之皆服其邦之服，執其邦之兵，守王宮與野舍之屬禁。[四]

　　[一] 五隸，謂罪隸、四翟之隸也。物，衣服、兵器之屬。
　　[二] 民，五隸之民也。鄭司農云："百官所當任持之器物，此官主爲積聚之也。"玄謂任，猶用也。
　　[三] 煩，猶劇也。《士喪禮下篇》曰："隸人涅厠。"
　　[四] 野舍，王行所止舍也。屬，遮例也。

（五·二十二）

　　罪隸掌役百官府與凡有守者，掌使令之小事。[一]凡封國若家，牛助爲牽傍。[二]其守王宮與其屬禁者，如蠻隸之事。

　　[一] 役，給其小役。
　　[二] 鄭司農云："凡封國若家，謂建諸侯、立大夫家也。牛助爲牽傍，此官主爲送致之也。"玄謂牛助，國以牛助轉徙也。罪隸牽傍之。在前曰牽，在旁曰傍。

（五·二十三）

　　蠻隸掌役校人，養馬。其在王宮者，執其國之兵以守王宮；在野外，則守屬禁。

（五·二十四）

　　閩隸掌役畜，養鳥，而阜蕃教擾之。掌子則取隸焉。[一]

　　[一] 杜子春云：“子，當爲祀。”玄謂掌子者，王立世子，置臣使掌其家事，而以閩隸役之。

（五·二十五）

　　夷隸掌役牧人，養牛馬，與鳥言。[一] 其守王宮者，與其守厲禁者，如蠻隸之事。

　　[一] 鄭司農云：“夷狄之人或曉鳥獸之言，故《春秋傳》曰：‘介葛盧聞牛鳴，曰：“是生三犧，皆用矣。”’是以貉隸職掌與獸言。”

（五·二十六）

　　貉隸掌役服不氏，而養獸，而教擾之。掌與獸言。[一] 其守王宮者，與其守厲禁者，如蠻隸之事。

　　[一] 不言阜蕃者，猛獸不可服，又不生乳於圈檻也。

周禮卷第十

周禮卷第十

鄭　氏　注

秋官司寇下

（五·二十七）

布憲掌憲邦之刑禁。正月之吉，執旌節以宣布于四方，而憲邦之刑禁，以詰四方邦國及其都鄙，達于四海。^[一]凡邦之大事，合衆庶，則以刑禁號令。

[一] 憲，表也，謂縣之也。刑禁者，國之五禁，所以左右刑罰者。司寇正月布刑于天下，正歲又縣其書于象魏。布憲於司寇布刑，則以旌節出宣令之；於司寇縣書，則亦縣之于門閭及都鄙邦國。刑者，王政所重，故屢丁寧焉。詰，謹也，使四方謹行之。《爾雅》曰："九夷、八蠻、六戎、五狄，謂之四海。"

（五·二十八）

禁殺戮掌司斬殺戮者、凡傷人見血而不以告者、攘獄者、遏訟者，以告而誅之。^[一]

[一] 司，猶察也。察此四者，告於司寇罪之也。斬殺戮^[一]，謂吏

〔一〕 斬殺戮　"殺"，底本作"役"，今據黃本改。

421

民相斬相殺相戮者。傷人見血，見血乃爲傷人耳。鄭司農
云："攘獄者，距當獄者也。過訟者，過止欲訟者也。"玄謂
攘，猶卻也，卻獄者言不受也。

（五·二十九）

禁暴氏掌禁庶民之亂暴力正者、撟誣犯禁者、作言語而
不信者，以告而誅之。[一]凡國聚眾庶，則戮其犯禁者以徇。
凡奚隸聚而出入者，則司牧之，戮其犯禁者。[二]

[一] 民之好爲侵陵、稱詐、謾誕，此三者亦刑所禁也。力正，以
　　力強得正也。

[二] 奚隸，女奴、男奴也。其聚出入，有所使。

（五·三十）

野廬氏掌達國道路，至于四畿，[一]比國郊及野之道路、
宿息、井、樹。[二]若有賓客，則令守涂地之人聚欂之，有
相翔者則誅之。[三]

[一] 達，謂巡行通之，使不陷絶也。去王城五百里曰畿。

[二] 比，猶校也。宿息，廬之屬，賓客所宿及晝止者也。井共飲
　　食，樹爲蕃蔽。

[三] 守涂地之人，道所出廬宿旁民也。相翔，猶昌翔觀伺者也。
　　鄭司農云："聚欂之，聚擊欂以宿衛之也。有姦人相翔於賓
　　客之側，則誅之，不得令寇盜賓客。"

凡道路之舟車轚互者，敘而行之。[一]凡有節者及有爵
者至，則爲之辟。[二]禁野之橫行徑逾者。[三]

［一］舟車擊互，謂於迫隘處也。車有輾轅、枑閣，舟有砥柱之屬。其過者，使以次叙之。

［二］辟，辟行人，亦使守涂地者。

［三］皆爲防姦也。横行，妄由田中。徑踰，射邪趨疾，越隄渠也。

凡國之大事，比脩除道路者。^{［一］}掌凡道禁。^{［二］}邦之大師，則令埽道路，且以幾禁行作不時者、不物者。^{［三］}

［一］比校治道者名，若今次金敘大功。

［二］禁，謂若今絶蒙大巾、持兵杖之屬。

［三］不時，謂不夙則莫者也。不物，謂衣服操持非比常人也。幾禁之者，備姦人内賊及反間。

（五·三十一）

蜡氏掌除骴。^{［一］}凡國之大祭祀，令州里除不蠲，禁刑者、任人及凶服者，以及郊野。大師、大賓客，亦如之。^{［二］}若有死於道路者，則令埋而置楬焉，書其日月焉，縣其衣服、任器于有地之官，以待其人。^{［三］}掌凡國之骴禁。^{［四］}

［一］《曲禮》：“四足死者曰漬。”故書骴作脊，鄭司農云：“脊讀爲漬，謂死人骨也。《月令》曰‘掩骼埋骴’，骨之尚有肉者也。及禽獸之骨皆是。”

［二］蠲，讀如吉圭惟饎之圭。圭，絜也。刑者，黥劓之屬。任人，司圜所收教罷民也。凶服，服衰絰也。此所禁除者，皆

爲不欲見，人所葳惡也。

〔三〕有地之官，主此地之吏也。其人，其家人也。鄭司農云：
"楬，欲令其識取之，今時楬櫫是也。有地之官，有部界之
吏，今時鄉亭是也。"

〔四〕禁，謂孟春掩骼埋胔之屬。

(五·三十二)

雍氏掌溝、瀆、澮、池之禁，凡害於國稼者。春令爲
阱擭溝瀆之利於民者，秋令塞阱杜擭。〔一〕禁山之爲苑、澤
之沈者。〔二〕

〔一〕溝、瀆、澮，田間通水者也。池，謂陂障之水道也。害於國
稼，謂水潦及禽獸也。阱，穿地爲塹，所以禦禽獸，其或
超踰，則陷焉，世謂之陷阱。擭，柞鄂也。堅地阱淺，則
設柞鄂於其中。秋而杜塞阱擭，收刈之時，爲其陷害人也。
《書·柴誓》曰："敜乃擭，敜乃阱。"時秋也，伯禽以出師
征徐戎。

〔二〕爲其就禽獸魚鼈自然之居而害之。鄭司農云："不得擅爲苑
囿於山也。澤之沈者，謂毒魚水蟲之屬。"

(五·三十三)

萍氏掌國之水禁。〔一〕幾酒，〔二〕謹酒。〔三〕禁川游者。〔四〕

〔一〕水禁，謂水中害人之處，及入水捕魚鼈不時。

〔二〕苛察沽買過多及非時者。

〔三〕使民節用酒也。《書·酒誥》曰："有政有事，無彝酒。"

〔四〕備波洋卒至沈溺也。

（五·三十四）

司寤氏掌夜時。^{〔一〕}以星分夜，以詔夜士、夜禁。^{〔二〕}禦晨行者，禁宵行者、夜遊者。^{〔三〕}

〔一〕夜時，謂夜晚早，若今甲乙至戊。

〔二〕夜士，主行夜徼候者，如今都候之屬。

〔三〕備其遭寇害及謀非公事。禦，亦禁也，謂遏止之，無刑法也。晨，先明也。宵，定昏也。《書》曰："宵中星虛。"《春秋傳》曰："夜中星隕如雨。"

（五·三十五）

司烜氏掌以夫遂取明火於日，以鑒取明水於月，以共祭祀之明齍、明燭，共明水。^{〔一〕}凡邦之大事，共墳燭庭燎。^{〔二〕}中春，以木鐸脩火禁于國中。^{〔三〕}軍旅，脩火禁。邦若屋誅，則爲明竁焉。^{〔四〕}

〔一〕夫遂，陽遂也。鑒，鏡屬，取水者，世謂之方諸。取日之火，月之水，欲得陰陽之絜氣也。明燭以照饌陳，明水以爲玄酒。鄭司農云："夫，發聲。明粢謂以明水滫滌粢盛黍稷。"

〔二〕故書墳爲蕡，鄭司農云："蕡燭，麻燭也。"玄謂墳，大也。樹於門外曰大燭，於門內曰庭燎，皆所以照衆爲明。

〔三〕爲季春將出火也。火禁，謂用火之處及備風燥。

〔四〕鄭司農云："屋誅，謂夷三族。無親屬收葬者，故爲葬之也。

三夫爲屋，一家田爲一夫，以此知三家也。”玄謂屋，讀爲
其刑劇之劇。劇誅，謂所殺不於市而以適向師氏者也。明
竁，若今楬頭明書其罪法也。司烜掌明竁，則罪人夜葬與？

（五·三十六）

條狼氏掌執鞭以趨辟。王出入，則八人夾道，公則六
人，侯伯則四人，子男則二人。[一]凡誓，執鞭以趨於前，
且命之。誓僕右曰“殺”，誓馭曰“車轘”，誓大夫曰“敢
不關，鞭五百”，誓師曰“三百”，誓邦之大史曰“殺”，誓
小史曰“墨”。[二]

[一] 趨辟，趨而辟行人。若今卒辟車之爲也。孔子曰：“富而可
　　求，雖執鞭之士，吾亦爲之。”言士之賤也。

[二] 前，謂所誓衆之行前也。有司讀誓辭，則大言其刑以警所誓
　　也。誓者，謂出軍及將祭祀時也。出軍之誓，誓左右及馭，
　　則《書》之《甘誓》備矣。《郊特牲》説祭祀之誓曰：“卜之
　　日，王立于澤，親聽誓命，受教諫之義也。”車轘，謂車裂
　　也。師，樂師也。大史、小史，主禮事者。鄭司農云：“誓
　　大夫曰敢不關，謂不關於君也。”玄謂大夫自受命以出，則
　　其餘事莫不復請。

（五·三十七）

脩閭氏掌比國中宿互㯓者與其國粥，而比其追胥者而
賞罰之。[一]禁徑踰者，與以兵革趨行者，與馳騁於國中
者。[二]邦有故，則令守其閭互，唯執節者不幾。[三]

〔一〕國中，城中也。粥，養也。國所游養，謂羨卒也。追，逐寇也。骨，讀爲㥸。故書互爲巨。鄭司農云："宿，謂宿衛也。巨，當爲互，謂行馬，所以障互禁止人也。櫐，謂行夜擊櫐。"

〔二〕皆爲其惑衆。

〔三〕令者，令其閭内之閭骨里宰之屬。

（五·三十八）

冥氏掌設弧張。〔一〕爲阱擭以攻猛獸，以靈鼓毆之。〔二〕若得其獸，則獻其皮、革、齒、須、備。〔三〕

〔一〕弧張，罿罘之屬，所以扃絹禽獸。

〔二〕靈鼓，六面鼓。毆之，使驚趨阱擭。

〔三〕鄭司農云："須，直謂頤下須。備，謂搔也。"

（五·三十九）

庶氏掌除毒蠱，以攻説襘之，嘉草攻之。〔一〕凡毆蠱，則令之，比之。〔二〕

〔一〕毒蠱，蟲物而病害人者。《賊律》曰："敢蠱人及教令者，棄市。"攻説，祈名，祈其神求去之也。嘉草，藥物，其狀未聞。攻之，謂燻之。鄭司農云："襘，除也。"玄謂此襘，讀如潰癰之潰。

〔二〕使爲之，又校次之。

（五·四十）

穴氏掌攻蟄獸，各以其物火之。^[一]以時獻其珍異、皮革。

[一] 蟄獸，熊羆之屬冬藏者也。將攻之，必先燒其所食之物於穴外以誘出之，乃可得之。

（五·四十一）

貋氏掌攻猛鳥，各以其物爲媒而搤之。^[一]以時獻其羽翮。

[一] 猛鳥，鷹隼之屬。置其所食之物於絹中，鳥來下則搤其腳。

（五·四十二）

柞氏掌攻草木及林麓。^[一]夏日至，令刊陽木而火之。冬日至，令剝陰木而水之。^[二]若欲其化也，則春秋變其水火。^[三]凡攻木者，掌其政令。^[四]

[一] 林，人所養者。山足曰麓。
[二] 刊、剝，互言耳，皆謂斫去次地之皮。生山南爲陽木，生山北爲陰木。火之水之，則使其肄不生。
[三] 化，猶生也，謂時以種穀也。變其水火者，乃所火則水之，所水則火之，則其土和美。
[四] 除木有時。

（五·四十三）

薙氏掌殺草。春始生而萌之，夏日至而夷之，秋繩而芟之，冬日至而耜之。[一]若欲其化也，則以水火變之。[二]掌凡殺草之政令。

> [一] 故書萌作薨，<u>杜子春</u>云："薨當爲萌，謂耕反其萌牙，書亦或爲萌。"<u>玄</u>謂萌之者，以茲其斫其生者。夷之，以鉤鐮迫地芟之也，若今取茭矣。含實曰繩，芟其繩則實不成孰。耜之，以耜測凍土劃之。
>
> [二] 謂以火燒其所芟萌之草，已而水之，則其土亦和美矣。《月令》："季夏，燒薙行水，利以殺草，如以熱湯。"是其一時著之。

（五·四十四）

硩蔟氏掌覆夭鳥之巢。[一]以方書十日之號、十有二辰之號、十有二月之號、十有二歲之號、二十有八星之號，縣其巢上，則去之。[二]

> [一] 覆，猶毀也。夭鳥，惡鳴之鳥，若鴞鵩。
>
> [二] 方，版也。日，謂從甲至癸。辰，謂從子至亥。月，謂從娵至荼。歲，謂從攝提格至赤奮若。星，謂從角至軫。夭鳥見此五者而去，其詳未聞。

（五·四十五）

翦氏掌除蠹物，以政禜攻之，以莽草熏之，[一]凡庶蠱之事。[二]

　　〔一〕蠹物，穿食人器物者，蠹魚亦是也。攻禜，祈名。莽草，藥物
　　　　殺蟲者，以熏之則死。故書蠹爲橐，杜子春云：“橐當爲蠹。”
　　〔二〕庶，除毒蠱者。蠱，蠹之類，或熏以莽草則去。

（五·四十六）

　　赤友氏掌除牆屋，以蜃炭攻之，以灰洒毒之。〔一〕凡隙
屋，除其狸蟲。〔二〕

　　〔一〕洒，灑也。除牆屋者，除蟲豸藏逃其中者。蜃，大蛤也。擣
　　　　其炭以坋之則走，淳之以灑之則死。故書蜃爲晨，鄭司農
　　　　云：“晨當爲蜃，書亦或爲蜃。”
　　〔二〕狸蟲，䖵肌蚸之屬〔一〕。

（五·四十七）

　　蟈氏掌去鼃黽，焚牡蘜。以灰洒之則死。〔一〕以其煙被
之，則凡水蟲無聲。〔二〕

　　〔一〕牡蘜，蘜不華者。齊魯之閒謂鼃爲蟈。黽，耿黽也。蟈與耿
　　　　黽尤怒鳴，爲聒人耳去之。
　　〔二〕杜子春云：“假令風從東方來，則於水東面爲煙，令煙西行，
　　　　被之水上。”

（五·四十八）

　　壺涿氏掌除水蟲。以炮土之鼓敺之，以焚石投之。〔一〕

―――――
〔一〕䖵肌蚸之屬　“肌”，底本作“朋”，今據黃本改。

430

若欲殺其神，則以牡欑午貫象齒而沈之，則其神死，淵爲陵。[二]

> [一]水蟲，狐蜮之屬。故書炮作泡，<u>杜子春</u>讀炮爲苞有苦葉之
> 苞。<u>玄</u>謂燔之炮之炮，炮土之鼓，瓦鼓也。焚石投之，使
> 驚去。
> [二]神，謂水神龍罔象。故書欑爲梓，午爲五。<u>杜子春</u>云：“梓，
> 當爲欑。欑，讀爲枯。枯，榆木名。書或爲樗。”又云：“五
> 貫，當爲午貫。”

（五·四十九）

　　庭氏掌射國中之夭鳥。若不見其鳥獸，則以救日之
弓與救月之矢夜射之。[一]若神也，則以大陰之弓與枉矢
射之。[二]

> [一]不見鳥獸，謂夜來鳴呼爲怪者。獸，狐狼之屬。<u>鄭司農</u>云：
> “救日之弓、救月之矢，謂日月食所作弓矢。”<u>玄</u>謂日月之
> 食，陰陽相勝之變也，於日食則射大陰，月食則射大陽與？
> [二]神，謂非鳥獸之聲，若或叫乎<u>宋</u>大廟譆譆出出者。大陰之
> 弓，救月之弓。枉矢，救日之矢與？不言救月之弓與救日之
> 矢者，互言之。救日用枉矢，則救月以恒矢可知也。

（五·五十）

　　銜枚氏掌司嚻。[一]國之大祭祀，令禁無嚻。[二]軍旅、
田役，令銜枚。[三]禁嘂、呼、歎、鳴於國中者，行歌、哭
於國中之道者。[四]

〔一〕察噩噩者，爲其聒亂在朝者之言語。

〔二〕令，令主祭祀者。

〔三〕爲其言語以相誤。

〔四〕爲其惑衆相感動。鳴，吟也。

（五·五十一）

伊耆氏掌國之大祭祀，共其杖咸。〔一〕軍旅，授有爵者杖。〔二〕共王之齒杖。〔三〕

〔一〕咸，讀爲函。老臣雖杖於朝，事鬼神尚敬，去之。有司以此函藏之，既事乃授之。

〔二〕別吏卒，且以扶尊者。將軍杖鉞。

〔三〕王之所以賜老者之杖。鄭司農云：“謂年七十當以王命受杖者。今時亦命之爲王杖。”玄謂《王制》曰：“五十杖於家，六十杖於鄉，七十杖於國，八十杖於朝。”

（五·五十二）

大行人掌大賓之禮及大客之儀，以親諸侯。〔一〕春朝諸侯而圖天下之事，秋覲以比邦國之功，夏宗以陳天下之謨，冬遇以協諸侯之慮。時會以發四方之禁，殷同以施天下之政。〔二〕時聘以結諸侯之好，殷覜以除邦國之慝。〔三〕間問以諭諸侯之志，歸脤以交諸侯之福，賀慶以贊諸侯之喜，致襘以補諸侯之裁。〔四〕

〔一〕大賓，要服以內諸侯。大客，謂其孤卿。

〔二〕此六事者，以王見諸侯爲文。圖、比、陳、協，皆考績之言。王者春見諸侯則圖其事之可否，秋見諸侯則比其功之高下，夏見諸侯則陳其謀之是非，冬見諸侯則合其慮之異同。六服以其朝歲，四時分來，更迭如此而徧。時會，即時見也，無常期。諸侯有不順服者，王將有征討之事，則既朝，王命爲壇於國外，合諸侯而發禁命事焉。禁，謂九伐之法。殷同即殷見也。王十二歲一巡守，若不巡守則殷同。殷同者，六服盡朝，既朝，王亦命爲壇於國外，合諸侯而命其政。政，謂邦國之九法。殷同，四方四時分來，歲終則徧矣。九伐、九法皆在《司馬職》。《司馬法》曰："春以禮朝諸侯，圖同事。夏以禮宗諸侯，陳同謀。秋以禮親諸侯，比同功。冬以禮遇諸侯，圖同慮。時以禮會諸侯，施同政。殷以禮宗諸侯，發同禁。"

[三] 此二事者，亦以王見諸侯之臣使來者爲文也。時聘者，亦無常期，天子有事，諸侯使大夫來聘，親以禮見之，禮而遣之，所以結其恩好也。天子無事則已。殷覜，謂一服朝之歲也。慝，猶惡也。一服朝之歲，五服諸侯皆使卿以聘禮來覜天子，天子以禮見之，命以政禁之事，所以除其惡行。

[四] 此四者，王使臣於諸侯之禮也。間問者，間歲一問諸侯，謂存省之屬。諭諸侯之志者，諭言語、諭書名其類也。交，或往或來者也。贊，助也。致禬，凶禮之弔禮禬禮也。補諸侯菑者，若《春秋》"澶淵之會，謀歸宋財"。

以九儀辨諸侯之命，等諸臣之爵，以同邦國之禮而待其賓客。[一]上公之禮，執桓圭九寸，繅藉九寸，冕服九章，建常九斿，樊纓九就，貳車九乘，介九人，禮九牢。其朝位，賓主之間九十步，立當車軹。擯者五人。廟中將

幣，三享。王禮再祼而酢，饗禮九獻，食禮九舉，出入五
積，三問三勞。諸侯之禮，執信圭七寸，繅藉七寸，冕服
七章，建常七斿，樊纓七就，貳車七乘，介七人，禮七
牢。朝位，賓主之間七十步，立當前疾。擯者四人。廟中
將幣，三享。王禮壹祼而酢，饗禮七獻，食禮七舉，出
入四積，再問再勞。諸伯執躬圭，其他皆如諸侯之禮。諸
子，執穀璧五寸，繅藉五寸，冕服五章，建常五斿，樊纓
五就，貳車五乘，介五人，禮五牢。朝位，賓主之間五十
步，立當車衡。擯者三人。廟中將幣，三享。王禮壹祼不
酢，饗禮五獻，食禮五舉，出入三積，壹問壹勞。諸男執
蒲璧，其他皆如諸子之禮。[二]

[一]九儀，謂命者五，公、侯、伯、子、男也；爵者四，孤、
　　卿、大夫、士也。

[二]繅藉，以五采韋章衣板，若奠玉，則以藉之。冕服，著冕所服
　　之衣也。九章者，自山龍以下。七章者，自華蟲以下。五
　　章者，自宗彝以下也。常，旌旗也。斿，其屬縿垂者也。樊
　　纓，馬飾也，以罽飾之，每一處五采備為一就。就，成也。
　　貳，副也。介，輔己行禮者也。禮，大禮饔餼也。三牲備為
　　一牢。朝位，謂大門外賓下車及王車出迎所立處也。王始
　　立大門內，交擯三辭乃乘車而迎之，齊僕為之節。上公立當
　　軹，侯伯立當疾，子男立當衡，王立當軫與？廟，受命祖之
　　廟也。饗，設盛禮以飲賓也。問，問不羔也。勞，謂苦倦
　　之也。皆有禮，以幣致之。故書祼作果。鄭司農云：“車軹，
　　軹也。三享，三獻也。祼讀為灌。再灌，再飲公也。而酢，
　　報飲王也。舉，舉樂也。出入五積謂餽之芻米也。前疾謂駟

馬車轅前胡下垂柱地者。"玄謂三享皆束帛加璧，庭實惟國
所有。《朝士儀》曰："奉國地所出重物而獻之，明臣職也。"
朝先享，不言朝者，朝正禮，不嫌有等也。王禮，王以鬱鬯
禮賓也。《鬱人職》曰："凡祭祀賓客之祼事，和鬱鬯以實彝
而陳之。"禮者使宗伯攝酌圭瓚而祼，王既拜送爵，又攝酌
璋瓚而祼，后又拜送爵，是謂再祼。再祼，賓乃酢王也。禮
侯伯一祼而酢者，祼賓，賓酢王而已，后不祼也。禮子男一
祼不酢者，祼賓而已，不酢王也。不酢之禮，《聘禮》禮賓
是與？九舉，舉牲體九飯也。出入謂從來訖去也。每積有牢
禮米禾芻薪，凡數不同者，皆降殺。

凡大國之孤，執皮帛以繼小國之君。出入三積，不問，
壹勞。朝位當車前。不交擯，廟中無相。以酒禮之。其他
皆眡小國之君。^[一]凡諸侯之卿，其禮各下其君二等以下。
及其大夫、士，皆如之。^[二]

[一] 此以君命來聘者也。孤尊，既聘享，更自以其摯見，執束帛
而已，豹皮表之為飾。繼小國之君，言次之也。朝聘之禮，
每一國畢，乃前。不交擯者，不使介傳辭交于王之擯，親自
對擯者也。廟中無相，介皆入門西上而立，不前相禮者，聘
之介是與？以酒禮之，酒謂齊酒也，和之不用鬱鬯耳。其
他，謂貳車及介、牢禮、賓主之間、擯者、將幣、祼酢、饗
食之數。

[二] 此亦以君命來聘者也。所下其君者，介與朝位、賓主之間
也。其餘則自以其爵。《聘義》曰"上公七介，侯伯五介，
子男三介"，是謂使卿之聘之數也。朝位，則上公七十步，

侯伯五十步，子男三十步與？

邦畿方千里。其外方五百里謂之侯服，歲壹見，其貢祀物。又其外方五百里謂之甸服，二歲壹見，其貢嬪物。又其外方五百里謂之男服，三歲壹見，其貢器物。又其外方五百里謂之采服，四歲壹見，其貢服物。又其外方五百里謂之衞服，五歲壹見，其貢材物。又其外方五百里謂之要服，六歲壹見，其貢貨物。[一]九州之外謂之蕃國，世壹見，各以其所貴寶爲摯。[二]

[一] 要服，蠻服也。此六服去王城三千五百里，相距方七千里，公、侯、伯、子、男封焉。其朝貢之歲，四方各四分趨四時而來，或朝春，或宗夏，或覲秋，或遇冬。祀貢者，犧牲之屬。故書嬪作頻，鄭司農云：“嬪物，婦人所爲物也。《爾雅》曰：‘嬪，婦也。’”玄謂嬪物，絲枲也。器物，尊彝之屬。服物，玄纁絺纊也。材物，八材也。貨物，龜貝也。

[二] 九州之外，夷服、鎮服、蕃服也。《曲禮》曰：“其在東夷、北狄、西戎、南蠻，雖大曰子。”《春秋傳》曰：“杞，伯也，以夷禮，故曰子。”然則九州之外，其君皆子男也。無朝貢之歲，父死子立，及嗣王即位，乃一來耳。各以其所貴寶爲摯，則蕃國之君無執玉瑞者，是以謂其君爲小賓，臣爲小客。所貴寶見傳者，若犬戎獻白狼、白鹿是也。其餘則《周書·王會》備焉。

王之所以撫邦國諸侯者，歲徧存，三歲徧覜，五歲徧省；七歲，屬象胥、諭言語、協辭命；九歲，屬瞽史、諭

書名、聽聲音；十有一歲，達瑞節、同度量、成牢禮、同
數器、脩灋則；十有二歲，王巡守、殷國。^[一]

[一] 撫，猶安也。存、頫、省者，王使臣於諸侯之禮，所謂閒問
也。歲者，巡守之明歲以爲始也。屬，猶聚也。自五歲之
後，遂閒歲徧省也。七歲省而召其象胥，九歲省而召其瞽
史，皆聚於天子之宮，教習之也。故書協辭命作叶詞命。鄭
司農云："象胥，譯官也。叶當爲汁，詞當爲辭，書或爲叶
辭命。"玄謂胥，讀爲謂。《王制》曰："五方之民，言語不
通，嗜欲不同，達其志，通其欲。東方曰寄，南方曰象，西
方曰狄鞮，北方曰譯。"此官正爲象者，周始有越重譯而來
獻，是因通言語之官爲象胥云。諝，謂象之有才知者也。辭
命，六辭之命也。瞽，樂師也。史，大史、小史也。書名，
書之字也，古曰名，《聘禮》曰"百名以上"。至十一歲又徧
省焉。度，丈尺也。量，豆區釜也。數器，銓衡也。法，八
法也。則，八則也。達、同、成、脩，皆謂齎其法式，行至
則齊等之也。成，平也，平其僭踰者也。王巡守，諸侯會者
各以其時之方，《書》曰"遂覲東后"是也。其殷國，則四
方四時分來如平時。

　凡諸侯之王事，辨其位，正其等，協其禮，賓而見
之。^[一]若有大喪，則詔相諸侯之禮。^[二]若有四方之大事，
則受其幣，聽其辭。^[三]凡諸侯之邦交，歲相問也，殷相聘
也，世相朝也。^[四]

　[一] 王事，以王之事來也。《詩》云："莫敢不來王。"《孟子》曰：

"諸侯有王。"

［二］詔相，左右教告之也。

［三］四方之大事，謂國有兵寇諸侯來告急者。禮動不虛，皆有贄幣，以崇敬也。受之，以其事入告王也。《聘禮》曰："若有言，則以束帛如享禮。"

［四］小聘曰問。殷，中也。久無事，又於殷朝者及而相聘也。父死子立曰世。凡君即位，大國朝焉，小國聘焉。此皆所以習禮考義、正刑一德以尊天子也，必擇有道之國而就脩之。鄭司農説殷聘以《春秋傳》曰"孟僖子如齊殷聘"是也。

（五·五十三）

小行人掌邦國賓客之禮籍，以待四方之使者。[一]令諸侯春入貢，秋獻功，王親受之，各以其國之籍禮之。[二]凡諸侯入王，則逆勞于畿。[三]及郊勞、眡館、將幣，爲承而擯。[四]凡四方之使者，大客則擯，小客則受其幣而聽其辭。[五]

［一］禮籍，名位尊卑之書。使者，諸侯之臣使來者也。

［二］貢，六服所貢也。功，考績之功也。秋獻之，若今計文書斷於九月[一]，其舊法。

［三］鄭司農云："入王，朝於王也。故《春秋傳》曰'宋公不王'，又曰'諸侯有王，王有巡狩'。"

［四］眡館，致館也。承，猶丞也。王使勞賓於郊，致館於賓，至將幣，使宗伯爲上擯，皆爲之丞而擯之。

［五］擯者，擯而見之王，使得親言也。受其幣者，受之以入，告

其所爲來之事。

使適四方，協九儀賓客之禮。朝覲、宗遇、會同，君之禮也。存、覜、省、聘、問，臣之禮也。[一]達天下之六節：山國用虎節，土國用人節，澤國用龍節，皆以金爲之；道路用旌節，門關用符節，都鄙用管節，皆以竹爲之。[二]

[一]適，之也。協，合也。

[二]此謂邦國之節也。達之者，使之四方，亦皆齎法式以齊等之也。諸侯使臣行覜聘，則以金節授之，以爲行道之信也。虎、人、龍者，自其國象也。道路，謂鄉遂大夫也。都鄙者，公之子弟及卿大夫之采地之吏也。凡邦國之民遠出至他邦，他邦之民若來入，由國門者，門人爲之節；由關者，關人爲之節。其以徵令及家徒，鄉遂大夫及采地吏爲之節。皆使人執節將之以達之，亦有期以反節。管節，如今之竹使符也。其有商者，通之以符節，如門關。門關者與市聯事，節可同也，亦所以異於畿內也。凡節，有天子法式，存於國。

成六瑞，王用鎮圭，公用桓圭，侯用信圭，伯用躬圭，子用穀璧，男用蒲璧。[一]

[一]成，平也。瑞，信也。皆朝見所執以爲信。

合六幣，圭以馬，璋以皮，璧以帛，琮以錦，琥以繡，璜以黼。此六物者，以和諸侯之好故。[一]

[一]合，同也。六幣，所以享也。五等諸侯享天子用璧，享后用

琮，其大各如其瑞，皆有庭實，以馬若皮。皮，虎豹皮也。用圭璋者，二王之後也。二王後尊，故享用圭璋而特之。《禮器》曰"圭璋特"，義亦通於此。其於諸侯，亦用璧琮耳。子男於諸侯，則享用琥璜，下其瑞也。凡二王後、諸侯相享之玉，大小各降其瑞一等。及使卿大夫覜聘，亦如之。

若國札喪，則令賻補之。若國凶荒，則令賙委之。若國師役，則令槁禬之。若國有福事，則令慶賀之。若國有禍烖，則令哀弔之。凡此五物者，治其事故。[一]

［一］故書賻作傅，槁爲稾。鄭司農云："賻補之，謂賻喪家，補助其不足也。若今時一室二尸，則官與之棺也。稾當爲槁，謂槁師也。"玄謂師役者，國有兵寇以匱病者也，使鄰國合會財貨以與之。《春秋》定五年夏，"歸粟於蔡"是也。《宗伯職》曰："以禬禮哀圍敗。"禍烖，水火。

及其萬民之利害爲一書，其禮俗、政事、教治、刑禁之逆順爲一書，其悖逆、暴亂、作慝、猶犯令者爲一書，其札喪、凶荒、厄貧爲一書，其康樂、和親、安平爲一書。凡此五物者，每國辨異之，以反命于王，以周知天下之故。[一]

［一］慝，惡也。猶，圖也。

（五·五十四）

司儀掌九儀之賓客擯相之禮，以詔儀容、辭令、揖讓

440

之節。^{〔一〕}

［一］出接賓曰擯，入贊禮曰相。以詔者，以禮告王。

　　將合諸侯，則令爲壇三成，宮，旁一門。^{〔一〕}詔王儀：
南鄉見諸侯，土揖庶姓，時揖異姓，天揖同姓。^{〔二〕}及其擯
之，各以其禮：公於上等，侯伯於中等，子男於下等。^{〔三〕}
其將幣亦如之，其禮亦如之。^{〔四〕}王燕，則諸侯毛。^{〔五〕}

［一］合諸侯，謂有事而會也。爲壇于國外，以命事。宮，謂壝土
　　以爲牆處，所謂爲壇壝宮也。天子春帥諸侯拜日於東郊，則
　　爲壇於國東；夏禮日於南郊，則爲壇於國南；秋禮山川丘陵
　　於西郊，則爲壇於國西；冬禮月四瀆於北郊，則爲壇於國
　　北。既拜禮而還，加方明於壇上而祀焉，所以教尊尊也。《覲
　　禮》曰“諸侯覲於天子，爲宮方三百步，四門，壇十有二
　　尋，深四尺”是也。王巡守殷國而同，則其爲宮亦如此與？
　　鄭司農云：“三成，三重也。《爾雅》曰：‘丘一成爲敦丘，再
　　成爲陶丘，三成爲昆侖丘。’謂三重。”

［二］謂王既祀方明，諸侯上介皆奉其君之旂置于宮，乃詔王升
　　壇，諸侯皆就其旂而立。諸公中階之前，北面東上。諸侯東
　　階之東，西面北上。諸伯西階之西，東面北上。諸子門東，
　　北面東上。諸男門西，北面東上。王揖之者，定其位也。庶
　　姓，無親者也。土揖，推手小下之也。異姓，昏姻也。時
　　揖，平推手也。《衛將軍文子》曰“獨居思仁，公言言義，
　　其聞《詩》也，‘一日三復，白圭之玷’，是南宮絛之行也。
　　夫子信其仁，以爲異姓”，謂妻之也。天揖，推手小舉之。

［三］謂執玉而前見於王也。擯之各以其禮者，謂擯公者五人，

侯伯四人，子男三人也。上等、中等、下等者，謂所奠玉
處也。壇三成，深四尺，則一等一尺也。壇十有二尋，方
九十六尺，則堂上二丈四尺，每等丈二尺與？諸侯各於其等
奠玉，降拜，升成拜，明臣禮也。既，乃升堂，授王玉。

〔四〕將幣，享也。禮，謂以鬱鬯祼之也。皆於其等之上。

〔五〕謂以須髮坐也。朝事尊尊上爵，燕則親親上齒。<u>鄭司農</u>云：
"謂老者在上也。老者二毛，故曰毛。"

凡諸公相爲賓：〔一〕主國五積，三問；皆三辭，拜受；
皆旅擯，再勞；三辭，三揖；登，拜受，拜送。〔二〕主君
郊勞，交擯，三辭；車逆，拜辱；三揖，三辭；拜受，
車送，三還，再拜。〔三〕致館亦如之。〔四〕致殯，如致積
之禮。〔五〕

〔一〕謂相朝也。

〔二〕賓所停止則積，間闊則問，行道則勞。其禮皆使卿大夫致
之，從來至去，數如此也。三辭，辭其以禮來於外也。積問
不言登，受之於庭也。<u>鄭司農</u>云："旅，讀爲旅於大山之旅，
謂九人傳辭，相授於上，下竟，問賓從末上行，介還受，上
傳之。"<u>玄</u>謂旅，讀爲鴻臚之臚，臚陳之也。賓之介九人，
使者七人，皆陳擯位，不傳辭也。賓之上介出請，使者則前
對，位皆當其末擯焉。三揖，謂庭中時也。拜送，送使者。

〔三〕主君郊勞，備三勞而親之也。<u>鄭司農</u>云："交擯三辭，謂賓
主之擯者俱三辭也。車逆，主人以車迎賓於館也。拜辱，賓
拜謝辱也。"<u>玄</u>謂交擯者，各陳九介，使傳辭也。車逆拜辱
者，賓以主君親來，乘車出舍門而迎之，若欲遠就之然。見

之則下拜，迎謝其自屈辱來也。至去又出車，若欲遠送然。主君三還辭之，乃再拜送之也。車送迎之節，各以其等，則諸公九十步，立當車軹也。三辭重者，先辭，辭其以禮來於外；後辭，辭升堂。

［四］館，舍也。使大夫授之，君又以禮親致焉。

［五］俱使大夫，禮同也。飧，食也。小禮曰飧，大禮曰饔餼。

及將幣，交擯，三辭；車逆，拜辱；賓車進，荅拜；三揖，三讓；每門止一相，及廟，唯上相入；賓三揖三讓，登，再拜授幣；賓拜送幣；每事如初，賓亦如之；及出，車送，三請三進，再拜；賓三還三辭，告辟。[一]致饔餼，還圭，饗食，致贈，郊送，皆如將幣之儀。[二]

［一］鄭司農云：“交擯，擯者交也。賓車進荅拜，賓上車進，主人乃荅其拜也。及出車送三請，主人三請留賓也。三進，進隨賓也。賓三還三辭告辟，賓三還辭謝，言已辟去也。”玄謂既三辭，主君則乘車出大門而迎賓，見之而下拜其辱，賓車乃前下荅拜也。三揖者，相去九十步，揖之使前也。至而三讓，讓入門也。相，謂主君擯者及賓之介也。謂之相者，於外傳辭耳，入門當以禮詔侑也。介紹而傳命者，君子於其所尊，不敢質，敬之至也。每門止一相，彌相親也。君入門，介拂闑，大夫中棖與闑之間，士介拂棖，此爲介鴈行相隨也。止之者，絶行在後耳。賓三揖三讓，讓升也。登再拜授幣，授當爲受，主人拜至且受玉也。每事如初，謂享及有言也。賓當爲儐，謂以鬱鬯禮賓也。上於下曰禮，敵者曰儐。《禮器》曰“諸侯相朝，灌用鬱鬯，無籩豆之薦”，謂此

朝禮畢儐賓也。三請三進，請賓就車也。主君每一請，車一
進，欲遠送之也。三還三辭，主君一請者，賓亦一還一辭。

［二］此六禮者，惟饗食速賓耳。其餘主君親往。親往者，賓爲主
人，主人爲賓。君如有故，不親饗食，則使大夫以酬幣侑
幣致之。鄭司農云："還圭，歸其玉也。故公子重耳受飧反
璧。"玄謂聘以圭璋，禮也；享以璧琮，財也。已聘而還圭
璋，輕財而重禮。贈，送以財，既贈又送至于郊。

　　賓之拜禮，拜饔餼，拜饗食。^{［一］}賓繼主君，皆如主國
之禮。^{［二］}諸侯、諸伯、諸子、諸男之相爲賓也，各以其禮。
相待也，如諸公之儀。^{［三］}

［一］鄭司農云："賓之拜禮者，因言賓所當拜者之禮也。所當拜
者，拜饔餼、拜饗食。"玄謂賓將去，就朝拜謝此三禮。三
禮，禮之重者也。賓既拜，主君乃至館贈之，去又送之
于郊。

［二］鄭司農云："賓繼主君，復主人之禮費也，故曰皆如主國之
禮。"玄謂繼主君者，儐主君也。儐之者，主君郊勞、致館、
饔餼、還圭、贈、郊送之時也。如其禮者，謂玉帛皮馬也。
有饌陳之，積者不如也。若饗食主君及燕，亦速焉。

［三］賓主相待之儀與諸公同也，饔餼饗食之禮則有降殺。

　　諸公之臣相爲國客，^{［一］}則三積，皆三辭，拜受。^{［二］}
及大夫效勞，旅擯，三辭，拜辱；三讓，登，聽命；下
拜，登受；賓使者，如初之儀；及退，拜送。^{［三］}致館，如
初之儀。^{［四］}及將幣，旅擯，三辭；拜逆，客辟；三揖，每

門止一相，及廟，唯君相入；三讓，客登；拜，客三辟；授幣，下出。每事如初之儀。^[五]及禮，私面，私獻，皆再拜稽首，君荅拜；^[六]出，及中門之外，問君；客再拜，對君拜，客辟而對；君問大夫，客對；君勞客，客再拜稽首，君荅拜，客趨辟。^[七]致饔餼，如勞之禮。饗食，還圭，如將幣之儀。^[八]

［一］謂相聘也。

［二］受者，受之於庭也。侯伯之臣不致積。

［三］登聽命，賓登堂也。賓，當爲儐。勞用束帛，儐用束錦。侯伯之臣，受勞於庭。

［四］如郊勞也，不儐耳。侯伯之臣致館于庭。不言致飧者，君於聘大夫不致飧也。《聘禮》曰：“飧不致，賓不拜。”

［五］客辟，逡巡不荅拜也。唯君相入，客，臣也，相不入矣。拜，主君拜客至也。客三辟，三退負序也。每事，享及有言也。

［六］禮，以醴禮客。私面，私覿也，既覿則或有私獻者。鄭司農説私面以《春秋傳》曰：“楚公子棄疾見鄭伯，以其良馬私面。”

［七］中門之外，即大門之內也。問君曰：“君不恙乎？”對曰：“使臣之來，寡君命臣于庭。”問大夫曰：“二三子不恙乎？”對曰：“寡君命使臣于庭，二三子皆在。”勞客曰：“道路悠遠，客甚勞。”勞介則曰：“二三子甚勞。”問君，客再拜對者，爲敬慎也。

［八］饗食，亦謂君不親，而使大夫以幣致之。

君館客，客辟，介受命；遂送，客從拜辱于朝。^[一]明

日，客拜禮賜，遂行，如入之積。^[二]凡侯、伯、子、男之
臣，以其國之爵相爲客而相禮，其儀亦如之。^[三]

[一] 君館客者，客將去，就省之，盡殷勤也。遂送，君拜以
　　 送客。

[二] 禮賜，謂乘禽，君之加惠也。如入之積，則三積從來至去。

[三] 爵，卿也，大夫也，士也。

凡四方之賓客，禮儀、辭命、饔牢、賜獻以二等，從
其爵而上下之。^[一]凡賓客，送逆同禮。^[二]凡諸侯之交，
各稱其邦而爲之幣，以其幣爲之禮。^[三]凡行人之儀，不朝
不夕，不正其主面，亦不背客。^[四]

[一] 上下，猶豐殺也。

[二] 謂郊勞、郊送之屬。

[三] 幣，享幣也。於大國則豐，於小國則殺。主國禮之，如其豐
　　 殺，謂賄用束紡，禮用玉帛、乘皮及贈之屬。

[四] 謂擯相傳辭時也。不正東鄉，不正西鄉，常視賓主之前卻，
　　 得兩鄉之而已。

（五·五十五）

行夫掌邦國傳遽之小事、媺惡而無禮者。凡其使也，
必以旌節。雖道有難而不時，必達。^[一]居於其國，則掌行
人之勞辱事焉，使則介之。^[二]

[一] 傳遽，若今時乘傳騎驛而使者也。美，福慶也。惡，喪荒

也。此事之小者無禮，行夫主使之。道有難，謂遭疾病他

故，不以時至也。必達，王命不可廢也。其大者有禮，大小

行人使之。有故則介傳命，不嫌不達。

［二］使，謂大小行人也。故書曰夷使，鄭司農云："夷使，使於

四夷，則行夫主爲之介。"玄謂夷，發聲。

（五·五十六）

環人掌送逆邦國之通賓客，以路節達諸四方。^[一]舍
則授館，令聚㯺，有任器，則令環之。^[二]凡門關無幾，
送逆及疆。^[三]

［一］通賓客以常事往來者也。路節，旌節也。四方，圻上。

［二］令，令野廬氏也。鄭司農云："四方人有任器者，則環人主
令殉環守之。"

［三］鄭司農云："門關不得苛留環人也。"玄謂環人送逆之，則賓
客出入不見幾。

（五·五十七）

象胥掌蠻夷、閩貉、戎狄之國使，掌傳王之言而諭説
焉，以和親之。^[一]若以時入賓，則協其禮與其辭，言傳
之。^[二]凡其出入送逆之禮節、幣帛、辭令而賓相之。^[三]

［一］謂蕃國之臣來覲聘者。

［二］以時入賓，謂其君以世一見來朝爲賓者。

［三］從來至去皆爲擯，而詔侑其禮儀。

凡國之大喪，詔相國客之禮儀而正其位。[一]凡軍旅、會同，受國客幣而賓禮之。[二]凡作事：王之大事諸侯，次事卿，次事大夫，次事上士，下事庶子。[三]

[一] 客，謂諸侯使臣來弔者。

[二] 謂諸侯以王有軍旅之事，使臣奉幣來問。

[三] 作，使也。鄭司農云："王之大事諸侯，使諸侯執大事也。次事卿，使卿執其次事也。次事使大夫，次事使上士，下事使庶子。"

（五·五十八）

掌客掌四方賓客之牢禮、饔獻、飲食之等數與其政治。[一]王合諸侯而饗禮，則具十有二牢，庶具百物備。諸侯長，十有再獻。[二]王巡守、殷國，則國君膳以牲犢，令百官百牲皆具，從者三公眂上公之禮，卿眂侯伯之禮，大夫眂子男之禮，士眂諸侯之卿禮，庶子壹眂其大夫之禮。[三]

[一] 政治，邦新殺禮之屬。

[二] 饗諸侯而用王禮之數者，以公、侯、伯、子、男盡在，是兼饗之，莫敢用也。諸侯長，九命作伯者也。獻公侯以下，如其命數。

[三] 國君者，王所過之國君也。犢，繭栗之犢也。以膳天子，貴誠也。牲孕，天子不食也，祭帝不用也。凡賓客則皆角尺。令者，掌客令主國也。百牲皆具，言無有不具備。

448

　　凡諸侯之禮，上公五積，皆眡殌牽，三問皆脩。群介、行人、宰、史皆有牢。殌五牢，食四十，簋十，豆四十，鉶四十有二，壺四十，鼎、簠十有二，牲三十有六，皆陳。饔餼九牢，其死牢如殌之陳。牽四牢，米百有二十筥，醯醢百有二十甕，車皆陳。車米眡生牢，牢十車，車秉有五籔；車禾眡死牢，牢十車，車三秅；芻薪倍禾，皆陳。乘禽日九十雙，殷膳大牢；以及歸，三饔、三食、三燕；若弗酌，則以幣致之。凡介、行人、宰、史，皆有殌、饔餼，以其爵等爲之牢禮之陳數，唯上介有禽獻。夫人致禮，八壺，八豆，八籩，膳大牢，致饔大牢，食大牢。卿皆見以羔，膳大牢。侯伯四積，皆眡殌牽，再問皆脩。殌四牢，食三十有二，簋八，豆三十有二，鉶二十有八，壺三十有二，鼎、簠十有二，腥二十有七，皆陳。饔餼七牢，其死牢如殌之陳。牽三牢，米百筥，醯醢百甕，皆陳。米三十車，禾四十車，芻薪倍禾，皆陳。乘禽日七十雙，殷膳大牢，三饔、再食、再燕。凡介、行人、宰、史，皆有殌、饔餼，以其爵等爲之禮，唯上介有禽獻。夫人致禮，八壺，八豆，八籩，膳大牢，致饔大牢。卿皆見以羔，膳特牛。子男三積，皆眡殌牽，壹問以脩。殌三牢，食二十有四，簋六，豆二十有四，鉶十有八，壺二十有四，鼎、簠十有二，牲十有八，皆陳。饔餼五牢，其死牢如殌之陳。牽二牢，米八十筥，醯醢八十甕，皆陳。米二十車，禾三十車，芻薪倍禾，皆陳。乘禽日五十雙，壹饔，壹食，壹燕。凡介、行人、宰、史，皆有殌、饔餼，以其爵等爲之禮，唯上介有禽獻。夫人致禮，六壺，六豆，六籩，膳眡致饔。親見卿，皆膳特牛。[一]

［一］積皆視飧牽，謂所共如飧，而牽牲以往，不殺也。不殺則無
鉶鼎。簋簠之實，其米實于筐，豆實實于罋。其設，筐陳于
楹內，罋陳于楹外，牢陳于門西。車米禾芻薪，陳于門外。
壺之有無未聞。三問皆脩，脩，脯也。上公三問皆脩，下句
云“群介行人宰史皆有牢”，君用脩而臣有牢，非禮也。蓋
著脫字失處且誤耳。飧，客始至，致小禮也。公、侯、伯、
子、男飧皆飪一牢，其餘牢則腥。食者，其庶羞美可食者
也。其設，蓋陳于楹外東西，不過四列。簠，稻粱器也〔一〕。
公十簠，堂上六，西夾東夾各二也。侯伯八簠，堂上四，西
夾東夾各二。子男六簠，堂上二，西夾東夾各二。豆，菹醢
器也。公四十豆，堂上十六，西夾東夾各十二。侯伯三十二
豆，堂上十二，西夾東夾各十。子男二十四豆，堂上十二，
西夾東夾各六。《禮器》曰：“天子之豆二十有六，諸公十
有六，諸侯十有二，上大夫八，下大夫六。”以《聘禮》差
之，則堂上之數與此同。鉶，羹器也。公鉶四十二，侯伯
二十八，子男十八，非衰差也。二十八，書或爲二十四，亦
非也。其於衰，公又當三十，於言又爲無施。禮之大數，鉶
少於豆，推其衰，公鉶四十二，宜爲三十八，蓋近之矣。則
公鉶堂上十八，西夾東夾各十。侯伯堂上十二，西夾東夾各
八。子男堂上十，西夾東夾各四。壺，酒器也，其設於堂
夾，如豆之數。鼎，牲器也。簋，黍稷器也。鼎十有二者，
飪一牢，正鼎九與陪鼎三，皆設于西階前。簋十二者，堂
上八，西夾東夾各二。合言鼎簋者，牲與黍稷俱食之主也。
牲當爲腥，聲之誤也。腥謂腥鼎也。於侯伯云“腥二十有
七”，其故腥字也。諸侯禮盛，腥鼎有鮮魚、鮮腊，每牢皆

〔一〕 稻粱器也 “粱”，底本作“梁”，今據<u>黃</u>本改。

九爲列，設于阼階前。公腥鼎三十六，腥四牢也。侯伯腥鼎二十七，腥三牢也。子男腥鼎十八，腥二牢也。皆陳，陳，列也。飧門內之實，備于是矣。亦有車米禾芻薪。公飧五牢，米二十車，禾三十車。侯伯四牢，米禾皆二十車。子男三牢，米十車，禾二十車。芻薪皆倍其禾。饔餼，既相見致大禮也。大者，既兼飧積，有生，有腥，有孰，餘又多也。死牢如飧之陳，亦鈺一牢在西，餘腥在東也。牽，生牢也。陳于門西，如積也。米橫陳于中庭，十爲列，每筥半斛。公、侯、伯、子、男黍、梁、稻皆二行，公稷六行，侯伯稷四行，子男二行。醢醯夾碑從陳，亦十爲列，醢在碑東，醯在碑西。皆陳於門內者，於公門內之陳也。言車者，衍字耳。車米，載米之車也。《聘禮》曰：“十斗曰斛，十六斗曰籔，十籔曰秉。”每車秉有五籔，則二十四斛也。禾，稾實并刈者也。《聘禮》曰：“四秉曰筥，十筥曰稷，十稷曰秅。”每車三秅，則三十稷也。稷猶束也。米禾之秉筥，字同數異。禾之秉，手把耳；筥讀爲棟梠之梠，謂一穧也。皆陳，橫陳門外者也。米在門東，禾在門西。芻薪雖取數于禾，薪從米，芻從禾也。乘禽，乘行群處之禽，謂雉鴈之屬，於禮以雙爲數。殷，中也，中又致膳，示念賓也。若弗酌，謂君有故，不親饗食燕也。不饗則以酬幣致之，不食則以侑幣致之。凡介、行人、宰、史，衆臣從賓者也。行人主禮，宰主具，史主書，皆有飧饔餼，尊其君以及其臣也。以其爵等爲之牢禮之數陳。爵卿也，則飧二牢，饔餼五牢。大夫也，則飧大牢，饔餼三牢。士也，則飧少牢，饔餼大牢也。此降小禮，豐大禮也。以命數則參差難等，略於臣，用爵而已。夫人致禮，助君養賓也。籩豆陳于戶東，壺陳于東序。凡夫人之禮，皆使下大夫致之。於子男云膳視致饗，言夫人致膳於小國君，以致饗之禮，則是不復饗也。饗有壺酒，卿皆見者，見于賓也。既見之，又膳之，亦所以助君養賓也。卿見又膳，此《聘禮》卿大夫勞賓、餼賓之類與？於子男云“親見卿皆膳特牛”，見讀如卿皆見之見，言卿於小國之君，有不故造館見者，故造館見者乃致膳。鄭司農説牽云：“牲可牽行者也，故《春秋傳》曰：‘餼牽竭矣。’秏，讀爲秏稊麻荅之秏。”

凡諸侯之卿、大夫、士爲國客，則如其介之禮以待之。[一] 凡禮賓客，國新殺禮，凶荒殺禮，札喪殺禮，禍烖殺禮，在野在外殺禮。[二] 凡賓客死，致禮以喪用。[三] 賓客有喪，唯芻稍之受。[四] 遭主國之喪，不受饗食，受牲禮。[五]

[一] 言其特來聘問，待之禮，如其爲介時也。然則聘禮凡所以禮賓，是亦禮介。

[二] 皆爲國省用愛費也。國新，新建國也。凶荒，無年也。禍烖，新有兵寇水火也。

[三] 死則主人爲之具而殯矣。喪用者，饋奠之物。

[四] 不受饗食，饗食加也。喪，謂父母死也。客則又有君焉。芻，給牛馬。稍，人稟也。其正禮飧饔餼，主人致之則受。

[五] 牲，亦當爲腥，聲之誤也。有喪，不忍煎亨，正禮飧饔餼當孰者，腥致之也。

（五·五十九）

掌訝 掌邦國之等籍以待賓客。[一] 若將有國賓客至，則

452

戒官脩委積，與士逆賓于疆，爲前驅而入。^[二]及宿，則令聚檽。^[三]及委，則致積。^[四]至于國，賓入館，次于舍門外，待事于客。^[五]及將幣，爲前驅。^[六]至于朝，詔其位，入復。及退，亦如之。^[七]

［一］等，九儀之差數。

［二］官，謂牛人、羊人、舍人、委人之屬。士，訝士也。既戒，乃出迎賓。

［三］令，令野廬氏。

［四］以王命致于賓。

［五］次，如今官府門外更衣處。待事于客，通其所求索。

［六］道之以如朝。

［七］鄭司農云：“詔其位，告客以其位處也。入復，客入則掌訝出復其故位也。客退，復入迎，爲之前驅至于館也。”玄謂入復者，入告王以客至也。退亦如之，如其爲前驅。

　　凡賓客之治，令訝，訝治之。^[一]凡從者出，則使人道之。^[二]及歸，送亦如之。^[三]凡賓客，諸侯有卿訝，卿有大夫訝，大夫有士訝，士皆有訝。^[四]凡訝者，賓客至而往，詔相其事而掌其治令。

［一］賓客之治，謂欲正其貢賦理國事也。以告訝，訝爲如朝而理之。

［二］從者，凡介以下也。人，其屬胥徒也。使道賓客之從者，營護之。

［三］如之者，送至於竟，如其前驅、聚檽、待事之屬。

［四］此謂朝覲聘問之日，王所使迎賓客于館之訝。

（五·六十）

　　掌交掌以節與幣巡邦國之諸侯，及其萬民之所聚者，道王之德意志慮，使咸知王之好惡，辟行之。^[一]使和諸侯之好，^[二]達萬民之説。^[三]掌邦國之通事而結其交好，^[四]以諭九税之利、九禮之親、九牧之維、九禁之難、九戎之威。^[五]

　　［一］節以爲行信，幣以見諸侯也。咸，皆也。辟，讀如辟忌之辟。使皆知王之所好者而行之，知王所惡者辟而不爲。

　　［二］有欲相與脩好者，則爲和合之。

　　［三］説，所喜也。達者，達之于王若其國君。

　　［四］通事，謂朝覲聘問也。

　　［五］諭，告曉也。九税，所税民九職也。九禮，九儀之禮。九牧，九州之牧。九禁，九法之禁。九戎，九伐之戎。

（五·六十一）

　　掌察，闕。

（五·六十二）

　　掌貨賄，闕。

（五·六十三）

　　朝大夫掌都家之國治。^[一]日朝，以聽國事故，以告其君長。^[二]國有政令，則令其朝大夫。^[三]

［一］都家，王子弟、公卿及大夫之采地也。主其國治者，平理其
　　　來文書於朝者。

［二］國事故，天子之事當施於都家者也。告其君長，使知而行之
　　　也。君，謂其國君。長，其卿大夫也。

［三］使以告其都家之吏。

　　凡都家之治於國者，必因其朝大夫，然後聽之，唯大
事弗因。^[一]凡都家之治有不及者，則誅其朝大夫；^[二]在
軍旅，則誅其有司。^[三]

［一］謂以小事文書來者，朝大夫先平理之，乃以告有司也。大事
　　　者，非朝大夫所能平理。

［二］不及，謂有稽殿之。

［三］有司，都司馬、家司馬。

（五・六十四）

都則，闕。

（五・六十五）

都士，闕。

（五・六十六）

家士，闕。

周禮卷第十一

周禮卷第十一

鄭　氏　注

冬官考工記第六

　　國有六職，百工與居一焉。[一] 或坐而論道；或作而行之；或審曲面埶，以飭五材，以辨民器；或通四方之珍異以資之；或飭力以長地財；或治絲麻以成之。[二]

[一] 百工，司空事官之屬。於天地四時之職，亦處其一也。司空，掌營城郭，建都邑，立社稷宗廟，造宮室車服器械，監百工者，唐虞已上曰共工。

[二] 言人德能事業之不同者也。論道謂謀慮治國之政令也。作，起也。辨，猶具也。資，取也，操也。鄭司農云：“審曲面埶，審察五材曲直方面形埶之宜以治之，及陰陽之面背是也。《春秋傳》曰‘天生五材，民並用之’，謂金、木、水、火、土也。”故書資作齊，杜子春云：“齊當爲資，讀如冬資絺之資[一]。”玄謂此五材，金、木、皮、玉、土。

　　坐而論道，謂之王公。[一] 作而行之，謂之士大夫。[二]

〔一〕讀如冬資絺之資　“絺”下，底本有“綌”字，阮本同，黃本、殿本無。阮本《校勘記》：“余本、岳本、閩本同。嘉靖本、監、毛本無綌字。按，賈《疏》引注亦無綌字。”今據黃本、殿本刪。

審曲面埶，以飭五材，以辨民器，謂之百工。^[三]通四方之
珍異以資之，謂之商旅。^[四]飭力以長地財，謂之農夫。^[五]
治絲麻以成之，謂之婦功。^[六]

 [一] 天子、諸侯。

 [二] 親授其職，居其官也。

 [三] 五材各有工。言百，衆言之也。

 [四] 商旅，販賣之客也。《易》曰：“至日商旅不行。”

 [五] 三農受夫田也。

 [六] 布帛，婦官之事。

  粤無鎛，燕無函，秦無廬，胡無弓車。^[一]粤之無鎛也，
非無鎛也，夫人而能爲鎛也。燕之無函也，非無函也，夫
人而能爲函也。秦之無廬也，非無廬也，夫人而能爲廬也。
胡之無弓車也，非無弓車也，夫人而能爲弓車也。^[二]

 [一] 此四國者，不置是工也。鎛，田器，《詩》云“偫乃錢鎛”^{〔一〕}，
   又曰“其鎛斯趙”。鄭司農云：“函，讀如國君含垢之含。
   函，鎧也。《孟子》曰：‘矢人豈不仁于函人哉！矢人唯恐
   不傷人，函人唯恐傷人。’”廬，讀爲纑，謂矛戟柄，竹欑
   柲^{〔二〕}，或曰摩鐧之器。胡，今匈奴。

〔一〕 偫乃錢鎛 “偫”，底本作“痔”，黃本作“偫”，殿本、阮本作“偫”。阮本《校勘
記》：“閩、監、毛本同誤也。岳本、嘉靖本‘偫’作‘偫’。《釋文》出偫乃二字，當據正。”
按，《釋文》“偫乃”，《說文》“偫，待也，從人待”，段注：“儲物以待用也。”《毛詩》作
“庤”，訓爲置備。是“偫”與“庤”義同，底本因形近而誤作“痔”。又“偫”爲“偫”
之俗體。今據黃本及阮本《校勘記》改。

〔二〕 竹欑柲 “柲”，底本作“秘”，今據黃本改。下文誤作“秘”者皆徑改之，不出校。

　　〔二〕言其丈夫人人皆能作是器，不須國工。<u>粤</u>地塗泥，多草薉，
　　　　而山出金錫，鑄冶之業，田器尤多。<u>燕</u>近強<u>胡</u>，習作甲胄。
　　　　<u>秦</u>多細木，善作矜柲。<u>匈奴</u>無屋宅，田獵畜牧，逐水草而
　　　　居，皆知爲弓車。

　　知者創物。〔一〕巧者述之、守之，世謂之工。〔二〕百工
之事，皆聖人之作也。〔三〕爍金以爲刃，凝土以爲器，作車
以行陸，作舟以行水，此皆聖人之所作也。〔四〕

　　〔一〕謂始閞端造器物，若《世本》作者是也。
　　〔二〕父子世以相教。
　　〔三〕事無非聖人所爲也。
　　〔四〕凝，堅也。故書舟作周，<u>鄭司農</u>云：“周，當爲舟。”

　　天有時，地有氣，材有美，工有巧。合此四者，然後
可以爲良。〔一〕材美工巧，然而不良，則不時、不得地氣
也。〔二〕橘逾<u>淮</u>而北爲枳，鸜鵒不逾<u>濟</u>，貉逾<u>汶</u>則死，此地
氣然也。〔三〕<u>鄭</u>之刀，<u>宋</u>之斤，<u>魯</u>之削，<u>吳</u><u>粤</u>之劍，遷乎
其地而弗能爲良，地氣然也。〔四〕<u>燕</u>之角，<u>荆</u>之幹，<u>妢胡</u>之
笴，<u>吳</u><u>粤</u>之金錫，此材之美者也。〔五〕

　　〔一〕時，寒溫也。氣，剛柔也。良，善也。
　　〔二〕不時，不得天時。
　　〔三〕鸜鵒，鳥也。《春秋》<u>昭</u>二十五年，“有鸜鵒來巢”〔一〕，傳曰：“書
　　　　所無也。”<u>鄭司農</u>云：“不逾<u>濟</u>，無妨於中國有之。貉，或爲

獌，謂善緣木之獌也。汶水在魯北。”

[四] 去此地而作之，則不能使良也。

[五] 荆，荆州也。幹，柘也，可以爲弓弩之幹。妢胡，胡子之
國，在楚旁。笴，矢幹也。《禹貢》：荆州貢櫄幹栝柏及箘簬
楛。故書笴爲筍。杜子春云：“妢，讀爲焚咸丘之焚，書或
爲邠。妢胡，地名也。筍，當爲笴，笴讀爲槀，謂箭槀。”

天有時以生，有時以殺；草木有時以生，有時以死；
石有時以泐；水有時以凝，有時以澤：此天時也。[一] 凡攻
木之工七，攻金之工六，攻皮之工五，設色之工五，刮摩
之工五，摶埴之工二。[二]

[一] 言百工之事當審其時也。鄭司農云：“泐，讀如再扐而後卦
之扐。泐，謂石解散也。夏時盛暑火熱則然。”

[二] 攻，猶治也。摶之言拍也。埴，黏土也。故書七爲十，刮作
捖，鄭司農云：“十當爲七。捖摩之工謂玉工也。捖，讀爲
刮，其事亦是也。”

攻木之工：輪、輿、弓、廬、匠、車、梓。攻金之工：
築、冶、鳧、㮚、段、桃。攻皮之工：函、鮑、韗、韋、
裘。設色之工：畫、繢、鍾、筐、㡛。刮摩之工：玉、楖、
雕、矢、磬。摶埴之工：陶、瓬。[一]

[一] 事官之屬六十，此識其五材三十工，略記其事耳。其曰某人
者，以其事名官也。其曰某氏者，官有世功，若族有世業，
以氏名官者也。廬，矛戟矜柲也。《國語》曰：“侏儒扶廬。”

梓，榎屬也。故書雕或爲舟。鄭司農云：“輪、輿、弓、廬、匠、車、梓，此七者，攻木之工，官別名也。《孟子》曰：‘梓匠輪輿。’鮑，讀爲鮑魚之鮑，書或爲鞄，《蒼頡篇》有‘鞄尵’。韗，讀爲歷運之運。㡛，讀爲芒芒禹迹之芒。㮚，讀如巾㮚之㮚。瓬，讀爲甫始之甫。㙢，書或爲植。”杜子春云：“雕，或爲舟者，非也。”玄謂瓬，讀如放於此乎之放。

有虞氏上陶，夏后氏上匠，殷人上梓，周人上輿。[一]故一器而工聚焉者，車爲多。[二]車有六等之數：[三]車軫四尺，謂之一等；戈柲六尺有六寸，既建而迆，崇於軫四尺，謂之二等；人長八尺，崇於戈四尺，謂之三等。殳長尋有四尺，崇於人四尺，謂之四等。車戟常，崇於殳四尺，謂之五等。酋矛常有四尺，崇於戟四尺，謂之六等。[四]車謂之六等之數。[五]

[一] 官各有所尊，王者相變也。舜至質，貴陶器，甒大瓦棺是也。禹治洪水，民降丘宅土，卑宮室，盡力乎溝洫而尊匠。湯放桀，疾禮樂之壞而尊梓。武王誅紂，疾上下失其服飾而尊輿。

[二] 周所上也。

[三] 車有天地之象，人在其中焉。六等之數，法《易》之三材六畫。

[四] 此所謂兵車也。軫，輿後橫木。崇，高也。八尺曰尋，倍尋曰常。殳長丈二。戈、殳、戟、矛，皆插車軡。鄭司農云：“迆，讀爲倚移從風之移，謂著戈之車邪倚也。酋發聲，直謂矛。”

[五] 申言數也。

凡察車之道，必自載於地者始也，是故察車自輪始。〔一〕凡察車之道，欲其樸屬而微至。不樸屬，無以爲完久也。不微至，無以爲戚速也。〔二〕輪已崇，則人不能登也。輪已庳，則於馬終古登阤也。〔三〕

[一] 先視輪也。自，從也。

[二] 樸屬，猶附著堅固貌也。齊人有名疾爲戚者。《春秋傳》曰："蓋以操之爲已戚矣。"速，疾也，書或作數。鄭司農云："樸，讀如子南僕之僕。微至，謂輪至地者少，言其圜甚，著地者微耳。著地者微則易轉，故不微至，無以爲戚數。"

[三] 已，大也，甚也。崇，高也。齊人之言終古猶言常也。阤，阪也。輪庳則難引。

故兵車之輪六尺有六寸，田車之輪六尺有三寸，乘車之輪六尺有六寸。〔一〕六尺有六寸之輪，軹崇三尺有三寸也。加軫與樸焉，四尺也。人長八尺，登下以爲節。〔二〕

[一] 此以馬大小爲節也。兵車，革路也。田車，木路也。乘車，玉路、金路、象路也。兵車、乘車駕國馬，田車駕田馬。

[二] 此車之高者也。軫，輿也。鄭司農云："軹，轚也。樸，讀爲旙僕之僕〔一〕，謂伏兔也〔二〕。"玄謂軹，轂末也。此軫與樸并七寸，田車又宜減焉。乘車之軌廣，取數於此。軌廣八尺，旁出輿亦七寸也。

〔一〕 讀爲旙僕之僕 "旙"，底本作"轓"，今據黃本改。
〔二〕 謂伏兔也 "兔"，底本作"兔"，今據黃本改。

（六·一）

　　輪人爲輪。斬三材必以其時，^[一]三材既具，巧者和之。^[二]轂也者，以爲利轉也。輻也者，以爲直指也。牙也者，以爲固抱也。^[三]輪敝，三材不失職，謂之完。^[四]

　　[一]三材，所以爲轂、輻、牙也。斬之以時，材在陽，則中冬斬之；在陰，則中夏斬之。今世轂用雜榆，輻以檀，牙以檀也。

　　[二]調其鑿內而合之。

　　[三]利轉者，轂以無有爲用也。鄭司農云：“牙，讀如跛者訝跛者之訝，謂輪輮也。世間或謂之罔，書或作輮。”

　　[四]敝盡而轂輻牙不動。

　　望而眡其輪，欲其幀爾而不迆也。進而眡之，欲其微至也。無所取之，取諸圜也。^[一]望其輻，欲其掣爾而纖也。進而眡之，欲其肉稱也。無所取之，取諸易直也。^[二]

　　[一]輪，謂牙也。幀，均致貌也。進，猶行也。微至，至地者少也。非有他也，圜使之然也。鄭司農云：“微至，書或作危至，故書圜或作員，當爲圜。”

　　[二]掣纖，殺小貌也。肉稱，弘殺好也。鄭司農云：“掣，讀爲紛容掣參之掣。”玄謂如桑螵蛸之蛸。

　　望其轂，欲其眼也。進而眡之，欲其幬之廉也。無所取之，取諸急也。^[一]

［一］眼，出大貌也。幬，幔轂之革也。革急則裏木廉隅見。鄭司
農云："眼，讀如限切之限。"

眡其綆，欲其蚤之正也。^{［一］}察其菑蚤不齵，則輪雖敝
不匡。^{［二］}

［一］蚤，當爲爪，謂輻入牙中者也。鄭司農云："綆，讀爲關東
言餅之餅，謂輪箄也。"玄謂輪雖箄，爪牙必正也。

［二］菑，謂輻入轂中者也。菑與爪不相佹，乃後輪敝盡不匡剌
也。鄭司農云："菑，讀如雜廁之廁，謂建輻也。泰山平原
所樹立物爲菑，聲裁，博立棊亦爲菑。匡，枉也。"

凡斬轂之道，必矩其陰陽。^{［一］}陽也者，積理而堅；陰
也者，疏理而柔。是故以火養其陰，而齊諸其陽，則轂雖
敝不蔵。^{［二］}轂小而長則柞，大而短則摯。^{［三］}是故六分其
輪崇，以其一爲之牙圍。^{［四］}參分其牙圍而漆其二，^{［五］}椁
其漆內而中詘之，以爲之轂長，以其長爲之圍，^{［六］}以其圍
之防捎其藪。^{［七］}五分其轂之長，去一以爲賢，去三以爲
軹。^{［八］}容轂必直，陳篆必正，施膠必厚，施筋必數，幬必
負幹。^{［九］}既摩，革色青白，謂之轂之善。^{［一〇］}

［一］矩，謂刻識之也。故書矩爲距，鄭司農云："當作矩，謂規
矩也。"

［二］積，致也。火養其陰，炙堅之也。鄭司農云："積，讀爲薦
祭之薦。蔵，當作秏。"玄謂蔵，蔵暴，陰柔後必橈減，幬
革暴起。

466

［三］鄭司農云："柞，讀爲迫唶之唶，謂輻間柞狹也。挚，讀爲
　　槷，謂輻危槷也。"玄謂小而長則菑中弱，大而短則末不堅。

［四］六尺六寸之輪，牙圍尺一寸。

［五］不漆其踐地者也。漆者七寸三分寸之一，不漆者三寸三分寸
　　之二。令牙厚一寸三分寸之二，則内外面不漆者各一寸也。

［六］六尺六寸之輪，漆内六尺四寸，是爲轂長三尺二寸[一]，圍徑
　　一尺三分寸之二也。鄭司農云："椁者，度兩漆之内相距之
　　尺寸也。"

［七］捎，除也。防，三分之一也。鄭司農云："捎，讀爲桑螵蛸
　　之蛸。藪，讀爲蜂藪之藪，謂轂空壺中也。"玄謂此藪徑三
　　寸九分寸之五。壺中，當輻菑者也。蜂藪者，猶言趨也，藪
　　者衆輻之所趨也。

［八］鄭司農云："賢，大穿也。軹，小穿也。"玄謂此大穿，徑八
　　寸十五分寸之八；小穿，徑四寸十五分寸之四。大穿甚大，
　　似誤矣。大穿實五分轂長去二也。去二，則得六寸五分寸之
　　二。凡大小穿皆謂金也。今大小穿金厚一寸，則大穿穿内徑
　　四寸五分寸之二，小穿穿内徑二寸十五分寸之四，如是乃與
　　數相稱也。

［九］鄭司農云："讀容上屬，曰軹容。"玄謂容者，治轂爲之形容
　　也。篆，轂約也。幬負幹者，革轂相應，無嬴不足。

［一〇］謂丸漆之，乾而以石摩平之，革色青白，善之徵也。

　參分其轂長，二在外，一在内，以置其輻。[一]凡輻，
量其鑿深以爲輻廣。[二]輻廣而鑿淺，則是以大扤，雖有良

〔一〕是爲轂長三尺二寸　"二"，底本作"三"，今據黃本改。

工，莫之能固。^[三]鑿深而輻小，則是固有餘而強不足也。^[四]故竑其輻廣以爲之弱，則雖有重任，轂不折。^[五]參分其輻之長而殺其一，則雖有深泥，亦弗之溓也。^[六]參分其股圍，去一以爲骹圍。^[七]揉輻必齊，平沈必均。^[八]直以指牙，牙得，則無槷而固。^[九]不得，則有槷必足見也。^[一○]

[一] 轂長三尺二寸者，令輻廣三寸半，則輻內九寸半，輻外一尺九寸。

[二] 廣深相應，則固足相任也。

[三] 扤，搖動貌。

[四] 言輻弱不勝轂之所任也。

[五] 言力相稱也。弱，蒻也。今人謂蒲本在水中者爲弱，是其類也。鄭司農云："竑，讀如紘綖之紘，謂度之。"

[六] 殺，衰小之也。鄭司農云："溓，讀爲黏，謂泥不黏著輻也。"

[七] 謂殺輻之數也^{〔一〕}。鄭司農云："股，謂近轂者也。骹，謂近牙者也。方言股以喻其豐，故言骹以喻其細。人脛近足者細於股，謂之骹。羊脛細者亦爲骹。"

[八] 揉，謂以火槁之，衆輻之直齊如一也。平沈，平漸也。鄭司農云："平沈，謂浮之水上無輕重。"

[九] 得，謂倨句鑿內相應也。鄭司農云："槷，椴也。蜀人言椴曰槷^{〔二〕}。"玄謂槷，讀如涅，從木熱省聲^{〔三〕}。

[一○] 必足見，言槷大也。然則雖得，猶有槷，但小耳。

六尺有六寸之輪，綆參分寸之二，謂之輪之固。^[一]凡

〔一〕 謂殺輻之數也 "之"，底本作"內"，今據黃本、殿本、阮本改。
〔二〕 蜀人言椴曰槷 "椴"底本作"殺"，今據黃本改。
〔三〕 從木熱省聲 "熱"，底本作"執"，今據黃本改。

爲輪，行澤者欲杼，行山者欲侔。^[二]杼以行澤，則是刀以割塗也，是故塗不附。^[三]侔以行山，則是摶以行石也，是故輪雖敝，不甋於鑿。^[四]

[一] 輪箄則車行不掉也。參分寸之二者，出於輻股鑿之數也。

[二] 杼，謂削薄其踐地者。侔，上下等。

[三] 附，著也。

[四] 摶，圜厚也。鄭司農云：“不甋於鑿，謂不動於鑿中也。”玄謂甋，亦敝也。以輪之厚，石雖齧之，不能敝其鑿旁使之動。

凡揉牙，外不廉而内不挫、旁不腫，謂之用火之善。^[一]是故規之以眂其圜也，^[二]萬之以眂其匡也，^[三]縣之以眂其輻之直也，^[四]水之以眂其平沈之均也，^[五]量其藪以黍，以眂其同也，^[六]權之以眂其輕重之侔也。^[七]故可規、可萬、可水、可縣、可量、可權也，謂之國工。^[八]

[一] 廉，絶也。挫，折也。腫，瘣也。

[二] 輪中規則圜矣。

[三] 等爲萬蔞，以運輪上，輪中萬蔞，則不匡剌也。故書萬作禹，鄭司農云：“讀爲萬，書或作矩。”

[四] 輪輻三十，上下相直，從旁以繩縣之，中繩則鑿正輻直矣。

[五] 平漸其輪無輕重，則斲材均矣。

[六] 黍滑而齊，以量兩壺，無贏不足，則同。

[七] 侔，等也。稱兩輪，鈞石同，則等矣。輪有輕重，則引之有難易。

[八] 國之名工。

輪人爲蓋，達常圍三寸。^[一] 桯圍倍之，六寸。^[二] 信其桯圍以爲部廣，部廣六寸，^[三] 部長二尺，^[四] 桯長倍之四尺者二。^[五] 十分寸之一謂之枚。^[六] 部尊一枚。^[七] 弓鑿廣四枚，鑿上二枚，鑿下四枚。^[八] 鑿深二寸有半，下直二枚，鑿端一枚。^[九] 弓長六尺謂之庇軹，五尺謂之庇輪，四尺謂之庇軫〔一〕。^[一○] 參分弓長而揉其一。^[一一] 參分其股圍，去一以爲蚤圍。^[一二] 參分弓長，以其一爲之尊。^[一三] 上欲尊而宇欲卑。^[一四] 上尊而宇卑，則吐水疾而霤遠。^[一五] 蓋已崇，則難爲門也。蓋已卑，是蔽目也。是故蓋崇十尺。^[一六] 良蓋弗冒弗紘，殷畝而馳不隊，謂之國工。^[一七]

［一］圍三寸，徑一寸也〔二〕。鄭司農云："達常，蓋斗柄下入杠中也！"

［二］圍六寸〔三〕，徑二寸，足以含達常。鄭司農云："桯，蓋杠也，讀如丹桓宮楹之楹。"

［三］廣，謂徑也。鄭司農云："部，蓋斗也。"

［四］謂斗柄達常也。

［五］杠長八尺，謂達常以下也。加達常二尺，則蓋高一丈，立乘也。

［六］爲下起數也。枚，一分。故書"十"與上"二"合爲"二十"字，杜子春云："當爲四尺者二十分寸之一〔四〕。"

［七］尊，高也。蓋斗上隆高，高一分也。

［八］弓，蓋橑也。廣，大也。是爲部厚一寸。

〔一〕四尺謂之庇軫 "軫"，底本作"輪"，今據黃本改。

〔二〕徑一寸也 "一"，底本作"二"，今據黃本改。

〔三〕圍六寸 "六"，底本作"三"，今據黃本改。

〔四〕當爲四尺者二十分寸之一 "二"，底本作"三"，今據黃本改。

[九] 鑿深對爲五寸，是以不傷達常也。下直二枚者，鑿空下正而上低二分也。其弓菑則撓之，平剡其下二分而內之，欲令蓋之尊終平不蒙撓也。端，內題也。

[一〇] 庇，覆也。故書庇作祕，杜子春云：“祕，當爲庇，謂覆幹也。”玄謂軹，轂末也。輿廣六尺六寸，兩轂并六尺四寸，旁減軹內七寸，則兩軹之廣凡丈一尺六寸也。六尺之弓倍之，加部廣，凡丈二尺六寸。有宇曲之減，可覆軹，不及幹。

[一一] 參分之持長撓短，短者近部而平，長者爲宇曲也。六尺之弓，近部二尺，四尺爲宇曲。

[一二] 蚤，當爲爪。以弓鑿之廣爲股圍，則寸六分也。爪圍一寸十五分寸之一。

[一三] 尊，高也。六尺之弓，上近部平者二尺，爪末下於部二尺。二尺爲句，四尺爲弦，求其股，股十二除之，面三尺幾半也。

[一四] 上，近部平者也。隤下曰宇。

[一五] 蓋者，主爲雨設也。乘車無蓋。禮所謂潦車，謂蓋車與？

[一六] 十尺，其中正也。蓋十尺，宇二尺，而人長八尺，卑於此，蔽人目。

[一七] 隊，落也。善蓋者以橫馳於墼上，無衣若無紘，而弓不落也。

（六·二）

輿人爲車。輪崇，車廣，衡長，參如一，謂之參稱。[一] 參分車廣，去一以爲隧。[二] 參分其隧，一在前，二在後，以揉其式。[三] 以其廣之半爲之式崇，[四] 以其隧之半爲之較崇。[五] 六分其廣，以一爲之軫圍。[六] 參分軫圍，去一以爲式圍。^[七]參分式圍，去一以爲較圍。^[八]參分較圍，去一以爲軹圍。^[九]參分軹圍，去一以爲轛圍。^[一〇]

[一] 稱，猶等也。車，輿也。衡亦長容兩服。

[二] 兵車之隧，四尺四寸。鄭司農云：“隧，謂車輿深也，讀如鑽燧改火之燧。”玄謂讀如邃宇之邃。

[三] 兵車之式，深尺四寸三分寸之二。

[四] 兵車之式，高三尺三寸。

[五] 較，兩輢上出式者。兵車自較而下凡五尺五寸。故書較作榷，杜子春云：“當爲較。”

[六] 軫，輿後橫者也。兵車之軫圍，尺一寸。

[七] 兵車之式圍，七寸三分寸之一。

[八] 兵車之較圍，四寸九分寸之八。

[九] 兵車之軹圍，三寸二十七分寸之七。軹，輢之植者衡者也，與轂末同名。

[一〇] 兵車之轛圍，二寸八十一分寸之十四。轛，式之植者衡者也。鄭司農云：“轛，讀如繫綴之綴，謂車輿輢立者也。立者爲轛，橫者爲軹。書轛或作輈。”玄謂轛者，以其鄉人爲名。

圜者中規，方者中矩，立者中縣，衡者中水，直者如生焉，繼者如附焉。^[一]凡居材，大與小無并。大倚小則摧，引之則絶。^[二]棧車欲弇，^[三]飾車欲侈。^[四]

[一] 治材居材如此乃善也。如生，如木從地生。如附，如附枝之弘殺也。

［二］并，偏邪相就也。用力之時，其大并於小者，小者強不堪則摧也。其小并於大者，小者力不堪則絶也。

［三］爲其無革鞔，不堅，易圻壞也。士乘棧車。

［四］飾車，謂革鞔輿也。大夫以上革鞔輿。故書侈作移，<u>杜子春</u>云：“當爲侈。”

（六·三）

輈人爲輈。^{［一］}輈有三度，軸有三理。^{［二］}國馬之輈，深四尺有七寸。^{［三］}田馬之輈，深四尺。^{［四］}駑馬之輈，深三尺有三寸。^{［五］}

［一］輈，車轅也。《詩》云：“五楘梁輈。”

［二］目下事。度，深淺之數。

［三］國馬，謂種馬、戎馬、齊馬、道馬，高八尺。兵車、乘車軹崇三尺有三寸，加軫與轐七寸，又并此輈深，則衡高八尺七寸也。除馬之高，則餘七寸，爲衡頸之間也。<u>鄭司農</u>云：“深四尺七寸，謂轅曲中。”

［四］田車軹崇三尺一寸半，并此輈深而七尺一寸半。今田馬七尺，衡頸之間亦七寸，則軫與轐五寸半，則衡高七尺七寸。

［五］輪軹與軫轐大小之減率寸半也。則駑馬之車，軹崇三尺，加軫與轐四寸，又并此輈深，則衡高六尺七寸也^{［一］}。今駑馬六尺，除馬之高，則衡頸之間亦七寸。

軸有三理，一者以爲媺也，^{［一］}二者以爲久也，^{［二］}三

〔一〕 則衡高六尺七寸也　“寸”，底本作“尺”，今據<u>黄</u>本改。

者以爲利也。^[三] 軹前十尺而策半之。^[四]

　　［一］無節目也。

　　［二］堅刃也。

　　［三］滑密。

　　［四］謂䡴軹以前之長也。策，御者之策也。十或作七。合七爲
　　　　　弦，四尺七寸爲鉤，以求其股，股則短矣。七，非也。鄭司
　　　　　農云：“軹，謂式前也。書或作軌。”玄謂軹是。軹，法也。
　　　　　謂輿下三面之材，輈式之所㪠，持車正也。

　　凡任木，^[一]任正者，十分其輈之長，以其一爲之
圍。衡任者，五分其長，以其一爲之圍。小於度，謂之
無任。^[二]

　　［一］目車持任之材。

　　［二］任正者，謂輿下三面材、持車正者也。輈，軹前十尺與隧四
　　　　　尺四寸，凡丈四尺四寸，則任正之圍，尺四寸五分寸之二。
　　　　　衡任者，謂兩軛之間也。兵車、乘車衡圍一尺三寸五分寸之
　　　　　一。無任，言其不勝任。

　　五分其軫間，以其一爲之軸圍。^[一]十分其輈之長，以
其一爲之當兔之圍。^[二]參分其兔圍，去一以爲頸圍。^[三]
五分其頸圍，去一以爲踵圍。^[四]

　　［一］軸圍亦一尺三寸五分寸之一，與衡任相應。

　　［二］輈當伏兔者也，亦圍尺四寸五分寸之二，與任正者相應。

〔三〕頸，前持衡者，圍九寸十五分寸之九。

〔四〕踵，後承軫者也，圍七寸七十五分寸之五十一。

　　凡揉輈，欲其孫而無弧深。〔一〕今夫大車之轅摯，其登又難。既克其登，其覆車也必易。此無故，唯轅直且無橈也。〔二〕是故大車平地既節軒摯之任，及其登阤，不伏其轅，必縊其牛。此無故，唯轅直且無橈也。〔三〕故登阤者，倍任者也，猶能以登。及其下阤也，不援其邸，必緧其牛後。此無故，唯轅直且無橈也。〔四〕

〔一〕孫，順理也。杜子春云：“弧，讀爲淨而不汙之汙。”玄謂弧，木弓也。凡弓引之中參，中參，深之極也。揉輈之倨句，如二可也，如三則深，傷其力。

〔二〕大車，牛車也。摯，輖也。登，上阪也〔一〕。克，能也。

〔三〕阤〔二〕，阪也。故書伏作偪，杜子春云：“偪，當作伏。”

〔四〕倍任，用力倍也。故書緧作鰌，鄭司農云：“鰌，讀爲緧，關東謂紂爲緧。鰌，魚字。”

　　是故輈欲頎典。〔一〕輈深則折，淺則負。〔二〕輈注則利準，利準則久，和則安。〔三〕

〔一〕頎典，堅刃貌。鄭司農云：“頎，讀爲懇。典，讀爲殄。騂車之轅，率尺所一縳，懇典似謂此也。”

〔一〕　上阪也　“阪”，底本作“版”，今據黃本改。

〔二〕　阤　底本作“弛”，今據黃本改。

［二］揉之大深，傷其力，馬倚之則折也。揉之淺，則馬善負之。

［三］故書準作水，鄭司農云：“注則利水，謂轅脊上雨注，令水
去利也。”玄謂利水重讀，似非也。注則利，謂輈之揉者形
如注星[一]，則利也。準則久，謂輈之在輿下者平如準，則能
久也。和則安，注與準者和，人乘之則安。

輈欲弧而無折，經而無絕。[一] 進則與馬謀，退則與人
謀。[二] 終日馳騁，左不楗。[三] 行數千里，馬不契需。[四]
終歲御，衣衽不敝。[五] 此唯輈之和也。[六] 勸登馬力，[七]
馬力既竭，輈猶能一取焉。[八] 良輈環灂，自伏兔不至軓七
寸，軓中有灂，謂之國輈。[九]

［一］揉輈大深則折也。經，亦謂順理也。

［二］言進退之易，與人馬之意相應。馬行主於進，人則有當
退時。

［三］杜子春云：“楗，讀爲蹇。左面不便，馬苦蹇；輈調善，則
馬不蹇也。”書楗或作券，玄謂券[二]，今倦字也。輈和則久馳
騁，載在左者不罷倦。尊者在左。

［四］鄭司農云：“契，讀爲爰契我龜之契。需，讀爲畏需之需。
謂不傷蹄，不需道里。”

［五］衽，謂裳也。

［六］和則安，是以然也。謂進則與馬謀而下。

［七］登，上也。輈和勸馬用力。

［八］馬止，輈尚能一前取道，喻易進。

[九] 伏兔至軹，蓋如式深。兵車、乘車式深尺四寸三分寸之二。瀺不至軹七寸，則是半有瀺也。輈有筋膠之被，用力均者則瀺遠。鄭司農云：“瀺，讀爲瀺酒之瀺。環瀺[一]，謂漆沂鄂如環。”

　　軫之方也，以象地也。蓋之圜也，以象天也。輪輻三十，以象日月也。蓋弓二十有八，以象星也。[一]龍旂九斿，以象大火也。[二]鳥旟七斿，以象鶉火也。[三]熊旗六斿，以象伐也。[四]龜蛇四斿，以象營室也。[五]弧旌枉矢，以象弧也。[六]

[一] 輪象日月者，以其運行也。日月三十日而合宿。

[二] 交龍爲旂，諸侯之所建也。大火，蒼龍宿之心，其屬有尾，尾九星。

[三] 鳥隼爲旟，州里之所建。鶉火，朱鳥宿之柳，其屬有星，星七星。

[四] 熊虎爲旗，師都之所建。伐屬白虎宿，與參連體而六星。

[五] 龜蛇爲旐，縣鄙之所建。營室，玄武宿，與東辟連體而四星。

[六]《覲禮》曰“侯氏載龍旂，弧韣”，則旌旗之屬皆有弧也。弧以張繒之幅，有衣謂之韣。又爲設矢象，弧星有矢也。妖星有枉矢者，蛇行有尾，因此云枉矢，蓋畫之。

　　攻金之工，築氏執下齊，冶氏執上齊，鳧氏爲聲，㮚氏爲量，段氏爲鎛器，桃氏爲刃。[一]

〔一〕環瀺　“瀺”，底本無，阮本同，黃本、殿本有“瀺”字。阮本《校勘記》：“環謂漆沂鄂如環，余本、岳本同。嘉靖本、閩、監、毛本謂上有瀺字。按，疏中亦有。”今據黃本、殿本補。

　　［一］多錫爲下齊，大刃、削殺矢、鑒燧也。少錫爲上齊，鍾鼎、
　　　　斧斤、戈戟也。聲，鍾、錞于之屬。量，豆、區、鬴也。鎛
　　　　器，田器錢鎛之屬。刃，大刃刀劍之屬。

　　金有六齊。[一]六分其金而錫居一，謂之鍾鼎之齊。五
分其金而錫居一，謂之斧斤之齊。四分其金而錫居一，
謂之戈戟之齊。參分其金而錫居一，謂之大刃之齊。五
分其金而錫居二，謂之削殺矢之齊。金錫半，謂之鑒燧
之齊。[二]

　　［一］目和金之品數。
　　［二］鑒燧，取水火於日月之器也。鑒，亦鏡也。凡金多錫，則忍
　　　　白且明也。

（六·四）

　　築氏爲削。長尺博寸，合六而成規。[一]欲新而無窮，[二]
敝盡而無惡。[三]

　　［一］今之書刀。
　　［二］謂其利也。鄭司農云：“常如新，無窮已。”
　　［三］鄭司農云：“謂鋒鍔俱盡，不偏索也。”玄謂刃也，脊也，其
　　　　金如一，雖至敝盡，無瑕惡也。

（六·五）

　　冶氏爲殺矢。刃長寸，圍寸，鋌十之，重三垸。[一]戈
廣二寸，內倍之，胡三之，援四之。[二]已倨則不入，已句

則不決。長內則折前，短內則不疾。^[三]是故倨句外博。^[四]重三鋝。^[五]戟廣寸有半寸，內三之，胡四之，援五之。倨句中矩，與刺重三鋝。^[六]

[一] 殺矢與戈戟異齊而同其工，似補脱誤在此也。殺矢，用諸田獵之矢也。鋌，讀如麥秀鋌之鋌。鄭司農云：“鋌，箭足入槀中者也。垸，量名，讀爲丸。”

[二] 戈，今句子戟也，或謂之雞鳴，或謂之擁頸。內，謂胡以內接柲者也，則長四寸。胡六寸，援八寸。鄭司農云：“援，直刃也。胡，其子。”

[三] 戈，句兵也，主於胡也。已倨，謂胡微直而邪多也，以啄人，則不入。已句，謂胡曲多也，以啄人，則創不決。胡之曲直鋒，本必橫，而取圜於磬折。前，謂援也。內長則援短，援短則曲於磬折，曲於磬折則引之與胡並鉤。內短則援長，援長則倨於磬折，倨於磬折則引之不疾。

[四] 博，廣也。倨之外，胡之裏也。句之外，胡之表也。廣其本以除四病而便用也。俗謂之曼胡，似此。

[五] 鄭司農云：“鋝，量名也，讀爲刷。”玄謂許叔重《説文解字》云：“鋝，鍰也。”今東萊稱或以大半兩爲鈞，十鈞爲環，環重六兩大半兩。鍰鋝似同矣，則三鋝爲一斤四兩。

[六] 戟，今三鋒戟也。內長四寸半，胡長六寸，援長七寸半。三鋒者^[一]，胡直中矩，言正方也。鄭司農云：“刺，謂援也。”玄謂刺者，著柲直前如鐏者也。戟胡橫貫之，胡中矩，則援之外句磬折與？

〔一〕 三鋒者　“鋒”，底本作“鋝”，今據黃本改。

（六·六）

桃氏爲劍。臘廣二寸有半寸，^{〔一〕}兩從半之。^{〔二〕}以其臘廣爲之莖圍，長倍之。^{〔三〕}中其莖，設其後。^{〔四〕}參分其臘廣，去一以爲首廣而圍之。^{〔五〕}身長五其莖長，重九鋝，謂之上制，上士服之。身長四其莖長，重七鋝，謂之中制，中士服之。身長三其莖長，重五鋝，謂之下制，下士服之。^{〔六〕}

〔一〕臘，謂兩刃。

〔二〕鄭司農云："謂劍脊兩面殺趨鍔。"

〔三〕鄭司農云："莖，謂劍夾，人所握，鐔以上也。"玄謂莖在夾中者，莖長五寸。

〔四〕鄭司農云："謂穿之也。"玄謂從中以卻稍大之也。後大則於把易制。

〔五〕首圍，其徑一寸三分寸之二。

〔六〕上制長三尺，重三斤十二兩。中制長二尺五寸，重二斤十四兩三分兩之二。下制長二尺，重二斤一兩三分兩之一。此今之匕首也。人各以其形貌大小帶之。此士，謂國勇力之士，能用五兵者也。《樂記》曰："武王克商，禪冕搢笏，而虎賁之士說劍。"

（六·七）

鳧氏爲鍾。兩欒謂之銑，^{〔一〕}銑間謂之于，于上謂之鼓，鼓上謂之鉦，鉦上謂之舞，^{〔二〕}舞上謂之甬，甬上謂之衡。^{〔三〕}鍾縣謂之旋，旋蟲謂之幹。^{〔四〕}鍾帶謂之篆，篆間謂之枚，枚謂之景。^{〔五〕}于上之攠謂之隧。^{〔六〕}

［一］故書樂作樂，杜子春云："當爲樂，書亦或爲樂。銑，鍾口
　　兩角。"

［二］此四名者，鍾體也。鄭司農云："于，鍾脣之上袪也。鼓，
　　所擊處。"

［三］此二名者，鍾柄。

［四］旋屬鍾柄，所以縣之也。鄭司農云："旋蟲者，旋以蟲爲飾
　　也。"玄謂今時旋有蹲熊、盤龍、辟邪。

［五］帶所以介其名也。介在于鼓鉦舞甬衡之間，凡四。鄭司農
　　云："枚，鍾乳也。"玄謂今時鍾乳俠鼓與舞，每處有九，面
　　三十六。

［六］攠，所擊之處攠弊也。隧在鼓中，窒而生光，有似夫隧。

　　十分其銑，去二以爲鉦，以其鉦爲之銑間，去二分以
爲之鼓間。以其鼓間爲之舞脩，去二分以爲舞廣[一]。[一]以
其鉦之長爲之甬長，[二]以其甬長爲之圍。參分其圍，去
一以爲衡圍。[三]參分其甬長，二在上，一在下，以設
其旋。[四]

［一］此言鉦之徑居銑徑之八，而銑間與鉦之徑相應。鼓間又居銑
　　　徑之六，與舞脩相應。舞脩，舞徑也。舞上下促，以橫爲脩，
　　　從爲廣。舞廣四分，今亦去徑之二分以爲之間，則舞間之方
　　　恒居銑之四也。舞間方四，則鼓間六亦其方也。鼓六，鉦六，
　　　舞四，此鍾口十者，其長十六也。鍾之大數，以律爲度[二]，

〔一〕去二分以爲舞廣　"二"，底本作"三"，今據黃本改。
〔二〕以律爲度　"度"，底本作"廣"，今據黃本改。

廣長與圍徑〔一〕，假設之耳。其鑄之，則各隨鍾之制爲長短大小也。凡言間者，亦爲從篆以介之，鉦間亦當六。今時鍾或無鉦間。

〔二〕并衡數也。

〔三〕衡居甬上，又小。

〔四〕今衡居一分，則參分旋，亦二在上，一在下。以旋當甬之中央，是其正。

薄厚之所震動，清濁之所由出，侈弇之所由興，有說。〔一〕鍾已厚則石，〔二〕已薄則播，〔三〕侈則柞，〔四〕弇則鬱，〔五〕長甬則震。〔六〕是故大鍾十分其鼓間，以其一爲之厚。小鍾十分其鉦間，以其一爲之厚。〔七〕鍾大而短，則其聲疾而短聞。〔八〕鍾小而長，則其聲舒而遠聞。〔九〕爲遂，六分其厚，以其一爲之深而圜之。〔一〇〕

〔一〕說，猶意也。故書侈作移，鄭司農云：“當爲侈。”

〔二〕大厚則聲不發。

〔三〕大薄則聲散。

〔四〕柞，讀爲咋咋然之咋，聲大外也。

〔五〕聲不舒揚。

〔六〕鍾掉則聲不正。

〔七〕言若此，則不石不播也。鼓鉦之間同方六，而今宜異，又十分之一猶大厚，皆非也。若言鼓外鉦外則近之，鼓外二，鉦外壹。

〔八〕淺則躁，躁易竭也。

〔九〕深則安，安難息。

〔一〕廣長與圍徑　“圍”，底本作“環”，今據黃本改。

482

［一〇］厚，鍾厚。深，謂窒之也。其窒圜。故書圜或作圍，<u>杜子春</u>云：“當爲圜。”

（六·八）

㮚氏爲量。改煎金錫則不耗，^[一]不耗然後權之，^[二]權之然後準之，^[三]準之然後量之。^[四]

［一］消湅之精，不復減也。㮚，古文或作歷。<u>玄</u>謂量當與鍾鼎同齊。工異者，大器。

［二］權，謂稱分之也。雖異法，用金必齊。

［三］準，故書或作水，<u>杜子春</u>云：“當爲水。金器有孔者，水入孔中，則當重也。”<u>玄</u>謂準擊平正之，又當齊大小。

［四］鑄之于法中也。量，讀如量人之量。

量之以爲鬴，深尺，内方尺而圜其外，其實一鬴。^[一]其臀一寸，其實一豆。^[二]其耳三寸，其實一升。^[三]重一鈞。^[四]其聲中黄鍾之宮。^[五]槩而不稅。^[六]

［一］以其容爲之名也。四升曰豆，四豆曰區，四區曰鬴。鬴，六斗四升也。鬴十則鍾。方尺，積千寸。於今粟米法，少二升八寸一分升之二十二。其數必容鬴，此言大方耳。圜其外者，爲之脣。

［二］故書臀作脣，<u>杜子春</u>云：“當爲臀，謂覆之其底深一寸也。”

［三］耳在旁可舉也。

［四］重三十斤。

［五］應律之首。

［六］鄭司農云："令百姓得以量而不租稅。"

其銘曰："時文思索，允臻其極。^{［一］}嘉量既成，以觀四國。^{［二］}永啟厥後，茲器維則。"^{［三］}

［一］銘，刻之也。時，是也。允，信也。臻，至也。極，中也。言是文德之君，思求可以為民立法者，而作此量，信至於道之中。
［二］以觀示四方，使放象之。
［三］永，長也。厥，其也。茲，此也。又長啓道其子孫，使法則此器長用之。

凡鑄金之狀，^{［一］}金與錫黑濁之氣竭，黃白次之；黃白之氣竭，青白次之；青白之氣竭，青氣次之。然後可鑄也。^{［二］}

［一］故書狀作壯^{〔一〕}，杜子春云："當為狀，謂鑄金之形狀。"
［二］消凍金錫精麤之候。

（六·九）

段氏，闕。

（六·十）

函人爲甲。犀甲七屬，兕甲六屬，合甲五屬。^{［一］}犀甲壽百年，兕甲壽二百年，合甲壽三百年。^{［二］}凡爲甲，必先

爲容，^[三]然後制革。^[四]權其上旅與其下旅，而重若一。^[五]以其長爲之圍。^[六]

[一]屬，讀如灌注之注，謂上旅下旅札續之數也。革堅者札長。
　　鄭司農云：“合甲，削革裏肉，但取其表，合以爲甲。”

[二]革堅者又支久。

[三]服者之形容也。鄭司農云：“容，謂象式。”

[四]裁制札之廣袤。

[五]鄭司農云：“上旅，謂要以上；下旅，謂要以下。”

[六]圍，謂札要廣厚。

凡甲，鍛不摯則不堅，已敝則橈。^[一]凡察革之道，眂其鑽空，欲其惌也；^[二]眂其裏，欲其易也；^[三]眂其朕，欲其直也；^[四]橐之，欲其約也；^[五]舉而眂之，欲其豐也；^[六]衣之，欲其無齘也。^[七]眂其鑽空而惌，則革堅也。眂其裏而易，則材更也。眂其朕而直，則制善也。橐之而約，則周也。舉之而豐，則明也。衣之無齘，則變也。^[八]

[一]鄭司農云：“鍛，鍛革也。摯謂質也。鍛革大熟，則革敝無強，曲橈也。”玄謂摯之言致。

[二]鄭司農云：“惌，小孔貌。惌，讀爲宛彼北林之宛。”

[三]無敗蔑也。

[四]鄭司農云：“朕，謂革制。”

[五]鄭司農云：“謂卷置橐中也。《春秋傳》曰：‘橐甲而見子南。’”

[六]豐，大。

[七]鄭司農云：“齘，謂如齒齘。”

〔八〕周，密致也。明，有光耀。<u>鄭司農</u>云：“更，善也。變，隨人身便利。”

（六·十一）

鮑人之事，〔一〕望而眂之，欲其荼白也；〔二〕進而握之，欲其柔而滑也；〔三〕卷而摶之，欲其無迤也；〔四〕眂其著，欲其淺也；〔五〕察其線，欲其藏也。〔六〕

〔一〕鮑，故書或作鞄。<u>鄭司農</u>云：“《蒼頡篇》有鮑韇。”

〔二〕韋革，遠視之，當如茅莠之色。

〔三〕謂親手煩摜之。

〔四〕<u>鄭司農</u>云：“卷，謂爲可卷而懷之之卷。摶，讀爲縛一如填之縛。謂卷縛韋革也。迤，讀爲既建而迤之之迤。無迤，謂革不韡。”

〔五〕<u>鄭司農</u>云：“謂郭韋革之札入韋革，淺緣其邊也。”<u>玄</u>謂韋革調善者鋪著之，雖厚如薄然。

〔六〕故書線或作綜，<u>杜子春</u>云：“綜當爲糸旁泉，讀爲綒，謂縫革之縷。”

革欲其荼白而疾澣之則堅，〔一〕欲其柔滑而腥脂之則需。〔二〕引而信之，欲其直也。信之而直，則取材正也。信之而枉，則是一方緩、一方急也。若苟一方緩、一方急，則及其用之也，必自其急者先裂。若苟自急者先裂，則是以博爲帴也。〔三〕卷而摶之而不迤，則厚薄序也。〔四〕眂其著而淺，則革信也。〔五〕察其線而藏，則雖敝不甐。〔六〕

〔一〕<u>鄭司農</u>云：“韋革不欲久居水中。”

[二] 故書需作劀。鄭司農云：“腥讀如沾渥之渥，劀讀爲柔需之
　　需。謂厚脂之韋革柔需。”

[三] 鄭司農云：“帴，讀爲翦，謂以廣爲狹也。”玄謂翦者，如俴
　　淺之俴，或者讀爲羊豬戔之戔。

[四] 序，舒也，謂其革均也。

[五] 信，無縮緩。

[六] 甐，故書或作鄰，鄭司農云：“鄰，讀爲磨而不磷之磷，謂
　　韋革縫縷没藏於韋革中，則雖敝，縷不傷也。”

（六·十二）

　　韗人爲皋陶。[一] 長六尺有六寸，左右端廣六寸，中尺，
厚三寸。[二] 穹者三之一。[三] 上三正。[四] 鼓長八尺，鼓四尺，
中圍加三之一，謂之鼖鼓。[五] 爲皋鼓，長尋有四尺，鼓四
尺，倨句，磬折。[六]

[一] 鄭司農云：“韗，書或爲鞠。皋陶，鼓木也。”玄謂鞠者，以
　　皋陶名官也。鞠則陶，字從革。

[二] 版中廣頭狹爲穹隆也。鄭司農云：“謂鼓木一判者，其兩端
　　廣六寸，而其中央廣尺也。如此乃得有腹。”

[三] 鄭司農云：“穹，讀爲志無空邪之空，謂鼓木腹穹隆者居鼓
　　三之一也。”玄謂穹，讀如穹蒼之穹。穹隆者居鼓面三分之
　　一，則其鼓四尺者，版穹一尺三寸三分寸之一也。倍之爲二
　　尺六寸三分寸之二，加鼓四尺，穹之徑六尺六寸三分寸之二
　　也。此鼓合二十版。

[四] 鄭司農云：“謂兩頭一平，中央一平也。”玄謂三，讀當爲參。
　　正，直也。參直者，穹上一直，兩端又直，各居二尺二寸，
　　不弧曲也。此鼓兩面，以六鼓差之。賈侍中云“晉鼓大而

短”，近晉鼓也。以晉鼓鼓金奏。

[五] 中圍加三之一者，加於面之圍以三分之一也。面四尺，其圍十二尺，加以三分一，四尺，則中圍十六尺，徑五尺三寸三分寸之一也。今亦合二十版，則版穹六寸三分寸之二耳[一]。大鼓謂之鼖。以鼖鼓鼓軍事。鄭司農云：“鼓四尺，謂革所蒙者廣四尺。”

[六] 以皋鼓鼓役事。磬折，中曲之，不參正也。中圍與鼖鼓同，以磬折爲異。

凡冒鼓，必以啓蟄之日。[一] 良鼓瑕如積環。[二] 鼓大而短，則其聲疾而短聞。鼓小而長，則其聲舒而遠聞。

[一] 啓蟄，孟春之中也。蟄蟲始聞雷聲而動，鼓所取象也。冒，蒙鼓以革。

[二] 革調急也。

(六·十三)

韗氏，闕。

(六·十四)

裘氏，闕。

(六·十五)

畫繢之事雜五色。東方謂之青，南方謂之赤，西方謂

〔一〕 則版穹六寸三分寸之二耳　“三分寸”，底本作“三分”，今據黃本補。

之白，北方謂之黑，天謂之玄，地謂之黄。青與白相次也，赤與黑相次也，玄與黄相次也。^[一]青與赤謂之文，赤與白謂之章，白與黑謂之黼，黑與青謂之黻，五采備謂之繡。^[二]土以黄，其象方，天時變；^[三]火以圜，^[四]山以章，^[五]水以龍；^[六]鳥，獸，蛇。^[七]雜四時五色之位以章之，謂之巧。^[八]凡畫繢之事，後素功。^[九]

[一] 此言畫繢六色所象及布采之第次，繢以爲衣。

[二] 此言刺繡采所用，繡以爲裳。

[三] 古人之象，無天地也。爲此記者，見時有之耳。子家駒曰“天子僭天”，意亦是也。鄭司農云：“天時變，謂畫天隨四時色。”

[四] 鄭司農云：“爲圜形似火也。”玄謂形如半環然，在裳。

[五] 章，讀爲獐。獐，山物也，在衣。齊人謂麇爲獐。

[六] 龍，水物，在衣。

[七] 所謂華蟲也，在衣。蟲之毛鱗有文采者。

[八] 章，明也。繢繡皆用五采鮮明之，是爲巧。

[九] 素，白采也。後布之，爲其易漬汙也。不言繡，繡以絲也。鄭司農説以《論語》曰：“繪事後素。”

(六·十六)

鍾氏染羽。以朱湛丹秫，三月而熾之，^[一]淳而漬之。^[二]三入爲纁，五入爲緅，七入爲緇。^[三]

[一] 鄭司農云：“湛，漬也。丹秫，赤粟。”玄謂湛，讀如漸車帷裳之漸。熾，炊也。羽所以飾旌旗及王后之車。

〔二〕淳，沃也。以炊下湯沃其熾，烝之以漬羽。漬，猶染也。

〔三〕染纁者，三入而成。又再染以黑，則爲緅。緅，今禮俗文作
爵，言如爵頭色也〔一〕。又復再染以黑，乃成緇矣。鄭司農云
以《論語》曰“君子不以紺緅飾”，又曰“緇衣羔裘”。《爾
雅》曰：“一染謂之縓，再染謂之竀，三染謂之纁。”《詩》云：
“緇衣之宜兮。”玄謂此同色耳。染布帛者，染人掌之。凡玄
色者，在緅緇之間，其六入者與？

（六·十七）

筐人，闕。

（六·十八）

㡛氏湅絲，以涗水漚其絲，七日，去地尺，暴之。〔一〕
晝暴諸日，夜宿諸井，七日七夜，是謂水湅。〔二〕湅帛，以
欄爲灰，渥淳其帛，實諸澤器，淫之以蜃。〔三〕清其灰而盝
之，而揮之，〔四〕而沃之，而盝之，而塗之，而宿之。〔五〕
明日，沃而盝之。〔六〕晝暴諸日，夜宿諸井，七日七夜，是
謂水湅。

〔一〕故書涗作湏，鄭司農云：“湏水，溫水也。”玄謂涗水，以灰
所沸水也。漚，漸也。楚人曰漚，齊人曰涹。

〔二〕宿諸井，縣井中。

〔三〕渥，讀如繒人渥菅之渥。以欄木之灰，漸釋其帛也。杜子春
云：“淫，當爲涅，書亦或爲湛。”鄭司農云：“澤器，謂滑澤

〔一〕 言如爵頭色也　“頭”，底本作“顏”，今據黃本改。

之器。蜃，謂炭也。《士冠禮》曰：'素積白屨，以魁柎之。'
説曰'魁，蛤也'。《周官》亦有白盛之蜃。蜃，蛤也。"<u>玄</u>
謂涅，薄粉之，令帛白。蛤，今海旁有焉。

［四］清，澄也。於灰澄而出盍晞之，晞而揮去其蜃。

［五］更渥淳之。

［六］朝更沃，至夕盍之。又更沃，至旦盍之。亦七日如漚絲也。

周禮卷第十二

周禮卷第十二

鄭　氏　注

冬官考工記下

（六·十九）

玉人之事，鎮圭尺有二寸，天子守之。命圭九寸，謂之桓圭，公守之。命圭七寸，謂之信圭，侯守之。命圭七寸，謂之躬圭，伯守之。[一]

> ［一］命圭者，王所命之圭也。朝覲執焉，居則守之。子守穀璧，男守蒲璧。不言之者，闕耳。故書或云“命圭五寸，謂之躬圭”，杜子春云：“當爲七寸。”玄謂五寸者，璧文之闕亂存焉。

天子執冒四寸，以朝諸侯。[一] 天子用全，上公用龍，侯用瓚，伯用將。[二] 繼子男，執皮帛。[三]

> ［一］名玉曰冒者，言德能覆蓋天下也。四寸者，方以尊接卑，以小爲貴。
> ［二］鄭司農云：“全，純色也。龍當爲尨，尨謂雜色。”玄謂全，純玉也。瓚，讀爲“餐屬”之屬。龍、瓚、將，皆雜名也。卑者下尊，以輕重爲差。玉多則重，石多則輕，公侯四玉一

石，伯子男三玉二石。

〔三〕謂公之孤也。見禮次子男，贄用束帛，而以豹皮表之爲飾。天子之孤，表帛以虎皮。此説玉及皮帛者，遂言見天子之用贄。

天子圭中必。〔一〕四圭尺有二寸，以祀天。〔二〕大圭長三尺，杼上終葵首，天子服之。〔三〕土圭尺有五寸，以致日，以土地。〔四〕祼圭尺有二寸，有瓚，以祀廟。〔五〕琬圭九寸而繅，以象德。〔六〕琰圭九寸，判規，以除慝，以易行。〔七〕

〔一〕必，讀如鹿車縪之縪，謂以組約其中央，爲執之以備失隊。

〔二〕郊天，所以禮其神也。《典瑞職》曰：“四圭有邸，以祀天旅上帝。”

〔三〕王所搢大圭也，或謂之珽。終葵，椎也。爲椎於其杼上，明無所屈也。杼，殺也。《相玉書》曰：“珽玉六寸，明自炤。”

〔四〕致日，度景至不。夏日至之景尺有五寸，冬日至之景丈有三尺。土，猶度也。建邦國以度其地，而制其域。

〔五〕祼之言灌也。或作淉，或作果。祼，謂始獻酌奠也。瓚如盤，其柄用圭，有流前注。

〔六〕琬，猶圜也。王使之瑞節也。諸侯有德，王命賜之，使者執琬圭以致命焉。繅，藉也。

〔七〕凡圭，琰上寸半〔一〕。琰圭，琰半以上，又半爲瑑飾。諸侯有爲不義，使者征之，執以爲瑞節也。除慝，誅惡逆也。易行，去煩苛。

─────────────

〔一〕琰上寸半　“琰”，底本作“琬”，今據黃本改。

璧羨度尺，好三寸，以爲度。[一]圭璧五寸，以祀日月星辰。[二]璧琮九寸，諸侯以饗天子。[三]穀圭七寸，天子以聘女。[四]

[一]鄭司農云："羨，徑也。好，璧孔也。《爾雅》曰：'肉倍好謂之璧，好倍肉謂之瑗，肉好若一謂之環。'"玄謂羨，猶延，其裏一尺而廣狹焉。

[二]禮其神也。圭，其邸爲璧，取殺於上帝。

[三]饗，獻也。《聘禮》，饗君以璧，饗夫人以琮。

[四]納徵加於束帛。

大璋、中璋九寸，邊璋七寸。射四寸，厚寸。黃金勺，青金外，朱中。鼻寸，衡四寸。有繅。天子以巡守，宗祝以前馬。[一]大章亦如之，諸侯以聘女。[二]瑑圭璋八寸，璧琮八寸，以覜、聘。[三]牙璋、中璋七寸，射二寸，厚寸，以起軍旅，以治兵守。[四]

[一]射，琰出者也。勺，故書或作約，杜子春云："當爲勺，謂酒尊中勺也。"鄭司農云："鼻謂勺龍頭鼻也。衡謂勺柄龍頭也。"玄謂鼻，勺流也。凡流皆爲龍口也。衡，古文橫，假借字也。衡謂勺徑也。三璋之勺，形如圭瓚。天子巡守，有事山川，則用灌焉。於大山川，則用大璋，加文飾也。於中山川，用中璋，殺文飾也。於小山川，用邊璋，半文飾也。其祈沈以馬，宗祝亦執勺以先之。禮，王過大山川，則大祝用事焉。將有事於四海山川，則校人飾黃駒。

[二]亦納徵加於束帛也。大璋者，以大璋之文飾之也。亦如之

者，如邊璋七寸，射四寸。

[三] 瑑，文飾也。覜，視也。聘，問也。衆來曰覜，特來曰聘。《聘禮》曰："凡四器者，唯其所寶，以聘可也。"

[四] 二璋皆有鉏牙之飾於琰側。先言牙璋，有文飾也。

駔琮五寸，宗后以爲權。[一] 大琮十有二寸，射四寸，厚寸，是謂内鎮，宗后守之。[二] 駔琮七寸，鼻寸有半寸，天子以爲權。[三] 兩圭五寸，有邸，以祀地，以旅四望。[四] 瑑琮八寸，諸侯以享夫人。[五] 案十有二寸，棗、栗十有二列，諸侯純九，大夫純五，夫人以勞諸侯。[六] 璋邸射，素功，以祀山川，以致稍餼。[七]

[一] 駔，讀爲組，以組繫之，因名焉。鄭司農云："以爲稱錘，以起量。"

[二] 如王之鎮圭也。射，其外鉏牙〔一〕。

[三] 鄭司農云："以爲權，故有鼻也。"

[四] 邸，謂之柢。有邸，僻共本也。

[五] 獻於所朝聘君之夫人也。

[六] 純，猶皆也。鄭司農云："案，玉案也。夫人，天子夫人。"玄謂案，玉飾案也。夫人，王后也。記時諸侯僭稱王，而夫人之號不别，是以同王后於夫人也。玉案十二以爲列，王后勞朝諸侯皆九列，聘大夫皆五列，則十有二列者，勞二王之後也。棗栗實於器，乃加於案。《聘禮》曰："夫人使下大夫勞以二竹簋方，玄被纁裏，有蓋，其實棗烝栗擇，兼執之以進。"

〔一〕 其外鉏牙　"鉏"，底本作"徂"，今據黃本改。

[七] 邸射，剡而出也。致稍餼，造賓客納禀食也。鄭司農云："素功，無瑑飾也。"餼或作氣，杜子春云："當爲餼。"

（六·二十）

柳人，闕。

（六·二十一）

雕人，闕。

（六·二十二）

磬氏爲磬。倨句一矩有半。[一] 其博爲一，[二] 股爲二，鼓爲三。參分其股博，去一以爲鼓博，參分其鼓博，以其一爲之厚。[三] 已上則摩其旁，[四] 已下則摩其耑。[五]

[一] 必先度一矩爲句，一矩爲股，而求其弦。既而以一矩有半觸其弦，則磬之倨句也。磬之制有大小，此假矩以定倨句，非用其度耳。

[二] 博，謂股博也。博，廣也。

[三] 鄭司農云："股，磬之上大者。鼓，其下小者，所當擊者也。"玄謂股外面，鼓内面也。假令磬股廣四寸半者，股長九寸也，鼓廣三寸，長尺三寸半，厚一寸。

[四] 鄭司農云："磬聲大上[一]，則摩鑢其旁。"玄謂大上，聲清也。薄而廣則濁。

[五] 大下，聲濁也。短而厚則清。

〔一〕 磬聲大上　"上"，底本作"半"，今據黃本改。

（六·二十三）

矢人爲矢。鍭矢參分，茀矢參分，一在前，二在後。[一] 兵矢、田矢五分，二在前，三在後。[二] 殺矢七分，三在前，四在後。[三]

[一] 參訂之而平者，前有鐵重也。《司弓矢職》茀當爲殺。鄭司農云：“一在前，謂箭槀中鐵莖居參分殺一以前。”

[二] 鐵差短小也。兵矢，謂枉矢、絜矢也。此二矢亦可以田。田矢，謂矰矢。

[三] 鐵又差短小也。《司弓矢職》殺當爲茀。

參分其長而殺其一，[一] 五分其長而羽其一，[二] 以其笴厚爲之羽深。[三] 水之，以辨其陰陽。[四] 夾其陰陽以設其比，夾其比以設其羽，[五] 參分其羽以設其刃，[六] 則雖有疾風，亦弗之能憚矣。[七]

[一] 矢槀長三尺，殺其前一尺，令趣鏃也。

[二] 羽者六寸。

[三] 笴，讀爲槀，謂矢幹，古文假借字。厚之數，未聞。

[四] 辨，猶正也。陰沈而陽浮。

[五] 夾其陰陽者，弓矢比在槀兩旁，弩矢比在上下。設羽於四角。鄭司農云：“比，謂括也。”

[六] 刃二寸。

[七] 故書憚或作但，鄭司農云：“讀當爲憚之以威之憚，謂風不能驚憚箭也。”

500

刃長寸，圍寸，鋌十之，重三垸。[一] 前弱則俛，後弱則翔。中弱則紆，中強則揚。羽豐則遲，羽殺則趮。[二] 是故夾而搖之，以眡其豐殺之節也。[三] 橈之，以眡其鴻殺之稱也。[四] 凡相笴，欲生而摶。同摶，欲重。同重，節欲疏。同疏，欲栗。[五]

[一] 刃長寸，脫"二"字。鋌一尺。

[二] 言榦羽之病，使矢行不正。俛，低也。翔，迴顧也。紆，曲也。揚，飛也。豐，大也。趮，旁掉也。

[三] 今人以指夾矢儛衞是也。

[四] 橈搦其榦。

[五] 相，猶擇也。生，謂無瑕蠹也。摶，讀如摶黍之摶，謂圜也。鄭司農云："欲栗，欲其色如栗也。"

（六·二十四）

陶人爲甗，實二鬴，厚半寸，脣寸。盆，實二鬴，厚半寸，脣寸。甑，實二鬴，厚半寸，脣寸，七穿。[一] 鬲，實五觳，厚半寸，脣寸。庾，實二觳，厚半寸，脣寸。[二]

[一] 量六斗四升曰鬴。鄭司農云："甗，無底甑。"

[二] 鄭司農云："觳，讀爲斛，觳受三斗[一]，《聘禮記》有斛。"玄謂豆實三而成觳，則觳受斗二升。庾，讀如請益與之庾之庾。

〔一〕 觳受三斗　"斗"，底本作"升"，今據黃本改。

（六·二十五）

瓬人爲簋，實一觳，崇尺，厚半寸，脣寸。豆，實三
而成觳，崇尺。^{〔一〕}凡陶瓬之事，髺墾薜暴不入市^{〔一〕}，^{〔二〕}器
中膊，豆中縣。^{〔三〕}膊崇四尺，方四寸。^{〔四〕}

　　〔一〕崇，高也。豆實四升。
　　〔二〕爲其不任用也。鄭司農云：“髺，讀爲刮。薜，讀爲藥黃藥
　　　　之藥。暴，讀爲剝。”玄謂髺，讀爲跀。墾，頓傷也。薜，
　　　　破裂也。暴，墳起不堅致也。
　　〔三〕膊，讀如車輇之輇。旣摶泥而轉其均，樹膊其側，以儗度端
　　　　其器也。縣，縣繩正豆之柄。
　　〔四〕凡器高於此，則垺不能相勝。厚於此，則火氣不交，因取
　　　　式焉。

（六·二十六）

梓人爲筍虡。^{〔一〕}天下之大獸五，脂者，膏者，羸者，
羽者，鱗者。^{〔二〕}宗廟之事，脂者、膏者以爲牲，^{〔三〕}羸者、
羽者、鱗者以爲筍虡。^{〔四〕}外骨、內骨，卻行、仄行，連行、
紆行，以脰鳴者，以注鳴者，以旁鳴者，以翼鳴者，以股
鳴者，以胷鳴者，謂之小蟲之屬，以爲雕琢。^{〔五〕}

　　〔一〕樂器所縣，橫曰筍，植曰虡。鄭司農云：“筍，讀爲竹筍
　　　　之筍。”

───────
〔一〕髺墾薜暴不入市　“薜”，底本作“薜”，今據黃本改。以下注文誤作“薜”者皆徑
改之，不出校。

［二］脂，牛羊屬。膏，豕屬。贏者，謂虎豹貔螭爲獸淺毛者之
　　　屬。羽，鳥屬。鱗，龍虵之屬。

［三］致美味也。

［四］貴野聲也。

［五］刻畫祭器，博庶物也。外骨，龜屬。内骨，鱉屬。卻行，蜋
　　　衍之屬。仄行，蟹屬。連行，魚屬。紆行，虵屬。脰鳴，蛙
　　　黽屬。注鳴，精列屬。旁鳴，蜩蜺屬。翼鳴，發皇屬。股
　　　鳴，蚣蝑動股屬。胷鳴，榮原屬。

　　厚脣弇口，出目短耳，大胷燿後，大體短脰，若是者
謂之贏屬。恒有力而不能走，其聲大而宏。有力而不能走，
則於任重宜。聲大而宏，則於鍾宜。若是者以爲鍾虡，是
故擊其所縣而由其虡鳴。[一]

　　［一］燿，讀爲哨，頃小也。<u>鄭司農</u>云："宏，讀爲紘綖之紘，謂
　　　　聲音大也。由，若也。"

　　鋭喙決吻，數目顅脰，小體騫腹，若是者謂之羽屬。
恒無力而輕，其聲清陽而遠聞。無力而輕，則於任輕宜，
其聲清陽而遠聞，於磬宜。若是者以爲磬虡，故擊其所縣
而由其虡鳴。[一]小首而長，搏身而鴻，若是者謂之鱗屬，
以爲筍。[二]

　　［一］吻，口腊也。顅，長脰貌。故書顅或作牼，<u>鄭司農</u>云："牼，
　　　　讀爲𩑡頭無髮之𩑡。"

　　［二］搏，圜也。鴻，傭也。

凡攫閷、援簭之類，必深其爪，出其目，作其鱗之而。[一]深其爪，出其目，作其鱗之而，則於眂必撥爾而怒。苟撥爾而怒，則於任重宜，且其匪色必似鳴矣。[二]爪不深，目不出，鱗之而不作，則必頹爾如委矣。苟頹爾如委，則加任焉，則必如將廢措，其匪色必似不鳴矣。[三]

[一] 謂筍虡之獸也。深，猶藏也。作，猶起也。之而，頰頷也。

[二] 匪，采貌也。故書撥作廢，匪作飛，鄭司農云：“廢讀爲撥，飛讀爲匪。以似爲發。”

[三] 措，猶頓也。故書措作厝，杜子春云：“當爲措。”

梓人爲飲器。勺一升，爵一升，觚三升。獻以爵而酬以觚。一獻而三酬，則一豆矣。[一]食一豆肉，飲一豆酒，中人之食也。[二]凡試梓，飲器鄉衡而實不盡，梓師罪之。[三]

[一] 勺，尊升也。觚、豆，字聲之誤，觚，當爲觶。豆，當爲斗。

[二] 一豆酒，又聲之誤，當爲斗。

[三] 鄭司農云：“梓師罪也。衡，謂麋衡也。《曲禮》：‘執君器齊衡。’”玄謂衡，平也。平爵鄉口酒不盡，則梓人之長罪於梓人焉。

梓人爲侯。廣與崇方，參分其廣，而鵠居一焉。[一]上兩个與其身三，下兩个半之。[二]上綱與下綱出舌尋，緇寸焉。[三]

［一］崇，高也。方，猶等也。高廣等者，謂侯中也。天子射禮，
　　以九爲節，侯道九十弓，弓二寸以爲侯中，高廣等，則天子
　　侯中丈八尺。諸侯於其國亦然。鵠，所射也。以皮爲之，各
　　如其侯也。居侯中參分之一，則此鵠方六尺。唯大射以皮飾
　　侯。大射者，將祭之射也。其餘有賓射、燕射。

［二］鄭司農云：“兩个，謂布可以維持侯者也。上方兩枚，與身
　　三，設身廣一丈，兩个各一丈，凡爲三丈。下兩个半之，傅
　　地，故短也。”玄謂个，讀若齊人擖幹之幹。上个、下个，
　　皆謂舌也。身，躬也。《鄉射禮記》曰：“倍中以爲躬，倍躬
　　以爲左右舌，下舌半上舌。”然則九節之侯，身三丈六尺，
　　上个七丈二尺，下个五丈四尺。其制，身夾中，个夾身，在
　　上下各一幅。此侯凡用布三十六丈。言上个與其身三者，明
　　身居一分，上个倍之耳，亦爲下个半上个出也。个，或謂之
　　舌者，取其出而左右也。侯制上廣下狹，蓋取象於人也。張
　　臂八尺，張足六尺，是取象率焉。

［三］綱所以繫侯於植者也。上下皆出舌一尋者，亦人張手之節
　　也。鄭司農云：“綱，連侯繩也。縜，籠綱者。縜，讀爲竹
　　中皮之縜。舌，維持侯者。”

　張皮侯而棲鵠，則春以功。［一］張五采之侯，則遠國
屬。［二］張獸侯，則王以息燕。［三］祭侯之禮，以酒、脯、
醢。［四］其辭曰：“惟若寧侯。［五］毋或若女不寧侯，不屬於
王所，故抗而射女。［六］強飲強食，詒女曾孫諸侯百福。”［七］

［一］皮侯，以皮所飾之侯。《司裘職》曰：“王大射，則共虎侯、
　　熊侯、豹侯，設其鵠。”謂此侯也。春，讀爲蠢。蠢，作也，

出也。天子將祭，必與諸侯群臣射，以作其容體，出其合於禮樂者，與之事鬼神焉。

［二］五采之侯，謂以五采畫正之侯也。《射人職》曰："以射法治射儀，王以六耦射三侯〔一〕，三獲三容，樂以《騶虞》，九節五正。"下曰："若王大射，則以貍步張三侯。"明此五正之侯，非大射之侯明矣。其職又曰："諸侯在朝，則皆北面。"遠國屬者，若諸侯朝會，王張此侯與之射，所謂賓射也。正之方外如鵠，內二尺〔二〕。五采者，內朱，白次之，蒼次之，黃次之，黑次之。其侯之飾，又以五采畫雲氣焉。

［三］獸侯，畫獸之侯也。《鄉射記》曰："凡侯，天子熊侯，白質。諸侯麋侯，赤質。大夫布侯，畫以虎豹。士布侯，畫以鹿豕。凡畫者丹質。"是獸侯之差也。息者，休農息老物也。燕謂勞使臣，若與群臣閒暇飲酒而射。

［四］謂司馬實爵而獻獲者於侯，薦脯醢折俎，獲者執以祭侯。

［五］若，猶女也。寧，安也。謂先有功德，其鬼有神。

［六］或，有也。若，如也。屬，猶朝會也。抗，舉也，張也。

［七］詒，遺也。曾孫諸侯，謂女後世為諸侯者。

（六·二十七）

廬人為廬器。戈柲六尺有六寸。殳長尋有四尺。車戟常。酋矛常有四尺，夷矛三尋。〔一〕凡兵無過三其身，過三其身，弗能用也；而無已，又以害人。〔二〕故攻國之兵欲短，守國之兵欲長。攻國之人眾，行地遠，食飲饑，且涉山林

〔一〕 王以六耦射三侯 "侯"，底本作"候"，今據黃本改。
〔二〕 內二尺 "二"，底本作"三"，今據黃本、殿本、阮本改。

之阻，是故兵欲短。守國之人寡，食飲飽，行地不遠，且不涉山林之阻，是故兵欲長。^[三]

［一］柲，猶柄也。八尺曰尋，倍尋曰常。酋、夷，長短名。酋之言遒也。酋近夷長矣。

［二］人長八尺，與尋齊，進退之度三尋，用兵力之極也。而無已，不徒止耳。

［三］言罷羸宜短兵，壯健宜長兵。

凡兵，句兵欲無彈，刺兵欲無蜎。是故句兵椑，刺兵搏。^[一]骹兵同強，舉圍欲細，細則校。刺兵同強，舉圍欲重，重欲傳人。傳人則密，是故侵之。^[二]凡為殳，五分其長，以其一為之被而圍之。參分其圍，去一以為晉圍。五分其晉圍，去一以為首圍。凡為酋矛，參分其長，二在前、一在後而圍之。五分其圍，去一以為晉圍。參分其晉圍，去一以為刺圍。^[三]

［一］句兵，戈戟屬。刺兵，矛屬。故書彈或作但，蜎或作絹，鄭司農云："但讀為彈丸之彈，彈謂掉也。絹讀為悁邑之悁，悁謂橈也。椑，讀為鼓鼙之鼙^{〔一〕}。"玄謂蜎，亦掉也。謂若井中蟲蜎之蜎。齊人謂柯斧柄為椑，則椑，隋圜也^{〔二〕}，搏，圜也。

［二］改句言骹，容殳無刃。同強，上下同也。舉，謂手所操。鄭司農云："校，讀為絞而婉之絞。重欲傳人，謂矛柄之大者在人手中者。侵之，能敵也。"玄謂校，疾也。傳，近也。

〔一〕 讀為鼓鼙之鼙　"之鼙"，底本缺，今據黃本補。
〔二〕 隋圜也　"隋"，底本作"隨"，今據黃本、殿本、阮本改。

密，審也，正也。人手操細以轂則疾，操重以剌則正。然則
爲矜，句兵堅者在後[一]，剌兵堅者在前。

[三] 被，把中也。圍之，圍之也。大小未聞。凡矜八觚。鄭司農
云：“晉，謂矛戟下銅鐏也。剌，謂矛刃胷也。”玄謂晉，讀
如王搢大圭之搢，矜所捷也。首，殳上鐏也。爲戈戟之矜，
所圍如殳，夷矛如酋矛。

凡試廬事，置而摇之，以眡其蜎也。炙諸牆，以眡其
橈之均也。横而摇之，以眡其勁也。[一]六建既備，車不反
覆，謂之國工。[二]

[一] 置，猶封也。炙，猶柱也。以柱兩牆之間，輓而内之，本末
勝負可知也。正於牆，牆澀。

[二] 六建，五兵與人也。反覆，猶軒輖。

（六·二十八）

匠人建國，[一]水地以縣。[二]置槷以縣，眡以景。[三]
爲規，識日出之景，與日入之景。[四]晝參諸日中之景，夜
考之極星，以正朝夕。[五]

[一] 立王國若邦國者。

[二] 於四角立植，而縣以水，望其高下。高下既定，乃爲位而
平地。

[三] 故書槷或作弋，杜子春云：“槷當爲弋，讀爲杙。”玄謂槷，

古文臬假借字。於所平之地中央，樹八尺之臬，以縣正之，眡之以其景，將以正四方也。《爾雅》曰："在牆者謂之杙，在地者謂之臬。"

［四］日出日入之景，其端在東西正也。又爲規以識之者，爲其難審也。自日出而畫其景端，以至日入，既則爲規測景兩端之内規之規之交，乃審也。度兩交之間，中屈之以指臬，則南北正。

［五］日中之景，最短者也。極星，謂北辰。

匠人營國，方九里，旁三門。[一]國中九經九緯，經涂九軌。[二]左祖右社，面朝後市，[三]市朝一夫。[四]

［一］營，謂丈尺其大小。天子十二門，通十二子。

［二］國中，城内也。經緯，謂涂也。經緯之涂，皆容方九軌。軌，謂轍廣，乘車六尺六寸，旁加七寸，凡八尺，是爲轍廣。九軌積七十二尺，則此涂十二步也。旁加七寸者，輻内二寸半，輻廣三寸半，綆三分寸之二，金轄之間三分寸之一。

［三］王宮所居也。祖，宗廟。面，猶鄉也。王宮當中經之涂也。

［四］方各百步。

夏后氏世室，堂脩二七，廣四脩一。[一]五室，三四步，四三尺[一]。[二]九階。[三]四旁兩夾，窗，[四]白盛。[五]門堂三之二，[六]室三之一。[七]殷人重屋，堂脩七尋，堂崇三尺，四阿，重屋。[八]

〔一〕四三尺　"四三"，底本作"三四"，今據黃本改。

〔一〕世室者，宗廟也。魯廟有世室，牲有白牡，此用先王之禮。脩，南北之深也。夏度以步，令堂脩十四步，其廣益以四分脩之一，則堂廣十七步半。

〔二〕堂上爲五室，象五行也。三四步，室方也。四三尺，以益廣也。木室於東北，火室於東南，金室於西南，水室於西北，其方皆三步，其廣益之以三尺。土室於中央，方四步，其廣益之以四尺。此五室居堂，南北六丈，東西七丈。

〔三〕南面三，三面各二。

〔四〕窻助戶爲明，每室四戶八窻。

〔五〕蜃灰也。盛之言成也，以蜃灰堊牆，所以飾成宮室。

〔六〕門堂，門側之堂，取數於正堂。令堂如上制，則門堂南北九步二尺，東西十一步四尺。《爾雅》曰："門側之堂謂之塾。"

〔七〕兩室與門各居一分。

〔八〕重屋者，王宮正堂若大寢也。其脩七尋五丈六尺〔一〕，放夏周，則其廣九尋七丈二尺也。五室各二尋。崇，高也。四阿，若今四柱屋。重屋，復笮也。

　　周人明堂，度九尺之筵，東西九筵，南北七筵，堂崇一筵。五室，凡室二筵。〔一〕室中度以几，堂上度以筵，宮中度以尋，野度以步，涂度以軌。〔二〕廟門容大扃七個，〔三〕闈門容小扃參個，〔四〕路門不容乘車之五個，〔五〕應門二徹參個。〔六〕

　　〔一〕明堂者，明政教之堂。周度以筵，亦王者相改。周堂高九

〔一〕 其脩七尋五丈六尺　"丈"，底本作"尺"，今據黃本改。

尺，殷三尺，則夏一尺矣，相參之數。禹卑宮室，謂此一尺之堂與？此三者或舉宗廟，或舉王寢，或舉明堂，互言之，以明其同制。

[二] 周文者，各因物宜爲之數。室中，舉謂四壁之内。

[三] 大扃，牛鼎之扃，長三尺。每扃爲一个，七个二丈一尺。

[四] 廟中之門曰闈。小扃，膷鼎之扃，長二尺。參个，六尺。

[五] 路門者，大寢之門。乘車廣六尺六寸，五个三丈三尺。言不容者，是兩門乃容之。兩門乃容之，則此門半之，丈六尺五寸。

[六] 正門謂之應門，謂朝門也[一]。二徹之内八尺，三个二丈四尺。

内有九室，九嬪居之。外有九室，九卿朝焉。[一]九分其國以爲九分，九卿治之。[二]王宮門阿之制五雉，宮隅之制七雉，城隅之制九雉。[三]經涂九軌，環涂七軌，野涂五軌。[四]門阿之制，以爲都城之制。[五]宮隅之制，以爲諸侯之城制。[六]環涂以爲諸侯經涂，野涂以爲都經涂。[七]

[一] 内，路寢之裏也。外，路門之表也。九室，如今朝堂諸曹治事處。九嬪掌婦學之法以教九御。六卿三孤爲九卿。

[二] 九分其國，分國之職也。三孤佐三公論道，六卿治六官之屬。

[三] 阿，棟也。宮隅、城隅，謂角浮思也。雉長三丈，高一丈。度高以高，度廣以廣。

[四] 廣狹之差也。故書環或作轘，杜子春云：“當爲環。環涂，

〔一〕 謂朝門也　“朝”，底本作“廟”，今據黃本改。

謂環城之道。"

［五］都，四百里外距五百里，王子弟所封。其城隅高五丈，宮隅
門阿皆三丈。

［六］諸侯，畿以外也。其城隅制高七丈，宮隅門阿皆五丈。《禮
器》曰："天子諸侯臺門。"

［七］經，亦謂城中道。諸侯環涂五軌，其野涂及都環涂、野涂皆
三軌。

　　匠人爲溝洫。^{［一］}耜廣五寸，二耜爲耦。一耦之伐，廣
尺深尺謂之畎。田首倍之，廣二尺、深二尺謂之遂。^{［二］}九
夫爲井，井間廣四尺、深四尺謂之溝。方十里爲成，成間
廣八尺、深八尺謂之洫。方百里爲同，同間廣二尋、深二
仞謂之澮。^{［三］}專達於川^{［一］}，各載其名。^{［四］}

［一］主通利田間之水道。

［二］古者耜一金，兩人併發之。其壟中曰畎^{［二］}，畎上曰伐。伐之言
發也。畎，吠也。今之耜^{［三］}，岐頭兩金，象古之耦也。田，一
夫之所佃百畮，方百步地。遂者，夫間小溝，遂上亦有徑。

［三］此畿内采地之制。九夫爲井。井者，方一里，九夫所治之田
也。采地制井田，異於鄉遂及公邑。三夫爲屋。屋，具也。
一井之中，三屋九夫，三三相具，以出賦稅，共治溝也。方
十里爲成，成中容一甸，甸方八里出田稅，緣邊一里治洫。
方百里爲同，同中容四都、六十四成，方八十里出田稅，緣

〔一〕專達於川　"川"，底本作"用"，今據黃本改。
〔二〕其壟中曰畎　"曰"，底本作"田"，今據黃本改。
〔三〕今之耜　"耜"，底本作"耕"，今據黃本改。

邊十里治澮。采地者，在三百里、四百里、五百里之中。《載師職》曰“園廛二十而一，近郊什一，遠郊二十而三，甸稍縣都皆無過十二”，謂田稅也，皆就夫稅之輕近重遠耳。滕文公問爲國於孟子，孟子曰：“夏后氏五十而貢，殷人七十而助，周人百畝而徹，其實皆什一。徹者，徹也。助者，藉也。龍子曰：‘治地莫善於助，莫不善於貢。’貢者，校數歲之中以爲常。”文公又問井田，孟子曰：“請野九一而助，國中什一使自賦。卿以下必有圭田，圭田五十畝，餘夫二十五畝。死徙無出鄉，鄉田同井，出入相友，守望相助，疾病相扶持，則百姓親睦。方里而井，井九百畝，其中爲公田。八家皆私百畝，同養公田。公事畢，然後治私事，所以別野人也。”又曰：“《詩》云：‘雨我公田，遂及我私。’惟助爲有公田。由此觀之，雖周亦助也。”魯哀公問於有若曰：“年饑，用不足，如之何？”有若對曰：“盍徹乎。”曰：“二吾猶不足，如之何其徹也。”《春秋》宣公十五年秋，初稅畝。《傳》曰：“非禮也。穀出不過藉，以豐財也。”此數者，世人謂之錯而疑焉。以《載師職》及《司馬法》論之，周制，畿內用夏之貢法，稅夫無公田。以《詩》《春秋》《論語》《孟子》論之，周制，邦國用殷之助法，制公田，不稅夫。貢者，自治其所受田，貢其稅穀。助者，借民之力以治公田，又使收斂焉。畿內用貢法者，鄉遂及公邑之吏，旦夕從民事，爲其促之以公，使不得恤其私。邦國用助法者，諸侯專一國之政，爲其貪暴，稅民無藝。周之畿內，稅有輕重。諸侯謂之徹者，通其率以什一爲正。孟子云：“野九夫而稅一，國中什一。”是邦國亦異外内之法耳。圭之言珪潔也。周謂之士田。鄭司農說以《春秋傳》曰“有田一成”，又曰“列國一同”。

［四］達，猶至也，謂澮直至於川，復無所注入。載其名者，識水
　　　所從出。

　　凡天下之地埶，兩山之間必有川焉，大川之上必有
涂焉。［一］凡溝逆地防，謂之不行。水屬不理孫，謂之不
行。［二］梢溝三十里而廣倍。［三］凡行奠水，磬折以參伍。［四］
欲爲淵，則句於矩。［五］凡溝必因水埶，防必因地埶。善溝
者水漱之，善防者水淫之。［六］凡爲防，廣與崇方，其閷參
分去一。［七］大防外閷。［八］

［一］通其雍塞。
［二］溝，謂造溝。防，謂脉理。屬，讀爲注。孫，順也。不行，
　　　謂決溢也。禹鑿龍門，播九河，爲此逆防與不理孫也。
［三］謂不墾地之溝也。鄭司農云：“梢，讀爲桑螵蛸之蛸。蛸，
　　　謂水漱齧之溝，故三十里而廣倍。”
［四］《坎》爲弓輪，水行欲紆曲也。鄭司農云：“奠，讀爲停，謂
　　　行停水，溝形當如磬，直行三，折行五，以引水者疾焉。”
［五］大曲則流轉，流轉則其下成淵。
［六］漱，猶齧也。鄭司農云：“淫，讀爲廞，謂水淤泥土，留著
　　　助之爲厚。”玄謂淫，讀爲淫液之淫。
［七］崇，高也。方，猶等也。閷者，薄其上。
［八］又薄其上，厚其下。

　　凡溝防，必一日先深之以爲式，［一］里爲式然後可以傅
衆力。［二］凡任，索約大汲其版，謂之無任。［三］葺屋參分，
瓦屋四分。［四］囷窌倉城，逆牆六分。［五］堂涂十有二分。［六］
竇，其崇三尺。［七］牆厚三尺，崇三之。［八］

〔一〕程人功也。溝防，爲溝爲防也。

〔二〕里，讀爲已，聲之誤也。

〔三〕故書汲作没，杜子春云："當爲汲。"玄謂約，縮也。汲，引
　　也。築防若牆者，以繩縮其版。大引之，言版橈也。版橈，
　　築之則鼓，土不堅矣。《詩》云："其繩則直，縮版以載。"
　　又曰："約之格格，椓之橐橐。"

〔四〕各分其脩，以其一爲峻。

〔五〕逆，猶卻也。築此四者，六分其高，卻一分以爲羨。囷，圜
　　倉。穿地曰窌。

〔六〕謂階前，若今令甓祇也。分其督旁之脩〔一〕，以一分爲峻也。
　　《爾雅》曰："堂涂謂之陳。"

〔七〕宫中水道。

〔八〕高厚以是爲率，足以相勝。

(六·二十九)

　　車人之事，半矩謂之宣，〔一〕一宣有半謂之欘，〔二〕一
欘有半謂之柯，〔三〕一柯有半謂之磬折。〔四〕

〔一〕矩，法也。所法者，人也。人長八尺而夫節三：頭也，腹
　　也〔二〕，脛也。以三通率之，則矩二尺六寸三分寸之二。頭髮
　　皓落曰宣。半矩，尺三寸三分寸之一，人頭之長也。柯欘之
　　木頭取名焉。《易·巽》爲宣髮〔三〕。

_____

〔一〕　分其督旁之脩　"旁"，底本作"勞"，今據黃本改。
〔二〕　腹也　"也"，底本無，今據黃本補。
〔三〕　易巽爲宣髮　"宣"，底本作"寡"，今據黃本改。

[二] 欘，斲斤〔一〕，柄長二尺。《爾雅》曰：“句欘謂之定。”

[三] 伐木之柯，柄長三尺。《詩》云：“伐柯伐柯，其則不遠。”
鄭司農云：“《蒼頡篇》有柯欘。”

[四] 人帶以下四尺五寸。磬折立，則上俛。《玉藻》曰：“三分帶
下，紳居二焉。”紳長三尺。

車人爲耒，庛長尺有一寸〔二〕，中直者三尺有三寸，上句
者二尺有二寸。〔一〕自其庛，緣其外，以至於首，以弦其內，
六尺有六寸，與步相中也。〔二〕堅地欲直庛，柔地欲句庛。
直庛則利推，句庛則利發。倨句磬折，謂之中地。〔三〕

[一] 鄭司農云：“耒，謂耕耒。庛，讀爲其顙有疵之疵〔三〕，謂耒下
岐。”玄謂庛，讀爲棘刺之刺。刺，耒下前曲接耜。

[二] 緣外六尺有六寸，內弦六尺，應一步之尺數。耕者以田器爲
度宜。耜異材，不在數中。

[三] 中地之耒，其庛與直者如磬折，則調矣。調則弦六尺〔四〕。

車人爲車，柯長三尺，博三寸，厚一寸有半。五分其
長，以其一爲之首。〔一〕轂長半柯，其圍一柯有半。〔二〕輻
長一柯有半，其博三寸，厚三之一。〔三〕渠三柯者三。〔四〕

〔一〕 斲斤　“斤”，底本作“木”，阮本同，黃本、殿本作“斤”。阮本《校勘記》：“余
本、閩、監本同，誤也。嘉靖本、毛本‘木’作‘斤’，當據正。”今據黃本、殿本及阮
本《校勘記》改。

〔二〕 庛長尺有一寸　“庛”，底本作“庇”，今據黃本改。下文誤作“庇”者皆逕改之，
不出校。

〔三〕 讀爲其顙有疵之疵　兩“疵”，底本作“疵”，今據黃本、殿本、阮本改。

〔四〕 調則弦六尺　“弦”，底本作“強”，今據黃本改。

行澤者欲短轂，行山者欲長轂。短轂則利，長轂則安。^[五]
行澤者反輮，行山者仄輮。反輮則易，仄輮則完。^[六]六分
其輪崇，以其一爲之牙圍。^[七]

［一］首六寸，謂今剛關頭斧^{〔一〕}，柯其柄也。鄭司農云：“柯長三
　　尺，謂斧柯，因以爲度。”

［二］大車轂經尺五寸。

［三］輻厚一寸也。故書博或作搏，杜子春云：“當爲博。”

［四］渠二丈七尺，謂罔也，其徑九尺。鄭司農云：“渠，謂車輮，
　　所謂牙。”

［五］澤泥苦其大安，山險苦其大動。

［六］故書仄爲側。鄭司農云：“反輮，謂輪輮反其木裏，需者在
　　外。澤地多泥，柔也。側，當爲仄。山地剛，多沙石。”玄
　　謂反輮，爲泥之黏，欲得心在外滑^{〔二〕}。仄輮，爲沙石破碎
　　之，欲得表裏相依堅刃。

［七］輪高，輪徑也。牙圍尺五寸。

　　柏車轂長一柯，其圍二柯，其輻一柯，其渠二柯者三。
五分其輪崇，以其一爲之牙圍。^[一]大車崇三柯，綆寸，牝
服二柯有參分柯之二。^[二]羊車二柯有參分柯之一。^[三]柏
車二柯。^[四]凡爲轅，三其輪崇。參分其長，二在前，一在
後，以鑿其鉤。徹廣六尺，冎長六尺。^[五]

〔一〕　謂今剛關頭斧　“今”，底本作“金”，今據黃本改。
〔二〕　欲得心在外滑　“滑”，底本作“澤”，今據黃本、殿本、阮本改。

〔一〕柏車，山車。輪高六尺，牙圍尺二寸。

〔二〕大車，平地載任之車，轂長半柯者也〔一〕。綆，輪箄。牝服長
　　　八尺，謂較也。鄭司農云：“牝服，謂車箱。服，讀爲負。”

〔三〕鄭司農云：“羊車，謂車羊門也。”玄謂羊，善也。善車，若
　　　今定張車。較長七尺。

〔四〕較六尺也〔二〕。柏車輪崇六尺，其綆大半寸。

〔五〕鄭司農云：“鉤，鉤心。䡇，謂轅端，厭牛領者。”

(六·三十)

　　弓人爲弓。取六材必以其時。〔一〕六材既聚，巧者和
之。〔二〕幹也者，以爲遠也。角也者，以爲疾也。筋也者，
以爲深也。膠也者，以爲和也。絲也者，以爲固也。漆也
者，以爲受霜露也。〔三〕

〔一〕取幹以冬〔三〕，取角以秋，絲漆以夏。筋膠未聞。

〔二〕聚，猶具也。

〔三〕六材之力，相得而足。

　　凡取幹之道七，柘爲上，檍次之，檿桑次之，橘次
之，木瓜次之，荆次之，竹爲下。〔一〕凡相幹，欲赤黑而陽
聲。赤黑則鄉心，陽聲則遠根。〔二〕凡析幹，射遠者用埶，
射深者用直。〔三〕居幹之道，菑栗不迆，則弓不發。〔四〕

〔一〕　轂長半柯者也　“長”，底本作“車”，今據黃本改。

〔二〕　較六尺也　“較”，底本作“校”，今據黃本改。

〔三〕　取幹以冬　“以”，底本作“於”，今據黃本改。

［一］鄭司農云：“檍，讀爲億萬之億。《爾雅》曰：‘杻，檍。’又曰：‘厭桑，山桑。’〔一〕《國語》曰：‘厭弧箕箙。’”

［二］陽，猶清也。木之類，近根者奴。

［三］鄭司農云：“埶，謂形埶。假令木性自曲，則當反其曲以爲弓，故曰審曲面埶。”玄謂曲埶則宜薄，薄則力少；直則可厚，厚則力多。

［四］鄭司農云：“菑，讀爲不菑而畬之菑。槷，讀爲榛槷之槷。謂以鋸副析幹。地，讀爲倚移從風之移。謂邪行絶理者，弓發之所從起。”玄謂槷，讀爲裂繻之裂。

凡相角，秋斂者厚，春斂者薄。稺牛之角直而澤，老牛之角紾而昔。〔一〕疢疾險中，〔二〕瘠牛之角無澤。〔三〕角欲青白而豐末。〔四〕夫角之本，蹙於腦而休於氣，是故柔，柔故欲其埶也。白也者，埶之徵也。〔五〕夫角之中，恒當弓之畏。畏也者必橈，橈故欲其堅也。青也者，堅之徵也。〔六〕夫角之末，遠於腦而不休於氣，是故脆，脆故欲其柔也。豐末也者，柔之徵也。〔七〕角長二尺有五寸，三色不失理，謂之牛戴牛。〔八〕

［一］鄭司農云：“紾，讀爲抮縛之抮。昔，讀爲交錯之錯，謂牛角桷理錯也。”玄謂昔，讀履錯然之錯。

［二］牛有久病則角裏傷。

［三］少潤氣。

［四］豐，大也。

［五］麆，近也。休，讀爲煦。鄭司農云：“欲其形之自曲，反以
　　　爲弓。”玄謂色白則勢。

［六］故書畏或作威，杜子春云：“當爲威。威，謂弓淵。角之中
　　　央與淵相當。”玄謂畏，讀如秦師入隈之隈。

［七］末之大者，剢氣及煦之。

［八］三色，本白、中青、末豐。鄭司農云：“牛戴牛，角直一牛。”

　　凡相膠，欲朱色而昔。昔也者，深瑕而澤，紾而摶
廉。［一］鹿膠青白，馬膠赤白，牛膠火赤，鼠膠黑，魚膠
餌，犀膠黃。［二］凡昵之類不能方。［三］

［一］摶，圜也。廉，瑕嚴利也。

［二］皆謂煮用其皮，或用角。餌，色如餌。

［三］鄭司農云：“謂膠善戾。”故書昵或作樴，杜子春云：“樴，讀
　　　爲不義不昵之昵，或爲勑。靭，黏也。”玄謂樴，脂膏腫敗
　　　之腫，腫亦黏也［一］。

　　凡相筋，欲小簡而長，大結而澤。小簡而長，大結而
澤，則其爲獸必剽；以爲弓，則豈異於其獸？［一］筋欲敝之
敝，［二］漆欲測，［三］絲欲沈。［四］得此六材之全，然後可以
爲良。［五］

［一］剽，疾也。鄭司農云：“簡，讀爲捆然登陴之捆。”玄謂讀如
　　　簡札之簡，謂筋條也［二］。

－－－－－－－－
〔一〕腫亦黏也　“亦”，底本作“不”，今據黃本改。
〔二〕謂筋條也　“條”，底本作“脩”，今據黃本、殿本、阮本改。

［二］鄭司農云："嚼之當孰。"

［三］鄭司農云："測，讀爲惻隱之惻。"玄謂測，讀如測度之測，
　　　測猶清也。

［四］如在水中時色。

［五］全，無瑕病。良，善也。

凡爲弓，冬析幹而春液角，夏治筋，秋合三材，^{［一］}寒
奠體，^{［二］}冰析灂。^{［三］}冬析幹則易，^{［四］}春液角則合，^{［五］}
夏治筋則不煩，^{［六］}秋合三材則合，^{［七］}寒奠體則張不流，^{［八］}
冰析灂則審環，^{［九］}春被弦則一年之事。^{［一〇］}

［一］三材，膠、絲、漆。鄭司農云："液，讀爲醳。"

［二］奠，讀爲定。至冬膠堅，内之檠中，定往來體。

［三］大寒中，下於檠中，復内之。

［四］理滑致。

［五］合，讀爲洽。

［六］煩，亂。

［七］合，堅密也。

［八］流，猶移也。

［九］審，猶定也。

［一〇］期歲乃可用。

析幹必倫。^{［一］}析角無邪。^{［二］}斮目必荼。^{［三］}斮目不荼，
則及其大脩也，^{［四］}筋代之受病。夫目也者必强，强者在内
而摩其筋，夫筋之所由幨也，恒此作。^{［五］}故角三液而幹再
液，^{［六］}厚其帤則木堅，薄其帤則需，^{［七］}是故厚其液而節

其帑。^[八]約之不皆約，疏數必侔。^[九]斲摰必中，膠之必均。^[一〇]斲摰不中，膠之不均，則及其大脩也，角代之受病。夫懷膠於内而摩其角，夫角之所由挫，恒由此作。^[一一]

［一］順其理也。

［二］亦正之。

［三］鄭司農云：“荼，讀爲舒。舒，徐也。目，幹節目。”

［四］脩，猶久也。

［五］摩，猶隱也。故書筋或作蓟，鄭司農云：“當爲筋。幨，讀爲車幨之幨。”玄謂幨，絶起也。

［六］重醳治之，使相稱。

［七］需，謂不充滿。鄭司農云：“帑，讀爲襦有衣絮之絮。帑，謂弓中禆。”

［八］厚，猶多也。節，猶適也。

［九］不皆約，纏之繳不相次也。皆約則弓帑。侔，猶均也^{〔一〕}。

［一〇］摰之言致也。中，猶均也。

［一一］幹不均則角蹙折也。

凡居角，長者以次需。^[一]恒角而短，是謂逆橈。引之則縱，釋之則不校。^[二]恒角而達，辟如終絀，非弓之利也。^[三]今夫茭解中有變焉，故校；^[四]於挺臂中有柎焉，故剽。^[五]恒角而達，引如終絀，非弓之利。^[六]

［一］當弓之隈也，長短各稱其幹，短者居簫。

〔一〕猶均也　“猶”，底本作“有”，今據黄本改。

［二］鄭司農云：“恒，讀爲絚縆之縆。”玄謂恒，讀爲揯；揯，竟也。竟其角，而短于淵幹，引之，角縱不用力，若欲反橈然。校，疾也。既不用力，放之又不疾。

［三］達，謂長於淵幹，若達於簫頭。紲，弓紲。角過淵接，則送矢不疾[一]，若見紲於紲矣。弓有紲者，爲發弦時備頓傷。《詩》云：“竹紲緄縢。”

［四］鄭司農云：“茭，讀爲激發之激。茭，謂弓檠也。校，讀爲絞而婉之絞。”玄謂茭，讀如齊人名手足擊爲骹之骹。茭解，謂接中也。變，謂簫臂用力異。校，疾也。

［五］挺，直也。柎，側骨。剽，亦疾也。鄭司農云：“剽，讀爲湖漂絮之漂。”

［六］重明達角之不利。變辟言引，字之誤。

　　撟幹欲孰於火而無嬴，撟角欲孰於火而無燂，引筋欲盡而無傷其力，鬻膠欲孰而水火相得，然則居旱亦不動，居濕亦不動。[一]苟有賤工，必因角幹之濕以爲之柔，善者在外，動者在內，雖善於外，必動於內，雖善亦弗可以爲良矣。[二]

［一］嬴，過孰也。燂，炙爛也。不動者，謂弓也。故書燂或作朕，鄭司農云：“字從燂。”

［二］苟，愉也。濕，猶生也。

〔一〕則送矢不疾　“不”，底本作“太”，殿本、阮本同，黃本作“不”。阮本《校勘記》：“則送矢太疾，閩、監、毛本同，誤也。此本‘太’字係剜改。宋本、嘉靖本‘太’作‘不’，當據正。經云‘非弓之利也’，疏云‘謂弓在軾中，然非弓之利’，皆不疾之謂。浦鏜云：‘《詩·小戎正義》引作不疾。’按，不疾是也。”今據黃本及阮本《校勘記》改。

凡爲弓，方其峻而高其柎，長其畏而薄其敝，宛之無已，應。[一]下柎之弓，末應將興。[二]爲柎而發，必動於紉。[三]弓而羽紉，末應將發。[四]

[一] 宛，謂引之也。引之不休止，常應弦，言不罷需也。峻，謂簫也。鄭司農云："敝，讀爲蔽塞之蔽，謂弓人所握持者。"

[二] 末，猶簫也。興，猶動也，發也。弓柎卑，簫應弦則柎將動。

[三] 紉，接中。

[四] 羽，讀爲扈，扈，緩也。接中動則緩，緩簫應弦，則角幹將發。

弓有六材焉，維幹強之，張如流水。[一]維體防之，引之中參。[二]維角㓗之，欲宛而無負絃。引之如環，釋之無失體，如環。[三]

[一] 無難易也。

[二] 體，謂内之於檠中，定其體。防，深淺所止。謂體定張之，弦居一尺，引之又二尺。

[三] 負弦，辟戾也。負弦則不如環。如環，亦謂無難易。鄭司農云："㓗，讀如掌距之掌、車掌之掌[一]。"

材美工巧，爲之時，謂之參均。角不勝幹，幹不勝筋，謂之參均。量其力有三均，均者三，謂之九和。[一]九

〔一〕 車掌之掌　"車掌"，底本脱，今據黄本補。

和之弓，角與幹權，筋三侔，膠三鋝，絲三邸，漆三斞。上工以有餘，下工以不足。[二]

[一]有三，讀爲又參。量其力又參均者，謂若幹勝一石，加角而勝二石，被筋而勝三石，引之中三尺。假令弓力勝三石，引之中三尺，弛其弦，以繩緩擐之，每加物一石，則張一尺。故書勝或作稱，<u>鄭司農</u>云：“當言稱，謂之不參均。”<u>玄</u>謂不勝，無負也。

[二]權，平也。侔，猶等也。角幹既平，筋三而又與角幹等也。鋝，鍰也。邸、斞輕重未聞。

爲天子之弓，合九而成規。爲諸侯之弓，合七而成規。大夫之弓，合五而成規。士之弓，合三而成規。[一]弓長六尺有六寸，謂之上制，上士服之。弓長六尺有三寸，謂之中制，中士服之。弓長六尺，謂之下制，下士服之。[二]

[一]材良則句少也。

[二]人各以其形貌大小服此弓。

凡爲弓，各因其君之躬，志慮血氣。[一]豐肉而短，寬緩以荼，若是者爲之危弓，危弓爲之安矢。骨直以立，忿埶以奔，若是者爲之安弓，安弓爲之危矢。[二]其人安，其弓安，其矢安，則莫能以速中，且不深。[三]其人危，其弓危，其矢危，則莫能以願中。[四]

[一]又隨其人之情性。

〔二〕言損贏濟不足。危、奔，猶疾也。骨直，謂強毅。荼，古文
舒假借字。<u>鄭司農</u>云〔一〕："荼讀爲舒。"

〔三〕故書速或作數，<u>鄭司農</u>云："字從速。速，疾也。三舒不能
疾而中，言矢行短也，中又不能深。"

〔四〕愿，慤也。三疾不能慤而中，言矢行長也。長謂過去。

往體多，來體寡，謂之夾臾之屬，利射侯與弋。〔一〕往
體寡，來體多，謂之王弓之屬，利射革與質。〔二〕往體來體
若一，謂之唐弓之屬，利射深。〔三〕

〔一〕射遠者用埶。夾庾之弓，合五而成規。侯非必遠，顧埶弓者
材必薄，薄則弱，弱則矢不深中侯，不落。大夫士射侯，矢
落不獲。弋，繳射也。故書與作其，<u>杜子春</u>云："當爲與。"

〔二〕射深者用直，此又直焉，於射堅宜也。王弓合九而成規，弧
弓亦然。革，謂干盾。質，木椹。天子射侯亦用此弓。《大
射》曰："中離、維綱、揚觸、梱復，君則釋獲，其餘則否。"

〔三〕射深用直。唐弓合七而成規，大弓亦然。《春秋傳》曰："盜
竊寶玉大弓。"

大和無灂，其次筋角皆有灂而深，其次有灂而疏，其
次角無灂。〔一〕合灂若背手文。〔二〕角環灂，牛筋蕡灂，麋
筋斥蠖灂。〔三〕

〔一〕大和，尤良者也。深，謂灂在中央，兩邊無也。角無灂，謂

〔一〕 荼古文舒假借字鄭司農云　此十一字底本脱，今據<u>黄</u>本補。

隈裏。

［二］弓表裏瀰合處，若人合手背，文相應。<u>鄭司農</u>云："如人手
　　背文理。"

［三］賨，枭實也。斥蠖，屈蟲也。

　　和弓黻摩。^{［一］}覆之而角至，謂之句弓。^{［二］}覆之而幹至，
謂之侯弓。^{［三］}覆之而筋至，謂之深弓。^{［四］}

［一］和，猶調也。黻，拂也。將用弓，必先調之，拂之，摩之。
　　《大射禮》曰："小射正授弓，大射正以袂順左右隈，上再
　　下一。"

［二］句於三體^{〔一〕}，材敝惡，不用之弓也。覆，猶察也，謂用射而
　　察之。至，猶善也。但角善，則矢雖疾而不能遠。

［三］射侯之弓也。幹又善，則矢疾而遠。

［四］射深之弓也。筋又善，則矢既疾而遠，又深。

〔一〕 句於三體　"體"，底本作"射"，今據<u>黃</u>本改。

圖書在版編目（CIP）數據

周禮注 /（東漢）鄭玄注；石璈整理 . — 北京：商務印書館，2023（2024.4 重印）
（十三經漢魏古注叢書）
ISBN 978 – 7 – 100 – 20655 – 6

Ⅰ.①周… Ⅱ.①鄭… ②石… Ⅲ.①禮儀—中國—古代 ②《禮記》—注釋 Ⅳ.① K892.9

中國版本圖書館 CIP 數據核字（2022）第 016595 號

封面題簽　陳建勝
特約審讀　李夢生

周　禮　注

〔東漢〕鄭　玄　注
石　璈　整理

──────────────────

商　務　印　書　館　出版
（北京王府井大街 36 號　郵政編碼 100710）
商　務　印　書　館　發行
蘇州市越洋印刷有限公司印刷
ISBN　978 – 7 – 100 – 20655 – 6

──────────────────

2023 年 3 月第 1 版　　　開本 890×1240　 1/32
2024 年 4 月第 2 次印刷　　印張 17.375

定價：98.00 元